全国计算机应用水平考试
培训教程

财税知识
综合应用

王琴◎主编

人民邮电出版社

北京

图书在版编目（CIP）数据

财税知识综合应用 / 王琴主编. -- 北京 : 人民邮电出版社, 2020.11
全国计算机应用水平考试培训教程
ISBN 978-7-115-54493-3

Ⅰ. ①财… Ⅱ. ①王… Ⅲ. ①企业管理－财务管理－中国－资格考试－教材②企业管理－税收管理－中国－资格考试－教材 Ⅳ. ①F279.23

中国版本图书馆CIP数据核字(2020)第129015号

内 容 提 要

本书是在充分研究全国计算机应用水平考试"财税知识综合应用"科目的考试大纲及考题的基础上编写而成的。全书共 6 章，分别讲解了企业的创建、企业资产的财税处理、企业成本费用的财税处理、企业收入相关的财税处理、企业经营成果的财税处理，以及企业财务报表的编制与分析等内容。

本书内容翔实、结构清晰，通过相应的案例和例题全面讲解了相关知识的学习和应用方法，引导读者快速掌握企业财税业务的处理。

本书可作为各类院校财务会计相关专业学生参加全国计算机应用水平考试"财税知识综合应用"科目的辅导用书，也可作为会计从业人员的参考用书。

◆ 主　编　王　琴
责任编辑　张天怡
责任印制　王　郁　马振武
◆ 人民邮电出版社出版发行　北京市丰台区成寿寺路 11 号
邮编　100164　电子邮件　315@ptpress.com.cn
网址　https://www.ptpress.com.cn
大厂回族自治县聚鑫印刷有限责任公司印刷
◆ 开本：880×1230　1/16
印张：16.25
字数：451 千字　　　　　　2020 年 11 月第 1 版
印数：1－2 500 册　　　　　2020 年 11 月河北第 1 次印刷

定价：49.80 元

读者服务热线：(010)81055410　印装质量热线：(010)81055316
反盗版热线：(010)81055315
广告经营许可证：京东市监广登字 20170147 号

前　言

根据我国"科教兴国"战略，我国要在加快工业化进程的同时加快信息化的发展，加大普及信息技术的力度，大量培养应用型信息技术人才，以适应国民经济信息化进程的需要。

鉴于社会的客观需求，教育部考试中心推出了全国计算机应用水平考试（National Applied Information Level Test，NIT）。该考试由教育部考试中心主办，以社会需求为导向，面向中职、高职院校学生，考查考生实际操作能力和理论应用能力。NIT 采用系统化的设计、模块化的结构、个性化的教学、规范化的考试和国际化的标准，适合各种行业人员岗位培训的需要，给用人单位提供了一个科学、客观、统一、公正的标准，能更好地促进我国信息技术的普及和发展，科学、系统地培养应用型信息技术人才。

NIT 在保留原有单科合格证书的基础上，根据用人单位对岗位知识的需求，推出了高级综合应用证书，目前开设有高级办公软件应用证书、高级 Web 前端设计证书、会计信息管理（初级）证书、会计信息管理（中级）证书。考生报考指定单科必考科目及选考科目并取得合格证书后，即可获得相应综合应用证书。

"财税知识综合应用"科目是取得会计信息管理（中级）证书的必考科目之一，本书紧扣该科目考试大纲的要求，旨在帮助考生掌握考纲要求的技能，使考生不仅能够顺利通过考试，更能够在实际工作中熟练应用。

○● 本书内容

本书以"财税知识综合应用"科目的考试大纲为依据，深入研究了 NIT 的指导思想，针对考试大纲各考点，在全面覆盖的基础上分章进行讲解。全书共 6 章，各章内容分别如下。

第 1 章：详细介绍了创建企业的相关基础知识，主要包括企业的认知、我国企业注册管理制度、企业的注册流程与注册制度的创新、企业筹建期的财税处理、企业筹建期的涉税事项（如印花税、房产税、城镇土地使用税、契税）等内容。

第 2 章：详细介绍了企业资产的财税处理，主要包括取得固定资产，固定资产的折旧、后续支出和减值，处置固定资产，与固定资产有关的税务处理；取得无形资产，无形资产的摊销、减值，处置无形资产，与无形资产有关的税务处理；原材料、周转材料、委托加工物资、库存商品的财税处理，存货减值，与存货相关的税务处理等内容。

第 3 章：详细介绍了企业成本费用的财税处理，主要包括产品成本概述，产品成本的计算方法，生产费用的归集与分配，产品生产成本的结转，余料、废品的处理；人工成本概述，企业薪酬制度设计，工资薪金，劳务报酬，职工福利费、工会经费和职工教育经费的处理，以及期间费用的财税处理等内容。

第 4 章：详细介绍了企业收入相关的财税处理，主要包括收入的确认和计量、合同成本、销售业务中的涉税事项（如增值税、消费税）等内容。

第 5 章：详细介绍了企业经营成果的财税处理，主要包括会计利润的计算、税务利润的计算、所得税的计算、结转经营成果、经营成果核算中的涉税事项等内容。

第 6 章：详细介绍了企业财务报表的编制与分析，主要包括资产负债表、利润表、现金流量表和所有者权益变动表的概述、结构、编制和分析等内容。

○● 本书特点

在充分研究 NIT 后，本书在前期设计和后期编写上都做了精心的准备和安排，其主要特色如下。

◆ **完善的知识体系：**每章开始会对该章内容的考试情况进行介绍，如分值、重难点内容等，然后通过"本章考纲知识体系一览表"将本章所有内容进行归纳汇总，使考生清楚需要学习的内容和重点学习的内容等，提高学习效率。

◆ **详细的案例分析**：NIT注重知识的理解和应用，本书每一章都通过大量案例分析讲解的方式，详细且全面地对知识结构进行了梳理，让考生可以高效地学习，从而更为深刻地掌握各种财税基础知识的实际应用方法。

◆ **丰富的考题示例**：为进一步让考生感受到考试氛围，各章讲解中都给出了一定的考题示例，不仅可以让考生检查是否掌握了所学的知识，还可以为考生以后的考试提前热身。

◆ **提供延伸小栏目**：在讲解各种操作应用时，为了让考生更加准确地掌握知识点和操作点，并更加全面地学习，本书通过"名师点拨"和"知识拓展"等小栏目及时地对操作重难点进行讲解，拓展与操作相关的其他知识，帮助考生深化理解相关知识。

◆ **同步强化练习**：每章末尾会提供若干强化练习题供考生练习，帮助考生一方面巩固所学知识，另一方面检查知识掌握的情况。

○● 本书配套

本书提供的配套资源包括同步练习题的参考答案和解析，以及题库练习软件。其中题库练习软件主要包括章节练习、题型精练、组卷练习、错题重做等板块。

○● 本书作者团队

本书由王琴主编，参与本书资料收集、整理、编写、校排、配套制作等工作的人员有蒲加爽、肖庆、李秋菊、黄晓宇、蔡长兵、牟春花、熊春、李凤、蔡飓、廖宵、蔡雪梅、李星、黄宇浩、杨楠等。

在本书的编写与出版过程中，尽管编者精益求精，但书中难免有疏漏和不足之处，恳请广大读者批评指正。本书责任编辑的联系邮箱为 zhangtianyi@ptpress.com.cn。

编 者

目　录

第1章 企业的创建

本章主要介绍企业创建方面的知识，包括注册企业、企业筹建期的财税处理及企业筹建期的涉税事项。

在考试中，本章内容所占分值较少，为5分左右，所有题型均有可能涉及。本章内容中，企业筹建期的财税处理和企业筹建期的涉税事项属于重点考查内容，其中，投资者投入资本的财税处理、开办费的财税处理、各项税费的财税处理需要考生重点掌握。

▼ **本章考纲知识体系一览表**

章节		主要内容
企业的创建	注册企业	（1）认知企业（★） （2）我国企业注册管理制度（★★） （3）企业的注册流程与注册制度的创新（★★）
	企业筹建期的财税处理	（1）筹建期的含义（★） （2）企业收到投资者投入资本的财税处理（★★★） （3）筹建期开办费的财税处理（★★★） （4）筹建期房租、装修费的财税处理（★★★）
	企业筹建期的涉税事项	（1）印花税（★★★） （2）房产税（★★★） （3）城镇土地使用税（★★★） （4）契税（★★★）

1.1 注册企业

企业一般是指以营利为目的，运用各种生产要素（土地、劳动力、资本和技术等），向市场提供商品或服务，实行自主经营、自负盈亏、独立核算的具有法人资格的社会经济组织。企业是市场经济活动的主要参与者，下面即对企业的相关知识进行介绍。

1.1.1 认知企业

企业主要指独立的营利性组织，可进一步分为公司制企业和非公司制企业，前者包括有限责任公司、股份有限公司、无限公司、两合公司等，后者包括合伙企业、个人独资企业等。

1. 公司制企业

公司是指依法设立的，以营利为目的的，由股东投资形成的企业法人。根据不同的标准，可以对公司做出不同的分类，主要的分类如下。

（1）以公司资本结构和股东对公司债务承担责任的方式为标准。

以公司资本结构和股东对公司债务承担责任的方式为标准，可以将公司分为有限责任公司、股份有限公司、无限公司、两合公司。

◆ **有限责任公司**：股东以其认缴的出资额为限对公司承担责任，公司以其全部财产对公司的债务承担责任。

◆ **股份有限公司**：将公司全部资本分为等额股份，股东以其认购的股份为限对公司承担责任，公司以其全部财产对公司的债务承担责任。

◆ **无限公司**：由两个以上的股东组成，全体股东对公司的债务承担无限连带责任。

◆ **两合公司**：由负无限责任的股东和负有限责任的股东组成，前者对公司债务承担无限连带责任，后者仅以其认缴的出资额为限对公司债务承担责任。

《中华人民共和国公司法》（以下简称《公司法》）规定的公司形式仅为在中国境内设立的有限责任公司和股份有限公司。

（2）以公司的信用基础为标准。

以公司的信用基础为标准，可以将公司分为资合公司、人合公司和人合兼资合公司。

◆ **资合公司**：以公司资本为信用基础的公司，此类公司仅以公司资本的实力取信于人，股东个人的财产、能力或信誉与公司无关，如股份有限公司。

◆ **人合公司**：以股东个人的财力、能力和信誉为信用基础的公司，如无限公司。人合公司中，股东可以用劳务、信用和其他权利出资，企业的所有权与经营权一般也不分离。

◆ **人合兼资合公司**：同时以公司资本和股东个人信用作为公司信用基础的公司，如两合公司。

（3）以公司组织关系为标准。

以公司组织关系为标准，可以将公司分为母公司和子公司、总公司和分公司。

◆ **母公司和子公司**：公司基于股权而存在控制与被控制关系，实际控制其他公司的公司是母公司，受其他公司实际控制的公司是子公司。在法律上它们都具有法人资格，依法独立承担民事责任。

◆ **总公司和分公司**：分公司是公司依法设立的以公司名义进行经营活动，其法律后果由总公司承担的分支机构，相对于分公司而言，公司称为总公司（或本公司）。分公司不具有法人资格，没有独立的公司名称、公司章程，也没有独立的财产，以分公司名义进行经营活动，其民事责任由总公司承担。

名师点拨

上述分类中，母公司与子公司在法律上是彼此独立的，子公司具有法人资格。但对于总公司与分公司，总公司具有法人资格，分公司不具有法人资格。在中国境内，所有的公司中只有分公司不具有法人资格。

【例题·单选题】下列关于分公司法律地位的描述中，正确的是（　）。

A. 分公司具有独立的法人资格

B. 分公司独立承担民事责任

C. 分公司可以依法独立从事生产经营活动

D. 分公司从事经营活动的民事责任由分公司自行承担

【解析】本题考查公司制企业中的分公司。分公司只是总公司管理的分支机构，不具有法人资格，但分公司可以依法独立从事生产经营活动，其民事责任由设立分公司的总公司承担。因此，选项C正确，选项A、B、D错误。

【答案】C

2. 非公司制企业

非公司制企业包括个人独资企业和合伙企业。

（1）个人独资企业。

个人独资企业是指依照法律规定在中国境内由一个自然人投资设立，财产为投资人个人所有，投资人以其个人财产对企业债务承担无限责任的经营实体。

根据规定，个人独资企业的投资人只能是一个自然人，且仅指中国公民。国家机关、国家授权投资的机构或国家授权的部门、企业、事业单位等不能作为个人独资企业的设立人。个人独资企业的投资人为一个自然人，对企业的出资多少、追加投资或减少投资、经营方式等一切事项均由投资人一人决定，因此，当企业资产不足以清偿到期债务时，投资人应将个人全部财产用于清偿企业债务。

个人独资企业不具有法人资格，无法独立承担民事责任，但它是独立的民事主体，可以以自己的名义从事民事活动。

（2）合伙企业。

合伙企业是指自然人、法人和其他组织依照法律规定在中国境内设立的，由两个或两个以上的合伙人通过订立合伙协议，约定共同出资、共同经营、共享收益、共担风险的企业组织形式。

合伙企业还可以分为普通合伙企业（含特殊的普通合伙企业）和有限合伙企业两种。普通合伙企业由普通合伙人组成，除法律另有规定外，合伙人对合伙企业债务承担无限连带责任；有限合伙企业由普通合伙人和有限合伙人组成，普通合伙人对合伙企业债务承担无限连带责任，有限合伙人以其认缴的出资额为限对合伙企业债务承担责任。

在特殊情况下，对以专业知识和专门技能为客户提供有偿服务的专业服务机构，可以设立为特殊的普通合伙企业。

> **知识拓展**
>
> 特殊的普通合伙企业是指以专业知识和专门技能为客户提供有偿服务的专业服务机构。特殊的普通合伙企业名称中应当标明"特殊普通合伙"字样。会计师事务所、律师事务所等就是典型的特殊的普通合伙企业。特殊的普通合伙企业的合伙人在执业活动中因故意或重大过失造成的合伙企业债务，以合伙企业财产对外承担责任后，该合伙人应当按照合伙协议的约定，对给合伙企业造成的损失承担赔偿责任。

1.1.2 我国企业注册管理制度

注册管理制度是为规范企业注册登记管理而施行的相关制度，下面即对我国公司制企业和非公司制企业的注册管理制度进行介绍。

1. 公司制企业的注册管理制度

我国的公司主要分为有限责任公司和股份有限公司，下面分别对它们的注册条件和设立登记进行详细介绍。

（1）有限责任公司的注册条件。

根据规定，注册有限责任公司，应当具备下列条件。

①股东符合法定人数。有限责任公司由50个以下的股东出资设立，股东可以是自然人，也可以是法人。

②全体股东认缴的出资额符合公司章程。有限责任公司的注册资本为在公司登记机关登记的全体股东认缴的出资额。法律、行政法规以及中华人民共和国国务院（以下简称"国务院"）决定对有限责任公司注册资本实缴、注册资本最低限额另有规定的，从其规定。股东可以用货币出资，也可以用实物、知识产权、土地使用权等可以用货币估价并可以依法转让的非货币财产作价出资，但是，法律、行政法规规定不得作为出资的财产除外。

对作为出资的非货币财产应当评估作价，核实财产，不得高估或低估作价。法律、行政法规对评估作价有规定的，从其规定。

③股东共同制定公司章程。公司章程是指公司依法制定的，规定公司名称、住所、经营范围、经营管理制度等重大事项的基本文件，也是公司必备的规定公司组织及活动基本规则的书面文件。股东依法共同制定公司章程，并在公司章程上签名、盖章。公司章程所记载的事项可以分为必备事项和任意事项。必备事项是法律规定的在公司章程中必须记载的事项，或称绝对事项；任意事项是由公司自行决定是否记载的事项。根据规定，有限责任公司章程应当载明下列事项。

◆ 公司名称和住所。

◆ 公司经营范围。

◆ 公司注册资本。

◆ 股东的姓名或名称。

◆ 股东的出资方式、出资额和出资时间。

◆ 公司的机构及其产生办法、职权、议事规则。

◆ 公司法定代表人。

◆ 股东会认为需要规定的其他事项。

④有公司名称，建立符合有限责任公司要求的组织机构。公司应当设立符合法律、法规规定的且经公司登记管理机关预先核准登记的名称。公司应当建立符合有限责任公司的组织机构，按照要求的组织机构设立股东会、董事会或执行董事、监事会或监事等。

⑤有公司住所。公司以其主要的办事机构所在地为住所，住所是法定的注册地址，不同于公司的生产经营场所。

【例题·单选题】下列关于有限责任公司股东出资方式的表述中，符合规定的是（   ）。

A. 以商誉作价出资　　　　　　　　B. 以劳务作价出资

C. 以特许经营权作价出资　　　　　D. 以土地使用权作价出资

【解析】本题考查有限责任公司。有限责任公司的股东可以用货币出资，也可以用实物、知识产权、土地使用权等可以用货币估价并可以依法转让的非货币财产作价出资，但不得以商誉、劳务、信用、自然人姓名、特许经营权或设定担保的财产等作价出资。

【答案】D

（2）有限责任公司的设立登记。

有限责任公司的设立登记主要有以下3个环节。

①订立公司章程。公司章程对公司、股东、董事、监事、高级管理人员具有约束力，由全体发起人共同商议起草，将设立公司的基本情况以及各方面的权利义务加以明确，并经全体股东共同同意通过方可生效。全体股东应当在公司章程上签名、盖章。

②股东缴纳出资。股东应当在规定的期限内足额缴纳公司章程中规定的各自所认缴的出资额。股东以货币出资的，应当将货币出资额存入为设立有限责任公司而在银行开设的账户；以非货币财产出资的，应当依法办理其财产权的转移手续，该转移手续一般在6个月内办理完毕。

③申请设立登记。股东认足公司章程规定的出资后，由全体股东指定的代表或共同委托的代理人向公司登记机关报送公司登记申请书、公司章程等文件，申请设立登记。有限责任公司成立后，还应当向股东签发出资证明书。出资证明书应当载明公司名称，公司成立日期，公司注册资本，股东的姓名或名称、缴纳的出资额和出资日期，出资证明书的编号和核发日期。

（3）股份有限公司的注册条件。

股份有限公司的设立方式有两种，一是发起设立，二是募集设立。发起设立是指由发起人认购公司应发行的全部股份而设立公司；募集设立是指发起人认购公司应发行股份的一部分，其余股份向社会公开募集或向特定对象募集而设立公司。根据规定，注册股份有限公司应当具备以下几个条件。

①发起人符合法定人数。设立股份有限公司，应当有2人以上200人以下为发起人，且必须有半数以上的发起人在中国境内有住所。发起人可以是自然人、法人，也可以是中国公民、外国公民。股份有限公司由发起人承担公司筹办事务，并签订发起人协议，明确各自在公司设立过程中的权利和义务。

②全体发起人认购的股本总额或募集的实收股本总额符合公司章程规定。股份有限公司采取发起设立方式设立的，注册资本为在公司登记机关登记的全体发起人认购的股本总额。在发起人认购的股份缴足前，不得向他人募集股份。股份有限公司采取募集方式设立的，注册资本为在公司登记机关登记的实收股本总额。法律、行政法规以及国务院决定对股份有限公司注册资本实缴、注册资本最低限额另有规定的，从其规定。

发起人可以以货币出资，也可以用实物、知识产权、土地使用权等可以用货币估价并可以依法转让的非货币财产作价出资。但是，法律、行政法规规定不得作为出资的财产除外。对作为出资的非货币财产应当评估作价，核实财产，不得高估或低估作价。法律、行政法规对评估作价有规定的，从其规定。

③股份发行、筹办事项符合法律规定。发起人在设立股份有限公司发行股份，以及在进行其他的筹办事项时，不得违反法律规定的条件及程序。

④发起人制定公司章程，采用募集方式设立的必须经创立大会通过。以发起设立方式设立股份有限公司，必须由全体发起人依法共同制定公司章程；以募集设立方式设立的股份有限公司，发起人制定公司章程后，还应当召开有其他认股人参加的创立大会，并经出席会议的认股人所持表决权的过半数通过。股份有限公司的公司章程应当载明以下事项。

◆ 公司名称和住所。

◆ 公司经营范围。

◆ 公司设立方式。

◆ 公司股份总数、每股金额和注册资本。

◆ 发起人的姓名或名称、认购的股份数、出资方式和出资时间。

◆ 董事会的组成、职权、任期和议事规则。

◆ 公司法定代表人。

◆ 监事会的组成、职权、任期和议事规则。

◆ 公司利润分配办法。

◆ 公司的解散事由与清算办法。

◆ 公司的通知和公告办法。

◆ 股东大会会议认为需要规定的其他事项。

⑤有公司名称，建立符合股份有限公司要求的组织机构。公司名称必须符合企业名称登记管理的有关规定，并标明"股份有限公司"字样。股份有限公司的组织机构对公司内部行使管理权、对外代表公司。

⑥有公司住所。有固定的生产经营场所和必要的生产经营条件。

【例题·多选题】下列关于股份有限公司的设立，不符合规定的有（　　）。

A. 发起人可以用货币、实物等出资

B. 发起人共有 8 人，其中 3 人在中国境内有住所

C. 某发起人以劳务出资，作价 50 万元

D. 某发起人以知识产权出资，作价 30 万元

E. 作为出资的非货币财产应评估作价

【解析】本题考查股份有限公司。发起人可以用货币、实物、知识产权、土地使用权等出资，也可以用能用货币估价并可以依法转让的非货币财产作价出资。但是，法律、行政法规规定不得作为出资的财产除外，选项 A、D 符合规定；设立股份有限公司，应当有 2 人以上 200 人以下为发起人，其中须有半数以上的发起人在中国境内有住所，选项 B 不符合规定；对于股份有限公司，劳务不能作为出资，选项 C 不符合规定；对作为出资的非货币财产应评估作价，核实财产，不得高估或低估作价，选项 E 符合规定。

【答案】BC

（4）股份有限公司的设立登记。

股份有限公司设立包括发起设立和募集设立，两种设立方式的具体内容介绍如下。

①发起设立方式。

以发起设立方式设立股份有限公司的程序如下。

a. 发起人书面认购股份。发起人应书面认足公司章程规定其应当认购的股份。

b. 缴纳出资。根据规定，以发起设立方式设立股份有限公司的，发起人应当书面认足公司章程规定其认购的股份，并按照公司章程规定缴纳出资。以非货币财产出资的，应当依法办理其财产权的转移手续。发起人不按照规定缴纳出资的，应当按照发起人协议的约定承担违约责任。

c. 选举董事会和监事会。发起人首次缴纳出资后，应当建立公司组织机构，选举董事会和监

事会。

d. 申请设立登记。董事会向公司登记机构提交公司章程、验资证明以及法律、行政法规规定的其他文件，公司登记机构核准、予以登记并发给公司营业执照。

②募集设立方式。

以募集设立方式设立股份有限公司的程序如下。

a. 发起人认购股份。全体发起人（即所有发起人）认购公司股份的总额不得少于公司股份总数的35%，但是法律、行政法规另有规定的，从其规定。发起人认购的股份是指所有发起人认购股份的总额，而不是某一个发起人认购的股份。

b. 向社会公开募集股份。向社会公开募集股份，发起人必须公告招股说明书，并由认购人填写认购书的认股股数、金额、住所，并签名、盖章；并且发起人应当与依法设立的证券公司签订承销协议，委托证券公司承销；另外，发起人还应当与银行签订代收股款协议。

c. 召开创立大会。股款缴足后，必须委托依法设立的验资机构验资并出具证明。发起人在股款缴足之日起30日内主持召开有代表股份总额过半数的发起人和认股人出席的公司创立大会，并应在会议召开15日前将会议日期通知各认股人或予以公告。

d. 申请设立登记。股份有限公司应当由董事会于创立大会结束后30日内，向公司登记机关申请设立登记，由公司登记机关依法核准登记后，发给企业法人营业执照。

名师点拨

股份有限公司成立后，发现发起人未按公司章程缴纳出资的，应当补足；发现作为设立公司出资的非货币财产的实际价额显著低于公司章程规定的价额的，交付该出资的发起人应当补足其差额；其他发起人应承担连带责任。

2. 非公司制企业的注册管理制度

个人独资企业和合伙企业的注册管理制度与公司制企业有较大的不同，下面详细介绍。

（1）个人独资企业的注册管理制度。

根据规定，注册个人独资企业应具备以下5个条件。

①投资人为一个自然人，且只能是中国公民。

②有合法的企业名称。个人独资企业的名称应当符合国家关于企业名称登记管理的有关规定，应与其责任形式及从事的营业相符，可以使用"厂""店""部""中心""工作室"等，但不得使用"有限""有限责任""公司"等字样。

③有投资人申报的出资。《中华人民共和国个人独资企业法》未对个人独资企业的出资数额做出限制。根据规定，个人独资企业投资人可以用货币出资，也可以用折算成货币数额的实物、土地使用权、知识产权或其他财产权利出资，但不能以劳务出资。另外，投资人可以个人财产出资，也可以家庭共有财产出资。投资人如果在设立（变更）登记申请书上注明以家庭共有财产出资，必须以家庭共有财产对企业债务承担无限责任，否则应视为以个人财产出资，即只以个人财产对企业债务承担无限责任。

④有固定的生产经营场所和必要的生产经营条件。个人独资企业应当具备与所经营项目相适应的人力、物力和财力条件。固定的生产经营场所包括企业的住所及与生产经营相适应的处所，将其作为必须具备的条件，有利于提高企业素质，稳定经营。从事临时经营、季节性经营、流动经营和没有固定门面的摆摊经营，不得登记为个人独资企业。

⑤有必要的从业人员。即要有与企业经营业务相适应的从业人员。

知识拓展

有限责任公司中的一人有限责任公司也是由一个投资人设立的，但它在法律地位、责任承担等方面与个人独资企业是有区别的，其区别如表1-1所示。

表1-1 个人独资企业与一人有限责任公司的区别

项目	类型	
	个人独资企业	一人有限责任公司
法律地位	非法人	独立法人
民事能力	是独立民事主体，但无独立承担民事责任能力	具有完全民事能力，独立承担民事责任
承担责任	无限责任	有限责任
投资人	一个中国自然人	一个自然人或法人

【例题·单选题】根据个人独资企业法律制度的规定，下列关于个人独资企业投资人的表述中，正确的是（ ）。

A. 投资人只能以个人财产出资　　　　B. 投资人可以是自然人、法人或其他组织

C. 投资人对企业债务承担无限责任　　D. 投资人不得以土地使用权出资

【解析】本题考查个人独资企业。根据规定，设立个人独资企业时，投资人可以以个人财产出资，也可以以家庭共有财产出资，选项A错误；个人独资企业，是指依照《中华人民共和国个人独资企业法》在中国境内设立，由一个自然人投资，财产为投资人个人所有，投资人以其个人财产对企业债务承担无限责任的经营实体，选项B错误；投资人可以土地使用权和其他非货币财产出资，选项D错误。

【答案】C

（2）合伙企业的注册管理制度。

合伙企业还可以分为普通合伙企业（含特殊的普通合伙企业）和有限合伙企业。普通合伙企业由普通合伙人组成，除法律另有规定外，合伙人对合伙企业债务承担无限连带责任；有限合伙企业由普通合伙人和有限合伙人组成，普通合伙人对合伙企业债务承担无限连带责任，有限合伙人以其认缴的出资额为限对合伙企业债务承担责任。

①普通合伙企业的注册。

根据规定，注册普通合伙企业应具备以下一些条件。

a. 有2个以上的合伙人。普通合伙企业合伙人为2人以上，但对于人数的最高限额，法律并未规定，可根据所设企业的具体情况决定。关于合伙人的资格，其限定如下。

◆ 合伙人可以是自然人，也可以是法人或其他组织。

◆ 合伙人为自然人的，应当具有完全民事行为能力。无民事行为能力人和限制民事行为能力人不得成为普通合伙企业的合伙人。

◆ 国有独资公司、国有企业、上市公司以及公益性的事业单位、社会团体不得成为普通合伙人。

b. 有书面合伙协议。合伙协议依法由全体合伙人协商一致，以书面形式订立。合伙协议应当载明下列事项。

◆ 合伙企业的名称和主要经营场所的地点。

◆ 合伙目的和合伙经营范围。

◆ 合伙人的姓名或名称、住所。

◆ 合伙人的出资方式、数额和缴付期限。

◆ 利润分配、亏损分担方式。

◆ 合伙事务的执行。

◆ 入伙与退伙。

◆ 争议解决办法。

◆ 合伙企业的解散与清算。

◆ 违约责任。

名师点拨

合伙协议经全体合伙人签名、盖章后生效。修改或补充合伙协议，应当经全体合伙人一致同意；但是，合伙协议另有约定的除外。合伙协议未约定或约定不明确的事项，由合伙人协商决定；协商不成的，依照《中华人民共和国合伙企业法》和其他有关法律、行政法规的规定处理。

c．有合伙人认缴或实际缴付的出资。合伙协议生效后，合伙人应当按照合伙协议的规定缴纳出资，合伙人可以用货币、实物、知识产权、土地使用权或其他财产权利出资，也可以用劳务出资。合伙人以实物、知识产权、土地使用权或其他财产权利出资，需要评估作价的，可以由全体合伙人协商确定，也可以由全体合伙人委托法定评估机构评估。合伙人以劳务出资的，其评估办法由全体合伙人协商确定，并在合伙协议中载明。合伙人以非货币财产出资的，依照法律、行政法规的规定，需要办理财产权转移手续的，应当依法办理。

d．有合伙企业的名称和生产经营场所。合伙企业的名称中必须有"合伙"字样；普通合伙企业应当在其名称中标明"普通合伙"字样，特殊的普通合伙企业应当在其名称中标明"特殊普通合伙"字样。

e．法律、行政法规规定的其他条件。

②有限合伙企业的注册。

凡是法律中对有限合伙企业有特殊规定的，应当适用有关特殊规定；无特殊规定的，适用有关普通合伙企业及其合伙人的一般规定。有限合伙企业的特殊规定主要如下。

a．有限合伙企业的合伙人人数。除法律另有规定外，有限合伙企业由2个以上50个以下合伙人设立，其中至少应当有1个普通合伙人。按照规定，自然人、法人和其他组织可以依照法律规定设立有限合伙企业，但国有独资公司、国有企业、上市公司以及公益性的事业单位、社会团体不得成为有限合伙企业的普通合伙人，但可以成为有限合伙人。

有限合伙企业存续期间可能存在普通合伙人和有限合伙人的身份相互转换，人数有所改变，但必须包括普通合伙人和有限合伙人。当有限合伙企业仅剩有限合伙人时，应当解散；有限合伙企业仅剩普通合伙人时，应当转为普通合伙企业。

b．有限合伙企业名称。按照企业名称登记管理的有关规定，企业名称中应当含有企业的组织形式。因此，有限合伙企业名称中应当标明"有限合伙"字样，而不能标明"普通合伙""特殊普通合伙""有限公司""有限责任公司"等字样。

c．有限合伙企业协议。有限合伙企业协议应当符合普通合伙企业合伙协议的规定，另外还应当载明下列事项。

◆ 普通合伙人和有限合伙人的姓名或名称、住所。

◆ 执行事务合伙人应具备的条件和选择程序。

◆ 执行事务合伙人权限与违约处理办法。

◆ 执行事务合伙人的除名条件和更换程序。

◆ 有限合伙人入伙、退伙的条件、程序以及相关责任。

◆ 有限合伙人和普通合伙人相互转变程序。

d．有限合伙人出资形式。有限合伙人可以用货币出资，也可以用实物、知识产权、土地使用权或其他财产权利作价出资，但不得以劳务出资。

e．有限合伙人出资义务。有限合伙人应当按照合伙协议的约定足额缴纳出资，未按照协议的约定履行缴纳出资义务的，应当补缴出资，同时应对其他合伙人承担违约责任。

f．有限合伙企业的登记事项。有限合伙企业登记事项包括有限合伙人的姓名或名称及认缴的出资数额。

【例题·多选题】根据规定，下列关于有限合伙企业设立的表述中，正确的有（   ）。

A．有限合伙企业至少应当有一个普通合伙人

B. 有限合伙企业名称中应当标明"有限合伙"字样
C. 有限合伙人可以以劳务出资
D. 国有企业可以成为有限合伙人
E. 上市公司可以成为普通合伙人

【解析】本题考查有限合伙企业。根据规定，有限合伙企业至少应当有一个普通合伙人，选项 A 正确；有限合伙企业名称中应当标明"有限合伙"的字样，而不能标明"普通合伙""特殊普通合伙""有限公司""有限责任公司"等字样，选项 B 正确；有限合伙人可以用货币、实物、知识产权、土地使用权或其他财产权利作价出资，不得以劳务出资，选项 C 错误；自然人、法人和其他组织可以依照法律规定设立有限合伙企业，但国有独资公司、国有企业、上市公司以及公益性事业单位、社会团体不得成为有限合伙企业的普通合伙人，选项 D 正确、选项 E 错误。

【答案】ABD

1.1.3 企业的注册流程与注册制度的创新

在实务中，注册企业是非常烦琐的，近年来各地政府部门也一直在努力简化群众办事流程，下面即对企业新的注册流程与注册制度的创新进行介绍。

1. 企业的注册流程

虽然不同类型的企业其注册的具体流程不尽相同，但是在一般情况下，企业的注册流程主要包括以下几个环节。

（1）确定企业形式、注册资本、股东及其出资比例，以及经营范围等。

企业分为有限责任公司、股份有限公司、个人独资公司、合伙企业等。在注册公司前，首先需要确定企业的形式、注册资本、股东及其出资比例、经营范围等，然后再根据企业的形式进行注册。前文已对不同企业的注册资本、股东及其出资比例等进行了介绍，下面具体讲解企业经营范围的确定。

企业经营范围是企业从事经营活动的业务范围，应当依法经企业登记机关登记。申请人应当参照《国民经济行业分类》选择一种或多种小类、中类或大类并自主提出经营范围登记申请。对《国民经济行业分类》中没有规范的新兴行业或具体经营项目，可以参照政策文件、行业习惯或专业文献等提出申请。企业的经营范围应当与章程或合伙协议规定相一致。经营范围发生变化的，企业应对章程或合伙协议进行修订，并向企业登记机关申请变更登记。

企业的经营范围必须要明确，以后的业务范围不能超出企业经营范围，可以将现在要做的或以后可能要做的业务写入经营范围；如果涉及行业准入的经营范围，还应办理该行业的准入许可。根据规定，企业申请的经营范围中有下列情形的，企业登记机关不予登记。

◆ 属于前置许可经营项目，不能提交审批机关的批准文件、证件的。
◆ 法律、行政法规或国务院决定规定特定行业的企业只能从事经过批准的项目而企业申请其他项目的。
◆ 法律、行政法规或国务院决定等规定禁止企业经营的。

企业有下列情形的，应当停止有关项目的经营并及时向企业登记机关申请办理经营范围变更登记或注销登记。

◆ 经营范围中属于前置许可经营项目以外的经营项目，因法律、行政法规或国务院决定规定调整为前置许可经营项目后，企业未按有关规定申请办理审批手续并获得批准的。
◆ 经营范围中的前置许可经营项目，法律、行政法规或国务院决定规定重新办理审批，企业未按有关规定申请办理审批手续并获得批准的。
◆ 经营范围中的前置许可经营项目，审批机关批准的经营期限届满，企业未重新申请办理审批手续并获得批准的。
◆ 经营范围中的前置许可经营项目被吊销、撤销许可证或其他批准文件的。

（2）名称核准。

公司的名称需要进行核准，由于可能存在重名，建议准备 3~5 个名称以进行公司名称核准。常见的公司名称一般有以下三种形式，注册时任选其一即可。

◆ 地区＋字号＋行业＋组织形式，如成都衡安企业登记代理服务有限公司。
◆ 字号＋（地区）＋行业＋组织形式，如乐途（上海）网络有限公司。
◆ 字号＋行业＋（地区）＋组织形式，如乐途网络科技（上海）有限责任公司。

企业名称核准一般需要提交的材料包括企业（字号）名称预先核准申请表、申请人身份证明或委托书、股东身份证明等。

根据规定，企业名称有下列情形之一的，不予核准。

◆ 与同一工商行政管理机关核准或登记注册的同行业企业名称字号相同，有投资关系的除外。
◆ 与同一工商行政管理机关核准或登记注册符合《企业名称登记管理实施办法》第十八条的企业名称字号相同，有投资关系的除外。
◆ 与其他企业变更名称未满 1 年的原名称相同。
◆ 与注销登记或被吊销营业执照未满 3 年的企业名称相同。
◆ 其他违反法律、行政法规的。

名师点拨

在起名时，建议在"国家企业信用信息公示系统"上查询名称是否已经被注册。在确定名称时，建议尽量选用两个字，减少查询名称的时间，增加通过率；不要起大众化、通俗化的名字，要起有个性、有特点的名字，增加通过率。

（3）工商登记。

核准名称之后，就需要进行工商登记。工商登记是政府对申请人进入市场的条件进行审查的基础上，通过注册登记确认申请人从事市场经营活动的资格，使其获得实际营业权的各项活动的总称。企业设立登记是企业从事经营活动的前提，非经设立登记未领取营业执照的，不得从事商业活动。依法设立的公司，由公司登记机关发给公司营业执照，公司营业执照签发日期为公司成立日期。

公司注册登记需要提交的材料主要如下。

◆ 填写完毕的《公司设立登记申请书》。
◆ 公司申请登记的委托书。
◆ 股东会决议。
◆ 股东证明。
◆ 公司章程。
◆ 住所使用证明（租房协议、产权证等）。
◆ 董事会决议、监事会决议。
◆ 股东或发起人的法人资格证明或自然人身份证明。
◆ 董事、监事、经理、董事长或董事的任职证明。
◆ 公司的经营范围中属于法律法规规定的必须报经审批的项目，需提交部门的批准文件。

工商登记后，即可在规定的工作日内拿到营业执照。在"多证合一、一照一码"实施后，各个商事主体的营业执照、组织机构代码证、税务登记证、社保登记证、统计登记证、刻章许可证、住房公积金缴存登记等，在商事登记部门"一表申请、一门受理、一次审核、信息互认、多证合一、档案共享"登记模式的基础上，只发放记载有统一社会信用代码的营业执照，不再发放商事主体的组织机构代码证、税务登记证、刻章许可证、社保登记证、统计登记证等，赋予营业执照以上证（照）的全部功能。

（4）印章刻制。

营业执照取得后，即可进行印章刻制。任何单位（包括个体工商户）刻制单位印章，都需要向当地公安局申请单位印章刻制，并打印出《公安局网络公章刻制申请表》到公安局刻制印章。新公司注册登记时，在领得营业执照后，需要刻制的印章包括公司公章、财务专用章、发票专用章、法人章、合同章等。刻制印章需要提交的材料如下。

◆ 法人身份证原件及复印件。

◆ 营业执照副本原件及复印件。

◆ 介绍信等。

（5）银行开户。

在领取营业执照、刻制印章之后，企业的注册就基本完成了，但是要想从事经营活动，还需要到银行开立账户。银行账户的设立主要用于企业货币资金的收入与支出、与客户或供应商之间资金流的往来等，对企业的日常经营活动起到非常重大的作用。

单位银行结算账户是指存款人以单位名称开立的银行结算账户。单位银行结算账户按用途不同，可分为基本存款账户、一般存款账户、专用存款账户和临时存款账户。个体工商户凭营业执照以字号或经营者姓名开立的银行结算账户被纳入单位银行结算账户管理。单位银行结算账户的开立与使用如表1-2所示。

表1-2　单位银行结算账户的开立与使用

类型	适用范围	存现	提现	注意事项
基本存款账户	①资金收付 ②存款人的工资、奖金支取 ③现金的支取	√	√	一个单位只能开立一个基本存款账户
一般存款账户	①存款人借款转存 ②借款归还 ③其他结算的资金收付 ④现金缴存	√	×	一般存款账户不能用于支取现金，即"只收不付"
专用存款账户	①基本建设资金 ②住房基金、社会保障基金 ③单位银行卡备用金 ④证券交易结算资金 ⑤党、团、工会设在单位的组织机构经费等	不同账户 规定不同		①单位银行卡账户的资金必须由其基本存款账户转账存入，该账户不得用于办理现金收付业务 ②证券交易结算资金、期货交易保证金和信托基金专用存款账户不得用于支取现金
临时存款账户	①设立临时机构 ②异地临时经营活动 ③注册验资、增资等	√	√	①有效期限最长不得超过2年 ②注册验资的临时存款账户在验资期间只收不付

公司银行开户一般需要的材料包括如下内容。

◆ 营业执照（正本或副本）原件及复印件。

◆ 公章、财务章、法人章。

◆ 法人身份证原件及复印件。

◆ 经办人身份证原件及复印件。

◆ 银行审批表（银行开户申请表）。

◆ 介绍信等。

（6）税务登记。

银行开户完毕后，企业还需要到税务机关进行税务登记并进行税种核定。税务登记是税务机关对纳税人的基本情况及生产经营项目进行登记管理的基本制度，是税收征收管理的起点。其作用在于掌握纳税人的基本情况和税源分布情况。

新办企业需要在领取营业执照后一个月内到税务机关分派专管员，并核定企业应当缴纳税金的税种、税率和纳税申报时间等。办理税务登记所需的材料主要如下。

◆ 办理营业执照时所需的所有材料（各个地区情况有所不同）。

◆ 营业执照原件及其复印件。

◆《纳税人税种登记表》。

◆《税务登记表》（个别地区需要填写）。

在进行税种核定的同时，还需要进行实名认证（法人和财务人员）及网上办税（办理网上办税时，纳税人还需要填写关于申请采用网上办税的声明）。办理网上办税后，即可通过相关系统直接缴税，此时还需要办理三方协议（银行、税务和企业），企业可以到税务机关领取三方协议，到开户银行办理相关手续，然后再回税务机关办理三方协议手续。在办理三方协议时，授权扣款协议书可以直接在网上或柜台人员处打印，经办人在协议书上加盖企业公章即可。

（7）发票领购。

在税务机关报道完毕后，企业即可向主管税务机关申请领购发票。在提交的相关申请和资料经税务机关审核后，纳税人即可领取发票领购簿。对于首次申请领购发票的单位而言，其应当提出购票申请，提供经办人身份证明、财务专用章或发票专用章印模、税务行政许可申请表、领取发票领购簿申请书、领购发票申请表、营业执照副本等。对于一般纳税人而言，领购增值税专用发票还要先进行增值税一般纳税人登记，经税务机关审批增值税专用发票最高开票限额。申请发票后，即可按照以下方式领取发票。

◆ **自助终端领取**：纳税人可以持税控设备、身份证原件，到办税服务厅自助办税终端机领取。

◆ **电子税务局邮寄**：纳税人可以在电子税务局上进行申请并领用增值税发票，选择发票邮寄。

◆ **办税服务厅窗口领取**：纳税人可以持身份证、发票领购簿、税控设备等，前往税务机关办税服务厅办理领取。

名师点拨

需要注意的是，在实务中，各个地区注册的流程和所需的资料可能会有所差异，不一定与上述知识完全相同，具体情况还需要详细咨询当地工商局、税务机关和银行。

2. 企业注册制度的创新

近年来，各地政府部门为了简化办事流程，在企业工商、税务方面都有着比较大的改革和变化，下面即从工商税务各方面的变化对企业注册制度的创新进行介绍。

（1）注册资本登记制度改革。

注册资本登记制度改革主要包括以下5个方面的内容。

①推进注册资本由实缴登记制改为认缴登记制，降低开办公司的门槛和成本。

②将企业年度检验制度改为企业年度报告公示制度，为市场主体提供便捷、高效的服务。

③推行电子营业执照和全程电子化登记管理。

④简化名称登记手续，放宽经营范围登记，放宽市场主体住所（经营场所）登记条件。

⑤加快建立全省市场主体信用信息公示体系，既方便市场主体准入，又有效保障经济社会秩序。

（2）"多证合一、一照一码"登记制度。

自2015年10月1日起，登记税制改革在全国推行，从"三证合一"推进为"五证合一"，又推进为"多证合一、一照一码"。"多证合一、一照一码"的具体内容：在全面实施企业及农民专业合作社工商营业执照、组织机构代码证、税务登记证、社会保险登记证、统计登记证"五证合一、一照一码"登记制度改革和个体工商户工商营业执照、税务登记证"两证整合"的基础上，将涉及企业、个体工商户和农民专业合作社（以下统称企业）登记、备案等有关事项和各类证照进一步整合到营业执照上，实现"多证合一、一照一码"。这使"一照一码"营业执照成为企业唯一的"身份证"，使统一社会信用代码成为企业唯一的身份代码，实现"一照一码"走天下。

（3）企业简易注册登记改革。

工商部门在企业注册登记时通过线上线下多种方式，向企业发放涉税事项告知书，提醒企业及时到税务部门办理涉税事宜。工商部门在企业注册登记环节还增加了"核算方式"和"从业人数"两项采集内容。企业在工商部门注册登记后，税务部门通过信息共享获取工商登记信息，不再重复采集。企业登记信息发生变化的，对于工商变更登记事项，税务部门提醒企业及时到工商部门办理变更登记；对于税务变更登记事项，税务部门要回传给工商部门。

（4）国税地税征管体制改革。

改革国税地税征管体制是加强党对税收工作全面领导、增强税收服务国家治理职能作用的重大改革。国税地税征管体制改革的主要内容是合并省级及省级以下国税地税机构，实行以国家税务总局与省（自治区、直辖市）政府双重领导管理体制，将基本养老保险费、基本医疗保险费、失业保险费等各项社会保险费交由税务部门统一征收。届时税务系统将实现"六个统一"，即国税地税业务"一厅通办"、国税地税业务"一网通办"、12366"一键咨询"、实名信息一次采集、统一税务检查、统一税收执法标准。此次改革一方面可以降低征纳成本，理顺职责关系，提高征管效率；另一方面，纳税人将减少报送办税资料，各省份税务机关梳理原国税地税相同业务的事项清单，整合报送资料，统一资料归档，实现纳税人同一资料只报送一套、同一涉税事项只需申请一次，能够为纳税人提供更加优质、高效、便利的服务。

1.2 企业筹建期的财税处理

对于每个新办企业而言，其都要经历筹建、建设、生产、销售或服务等阶段。企业在筹建期间尚未进入正常的生产经营阶段，因此筹建期间的税务处理会与正常生产经营期间的税务处理有所差异，下面即对筹建期的相关业务进行介绍。

1.2.1 筹建期的含义

筹建期是指从企业被批准筹建之日起至开始生产、经营（包括试生产、试营业）之日的期间。"被批准筹建之日"具体是指企业所签订的投资协议后和合同被我国政府批准之日，实务中一般为营业执照上的成立日期。

需要说明的是，对于筹建期结束的界定，相关法律法规并未做出具体规定，在实务中主要包括以下3种界定方法。

（1）领取营业执照之日。

（2）取得第一笔收入之日。

（3）开始投入生产经营之日。

由于行业不同，所以各企业对筹建期结束的界定会有所不同。对于商业企业而言，装修完毕，购入商品，即可以进行销售，则代表筹建期结束；对于工业企业而言，生产设施准备完毕，购入原材料，可以进行正常生产，即筹建期结束；对于服务业企业而言，由于没有具体形式的商品，所以达到可以对外经营的标准，即筹建期结束。

1.2.2 企业收到投资者投入资本的财税处理

投资者在企业筹建期投入企业的资金即为资本金。根据投资者的不同，资本金可以分为国家资本金、法人资本金、个人资本金和外商资本金4种类型。在具体处理投资者投入的资金前，还需注意以下事项。

◆ 企业的注册资本也称法定资本，是企业在设立时筹集的、由企业章程明确规定的、经过企业登记机关依法登记的资本，是股东认缴或认购的出资额，即股东打算交给企业的钱。

◆ 企业的实收资本即企业在成立时实际收到的股东的出资总额，也就是企业实际收到的钱。按照我国法律要求，实收资本同注册资本在数额上应当是相等的。另外，若收到超过注册资金所占份额的资本，应将其作为企业的资本公积。

股东投资创办企业，除了常见的用货币资金投资外，还包括用厂房、机器设备、专利技术等非货币资产作价投资。投资方式不同，其账务处理也会有所不同。

1. 货币资金投资

货币性资产是指企业持有的货币资金和将以固定或可确定的金额收取的资产，包括库存现金、银行存款、应收账款和应收票据等。企业收到货币资金投资时，若以人民币现金投资，应以实际收到或存入开户银行的金额确定银行存款或库存现金的入账价值；若以外币投资，则应将外币按照投资日的即期汇率折算为记账本位币。投资者以货币资金出资，应当将货币出资足额存入企业在银行开设的账户。当企业收到投资者或所有者投入的货币资产时，应进行如下账务处理。

（1）股份有限公司以外的企业接受货币资金投资。

借：银行存款等（实际收到的金额或存入企业开户银行的金额）

    贷：实收资本（按投资合同或协议约定的投资者在企业注册资本中所占份额的部分）

        资本公积——资本溢价（差额）

【案例1-1】甲和乙共同投资设立A有限责任公司（以下简称"A公司"），注册资本为500万元，按照协议规定，甲、乙投入的资本分别为300万元和200万元，甲、乙持股比例分别为60%、40%。A公司已收到甲、乙投资者一次缴足的款项。根据上述资料，A公司应如何编制会计分录？

【案例解析】股份有限公司以外的企业接受货币资金投资，具体账务处理如下。

借：银行存款   5 000 000

    贷：实收资本——甲   3 000 000

          ——乙   2 000 000

（2）股份有限公司接受货币资金投资。

股份有限公司在核定的股本总额及核定的股份总额的范围内发行股票时，应在实际收到现金资产时进行如下会计处理。

借：银行存款等（发行价格 × 发行数量 – 发行费用）

    贷：股本（股数 × 面值）

        资本公积——股本溢价（差额）

股份有限公司对于发行股票发生的手续费、佣金等交易费用，应从溢价中抵扣，即冲减资本公积（股本溢价）；属于按面值发行无溢价的，或溢价金额不足冲减的，应将不足冲减的部分依次冲减盈余公积和未分配利润。

【案例1-2】甲上市公司发行普通股1 000万股，每股面值1元，每股发行价格5元，支付手续费20万元，支付咨询费60万元。根据上述资料，甲上市公司应如何编制会计分录？

【案例解析】股份有限公司接受货币资金投资应确认的股本＝股数 × 面值＝1 000×1＝1 000（万元），相关会计分录如下。

借：银行存款   50 000 000

    贷：股本   10 000 000

        资本公积——股本溢价   40 000 000

同时，从溢价中抵扣手续费、咨询费等交易费用。

借：资本公积——股本溢价   800 000

    贷：银行存款   800 000

2. 非货币资金投资

除了投入货币资金这种常见的形式外，投入非货币资金的形式逐渐被很多企业采纳。投资者投入的非货币资金主要包括原材料、固定资产（如生产设备）和无形资产（如知识产权、土地使用权）等，但是非货币资金均需要用货币估价后才能入账。

（1）投入固定资产。

企业接受投资者作价投入的机器设备等固定资产时，应将投资合同或协议约定价值作为固定资产的入账价值（但投资合同或协议约定价值不公允的除外）和投资者在注册资本中应享有的份额。相关会计分录如下。

借：固定资产（按投资合同或协议约定的价值）

应交税费——应交增值税（进项税额）

贷：实收资本或股本（合同或协议约定的投资者在企业注册资本中享有的份额）

资本公积——资本溢价或股本溢价（差额）

【案例1-3】甲有限责任公司收到乙公司的机器设备出资，设备的原价为80万元，已计提的折旧为30万元，投资合同约定该设备的价值为60万元（与公允价值相同且不考虑增值税），占注册资本50万元。假设不考虑其他因素，甲有限责任公司应当如何进行账务处理？

【案例解析】本案例为接受投入固定资产的账务处理。甲有限责任公司接受乙公司投入的机器设备时，应编制如下会计分录。

借：固定资产　　　　　　　　　　600 000

　　贷：实收资本　　　　　　　　500 000

　　　　资本公积——资本溢价　　100 000

（2）投入材料物资。

企业接受投资者作价投入的材料物资，应按投资合同或协议约定价值确定材料物资价值（但投资合同或协议约定价值不公允的除外）和投资者在注册资本中应享有的份额。相关会计分录如下。

借：原材料（按投资合同或协议约定的价值）

应交税费——应交增值税（进项税额）

贷：实收资本或股本（合同或协议约定的投资者在企业注册资本中享有的份额）

资本公积——资本溢价或股本溢价（差额）

【例题·单选题】甲有限责任公司为增值税一般纳税人，适用的增值税税率为13%。甲有限责任公司接受乙公司投资转入的原材料一批，账面价值为150万元，约定价值为100万元，假设合同约定的价值与公允价值相符，该项投资未产生资本溢价。甲有限责任公司收到材料确认的实收资本为（　）万元。

A. 150　　　　　　B. 169.5　　　　　　C. 100　　　　　　D. 113

【解析】本题考查投入非货币资金的核算。甲有限责任公司接受的乙公司投入的原材料应将合同约定金额与增值税进项税额之和作为实收资本，即$100×（1+13\%）=113$（万元）。

【答案】D

（3）接受投入无形资产。

企业收到以无形资产方式投入的资本，应按投资合同或协议约定价值确定无形资产价值（但投资合同或协议约定价值不公允的除外）和投资者在注册资本中应享有的份额。相关会计分录如下。

借：无形资产（按投资合同或协议约定的价值）

应交税费——应交增值税（进项税额）

贷：实收资本或股本（合同或协议约定的投资者在企业注册资本中享有的份额）

资本公积——资本溢价或股本溢价（差额）

名师点拨

企业接受非货币资产投资的业务，一般应将投资合同或协议约定的价值作为固定资产、无形资产的入账价值。如果投资合同或协议约定的价值不公允，则按照公允价值入账。

【案例1-4】A公司为增值税一般纳税人（有限责任公司），其成立于2019年8月1日，其在成立初期收到了以下投资。

①甲投入货币资金3 000 000元，占注册资本的60%。

②乙以一项固定资产（机器设备）作价投资，投资合同中约定的价值为 1 500 000 元（含税），该价值与其公允价值相同，其占注册资本的30%。

③丙以一项专利权投资，投资合同中约定的价值为 500 000 元（含税），该价值与其公允价值相同，其占注册资本的10%。

假设 A 公司成立初期取得的非货币投资均取得了增值税专用发票，A 公司应当如何进行账务处理？

【案例解析】根据资料①②③，A 公司注册资本总额 = 3 000 000+1 500 000+500 000 = 5 000 000（元），甲、乙、丙所占份额分别为60%、30%、10%。其中，收到的固定资产的入账价值 = 1 500 000 ÷（1+13%）= 1 327 433.63（元），可抵扣的增值税进项税额 = 1 327 433.63 × 13% = 172 566.37（元）；专利权的入账价值 = 500 000 ÷（1+6%）=471 698.11（元），可抵扣的增值税进项税额 = 471 698.11 × 6%=28 301.89（元）。因此，A 公司收到上述投资时，应编制如下会计分录。

```
借：银行存款                              3 000 000
    固定资产——机器设备                    1 327 433.63
    无形资产——专利权                        471 698.11
    应交税费——应交增值税（进项税额）        200 868.26
    贷：实收资本——甲                                    3 000 000
              ——乙                                    1 500 000
              ——丙                                      500 000
```

1.2.3 筹建期开办费的财税处理

开办费是指企业在筹建期发生的费用，包括人员工资、办公费、培训费、差旅费、印刷费、注册登记费以及不计入固定资产和无形资产成本的汇兑损益和利息等支出，具体内容如下。

1. 开办费的列支范围

筹建期间发生的如下费用，应当作为开办费列支。

（1）筹建人员开支的费用。其主要包括以下 3 种情况。

◆ 筹建人员的劳务费用。筹建人员的劳务费用具体包括筹办人员的工资、奖金等工资性支出，以及应交纳的各种社会保险。

◆ 差旅费。差旅费包括市内交通费和外埠差旅费。

◆ 董事会费和联合委员会费。

（2）企业登记、公证的费用。其主要包括登记费、验资费、税务登记费、公证费等。

（3）筹措资本的费用。其主要是指筹资支付的手续费以及不计入固定资产和无形资产的汇兑损益和利息等。

（4）人员培训费。主要有以下 2 种情况。

◆ 引进设备和技术需要消化吸收，选派一些职工在筹建期间外出进修学习的费用。

◆ 聘请专家进行技术指导和培训的劳务费及相关费用。

（5）企业资产的摊销、报废和毁损。

（6）其他费用，其主要包括以下 4 项。

◆ 筹建期间发生的办公费、广告费、交际应酬费。

◆ 印花税。

◆ 经投资方确认由企业负担的进行可行性研究所发生的费用。

◆ 其他与筹建有关的费用，如资讯调查费、诉讼费、文件印刷费、通信费以及庆典礼品费等支出。

需要注意的是，企业发生的如下费用不列入开办费的范围。

（1）取得各项资产所发生的费用，包括购建固定资产和无形资产时支付的运输费、安装费、保险费和购建时发生的相关人工费用。

（2）规定应由投资方负担的费用，如投资方为筹建企业进行了调查、洽谈发生的差旅费、咨询费、招待费等支出。另外根据规定，中外合资进行谈判时，要求外商洽谈业务所发生的招待费用不得列作企业开办费，由提出邀请的企业负担。

（3）为培训职工而购建的固定资产、无形资产等支出不得列作开办费。

（4）投资方因投入资本自行筹措款项所支付的利息，不得计入开办费，应由投资方自行负担。

（5）以外币现金存入银行而支付的手续费，该费用应由投资方负担。

2．开办费的账务处理

根据规定，企业在筹建期间内发生的开办费，包括人员工资、办公费、培训费、差旅费、印刷费、注册登记费以及不计入固定资产价值的借款费用等，应当计入管理费用。具体账务处理如下。

借：管理费用——开办费

贷：库存现金、银行存款等

【案例1-5】甲公司成立于2019年6月1日，成立后就进入筹办期，到2019年12月31日尚未筹建结束，无任何收入。2019年度共发生筹建费用50万元，其中业务招待费15万元。假设不考虑增值税等其他税费，甲公司应当如何进行账务处理？

【案例解析】根据规定，企业在筹建期间内发生的开办费应当计入管理费用，因此甲公司应当进行的账务处理如下。

借：管理费用——开办费　　　　　　500 000

贷：银行存款　　　　　　　　　500 000

3．开办费的税务处理

开办费包含的内容较多，其在税务方面的规定也比较多，下面即对开办费的税务处理进行介绍。

◆ **增值税：** 新设立的企业，在筹建期间也会发生一些活动从而取得一定数量的增值税扣税凭证。如进行基础建设、购买办公和生产设备、建账建制、招聘员工、联系进销渠道等。若企业在筹建期间未能及时认定为一般纳税人，在税务机关的征管系统中存在一段时期的小规模纳税人状态，会导致其取得的增值税扣税凭证在抵扣进项税额时遇到障碍。纳税人自办理税务登记至认定或登记为一般纳税人期间，未取得生产经营收入，未按照销售额和征收率简易计算应纳税额申报缴纳增值税的，其在此期间取得的增值税扣税凭证，可以在认定或登记为一般纳税人后抵扣进项税额。取得的增值税专用发票无法抵扣的，由销售方纳税人开具红字增值税专用发票后重新开具蓝字增值税专用发票。取得的海关进口增值税专用缴款书，经国家税务总局稽核比对相符后抵扣进项税额。

◆ **所得税：** 根据规定，开办费未明确列作长期待摊费用，企业可以在开始经营之日的当年一次性扣除，也可以按照有关长期待摊费用的处理规定处理，但一经选定，不得改变。另外，企业筹办期间不计算为亏损年度。企业自开始生产经营的年度，为开始计算企业损益的年度。企业从事生产经营之前进行筹办活动期间发生筹办费用支出，不得计算为当期的亏损。根据规定，企业在筹建期间发生的与筹办活动有关的业务招待费支出，可按实际发生额的60%计入企业筹办费，并按有关规定在税前扣除；发生的广告费和业务宣传费，可按实际发生额计入企业筹办费，并按有关规定在税前扣除。

1.2.4 筹建期房租、装修费的财税处理

很多情况下，出于对经济效益的考虑，企业可能不会选择购买厂房或办公场所，而会优先选择租赁房屋进行生产经营。企业租赁厂房和办公场所一般也发生在筹建期间。另外，企业在筹建

过程中，可能会对房屋进行装修以满足其以后生产经营的需要。下面即对企业筹建期间房租、装修费的处理进行介绍。

1. 房租

通常，企业会选择以预付的方式租赁房屋，如"押一付一""押一付三"，以及不支付押金而预付较长时间房租等方式。"押"是指企业需要交纳的押金，是企业日后可以收回的资金，通常为1个月的房租，一般作为"其他应收款"项目核算；"付"是指企业需要预先支付的房租，可能是1个月的房租，也可能是3个月的房租，具体由企业和业主自行约定。与企业房租相关的账务处理主要如下。

（1）预先支付房租时。

借：其他应收款
　　预付账款
　　贷：银行存款

（2）分月摊销房租时。

企业通常都是预先支付一段时间的房租，所以支付的房租是在一段时间内受益的，按照权责发生制的要求，企业所支付的房租就应该在这些受益期间内摊销。在实务中，房租一般是按月分摊的。企业分摊当月应负担的房租时，应增加当月的管理费用，同时冲销一个月的预付账款。因此，企业在分月摊销房租时，会涉及"管理费用"和"预付账款"科目。

借：管理费用
　　贷：预付账款

【案例1-6】2019年7月1日，甲公司租赁了一处房屋作为企业的厂房，合同约定，每月租金为15 000元，支付方式为"押一付三"，签订合同的当天通过银行转账的方式支付了房屋租金。假设不考虑其他因素，甲公司应如何进行账务处理？

【案例解析】甲公司采取银行转账的方式支付房租，会使企业的银行存款减少，支付房租的方式为"押一付三"，那么企业支付的全部房租中有一个月的房租属于企业日后可以收回的押金，其余3个月的房租属于预先支付的费用，应当分月摊销。因此，甲公司支付该笔房租应编制如下会计分录。

①预先支付房租时。

借：其他应收款　　　　　15 000
　　预付账款　　　　　　45 000
　　贷：银行存款　　　　　　60 000

②2019年7月31日，分摊当月应负担的房租时。

借：管理费用　　　　　　15 000
　　贷：预付账款　　　　　　15 000

③2019年8月31日，分摊当月应负担的房租时。

借：管理费用　　　　　　15 000
　　贷：预付账款　　　　　　15 000

2. 装修费

一般情况下，企业对房屋进行装修后，其受益期间会较长，通常会超过几年，因此，发生的装修费应当作为企业的长期待摊费用来进行核算，同时装修费的支付会减少企业的银行存款和库存现金。按照权责发生制的要求，企业支付的装修费不能一次性计入管理费用中，而应该从装修完成的次月起开始摊销，其摊销年限不得低于3年。企业发生装修费相关的账务处理如下。

（1）支付装修费时。

借：长期待摊费用
　　贷：银行存款、库存现金等

（2）摊销装修费时。

借：管理费用

　　贷：长期待摊费用

【案例1-7】2019年8月，甲公司对其租赁的办公用房进行了装修，共花费了18 000元，款项均以银行存款支付。另外，该公司长期待摊费用的摊销年限为3年，摊销方式为按月进行摊销。对于该笔装修费，甲公司应如何进行账务处理？

【案例解析】甲公司对租赁的房屋进行装修，发生的装修费应于实际支付时计入长期待摊费用，同时在装修完成的次月起对装修费进行摊销，每月应摊销的金额＝18 000÷3÷12=500（元）。

①支付装修费时。

借：长期待摊费用　　　　　18 000

　　贷：银行存款　　　　　　　18 000

②按月摊销时。

借：管理费用　　　　　　　500

　　贷：长期待摊费用　　　　　500

1.3　企业筹建期的涉税事项

企业在筹建期间发生各项活动还可能会涉及相关税费，如印花税、房产税等，下面即对企业筹建期的涉税事项进行介绍。

1.3.1　印花税

印花税是对经济活动和经济交往中书立、使用、领受的应税经济凭证征收的一种税。印花税因其采用在应税凭证上粘贴印花税票的方法缴纳税款而得名。

1. 印花税的纳税义务人

印花税的纳税义务人是指在中华人民共和国境内书立、使用、领受印花税法所列举的凭证并应依法履行纳税义务的单位和个人。印花税的纳税义务人根据书立、使用、领受应税凭证的不同，可以分别确定为立合同人、立据人、立账簿人、领受人、使用人和各类电子应税凭证的签订人，具体内容如表1-3所示。

表1-3　印花税的纳税人

纳税人类别	解释
立合同人	合同的当事人，即对凭证有直接权利义务关系的单位和个人，但不包括合同的担保人、证人、鉴定人，各类合同的纳税人为立合同人
立据人	产权转移书据的纳税人为立据人，立据人即土地、房屋权属转移过程中买卖双方的当事人
立账簿人	营业账簿的纳税人为立账簿人，立账簿人即设立并使用营业账簿的单位和个人
领受人	权利、许可证照的纳税人为领受人，领受人即领取或接受并持有该项凭证的单位和个人
使用人	在国外书立、领受，但在国内使用应税凭证，纳税人为使用人
各类电子应税凭证的签订人	即以电子形式签订的各类应税凭证的当事人

2. 印花税的税目和税率

印花税总共有13个税目，主要包括各类合同，产权转移书据，营业账簿和权利、许可证照等。印花税税率较低，主要包括比例税率和定额税率两种形式。印花税的税目和税率总结如表1-4所示。

表 1-4 印花税的税目和税率总结

税目	范围	税率	纳税人
购销合同	包括供应、预购、采购、购销结合及协作、调剂、补偿、贸易等合同，还包括各出版单位与发行单位（不包括订阅单位和个人）之间订立的图书、报刊等凭证	按购销金额 0.3‰贴花	立合同人
加工承揽合同	包括加工、定作、修缮、修理、印刷、广告、测绘、测试等合同	按加工或承揽收入 0.5‰贴花	立合同人
建设工程勘察设计合同	包括勘察、设计合同	按收取费用 0.5‰贴花	立合同人
建筑安装工程承包合同	包括建筑、安装工程承包合同。承包合同包括总承包合同、分包合同和转包合同	按承包金额 0.3‰贴花	立合同人
财产租赁合同	包括租赁房屋、船舶、飞机、机动车辆、机械、器具、设备等，还包括企业、个人出租门店、柜台等所签订的合同	按租赁金额的 1‰贴花，税额不足 1 元的，按 1 元贴花	立合同人
仓储保管合同	包括仓储、保管合同，以及作为合同使用的仓单、栈单等	按仓储费用、保管费用的 1‰贴花	立合同人
借款合同	银行及其他金融组织和借款人（不包括银行同业拆借）所签订的合同，以及只填开借据并作为合同使用、取得银行借款的借据。另外，融资租赁合同也属于借款合同	按借款金额 0.05‰贴花	立合同人
货物运输合同	包括民用航空运输、铁路运输、海上运输、公路运输和联运合同，以及作为合同使用的单据	按运输费用 0.5‰贴花	立合同人
财产保险合同	包括财产、责任、保证、信用保险合同，以及作为合同使用的单据。财产保险合同包括企业财产保险、机动车辆保险、货物运输保险、家庭财产保险	按保险费收入 1‰贴花	立合同人
技术合同	包括技术开发、转让、咨询、服务等合同，以及作为合同使用的单据	按所载金额 0.3‰贴花	立合同人
证券（股票）交易	买卖、继承、赠与所书立的 A 股、B 股股权转让书据	成交金额的 1‰	证券交易的出让方
产权转移书据	包括财产所有权、版权、商标专用权、专利权、专有技术使用权等转移书据和专利实施许可合同、土地使用权出让合同、土地使用权转让合同、商品房销售合同等权利转移合同	按所载金额 0.5‰贴花	立据人
营业账簿	单位或个人记载生产经营活动的财务会计核算账簿	记载资金的账簿，按"实收资本"和"资本公积"的合计金额 0.25‰贴花，其他账簿免征印花税	立账簿人
权利、许可证照	包括政府部门发给的房屋产权证、工商营业执照、商标注册证、专利证、土地使用证	按件贴花5元	领受人

知识拓展

发电厂与电网之间、电网与电网之间（国家电网、南方电网系统内部各级电网互供电量除外）签订的购售电合同按购销合同征收印花税。电网与用户之间签订的供用电合同不属于印花税列举征税的范围，不征收印花税。

【例题·多选题】下列合同中，不应按"购销合同"税目征收印花税的有（　　）。

A. 企业之间签订的土地使用权转让合同

B. 发电厂与电网之间签订的购售电合同

C. 电网与用户之间签订的供用电合同

D. 开发商与个人之间签订的商品房销售合同

E. 银行与工商企业之间签订的融资租赁合同

【解析】本题考查印花税。土地使用权出让合同、土地使用权转让合同、商品房销售合同按照产权转移书据征收印花税，因此选项A、D应按"产权转移书据"税目征收印花税；选项C，电网与用户之间签订的供用电合同不属于印花税列举征税的范围，不征收印花税；选项E应按"借款合同"税目征收印花税。

【答案】ACDE

3. 印花税的计税依据

印花税的计税依据为各种应税凭证上所记载的计税金额，具体规定如下。

（1）购销合同的计税依据为购销金额。

（2）加工承揽合同的计税依据为加工或承揽收入的金额。由受托方提供原材料的加工、定作合同，凡在合同中分别记载加工费金额和原材料金额的，应分别按加工承揽合同、购销合同计税，两项税额相加数，即为合同应贴印花；若合同中未分别记载，则应按全部金额，依照加工承揽合同计税贴花。例如，4月A公司与B公司签订委托加工合同200万元，A公司为受托方，B公司为委托方，原材料（70万元）由A公司提供，则4月应纳印花税$=200×0.05\%+70×0.03\%=0.121$（万元）。

由委托方提供主要材料或原料，受托方只提供辅助材料的加工合同，无论加工费和辅助材料金额是否分别记载，均以辅助材料金额与加工费的合计数，依照加工承揽合同计税贴花，委托方提供的主要材料或原料金额不计税贴花。例如，上述原材料若由B公司提供，其余条件不变，则4月应纳印花税$=200×0.05\%=0.1$（万元）。

（3）建设工程勘察设计合同的计税依据为收取的费用。

（4）建筑安装工程承包合同的计税依据为承包金额。

（5）财产租赁合同的计税依据为租赁金额；经计算，税额不足1元的，按1元贴花。

（6）货物运输合同的计税依据为运输费用，但不包括装卸费用、保险费。

（7）仓储保管合同的计税依据为仓储保管费用。

（8）借款合同的计税依据为借款金额。

（9）财产保险合同的计税依据为保险费，不包括所保财产的金额。

（10）技术合同的计税依据为合同所载金额、报酬或使用费。

（11）产权转移书据的计税依据为合同所载金额。

（12）营业账簿税目中记载资金的账簿的计税依据为"实收资本"与"资本公积"两项的合计金额。其他账簿免征印花税。

（13）权利、许可证照的计税依据为应税凭证件数。

另外，印花税的计税依据还有一些特殊的规定，具体如下。

（1）各类凭证以"金额""收入""费用"作为计税依据的，应当全额计税，不得做任何扣除。

（2）同一凭证，载有两个或两个以上经济事项而适用不同税目税率，如果分别记载金额的，应分别计算应纳税额，相加后按合计税额贴花；如果未分别记载金额的，按税率高的计税贴花。

（3）按金额比例贴花的应税凭证，未标明金额的，应按照凭证所载数量及国家牌价计算金额；没有国家牌价的，按市场价格计算金额，然后按规定税率计算应纳税额。

（4）应纳税凭证所载金额为外国货币的，纳税人应按照凭证书立当日的中华人民共和国国家外汇管理局公布的外汇牌价折合人民币，计算应纳税额。

（5）应纳税额不足1角的，免纳印花税；应纳税额在1角以上的，其税额尾数不满5分的不计，满5分的按1角计算。

（6）有些合同，在签订时无法确定计税金额，如技术转让合同中的转让收入，是按销售收入的一定比例收取或是按实现利润分成的；财产租赁合同只规定了月（天）租金标准而无租赁期限。对这类合同，可在签订时先按定额5元贴花，以后结算时再按实际金额计税，补贴印花。

（7）商品购销活动中，采用以货换货方式进行商品交易签订的合同，是反映既购又销双重经济行为的合同。对此，应按合同所载的购、销合计金额计税贴花。合同未列明金额的，应按合同所载购、销数量依照国家牌价或市场价格计算应纳税额。

（8）施工单位将自己承包的建设项目，分包或转包给其他施工单位所签订的分包合同或转包合同，应按照新的分包合同或转包合同所载金额计税贴花。这是因为印花税是一种具有行为税性质的凭证税，尽管总承包合同已依法计税贴花，但新的分包合同或转包合同是一种新的凭证，又发生了新的纳税义务。

（9）自2008年9月19日起，对证券交易印花税政策进行调整，由现行双边征收改为单边征收，即只对卖出方（或继承、赠与A股、B股股权的出让方）征收证券（股票）交易印花税，对买入方（受让方）不再征税，税率保持1‰。

（10）对国内各种形式的货物联运，凡在起运地统一结算全程运费的，应以全程运费作为计税依据，由起运地运费结算双方缴纳印花税；凡分程结算运费的，应以分程的运费作为计税依据，分别由办理运费结算的各方缴纳印花税。

> **知识拓展**
>
> 需要明确的是，印花税票为有价证券，其票面金额以人民币为单位，分为1角、2角、5角、1元、2元、5元、10元、50元和100元。

【例题·单选题】甲中学委托乙服装厂加工校服，合同约定布料由学校提供，价值50万元，学校另支付加工费10万元。下列各项关于计算印花税的表述中，正确的是（　　）。

A. 甲中学应以50万元为计税依据，按购销合同的税率计算印花税

B. 乙服装厂应以50万元为计税依据，按加工承揽合同的税率计算印花税

C. 乙服装厂应以10万元加工费为计税依据，按加工承揽合同的税率计算印花税

D. 乙服装厂和甲中学均以60万元为计税依据，按加工承揽合同的税率计算印花税

【解析】本题考查印花税的计税依据。根据规定，对于由委托方提供主要材料或原料，受托方只提供辅助材料的加工合同，无论加工费和辅助材料金额是否分别记载，均以辅助材料金额与加工费的合计数，依照加工承揽合同计税贴花，委托方提供的主要材料或原料金额不计税贴花。

【答案】C

4. 印花税应纳税额的计算

纳税人印花税的应纳税额，根据应纳税凭证的性质，分别按照比例税率或定额税率计算，计算公式如下。

应纳税额＝应税凭证计税金额（或应税凭证件数）×适用税率（或适用税额标准）

【案例1-8】甲企业2019年10月开业，发生的业务事项主要如下。

①领受房屋产权证、工商营业执照、土地使用证各1件。

②与其他企业订立转移专用技术使用权书据1份，所载金额为100万元。

③订立产品购销合同1份，所载金额为200万元。

④订立借款合同一份，所载金额为400万元。

根据以上资料，试计算甲企业应缴纳的印花税税额。

【案例解析】根据公式"应纳税额＝应税凭证计税金额（或应税凭证件数）×适用税率（或适用税额标准）"可知：

①企业领受权利、许可证照应纳税额＝3×5=15（元）；

②企业订立产权转移书据应纳税额＝1 000 000×0.5‰=500（元）；

③企业订立购销合同应纳税额＝2 000 000×0.3‰=600（元）；

④企业订立借款合同应纳税额＝4 000 000×0.05‰=200（元）；

⑤甲企业总共应当缴纳的印花税税额 =15+500+600+200=1 315（元）。

【例题·单选题】甲公司 2019 年 11 月开业，领受营业执照、商标注册证、不动产权证书、专利证书各一件；甲公司与乙公司签订货物运输合同一份，合同载明的运输费用为 50 万元，货物的装卸费用为 1 万元。已知货物运输合同的印花税税率为 0.5‰，权利、许可证照的定额税率为每件 5 元，则甲公司应纳印花税税额为（　　）元。

　　A．170　　　　　　　B．173　　　　　　　C．270　　　　　　　D．275

【解析】本题考查印花税应纳税额的计算。货物运输合同的计税依据为运输费用，但不包括装卸费用、保险费等，应纳印花税税额 = 500 000×0.5‰ =250（元）；权利、许可证照应纳印花税税额 = 4×5=20（元）；总共应缴纳的印花税税额 = 250+20=270（元）。

【答案】C

5．印花税的纳税方法

根据印花税税额大小、应税项目、纳税次数和税收征收管理的需要，印花税的纳税方法主要有 3 种，包括自行贴花、汇贴或汇缴和委托代征。

（1）自行贴花。

自行贴花一般适用于应税凭证较少或贴花次数较少的纳税人。纳税人书立、领受或使用应税凭证时，纳税义务即已产生，应当根据应纳税凭证的性质和适用的税目税率自行计算应纳税额，自行购买印花税票，自行一次贴足印花税票并加以注销或画销，纳税义务才算全部履行完毕。这种纳税方法下需注意以下 2 点。

①纳税人购买印花税票后，支付了税款并不等于已经履行了纳税义务。纳税人必须自行贴花并注销或画销。

②已贴花的凭证，若修改后所载金额有所增加的，其增加部分应补贴印花税票。凡多贴印花税票者，不可申请退税或抵用。

（2）汇贴或汇缴。

汇贴或汇缴一般适用于应纳税额较大或贴花次数频繁的纳税人。

◆ **汇贴：**一份凭证应纳税额超过 500 元的，纳税人应向当地税务机关申请填写缴款书或完税证，将其中一联粘贴在凭证上或由税务机关在凭证上加注完税标记代替贴花。

◆ **汇缴：**同一种类应纳印花税凭证需要频繁贴花的，纳税人可根据实际情况自行决定是否采用按期汇总缴纳印花税的方法，汇总缴纳的期限为 1 个月。

（3）委托代征。

委托代征主要是指通过税务机关的委托，经由发放或办理应纳税凭证的单位代为征收印花税税款。税务机关应与代征单位签订代征委托书。

6．印花税的税收优惠

企业在计算缴纳印花税时，还应当知晓政府实施的一些优惠政策，具体如下所示。

（1）对已缴纳印花税的凭证的副本或抄本免税。凭证的正式签署本已按规定缴纳了印花税，其副本或抄本对外不发生权利义务关系，只用于留备存查。但以副本或抄本视同正本使用的，则应另贴印花。

（2）对无息、贴息贷款合同免税。无息、贴息贷款合同是指我国各专业银行按照国家金融政策发放的无息贷款，以及由各专业银行发放并按有关规定由财政部门或中国人民银行给予贴息的贷款项目所签订的贷款合同。

（3）对房地产管理部门与个人签订的用于生活居住的租赁合同免税。

（4）对农牧业保险合同免税。

（5）在商品住房等开发项目中配套建造安置住房的，依据政府部门出具的相关材料、房屋征收（拆迁）补偿协议或棚户改造合同（协议），按改造安置住房建筑面积占总建筑面积的比例免征印花税。

（6）自 2019 年 1 月 1 日至 2021 年 12 月 31 日，对与高校学生签订的高校学生公寓租赁合同免征印花税。高校学生公寓是指为高校学生提供住宿服务，按照国家规定的收费标准收取住宿费的学生公寓。企业享受本通知规定的免税政策，应按规定进行免税申报，并将不动产权属证明、载有房产原值的相关材料、房产用途证明、租赁合同等资料留存备查。

（7）对公租房经营管理单位购买住房作为公租房的，免征印花税；对公租房租赁双方签订租赁协议涉及的印花税予以免征。在其他住房项目中配套建设公租房，依据政府提供的相关材料，可按公租房建筑面积占总建筑面积的比例免征建造、管理公租房涉及的印花税。

（8）对全国社会保障基金理事会、全国社会保障基金投资管理人管理的全国社会保障基金转让非上市公司股权，免征全国社会保障基金理事会、全国社会保障基金投资管理人应缴纳的印花税。

7. 印花税的纳税环节和纳税地点

印花税一般在应税凭证书立或领受时贴花，具体是指权利、许可证照在领取时贴花，合同在签订时贴花，产权转移书据在立据时贴花，营业账簿在启用时贴花。如果合同在国外签订，并且不便在国外贴花的，应在将合同带入境时办理贴花纳税手续。

印花税一般实行就地纳税。如果是全国性订货会所签合同应纳的印花税，由纳税人回其所在地办理贴花；对地方主办，不涉及省际关系的订货会、展销会上所签合同的印花税，庄各省、自治区、直辖市人民政府自行确定纳税地点。

8. 印花税的账务处理

印花税现算现交，无须事先计提。缴纳印花税通常会使企业的银行存款或库存现金减少，同时税金及附加增加，因此企业在缴纳印花税时，会涉及"税金及附加""银行存款""库存现金"等账户。企业在实际缴纳印花税时，可以直接根据汇缴的完税凭证或获取的发票，进行如下账务处理。

借：税金及附加
　　贷：银行存款、库存现金

【案例 1-9】沿用【案例 1-8】的资料，甲企业计算并缴纳印花税后，应当如何进行账务处理呢？

【案例解析】甲企业在缴纳印花税时，应做的账务处理如下。

借：税金及附加　　　　　　1 315
　　贷：银行存款　　　　　　　1 315

1.3.2 房产税

除了印花税外，企业在筹建期还可能会涉及房产税的计算和缴纳，下面即对房产税的相关知识进行介绍。

1. 房产税的纳税义务人

房产税是以房屋为征税对象，以房屋的计税余值或租金收入为计税依据，向产权所有人征收的一种财产税。房产税以在征税范围内的房屋产权所有人为纳税人。具体规定如下。

（1）产权属于国家所有的，其经营管理的单位为纳税人；产权属于集体和个人的，集体单位和个人为纳税人。

（2）产权出典的，承典人为纳税人。产权出典是指产权所有人为了某种需要，将自己房屋的产权在一定期限内转让给他人使用而取得出典价款的一种融资行为。产权所有人是出典人，支付现金或实物取得房屋支配权的人是承典人。

（3）产权所有人、承典人均不在房产所在地的，房产代管人或使用人为纳税人。

（4）产权未确定以及租典纠纷未解决的，房产代管人或使用人为纳税人。

续表

（5）纳税单位和个人无租使用房产管理部门、免税单位及纳税单位的房产，由使用人代为缴纳房产税。

（6）对居民住宅区内业主共有的经营性房产，由实际经营（包括自营和出租）的代管人或使用人缴纳房产税。

【例题·单选题】 根据房产税法律制度的规定，下列有关房产税纳税人的表述中，错误的是（　　）。

    A. 产权属于国家所有的房屋，国家为纳税人

    B. 产权属于集体所有的房屋，该集体单位为纳税人

    C. 产权属于个人所有的营业用房屋，该个人为纳税人

    D. 产权出典的房屋，承典人为纳税人

【解析】 本题考查房产税纳税义务人。选项A错误，根据规定，产权属于国家所有的房屋，其经营管理的单位为纳税人。

【答案】 A

2. 房产税的征税范围

房产税以房产为征税对象。所谓房产是指有屋面和围护结构（有墙或两边有柱），能够遮风避雨，可供人们在其中生产、学习、工作、娱乐、居住或储藏物资的场所。

房产税的征税范围为城市、县城、建制镇和工矿区的房屋，不包括农村的房屋。关于房产税的征税范围应注意以下两点。

（1）房地产开发企业建造的商品房，在出售前，不征收房产税；但对出售前房地产开发企业已使用或出租、出借的商品房应按规定征收房产税。

（2）独立于房屋之外的建筑物，如室外游泳池、围墙、烟囱、菜窖、水塔等不属于房产税的征税范围。

3. 房产税的税率和计税依据

我国现行房产税采用的是比例税率。由于房产税的计税依据分为从价计征和从租计征两种形式，所以房产税的税率也有以下两种。

（1）按房产原值一次减除10%~30%后的余值计征的，税率为1.2%。

（2）按房产出租的租金收入计征的，税率为12%或4%。

房产税的计税依据是房产的计税价值或房产的租金收入。按照房产计税价值征税的，称为从价计征；按照房产租金收入计征的，称为从租计征。房产税的税率和计税依据的相关规定主要如表1-5所示。

表1-5　房产税的税率和计税依据的相关规定

计税方法	税率	计税依据
从价计征	1.2%	经营自用房屋：以房产原值一次减除10%~30%的损耗价值以后的余额（即房产余值）为计税依据 ①房产原值是指纳税人按照会计制度规定，在"固定资产"科目中记载的房屋原价 ②房产余值是指房产原值减除规定比例后的剩余价值 ③房产原值包括与房屋不可分割的各种附属设备或一般不单独计算价值的配套设施，如暖气、卫生、通风、照明、煤气、各种管线、电缆导线等 ④以房屋为载体，且不可随意移动的附属设备和配套设施，如给排水、采暖、消防、中央空调、电气及智能化楼宇设备等，应计入房产原值 ⑤纳税人对原有房屋进行改建、扩建的，要相应增加房产原值；对更换房屋附属设备和配套设施的，在将其价值计入房产原值时，可扣减原来相应的设备和设施的价值 ⑥附属设备和配套设施中易损坏、需要经常更换的零配件，更新后可不再计入房产原值
		投资联营的房产： ①以房产投资联营，投资者参与投资利润分红，共担风险的，按房产的余值作为计税依据计征房产税 ②以房产投资，收取固定利润，不承担联营风险的，按出租房产征税，按租金收入计征房产税

续表

计税方法	税率	计税依据
从价计征	1.2%	融资租赁的房屋：对于融资租赁房屋，在计征房产税时应以房产余值计算征收。由承租人自融资租赁合同约定开始日的次月起依照房产余值缴纳；合同未约定开始日的，由承租人自合同签订的次月起依照房产余值缴纳
		居民住宅区内业主共有的经营性房产：由实际经营（包括自营和出租）的代管人或使用人缴纳房产税 ①房产属于自营的，依照房产原值减除 10%~30% 后的余值计征房产税；没有房产原值或不能将业主共有房产与其他房产的原值准确划分开的，由房产所在地税务机关参照同类房产核定房产原值 ②房产属于出租的，依照租金收入计征
从租计征	12%或4%	①以房屋出租取得的不含增值税租金收入为计税依据（包括货币收入和实物收入） ②以劳务或其他形式为报酬抵付房租收入的，应根据当地同类房产的租金水平，确定一个标准租金额从租计征

名师点拨

上述采用从租计征方法计算房产税应纳税额，其适用的税率一般情况下为 12%，有以下两种情况的适用 4% 的税率：①个人出租住房；②企事业单位、社会团体以及其他组织按市场价格向个人出租用于居住的住房。

【例题·单选题】根据房产税法律制度的规定，下列附属设备和配套设施中，不应计入房产原值计缴房产税的是（　　）。

A. 消防设施　　　　　B. 办公家具　　　　　C. 暖气设备　　　　　D. 卫生设备

【解析】本题考查房产税的计税依据。房产原值应包括与房屋不可分割的各种附属设备或一般不单独计算价值的配套设施，如给水排水管道、暖气（选项C）、卫生（选项D）、通风、照明、煤气等设备；凡以房屋为载体，不可随意移动的附属设备和配套设施，如给排水、采暖、消防（选项A）、中央空调、电气及智能化楼宇设备及配套设施，无论在会计核算中是否单独记账与核算，都应计入房产原值，计缴房产税。选项B，办公家具可随意移动，不计入房产原值。

【答案】B

4. 房产税应纳税额的计算

房产税的计税依据有两种，与之相适应的应纳税额计算也分为两种，一种为从价计征的计算，另一种为从租计征的计算。

（1）从价计征。

从价计征是按房产的原值减除一定比例后的余值计征，计算公式如下。

应纳房产税税额 = 应税房产原值 ×（1−扣除比例）× 1.2%

其中，房产原值即为"固定资产"科目中记载的房屋原价，减除一定比例是省、自治区、直辖市人民政府规定的 10%~30% 的减除比例。

另外，还需要注意的是，凡在房产税征收范围内的具备房屋功能的地下建筑，包括与地上房屋相连的地下建筑以及完全建在地面以下的建筑、地下人防设施等，均应当依照有关规定征收房产税。上述具备房屋功能的地下建筑是指有屋面和围护结构，能够遮风挡雨，可供人们在其中生产、经营、工作、学习、娱乐、居住或储藏物资的场所。自用的地下建筑，按照以下方式计税。

◆ **工业用途房产**：工业用途房产以房屋原价的 50%~60% 为应税房产原值。

应纳房产税税额 = 应税房产原值 ×[1−实际扣除比例]× 1.2%

◆ **商业和其他用途房产**：商业和其他用途房产以房屋原价的 70%~80% 为应税房产原值。

应纳房产税税额 = 应税房产原值 ×[1−实际扣除比例]× 1.2%

对于与地上房屋相连的地下建筑，如房屋的地下室、地下停车场、商场的地下部分等，应将地下部分与地上房屋视为一个整体，按照地上房屋建筑的有关规定计算征收房产税。

【案例1-10】甲企业的经营用房的原值为5 000万元，按照当地规定允许减除30%后按余值计税，适用税率为1.2%。假设不考虑其他因素，甲企业应当缴纳的房产税为多少？

【案例解析】根据公式"应纳房产税税额＝应税房产原值×（1－扣除比例）×1.2%"可计算甲企业应当缴纳的房产税税额＝5 000×（1-30%）×1.2% =42（万元）。

【例题·单选题】2019年8月底，甲企业为了生产经营，将其与办公楼相连的地下停车场和另一独立的地下建筑物改为地下生产车间，地下停车场原值为100万元，地下建筑物原价为200万元，甲企业所在省确定的工业用途的独立地下建筑物的房产原价折算比例为50%，房产原值减除比例为30%。甲企业以上两处地下建筑物2019年9月—12月应缴纳的房产税为（　）万元。

A. 0.42　　　　　　B. 0.51　　　　　　C. 0.56　　　　　　D. 0.84

【解析】本题考查房产税应纳税额的计算。与地上房屋相连的地下建筑，要将地上地下视为一个整体，按照地上房屋建筑物的规定计税；独立的地下建筑物作为工业用途的，需要用房屋原价的一定比例折算为应税房产原值，再减除损耗价值计税。因此甲企业以上两处地下建筑物2019年9月—12月应缴纳的房产税 =(100+200×50%)×（1-30%）×1.2%×4÷12=0.56(万元)。

【答案】C

（2）从租计征。

从租计征是按房产的租金收入计征，计算公式如下。

应纳房产税税额＝租金收入×12%（或4%）

【例题·单选题】甲公司2018年购置的办公大楼原值为30 000万元，2019年2月28日公司决定将其中部分闲置的房间出租，租期为两年。出租部分房价原值为5 000万元，每年的租金为1 000万元（不含增值税）。根据规定，房产原值减除比例为20%，2019年公司应缴纳的房产税为（　）万元。

A. 288　　　　　　B. 340　　　　　　C. 348　　　　　　D. 360

【解析】本题考查房产税应纳税额的计算。根据规定，经营自用的房产从价计征房产税；出租的房产从租计征房产税。因此2019年甲公司应缴纳的房产税 =（30 000-5 000）×（1-20%）×1.2%+5 000×（1-20%）×1.2%×2÷12+1 000×10÷12×12%=348（万元）。

【答案】C

5. 房产税的税收优惠

房产税的税收优惠是根据国家政策需要和纳税人的负担能力制定的。目前，房产税的部分税收优惠政策如表1-6所示。

表1-6　房产税的部分税收优惠政策

项目	优惠政策
国家机关、人民团体、军队自用的房产	免税
国家机关、人民团体、军队自用的出租房产及非自身业务使用的生产、营业用房	照章征税
由国家财政部门拨付事业经费（全额或差额）的单位（学校、医疗卫生单位、托儿所、幼儿园、敬老院，以及文化、体育、艺术类单位）所有的、本身业务范围内使用的房产	免税
宗教寺庙、公园、名胜古迹自用的房产	免税
宗教寺庙、公园、名胜古迹中附设的营业单位，如影剧院、饮食部、茶社、照相馆等所使用的房产及出租的房产	照章征税
个人所有非营业用的房产（主要是指居民住房）	免税
个人拥有的营业用房或出租的房产	照章征税
高校学生公寓	免税

续表

项目	优惠政策
非营利性医疗机构、疾病控制机构和妇幼保健机构等卫生机构自用的房产	免税
按政府规定价格出租的公有住房和廉租住房，包括企业和自收自支事业单位向职工出租的单位自有住房、房管部门向居民出租的公有住房、落实私房政策中带户发还产权并以政府规定租金标准向居民出租的私有住房等	免税
经营公房的租金收入	免税
公共租赁住房经营管理单位应单独核算公共租赁住房租金收入，未单独核算的	照章征税
自2018年10月1日至2020年12月31日，对按照去产能和调结构政策要求停产停业、关闭的企业，自停产停业次月起（企业享受政策的期限累计不得超过两年）	免税
自2019年1月1日至2021年12月31日，对国家级、省级科技企业孵化器、大学科技园和国家备案众创空间自用以及无偿或通过出租等方式提供给在孵对象使用的房产	免税

【案例1-11】某企业2019年度生产经营用房原值12 000万元；幼儿园用房原值400万元；出租房屋原值600万元，年租金80万元。已知房产原值扣除比例为30%；房产税税率从价计征的为1.2%，从租计征的为12%。计算该企业当年应缴纳的房产税税额。

【案例解析】针对该案例首先要分析给出的各种金额，哪些需要纳税、哪些可以减免税。根据房产税法律制度的规定，对企业办的幼儿园免征房产税；企业经营性房产按照从价计征的方法计算房产税；企业出租的房产按照从租计征的方法计算房产税。因此题目中涉及计算的数据只有两个，一是有关生产经营用房的，按题目规定"房产原值扣除比例为30%"，应纳房产税 = 12 000×（1 - 30%）×1.2%=100.8（万元）；二是有关出租用房的，应纳房产税 = 80×12%=9.6（万元）。因此，该企业2019年度应缴纳的房产税 = 12 000×（1 - 30%）×1.2% + 80×12% = 110.4（万元）。

6. 房产税的征收管理

对于房产税的纳税义务发生时间而言，房产的用途不同房产税的纳税义务发生时间也会不同，具体如下。

（1）纳税人将原有房产用于生产经营，从生产经营之月起，缴纳房产税。

（2）纳税人自行新建房产用于生产经营，从建成之次月起，缴纳房产税。

（3）纳税人委托施工企业建设的房屋，从办理验收手续之次月起，缴纳房产税。

（4）纳税人购置新建商品房，自房屋交付使用之次月起，缴纳房产税。

（5）纳税人购置存量房，自办理房屋权属转移、变更登记手续，房地产权属登记机关签发房屋权属证书之次月起，缴纳房产税。

（6）纳税人出租、出借房产，自交付出租、出借房产之次月起，缴纳房产税。

（7）房地产开发企业自用、出租、出借本企业建造的商品房，自房屋使用或交付之次月起，缴纳房产税。

（8）纳税人因房产的实物或权利状态发生变化而依法终止房产税纳税义务的，其应纳税款的计算截至房产的实物或权利状态发生变化的当月月末。

房产税应当在房产所在地缴纳，房产不在同一地方的纳税人，应按房产的坐落地点分别向房产所在地的税务机关申报纳税。房产税实行按年计算、分期缴纳的征收方法。具体纳税期限由省、自治区、直辖市人民政府确定。

【例题·单选题】甲公司委托某施工企业建造一栋办公楼，工程于2018年12月完工，2019年1月办妥（竣工）验收手续，4月付清全部价款。甲公司此栋办公楼房产税的纳税义务发生时间是（　）。

　　A．2018年12月　　　　B．2019年1月　　　　C．2019年2月　　　　D．2019年4月

【解析】本题考查房产税的纳税义务发生时间。纳税人委托施工企业建设的房屋，从办理验

收手续之次月起，缴纳房产税。本题中甲公司于2019年1月办妥（竣工）验收手续，所以应从2019年2月起缴纳房产税。

【答案】C

7. 房产税的账务处理

对于房产税而言，企业由于发生了房产税应税行为而负有房产税纳税义务的，应计提应交的房产税，相关账务处理如下。

（1）确认房产税时。

借：税金及附加
　　贷：应交税费——应交房产税

（2）缴纳房产税时。

借：应交税费——应交房产税
　　贷：银行存款、库存现金等

【案例1-12】甲企业3 000平方米厂区的土地使用权账面原值为30万元，该厂区内有一1 600平方米的生产车间，其房产账面原值为1 000万元（不含土地价值），甲企业在2019年10月15日按照去产能和调结构政策要求停产停业，房产原值扣除比例为30%，该企业2019年应缴纳的房产税为多少？应该如何进行账务处理？

【案例解析】根据规定，自2018年10月1日至2020年12月31日，对按照去产能和调结构政策要求停产停业、关闭的企业，自停产停业次月起，企业享受免税政策的期限累计不得超过两年。因此甲企业2019年应当缴纳的房产税＝（1 000+30）×（1-30%）×1.2%×10÷12=7.21（万元）。确认当期应缴纳的房产税时，账务处理如下。

借：税金及附加　　　　　　　　　　7.21
　　贷：应交税费——应交房产税　　　　　7.21

1.3.3 城镇土地使用税

城镇土地使用税是国家在城市、县城、建制镇和工矿区范围内，对使用土地的单位和个人，以其实际占用的土地面积为计税依据，按照规定的税额计算征收的一种税。下面即对城镇土地使用税的相关知识进行介绍。

1. 城镇土地使用税的纳税义务人

城镇土地使用税的纳税义务人是指在税法规定的征税范围内使用土地的单位和个人。城镇土地使用税的纳税人，根据用地者的不同而分为如下几类。

（1）城镇土地使用税由拥有土地使用权的单位或个人缴纳。

（2）拥有土地使用权的纳税人不在土地所在地的，由代管人或实际使用人纳税。

（3）土地使用权未确定或权属纠纷未解决的，由实际使用人纳税。

（4）土地使用权共有的，共有各方均为纳税人（由共有各方按实际使用土地的面积占总面积的比例分别纳税）。

（5）在城镇土地使用税征税范围内，承租集体所有建设用地的，由直接从集体经济组织承租土地的单位和个人缴纳城镇土地使用税。

名师点拨

几个人或几个单位共同拥有一块土地的使用权，这块土地的城镇土地使用税的缴纳人应是对这块土地拥有使用权的每一个人或每一个单位。他们应以其实际使用的土地占总面积的比例，分别计算缴纳土地使用税。例如，某地区的A和B共同拥有一块土地的使用权，这块土地面积为3 000平方米，甲实际使用1/3，乙实际使用2/3，则甲应是其所占的1 000平方米（3 000×1÷3）土地的城镇土地使用税的纳税人，乙是其所占的2 000平方米（3 000×2÷3）土地的城镇土地使用税的纳税人。

2. 城镇土地使用税的征税范围和税率

凡是在城市、县城、建制镇、工矿区范围内的土地（不包括农村），不论是国家所有的土地，还是集体所有的土地，都属于城镇土地使用税的征税范围。城镇土地使用税采用定额税率，即采用有幅度的差别税额。具体解释如表 1-7 所示。

表 1-7 城镇土地使用税的征税范围和年应纳税额标准

征税范围	城市规模	年应纳税额标准（每平方米）
城市	大城市（人口 50 万以上）	1.5~30 元
	中等城市（人口 20 万到 50 万）	1.2~24 元
	小城市（人口 20 万以下）	0.9~18 元
县城、建制镇、工矿区	—	0.6~12 元

建立在城市、县城、建制镇和工矿区以外的工矿企业无须缴纳城镇土地使用税。这里所述城市是指国务院批准设立的市，包括市区和郊区；县城即县人民政府所在地的城镇；建制镇即经省级人民政府批准设立的建制镇所在地的地区，但不包括镇政府所在地所辖行政村；工矿区是指工商业较发达，人口较集中，符合国务院规定的建制镇标准，但尚未设立建制镇的大中型工矿企业所在地。

各省、自治区、直辖市人民政府可根据市政建设情况和经济繁荣程度在规定税额幅度内，确定所辖地区的适用税额幅度。经济落后地区，城镇土地使用税的适用税额标准可适当降低，但降低额不得超过上述规定的最低税额的 30%。经济发达地区的税额可以适当提高，但是必须报中华人民共和国财政部（以下简称"财政部"）批准。

【例题·单选题】根据城镇土地使用税法律制度的规定，下列各项中，不属于城镇土地使用税征税范围的是（   ）。

A. 集体所有的位于农村的土地　　　　B. 集体所有的位于建制镇的土地
C. 国家所有的位于工矿区的土地　　　　D. 集体所有的位于城市的土地

【解析】本题考查城镇土地使用税的征税范围。凡是在城市、县城、建制镇、工矿区范围内的土地（不包括农村），不论是国家所有的土地，还是集体所有的土地，都属于城镇土地使用税的征税范围。因此，选项 A 符合题意。

【答案】A

3. 城镇土地使用税的计税依据和应纳税额的计算

城镇土地使用税是以纳税人实际占用的土地面积为计税依据（计量单位为"平方米"），按照规定的适用税额计算征收的。具体规定如下。

（1）由省、自治区、直辖市人民政府确定的单位组织测定土地面积的，以测定的土地面积为准。

（2）尚未组织测定，但纳税人持有政府部门核发的不动产权证书的，以证书确定的土地面积为准。

（3）尚未核发不动产权证书的，应当由纳税人据实申报土地面积，并据以纳税，待核发土地使用证书后再进行调整。

（4）对在城镇土地使用税征税范围内单独建造的地下建筑用地，按规定征收城镇土地使用税。其中，已取得地下不动产权证书的，按不动产权证书确认的土地面积计算应征税款；未取得地下不动产权证书或地下不动产权证书上未标明土地面积的，按地下建筑垂直投影面积计算应征税款。对上述地下建筑用地暂按应征税款的 50% 征收城镇土地使用税。

城镇土地使用税的应纳税额可以通过纳税人实际占用的土地面积乘以该土地所在地段的适用税额求得，计算公式如下。

年应纳税额＝实际占用应税土地面积（平方米）×适用税额

【案例1-13】甲企业2019年拥有位于市郊的一宗地块，地上面积为10 000平方米。单独建造的地下建筑面积为4 000平方米（已取得地下不动产权证书），该市规定的城镇土地使用税税率为2元/平方米。假设不考虑其他因素，甲企业2019年就此地块应当缴纳的城镇土地使用税为多少？

【案例解析】根据规定，对在城镇土地使用税征税范围内单独建造的地下建筑用地，按规定征收城镇土地使用税。其中，已取得地下不动产权证书的，按不动产权证书确认的土地面积计算应征税款；未取得地下不动产权证书或地下不动产权证书上未标明土地面积的，按地下建筑垂直投影面积计算应征税款，并且单独建造的地下建筑用地暂按应征税款的50%征收城镇土地使用税。因此，甲企业2019年应缴纳的城镇土地使用税＝10 000×2+4 000×2×50%=24 000（元）。

【例题·单选题】甲房地产开发企业开发一住宅项目，实际占地面积12 000平方米，建筑面积24 000平方米，已知其适用的城镇土地使用税税额为2元/平方米，甲房地产开发企业缴纳城镇土地使用税的计税依据为（　　）。

A. 18 000平方米

B. 24 000平方米

C. 36 000平方米

D. 12 000平方米

【解析】本题考查城镇土地使用税的计税依据。城镇土地使用税的计税依据是纳税人实际占用的土地面积（与建筑面积和容积率无关），选项D符合题意。

【答案】D

4. 城镇土地使用税税收优惠

城镇土地使用税税收优惠政策如表1-8所示。

表1-8　城镇土地使用税税收优惠政策

项目	优惠政策
国家机关、人民团体、军队自用的房产	免税
由国家财政部门拨付事业经费的单位自用的土地	免税
宗教寺庙、公园、名胜古迹自用的土地	免税
公园、名胜古迹中附设的营业单位，如影剧院、饮食部、茶社、照相馆等使用的土地	照章征税
市政街道、广场、绿化地带等公共用地	免税
直接用于农、林、牧、渔业的生产用地	免税
经批准开山填海整治的土地和改造的废弃土地，从使用的月份起免缴城镇土地使用税5～10年	免税
非营利性医疗机构、疾病控制机构和妇幼保健机构等卫生机构自用的土地	免税
企业办的学校、医院、托儿所、幼儿园，其用地能与企业其他用地明确区分的	免税
免税单位无偿使用纳税单位的土地（如公安、海关等单位使用铁路、民航等单位的土地）	免税
行使国家行政管理职能的中国人民银行总行（含国家外汇管理局）所属分支机构自用的土地	免税
石油天然气生产建设中用于地质勘探、钻井、井下作业、油气田地面工程等施工临时用地	暂免征税
企业的铁路专用线、公路等用地，在厂区以外、与社会公用地段未加隔离的	暂免征税
企业厂区以外的公共绿化用地和向社会开放的公园用地	暂免征税
盐场的盐滩、盐矿的矿井用地	暂免征税
自2016年1月1日至2021年12月31日，专门经营农产品的农产品批发市场、农贸市场使用（包括自有和承租）的房产、土地	暂免征税

续表

项目	优惠政策
自2018年10月1日至2020年12月31日，对按照去产能和调结构政策要求停产停业、关闭的企业，自停产停业次月起（企业享受政策的期限累计不得超过两年）	免税
自2019年1月1日至2021年12月31日，对国家级、省级科技企业孵化器、大学科技园和国家备案众创空间自用以及无偿或通过出租等方式提供给在孵对象使用的土地	免税

另外，下列土地的征免税由省、自治区、直辖市税务局确定。

（1）个人所有的居住房屋及院落用地。

（2）房产管理部门在房租调整改革前经租的居民住房用地。

（3）免税单位职工家属的宿舍用地。

（4）集体和个人办的各类学校、医院、托儿所、幼儿园用地。

5. 城镇土地使用税征收管理

城镇土地税实行按年计算、分期缴纳的征收方法，具体纳税期限由省、自治区、直辖市人民政府确定。总的来说，土地的使用情况不同，城镇土地使用税的纳税义务发生时间也不同，具体如表1-9所示。

表1-9 城镇土地使用税的纳税义务发生时间

情形	纳税义务发生时间
纳税人购置新建商品房	自房屋交付使用之次月起
纳税人购置存量房	自办理房屋权属转移、变更登记手续，房地产权属登记机关签发房屋权属证书之次月起
纳税人出租、出借房产	自交付出租、出借房产之次月起
纳税人以出让或转让方式有偿取得土地使用权	应从合同约定交付土地时间的次月起；合同未约定的，从合同签订的次月起
纳税人新征用的耕地	自批准征用之日起满一年时
纳税人新征用的非耕地	自批准征用次月起

需要注意的是，纳税人因土地的权利发生变化而依法终止城镇土地使用税纳税义务的，其应纳税款的计算应截至土地权利发生变化的当月末。

城镇土地使用税应当在土地所在地缴纳。纳税人使用的土地不属于同一省、自治区、直辖市管辖的，由纳税人分别向土地所在地税务机关缴纳；纳税人使用的土地在同一省、自治区、直辖市管辖范围内，但为跨地区使用的土地，其纳税地点由各省、自治区、直辖市税务局确定。

【例题·多选题】根据城镇土地使用税法律制度的规定，下列关于城镇土地使用税纳税义务发生时间的说法中，正确的有（　）。

A. 纳税人购置新建商品房，自房屋交付使用之次月开始缴纳城镇土地使用税

B. 纳税人以出让方式有偿取得土地使用权，应从合同约定交付土地时间的次月开始缴纳城镇土地使用税

C. 纳税人新征用的耕地，自批准征用之日起满一年时开始缴纳城镇土地使用税

D. 纳税人新征用的耕地，自批准征用之日开始缴纳城镇土地使用税

E. 纳税人新征用的非耕地，自批准征用次月开始缴纳城镇土地使用税

【解析】本题考查城镇土地使用税纳税义务发生时间。城镇土地使用税一般在交付房屋、土地的次月起缴纳，只有纳税人新征用耕地比较特殊，应自批准征用之日起满一年时开始缴纳。因此，选项A、B、C、E正确。

【答案】ABCE

通过对房产税和城镇土地使用税的学习，可发现两者之间既有相同之处，也存在一些差异，为了便于复习，下面对两者之间的差异进行了总结，如表1-10所示。

表 1-10　房产税和城镇土地使用税的差异

差异点		房产税	城镇土地使用税
纳税人（一般情况下）		房屋产权所有人，包括经营管理单位、集体单位和个人、房产承典人、房产代管人或使用人	在税法规定的征税范围内使用土地的单位和个人
征税对象		房屋	土地
征税的地域范围		城市、县城、建制镇和工矿区	
税率		比例税率	定额税率
计税公式		①从价计征：应纳税额＝应税房产原值×（1－扣除比例）×1.2% ②从租计征：应纳税额＝不含增值税的租金收入×12%（或4%）	年应纳税额＝实际占用应税土地面积（平方米）×适用税额
税收优惠	国家机关、人民团体、军队自用的房产或土地	免税	免税
	由国家财政部门拨付事业经费的单位自用的房产或土地	免税	免税
	宗教寺庙、公园、名胜古迹自用的房产或土地	免税	免税
	非营利性医疗机构、疾病控制机构和妇幼保健机构等卫生机构自用的房产或土地	免税	免税
	自2018年10月1日至2020年12月31日，对按照去产能和调结构政策要求停产停业、关闭的企业，自停产停业次月起（企业享受政策的期限累计不得超过两年）	免税	免税
	自2019年1月1日至2021年12月31日，对国家级、省级科技企业孵化器、大学科技园和国家备案众创空间自用以及无偿或通过出租等方式提供给在孵对象使用的房产或土地	免税	免税
纳税义务发生时间	纳税人购置新建商品房	房屋交付使用之次月起	
	纳税人购置存量房	办理房屋权属转移、变更登记手续，房地产权属登记机关签发房屋权属证书之次月起	
	纳税人出租、出借房屋	交付出租、出借房产之次月起	
纳税地点		房产或土地所在地	
纳税期限		按年计算，分期缴纳	

6. 城镇土地使用税账务处理

根据规定，城镇土地使用税按年计算，分期缴纳，具体的纳税期限由省级人民政府根据当地的实际情况确定。因此，纳税人可采取预提或分期摊销的办法进行应纳城镇土地使用税的账务处理，具体如下。

（1）确认城镇土地使用税时。

借：税金及附加

　　贷：应交税费——应交城镇土地使用税

（2）缴纳城镇土地使用税时。

借：应交税费——应交城镇土地使用税

　　贷：银行存款、库存现金等

【案例1-14】2019年年底，某律师事务所与政府机关因各自办公所需共同购得一栋办公楼，占地面积为5 000平方米，建筑面积为50 000平方米，楼高10层，政府机关占用7层。该楼所在地城镇土地使用税的年税额为5元/平方米，则该律师事务所与政府机关2020年应缴纳的城镇土地使用税为多少元？应该如何进行账务处理？

【案例解析】根据规定，国家机关、人民团体、军队自用的土地免征城镇土地使用税。几个人或几个单位共同拥有一块土地的使用权，这块土地的城镇土地使用税的缴纳人应是对这块土地拥有使用权的每一个人或每一个单位。他们应以其实际使用的土地占总面积的比例，分别计算缴纳土地使用税。另外，城镇土地使用税的计税依据是纳税人实际占地面积而不是建筑面积。因此，律师事务所应当缴纳的城镇土地使用税 =5 000×（1-7÷10）×5=7 500（元）。具体账务处理如下。

①确认城镇土地使用税时。

借：税金及附加　　　　　　　　　　　　　　　　　　　7 500
　　贷：应交税费——应交城镇土地使用税　　　　　　　　　7 500

②缴纳城镇土地使用税时。

借：应交税费——应交城镇土地使用税　　　　　　　　　7 500
　　贷：银行存款　　　　　　　　　　　　　　　　　　　　7 500

1.3.4　契税

契税是以中华人民共和国境内转移的土地、房屋权属为征税对象，向产权承受人征收的一种财产税。

1. 契税纳税义务人和征税范围

契税的纳税义务人是指在我国境内转移土地、房屋权属（土地使用权和房屋所有权），承受的单位和个人。契税的征税对象是在中华人民共和国境内转移的土地、房屋权属。契税的征税范围具体包括以下 5 项内容。

（1）国有土地使用权出让。国有土地使用权出让是指土地使用者向国家交付土地使用权出让费用，国家将国有土地使用权在一定年限内让与土地使用者的行为。

（2）土地使用权的转让，包括以出售、赠与、交换或其他方式将土地使用权转移给其他单位和个人的行为，但不包括农村集体土地承包经营权的转移。

（3）房屋买卖，即以货币为媒介，出卖者向购买者过渡房产所有权的交易行为。但是需要注意的是，如表 1-11 所示的 3 种特殊情况应当视同买卖房屋。

表 1-11　视同买卖房屋的特殊情况

具体行为	规定	示例
以房产抵债或实物交换房屋	经当地政府和有关部门批准，以房抵债和实物交换房屋，均视同房屋买卖，应由产权承受人按房屋现值缴纳契税	甲某由于无力偿还乙某债务，决定以自有的房产折价来抵偿债务。经过双方讨论决定、有关部门批准后，乙某取得甲某的房屋产权，在办理产权过户手续时，按房屋折价款缴纳契税；若以实物交换房屋，应当视同以货币购买房屋
以房产作投资、入股	这种交易业务属房屋产权转移，应根据国家房地产管理的有关规定，办理房屋产权交易和产权变更登记手续，视同房屋买卖，由产权承受人缴纳契税	A 企业以自有房产投资于 B 企业取得相应的股权，其房屋产权变为 B 企业所有，故产权所有人发生变化。因此 B 企业在办理产权登记手续后，按 A 企业入股房产现值（国有企业房产须经国有资产管理部门评估核价）缴纳契税
买房拆料或翻建新房	—	丙某购买丁某房产，不论其目的是取得该房产的建筑材料还是翻建新房，这实际构成房屋买卖，丙某应首先办理房屋产权变更手续，并按买价缴纳契税

（4）房屋赠与。房屋赠与是指房屋产权所有人将房屋无偿转让给他人所有。由于房屋属于不动产，价值较大，所以，根据规定，赠与房屋应当有书面合同，并到房地产管理机关或农村基层政权机关办理登记过户手续，才能生效。房屋赠与方不缴纳土地增值税，但承受方应按规定缴纳契税。

（5）房屋交换。房屋交换是指房屋所有者之间互相交换房屋的行为。

【例题·单选题】根据契税法律制度规定，下列各项中属于契税征税范围的是（　　）

A. 房屋出租　　　　　B. 房屋继承　　　　　C. 房屋交换　　　　　D. 房屋抵押

【解析】本题考查契税的征税范围。契税的征税范围包括国有土地使用权出让、土地使用权转让、房屋买卖、房屋赠与、房屋交换。

【答案】C

2. 契税税率、计税依据和应纳税额的计算

契税采用比例税率，实行3%～5%的幅度税率。按照土地、房屋权属转移的形式，定价方法的不同，契税计税依据的确定如下。

（1）以成交价格为计税依据。国有土地使用权出让、土地使用权出售、房屋买卖，以不含增值税的成交价格为计税依据。成交价格指的是土地、房屋权属转移合同确定的价格，包括承受者应交付的货币、实物、无形资产或其他经济利益。

（2）以价格差额为计税依据。土地使用权交换、房屋交换，计税依据为所交换的土地使用权、房屋的价格的差额。土地使用权和房屋交换，交换价格不相等时，由多交付货币、实物、无形资产或其他经济利益的一方缴纳契税；交换价格相等时，免征契税。

（3）核定计税依据。土地使用权赠与、房屋赠与，由征收机关参照土地使用权出售、房屋买卖的市场价格核定计税依据。为了防止纳税人隐瞒、虚报成交价格以偷、漏税款，对成交价格明显低于市场价格并且无正当理由的，或所交换土地使用权、房屋的价格的差额明显不合理并且无正当理由的，征收机关可参照市场价格核定计税依据。

（4）补交契税。以划拨方式取得土地使用权的，经批准转让房地产时，应补交契税。其计税依据为补缴的土地使用权出让费用或土地收益。

【例题·多选题】下列关于契税计税依据的表述中，符合法律制度规定的有（　　）。

A. 受让国有土地使用权的，以成交价格为计税依据

B. 受赠房屋的，由征收机关参照房屋买卖的市场价格规定计税依据

C. 购入土地使用权的，以评估价格为计税依据

D. 交换土地使用权的，以交换土地使用权的价格差额为计税依据

E. 交换房屋的，以交换房屋的价格差额为计税依据

【解析】本题考查契税的计税依据。选项C，契税的计税依据与评估价格无关，购入土地使用权的，以成交价格为计税依据。

【答案】ABDE

在确定了契税的计税依据后，应纳税额的计算就比较简单，契税应纳税额的计算公式如下。

应纳税额＝计税依据×税率

【案例1-15】甲拥有两套住房，决定将其中一套出售给乙，成交价格为1 200 000元；将另一套三居室住房与丙的三套一居室住房交换，并支付给丙换房差价款300 000元。假设契税税率为5%，不考虑其他因素，甲、乙、丙相关行为应当缴纳的契税为多少？

【案例解析】根据规定，房屋买卖以不含增值税的成交价格为计税依据。房屋交换的计税依据为所交换的房屋价格的差额，因此甲、乙、丙相关行为应缴纳的契税如下。

①甲应缴纳的契税＝300 000×5%=15 000（元）。

②乙应缴纳的契税＝1 200 000×5%=60 000（元）。

③丙无须缴纳契税。

【例题·单选题】2019年10月王某购买一套住房，支付购买价款97万元、增值税税额8.73万元。已知契税适用税率为3%，计算王某应缴纳契税税额的下列算式中，正确的是（　　）。

A. （97＋8.73）×3%＝3.171 9（万元）　　　　　B. 97÷（1－3%）×3%＝3（万元）

C. （97－8.73）×3%＝2.648 1（万元）　　　　　D. 97×3%＝2.91（万元）

【解析】本题考查契税应纳税额的计算。根据规定，房屋买卖以不含增值税的成交价格为计税依据。因此，王某应缴纳的契税税额 = 97×3% = 2.91（万元）。

【答案】D

3. 契税税收优惠和征收管理

契税的税收优惠如表 1-12 所示。

表 1-12　契税的税收优惠

项目	优惠政策
国家机关、事业单位、社会团体、军事单位承受土地、房屋用于办公、教学、医疗、科研和军事设施的	免税
城镇职工按规定第一次购买公有住房的	免税
因不可抗力灭失住房而重新购买住房的	酌情减免
土地、房屋被县级以上人民政府征用、占用后，重新承受土地、房屋权属的	由省级人民政府确定是否减免
纳税人承受荒山、荒沟、荒丘、荒滩土地使用权，用于农、林、牧、渔业生产的	免税
经外交部确认，依照我国有关法律规定以及我国缔结或参加的双边和多边条约或协定的规定，应当予以免税的外国驻华使馆、领事馆、联合国驻华机构及其外交代表、领事官员和其他外交人员承受土地、房屋权属的	免税
公租房经营单位购买住房作为公租房的	免税
个人购买家庭唯一住房（家庭成员范围包括购房人、配偶以及未成年子女，下同），面积为90平方米及以下的	减按1%的税率征收
个人购买家庭唯一住房面积为90平方米以上的	减按1.5%的税率征收
个人购买家庭第二套改善性住房，面积为90平方米及以下的	减按1%的税率征收
对个人购买家庭第二套改善性住房，面积为90平方米以上的	减按2%的税率征收

另外，契税还有一些比较特殊的税收优惠，主要包括以下内容。

（1）企业改制。企业改制包括非公司制企业改为有限责任公司或股份有限公司，有限责任公司变更为股份有限公司，股份有限公司变更为有限责任公司，原企业投资主体存续并在改制后企业中持股权（股份）比例超过75%，且改制（变更）后公司承继原企业权利、义务的，对改制（变更）后公司承继原土地、房屋权属的，免征契税。

（2）事业单位改制。事业单位按照国家有关规定改制为企业，原企业投资主体存续并在改制后企业中出资（股权、股份）比例超过50%，且改制后公司承受原事业单位土地、房屋权属的，免征契税。

（3）企业合并。两个或两个以上的企业，依据法律规定、合同约定，合并改建为一个企业，对其合并后的企业承受原合并各方的土地、房屋权属，免征契税。

（4）企业分立。企业依照法律规定、合同约定分立为两个或两个以上与原企业投资主体相同的企业，对分立后企业承受原企业土地、房屋权属，免征契税。

（5）企业破产。企业实施破产后，债权人承受破产企业土地、房屋权属以抵偿债务的，免征契税。

对非债权人承受破产企业土地、房屋权属，妥善安置全部职工，与原企业全部职工签订服务年限不少于3年劳动用工合同的，对其承受所购企业的土地、房屋权属，免征契税。

对非债权人承受破产企业土地、房屋权属，妥善安置全部职工，与原企业超过30%职工签订服务年限不少于3年劳动用工合同的，对其承受所购企业的土地、房屋权属，减半征收契税。

（6）资产划转。对承受县级以上人民政府或国有资产管理部门按规定进行行政性调整、划转的，免征契税。

同一投资主体内部所属企业之间土地、房屋权属的划转，包括母公司与其全资子公司之间，同一公司所属全资子公司之间，同一自然人与其设立的个人独资企业、一人有限公司之间土地、房屋权属的划转，免征契税。

（7）债权转股权。经国务院批准实施债权转股权的企业，对债权转股权后新设立的企业承受原企业的土地、房屋权属，免征契税。

（8）公司股权（股份）转让。在股权（股份）转让中，单位、个人承受公司股权（股份），公司土地、房屋权属不发生转移，不征收契税。

（9）划拨用地出让或作价出资。以出让方式或国家作价出资（入股）方式承受原改制重组企业、事业单位划拨用地的，不属于上述规定的免税范围，对承受方应按规定征收契税。

契税的纳税义务发生时间是纳税人签订土地、房屋权属转移合同的当天，或纳税人取得其他具有土地、房屋权属转移合同性质凭证的当天。

【例题·多选题】根据规定，下列各项中，免征契税的有（　　）。

A. 国家机关承受房屋用于办公
B. 纳税人承受荒山土地使用权用于农业生产
C. 军事单位承受土地用于军事设施
D. 城镇居民购买商品房用于居住
E. 社会团体承受房屋用于医疗

【解析】本题考查契税的税收优惠。选项D属于契税的征税范围。

【答案】ABCE

契税实行属地征收管理，即纳税人发生契税纳税义务时，应向土地、房屋所在地的税务征收机关申报纳税。纳税人应当自纳税义务发生之日起10日内，向土地、房屋所在地的税务征收机关办理纳税申报，并在税务征收机关核定的期限内缴纳税款。

4. 契税的账务处理

与房产税和城镇土地使用税不同，企业取得土地使用权、房屋按规定交纳的契税是按实际取得的不动产的价格计税，按照规定的税额一次性征收的，不存在与税务机关结算或清算的问题，因此，不需要通过"应交税费"科目核算，只需在业务或事项发生时，将契税计入相关资产的成本。具体账务处理如下。

借：固定资产、无形资产等
　　贷：银行存款

1.4 同步强化练习题

一、单项选择题

1. 甲有限责任公司注册资本是500万元，甲公司对乙企业负有1 000万元的合同债务。下列说法正确的是（　　）。

A. 甲公司仅以500万元注册资本为限对公司债务承担责任
B. 甲公司以其全部财产对公司的债务承担责任
C. 如果甲公司资产不足以清偿其债务，由全体股东清偿
D. 如果甲公司资产不足以清偿其债务，不再清偿

2. 甲公司的分公司在其经营范围内以自己的名义对外签订一份货物买卖合同。根据规定，下列关于该合同的效力及其责任承担的表述中，正确的是（　　）。

A. 该合同有效，其民事责任由甲公司承担
B. 该合同有效，其民事责任由分公司独立承担
C. 该合同有效，其民事责任由分公司承担，甲公司负补充责任

D. 该合同无效，甲公司和分公司均不承担民事责任

3. 根据规定，下列有关公司成立日期的表述中，正确的是（　　）。

A. 公司营业执照签发日期   B. 向公司登记机关申请设立登记之日

C. 股东签订协议设立公司之日   D. 首次股东会召开之日

4. 下列关于个人独资企业法律特征的表述中，正确的是（　　）。

A. 个人独资企业是独立的民事主体

B. 个人独资企业具有法人资格

C. 个人独资企业的投资人对企业债务承担有限责任

D. 个人独资企业的投资人可以是中国公民，也可以是外国公民

5. 关于普通合伙企业的合伙人资格，下列说法中，错误的是（　　）。

A. 国有独资公司不能成为普通合伙企业的合伙人

B. 合伙人可以是自然人

C. 限制民事行为能力人可以成为合伙人

D. 上市公司不得成为合伙人

6. 下列选项中，企业名称应予核准的情形是（　　）。

A. 与其他企业变更名称满1年但未满2年的原名称相同

B. 与注销登记的企业名称相同

C. 同一工商行政管理机关核准或登记注册的同行业企业名称字号相同

D. 与被吊销营业执照未满3年的企业名称相同

7. 不能用于支取现金的单位银行结算账户是（　　）。

A. 基本存款账户   B. 一般存款账户   C. 专用存款账户   D. 临时存款账户

8. 甲、乙公司均为增值税一般纳税人，适用的增值税税率为13%，甲公司接受乙公司投资转入的原材料一批，账面价值100 000元，投资协议约定价值120 000元，假定投资协议约定的价值与公允价值相符，该项投资没有产生资本溢价。甲公司实收资本应增加（　　）元。

A. 100 000   B. 113 000   C. 120 000   D. 135 600

9. B股份有限公司委托乙证券公司发行普通股，股票面值总额2 000万元，发行总额为5 000万元，发行费按发行总额的2%计算（不考虑其他因素），股票发行净收入全部收到。B股份有限公司该笔经济业务应记入"资本公积"科目的金额为（　　）万元。

A. 3 000   B. 2 900   C. 2 000   D. 5 000

10. 甲与乙出资设立丁公司，注册资本100万元，合同约定甲出资70%、乙出资30%，合同约定甲以其设备和土地出资，乙以货币出资。设备的约定价值为40万元，土地约定价值为30万元，针对土地投资协议约定的价值与公允价值不相符，公允价值为35万元，甲乙双方认可，甲不再增加其在注册资本中的份额。甲在丁公司的实收资本应增加（　　）万元。

A. 35   B. 30   C. 70   D. 75

11. 企业发生的如下费用应当列入开办费的是（　　）。

A. 筹建人员的劳务费用   B. 购建固定资产支付的运输费

C. 购建无形资产支付的保险费   D. 为培训职工而购建的固定资产

12. 已知甲公司成立于2019年5月1日，成立后就进入筹办期，2019年12月31日筹建结束。2019年度共发生人员培训费5万元，为培训职工购建固定资产12万元，登记、公证费用7万元，所有款项均通过银行存款支付。假设不考虑增值税等其他税费，下列账务处理正确的是（　　）。

A. 借：管理费用——开办费   24

         贷：银行存款   24

B. 借：管理费用——开办费   12

         贷：银行存款   12

C. 借：长期待摊费用——开办费   24

　　　　　　　　贷：银行存款　　　　　　　　　　　24

　　D．借：长期待摊费用——开办费　　12
　　　　　　贷：银行存款　　　　　　　　　　　12

　13.甲向乙购买一批货物，合同约定丙为鉴定人，丁为担保人，关于该合同印花税纳税人的下列表述中，正确的是（　　）。

　　A．甲和乙为纳税人　　　　　　　　　　　B．甲和丙为纳税人

　　C．乙和丁为纳税人　　　　　　　　　　　D．甲和丁为纳税人

　14.根据印花税相关法律制度的规定，适用定额税率的是（　　）。

　　A．营业账簿　　　　B．权利、许可证照　　　C．产权转移书据　　　D．技术合同

　15.甲公司2019年11月开业，领受营业执照、商标注册证、不动产权证书、专利证各一件；甲公司与乙公司签订加工承揽合同一份，合同载明由甲公司支付的加工费为50万元。已知加工承揽合同的印花税税率为0.5‰，权利、许可证照的定额税率为每件5元，则甲公司应纳印花税额为（　　）元。

　　A．260　　　　　　　　B．265　　　　　　　　C．270　　　　　　　　D．275

　16.关于房产税纳税人的下列表述中，不符合法律制度规定的是（　　）。

　　A．产权出典的，出典人为纳税人

　　B．房屋产权所有人不在房产所在地的，房产代管人为纳税人

　　C．房屋产权属于国家的，其经营管理单位为纳税人

　　D．房屋产权未确定以及租典纠纷未解决的，房产代管人或使用人为纳税人

　17.某企业以房产投资联营，投资者参与利润分红，共担风险，以（　　）为房产税的计税依据。

　　A．取得的分红　　　　B．房产市值　　　　C．房产净值　　　　D．房产余值

　18.2019年，甲公司拥有的一处房产原值200万元，已提取折旧120万元，已知从价计征房产税税率为1.2%，当地规定的房产税扣除比例为30%，甲公司当年应缴纳房产税税额的下列计算中，正确的是（　　）。

　　A．（200-120）×1.2%＝0.96（万元）

　　B．（200-120）×（1-30%）×1.2%＝0.672（万元）

　　C．200×（1-30%）×1.2%＝1.68（万元）

　　D．200×1.2%＝2.4（万元）

　19.根据规定，下列各项中，不符合房产税纳税义务发生时间规定的是（　　）。

　　A．纳税人将原有房产用于生产经营，从生产经营之月起，缴纳房产税

　　B．纳税人自行新建房屋用于生产经营，从建成之月起，缴纳房产税

　　C．纳税人委托施工企业建设的房屋，从办理验收手续之次月起，缴纳房产税

　　D．纳税人购置新建商品房，自房屋交付使用之次月起，缴纳房产税

　20.根据规定，下列土地中，不属于城镇土地使用税征税范围的是（　　）。

　　A．城市土地　　　　B．县城土地　　　　C．农村土地　　　　D．建制镇土地

　21.某企业2018年实际占地面积为2 000平方米，2019年4月该企业为扩大生产，根据有关部门的批准，新征用非耕地3 000平方米。该企业所处地段适用年税额5元/平方米。该企业2019年应缴纳城镇土地使用税（　　）。

　　A．1万元　　　　　　B．3万元　　　　　　C．2万元　　　　　　D．5万元

　22.下列各项中，应缴纳城镇土地使用税的是（　　）。

　　A．军队用于出租的土地　　　　　　　　B．寺庙内宗教人员的宿舍用地

　　C．财政拨付事业经费单位的员工食堂用地　　D．市人民政府办公用地

　23.根据规定，下列各项中属于契税纳税人的是（　　）。

　　A．向养老院捐赠房产的李某　　　　　　B．承租住房的刘某

　　C．购买商品房的张某　　　　　　　　　D．出售商铺的林某

24.周某原有两套住房，2019年8月，出售其中一套，成交价为70万元；将另一套以市场价格60万元与谢某的住房进行了等价置换；又以100万元价格购置了一套新住房，已知契税的税率为3%。周某计算应缴纳的契税的下列方法中，正确的是（　　）。

A．100×3％＝3（万元）　　　　　　　　B．（100+60）×3％＝4.8（万元）

C．（100+70）×3％＝5.1（万元）　　　D．（100+70+60）×3％＝6.9（万元）

二、多项选择题

1．我国法律规定的公司形式包括（　　）。

A．有限责任公司　　　　　B．无限公司　　　C．股份有限公司　　　　D．两合公司

E．合伙公司

2．根据规定，下列各项中，属于设立个人独资企业应当具备的条件的有（　　）。

A．投资人须为具有完全民事行为能力的自然人　　B．有符合规定的法定最低注册资本

C．有企业章程　　　　　　　　　　　　　　　　D．有固定的生产经营场所

E．有必要的生产经营条件

3．下列有关合伙企业的说法正确的有（　　）。

A．采用合伙制的律师事务所不适用《中华人民共和国合伙企业法》的规定

B．合伙企业的合伙人只能够是自然人

C．外国个人在中国设立合伙企业的管理办法遵循《中华人民共和国合伙企业法》的规定

D．合伙协议依法由全体合伙人协商一致

E．合伙协议可以采用口头的形式

4．甲公司属于增值税一般纳税人，在成立时接受乙公司作为资本投入的一台不需要安装的设备，该设备原值为1 200万元，合同约定设备的价款是800万元（与公允价值一致），其增值税进项税额为104万元（由投资方支付税款，并提供增值税专用发票）。假定不考虑其他因素，甲公司的下列会计处理中，正确的有（　　）。

A．固定资产的入账价值为1200万元

B．"应交税费——应交增值税（进项税额）"借方发生额为104万元

C．实收资本增加904万元

D．实收资本增加1 200万元

E．资本公积增加128万元

5．甲公司属于增值税小规模纳税人，2019年9月1日收到乙公司作为资本投入的原材料一批，该批原材料的合同约定价值是2 000万元，其增值税进项税额为260万元（由投资方支付税款，并提供增值税专用发票）。假设合同约定的价值与公允价值相符，同时不考虑其他因素，则甲公司的以下会计处理中，正确的有（　　）。

A．应该计入原材料的金额是2 000万元　　　B．应该计入原材料的金额是2 260万元

C．甲公司实收资本的数额是2 000万元　　　D．甲公司实收资本的数额是2 260万元

E．应该计入应交税费的金额是260万元

6．关于印花税纳税人的下列表述中，正确的有（　　）。

A．营业账簿以立账簿人为纳税人　　　　　　B．产权转移书据以立据人为纳税人

C．建筑工程合同以合同当事人为纳税人　　　D．房屋产权证以领受人为纳税人

E．在国外书立、领受，但在国内使用应税凭证的使用人为纳税人

7．下列各项中，应征收印花税的有（　　）。

A．与政府签订的土地使用权出让合同

B．与高校学生签订的高校学生公寓租赁合同

C．与企业签订的仓储合同

D．与企业签订的运输合同

E. 与企业签订的转包合同

8. 下列选项中，不属于房产税征税范围的有（　　）。

A. 庭院　　　　　　　　B. 室外游泳池　　　　　C. 围墙　　　　　　　　D. 水塔

E. 烟囱

9. 下列各项中，免征房产税的有（　　）。

A. 企业内行政管理部门办公用房产

B. 个人所有非营业用的房产

C. 公共租赁住房经营管理单位应单独核算公共租赁住房租金收入，未单独核算的

D. 按政府规定价格出租的廉租住房

E. 宗教寺庙自用的房产

10. 根据规定，下列关于城镇土地使用税纳税人的表述中，正确的有（　　）。

A. 城镇土地使用税由拥有土地使用权的单位和个人缴纳

B. 土地使用权共有的，共有各方均为纳税人，由共有各方分别纳税

C. 土地使用权未确定的，由代管人纳税

D. 土地使用权权属纠纷未解决的，由实际使用人纳税

E. 拥有土地使用权的纳税人不在土地所在地的，由代管人或实际使用人纳税

11. 根据规定，下列各项中，免征契税的有（　　）。

A. 国家机关承受房屋用于办公

B. 纳税人承受荒山土地使用权用于农业生产

C. 军事单位承受土地用于军事设施

D. 城镇居民购买商品房用于居住

E. 因不可抗力灭失住房而重新购买住房

第2章 企业资产的财税处理

　　本章主要介绍企业资产的财税处理，可分为两个方面，一是企业资产的账务处理，二是企业资产的涉税处理。企业资产的财税处理包括固定资产的财税处理、无形资产的财税处理和存货的财税处理3方面。

　　本章的知识点较多，单选题、多选题均有所涉及，所占分值为20分左右，单选题预计可达10道以上，多选题预计有2~3题。本章内容既涉及对基本概念的考查，又涉及相关计算，考生需要重点掌握。其中，有关固定资产折旧的计算、计提折旧的账务处理、固定资产减值的核算、无形资产摊销的计算和计提、发出存货价值的确定、存货跌价准备的计提等，历来都是考试的重点与难点，需要考生特别注意。

▼ **本章考纲知识体系一览表**

章节		主要内容
企业资产的财税处理	固定资产的财税处理	（1）固定资产概述（★） （2）取得固定资产（★★★） （3）固定资产折旧（★★★） （4）固定资产后续支出（★★★） （5）固定资产减值（★★★） （6）处置固定资产（★★） （7）与固定资产有关的税务处理（★★）
	无形资产的财税处理	（1）无形资产概述（★） （2）取得无形资产（★★★） （3）无形资产摊销（★★★） （4）无形资产减值（★★★） （5）处置无形资产（★★） （6）与无形资产有关的税务处理（★★）
	存货的财税处理	（1）存货概述（★★） （2）原材料（★★★） （3）周转材料（★★★） （4）委托加工物资（★★★） （5）库存商品（★★★） （6）存货减值（★★★） （7）与存货相关的税务处理（★★）

2.1 固定资产的财税处理

　　固定资产是企业的核心资产，价值一般比较高，主要为企业的生产经营提供服务。企业生产产品所需的厂房、机器设备等，日常管理所需的办公楼、办公桌、打印机等，日常交通所需的小汽车等，都属于企业的固定资产。固定资产的使用期限较长，且其类型多样，因此掌握固定资产的核算工作对企业至关重要。

2.1.1 固定资产概述

　　固定资产是指企业为生产商品、提供劳务、出租或经营管理而持有的、使用寿命超过一个会计年度的有形资产。按固定资产的经济用途和使用情况等，可以将固定资产进行分类，具体类别如下。

◆ 生产经营用固定资产，如生产经营用的房屋、机器、工具等。

◆ 非生产经营用固定资产，如用作职工宿舍的房屋等。

◆ 租出固定资产（指企业在经营租赁方式下出租给外单位使用的固定资产）。

◆ 未使用固定资产。

◆ 不需用固定资产。

◆ 土地（指过去已经估价单独入账的土地）。

◆ 融资租入固定资产（企业以融资租赁方式租入的固定资产，在租赁期内，应视同自有固定资产进行管理）。

名师点拨

企业固定资产的使用寿命通常是指固定资产的预计使用期间，如自用房屋建筑物的使用寿命表现为企业对该房屋建筑物的预计使用年限。对于某些机器设备或运输设备等固定资产，其使用寿命表现为以该固定资产所能生产产品或提供劳务的数量，如汽车或飞机等，按照其预计行驶里程数或飞行里程数估计固定资产的使用寿命。

2.1.2 取得固定资产

企业取得固定资产的方式多种多样，包括外购、自行建造、投资者投入以及非货币性资产交换、融资租赁等，取得的方式不同，其成本的构成及确定方法也有所区别。本书只对前两种取得方式做详细介绍。

1. 外购固定资产

企业外购的固定资产，应将实际支付的购买价款、相关税费（不包括可以抵扣的增值税进项税额），使固定资产达到预定可使用状态前所发生的可归属于该项资产的运输费、装卸费、安装费以及专业人员服务费等，作为固定资产的取得成本。

企业外购固定资产是否达到预定可使用状态，需要根据具体情况进行分析判断。在实务中，应区分固定资产是否需要安装再进行具体的账务处理。

（1）购入不需要安装的固定资产。

若企业为增值税一般纳税人，则企业购入机器设备、管理设备等固定资产时，应按照支付的购买价款，使固定资产达到预定可使用状态前所发生的可归属于该资产的运输费、装卸费和专业人员服务费等，作为固定资产的成本，相关账务处理如下。

借：固定资产
　　应交税费——应交增值税（进项税额）
　　贷：银行存款、应付账款、应付票据等

【例题·单选题】某企业为增值税一般纳税人，购入一台不需要安装的设备，增值税专用发票上注明的价款为 50 000 元，增值税税额为 6 500 元。另发生运输费 1 000 元、专业人员培训费 500 元（均不考虑增值税）。不考虑其他因素，该设备的入账价值为（　　）元。

A. 50 000　　　　B. 51 000　　　　C. 56 500　　　　D. 51 500

【解析】本题考查购入不需要安装的固定资产入账价值的确定。该设备的入账价值 =50 000+1 000=51 000（元）。

【答案】B

（2）购入需要安装的固定资产。

①若企业为增值税一般纳税人，购入需要安装的固定资产时，应在取得成本的基础上加上安装调试成本作为固定资产的入账价值，相关账务处理如下。

借：在建工程
　　应交税费——应交增值税（进项税额）
　　贷：银行存款、应付账款、应付票据等

②安装过程中耗用了本单位材料或人工的，按应承担的成本金额计入在建工程成本，相关账务处理如下。

借：在建工程

    贷：原材料、应付职工薪酬等

③设备安装完毕，达到预定可使用状态时的账务处理如下。

借：固定资产

    贷：在建工程

【案例2-1】甲公司为增值税一般纳税人，适用的增值税税率为13%。2019年发生有关固定资产的业务如下。

①6月30日，生产车间购入一台需要安装的A设备，取得的增值税专用发票上注明的价款为2 000 000元，增值税为260 000元，另发生保险费20 000元，款项均以银行存款支付。

②10月3日，将A设备投入安装，以银行存款支付安装费，取得的对方开具的增值税专用发票上注明的价款为10 000元，增值税进项税额为900元。A设备于10月25日达到预定可使用状态，并投入使用。根据上述资料，甲公司应如何进行账务处理？

【案例解析】甲公司购入的固定资产是需要安装的，因此在购入时，应先通过"在建工程"科目归集相关成本，待安装完成时再将其转入"固定资产"科目，相关账务处理如下。

①购入固定资产进行安装时。

借：在建工程   2 020 000

    应交税费——应交增值税（进项税额）   260 000

       贷：银行存款   2 280 000

②支付安装费时。

借：在建工程   10 000

    应交税费——应交增值税（进项税额）   900

       贷：银行存款   10 900

③A设备安装完毕，达到预定可使用状态时。

借：固定资产   2 030 000

       贷：在建工程   2 030 000

2. 自行建造固定资产

企业自行建造固定资产，应当将建造该项资产达到预定可使用状态前所发生的必要支出作为固定资产的成本，包括工程物资成本、人工成本、缴纳的相关税费、应予资本化的借款费用以及应分摊的间接费用等。企业自行建造固定资产，分为自营和出包两种方式，由于采用的建设方式不同，其账务处理也不同。

（1）以自营方式建造固定资产。

企业采用自营方式建造固定资产，意味着企业自行采购工程物资、自行组织施工人员进行施工等。这种方式下，固定资产的成本按照直接材料、直接人工、直接机械施工费等计量。

①企业为建造固定资产准备的各种物资，应当按照实际支付的买价、运输费、保险费等相关税费作为实际成本，并按照各种专项物资的种类进行明细核算，相关账务处理如下。

借：工程物资

    应交税费——应交增值税（进项税额）

       贷：银行存款、应付账款、应付票据等

②在建工程领用工程物资时，将领用物资的成本计入在建工程，相关账务处理如下。

借：在建工程

    贷：工程物资

若在建工程领用的是本企业原材料或产品。

借：在建工程
　　贷：原材料（成本价）
　　　　库存商品（成本价）

③为在建工程支付其他费用或分配工程施工人员工资时，相关账务处理如下。

借：在建工程
　　贷：银行存款、应付职工薪酬

④采用自营方式建造的固定资产达到预定可使用状态时，按照归集的在建工程成本，将其转入固定资产，相关账务处理如下。

借：固定资产
　　贷：在建工程

名师点拨

在这种方式下，"在建工程"科目主要反映企业与建造承包商办理工程价款结算的情况。因此，企业将支付给建造承包商的工程价款作为工程成本，通过"在建工程"科目核算。

【案例2-2】甲公司为增值税一般纳税人，2019年7月1日，甲公司准备自行建造一幢厂房作为产品生产线的车间。当日外购工程物资一批价格为200 000元，增值税专用发票上注明的进项税额为26 000元，全部用于工程建设。此外，还领用本企业生产的钢筋一批，实际成本为800 000元，相关进项税额为104 000元；应计工程人员工资100 000元；支付其他费用，取得的增值税专用发票上注明安装费40 000元，增值税税额为3 600元。工程完工并达到预定可使用状态。根据上述资料，甲公司应如何进行账务处理？

【案例解析】

①购入工程物资时。

借：工程物资　　　　　　　　　　　　　　　　200 000
　　应交税费——应交增值税（进项税额）　　　　26 000
　　贷：银行存款　　　　　　　　　　　　　　　　226 000

②领用全部工程物资时。

借：在建工程　　　　　　　　　　　　　　　　200 000
　　贷：工程物资　　　　　　　　　　　　　　　　200 000

③领用本企业生产的钢筋时。

借：在建工程　　　　　　　　　　　　　　　　800 000
　　贷：库存商品　　　　　　　　　　　　　　　　800 000

④分配工程人员工资时。

借：在建工程　　　　　　　　　　　　　　　　100 000
　　贷：应付职工薪酬　　　　　　　　　　　　　　100 000

⑤支付工程发生的其他费用时。

借：在建工程　　　　　　　　　　　　　　　　40 000
　　应交税费——应交增值税（进项税额）　　　　3 600
　　贷：银行存款　　　　　　　　　　　　　　　　43 600

⑥厂房达到预定可使用状态时，累计归集的成本 =200 000+800 000+100 000+40 000=1 140 000（元）。

借：固定资产　　　　　　　　　　　　　　　　1 140 000
　　贷：在建工程　　　　　　　　　　　　　　　　1 140 000

（2）以出包方式建造固定资产。

企业采用出包方式建造固定资产，是指其通过招标等方式将工程项目发包给建造承包商，由建造承包商（即施工企业）组织工程项目施工。企业采用出包方式建造固定资产，其成本由建造该项固定资产达到预定可使用状态前发生的必要支出构成，包括发生的建筑工程支出、安装工程支出及需要分摊计入各固定资产价值的待摊支出。在出包方式下，企业主要按照合同规定的结算方式和工程进度定期与建造商办理工程价款结算，结算的工程价款计入在建工程成本。

①企业按合理估计的发包工程进度和合同规定向建造承包商结算进度款时，相关账务处理如下。

　　借：在建工程

　　　　应交税费——应交增值税（进项税额）

　　　　贷：银行存款等

②工程达到预定可使用状态时，相关账务处理如下。

　　借：固定资产

　　　　贷：在建工程

3. 增值税税控系统专用设备的财税处理

增值税税控系统包括增值税防伪税控系统，货物运输业增值税专用发票税控系统，机动车销售统一发票税控系统和公路、内河货物运输业发票税控系统。其中，增值税防伪税控系统的专用设备包括金税卡、IC 卡（Integrated Circuit Card，集成电路卡）、读卡器或金税盘和报税盘；货物运输业增值税专用发票税控系统专用设备包括税控盘和报税盘；机动车销售统一发票税控系统和公路、内河货物运输业发票税控系统专用设备包括税控盘和传输盘。

根据《财政部 国家税务总局关于增值税税控系统专用设备和技术维护费用抵减增值税税额有关政策的通知》（财税〔2012〕15 号）规定，增值税纳税人 2011 年 12 月 1 日（含）以后初次购买增值税税控系统专用设备（包括分开票机）支付的费用，可凭购买增值税税控系统专用设备取得的增值税专用发票，在增值税应纳税额中全额抵减（抵减额为价税合计额），不足抵减的可结转下期继续抵减。增值税纳税人非初次购买增值税税控系统专用设备支付的费用，由其自行负担，不得在增值税应纳税额中抵减。企业初次购买增值税防伪税控系统专用设备涉及的账务处理如下。

（1）购入增值税税控系统专用设备时。

　　借：固定资产（价税合计额）

　　　　贷：银行存款

（2）抵减增值税税控系统专用设备的价税金额时。

　　借：应交税费——应交增值税（减免税款）

　　　　贷：管理费用

> **知识拓展**
>
> 根据企业的规定，部分企业会将购买增值税税控系统专用设备支付的费用直接计入当期的期间损益，因此在购入增值税税控系统专用设备时，其应当借记"管理费用"科目，贷记"银行存款"科目。

2.1.3 固定资产折旧

折旧，是指在固定资产的使用寿命内，按照确定的方法对应计折旧额进行系统分摊。应计折旧额，是指应当计提折旧的固定资产原价扣除其预计净残值后的金额。已计提减值准备的固定资产，还应当扣除已计提的固定资产减值准备累计金额。

1. 影响固定资产的折旧的因素

影响固定资产折旧的因素主要有以下几个方面。

◆ 固定资产原价，是指固定资产的成本。

◆ 固定资产的使用寿命，是指企业使用固定资产的预计期间，或该固定资产所能生产产品或提供劳务的数量。企业确定固定资产使用寿命时，应当考虑的因素为预计生产能力或实物产量，预计有形损耗和无形损耗，法律或类似规定对资产使用的限制。

◆ 预计净残值，是指假定固定资产预计使用寿命已满并处于使用寿命终了时的预期状态，企业目前从该项资产处置中获得的扣除预计处置费用后的金额。

◆ 固定资产减值准备，是指固定资产已计提的固定资产减值准备累计金额。

2. 固定资产的折旧范围

企业应当对所有固定资产计提折旧。但是，已提足折旧仍继续使用的固定资产和单独计价入账的土地除外。在确定计提折旧的范围时，还应注意以下几点。

◆ 固定资产应当按月计提折旧，当月增加的固定资产，当月不计提折旧，从下月起计提折旧；当月减少的固定资产，当月仍计提折旧，从下月起不计提折旧。

◆ 固定资产提足折旧后，不论能否继续使用，均不再计提折旧；提前报废的固定资产，也不再补提折旧。所谓提足折旧，是指已经提足该项固定资产的应计折旧额。

◆ 已达到预定可使用状态，但尚未办理竣工的固定资产，应当按估计价值确定其成本，并计提折旧；待办理竣工决算后，再按实际成本调整原来的暂估价值，但不需要调整原已计提的折旧额。

【例题·单选题】下列各项中，关于固定资产计提折旧的表述正确的是（　　）。

A. 承租方经营租赁租入的房屋应计提折旧

B. 提前报废的固定资产应补提折旧

C. 已提足折旧继续使用的房屋应计提折旧

D. 暂时闲置的库房应计提折旧

【解析】本题考查固定资产的折旧范围。承租方经营租赁租入的房屋，应由出租方计提折旧，承租方不计提折旧，选项 A 错误；提前报废的固定资产无须补提折旧，选项 B 错误；已提足折旧仍继续使用的房屋无须计提折旧，选项 C 错误。

【答案】D

3. 固定资产的折旧方法

企业应当根据与固定资产有关的经济利益的预期实现方式，合理选择固定资产折旧方法。可选用的折旧方法包括年限平均法（又称直线法）、工作量法、双倍余额递减法和年数总和法。企业选用不同的固定资产折旧方法，将影响固定资产使用寿命期间内不同时期的折旧费用的计算。因此，固定资产的折旧方法一经确定，不得随意变更；如需变更应当符合固定资产准则的规定。

（1）年限平均法。

年限平均法是将固定资产的应计折旧额均衡地分摊到固定资产预计使用寿命内的一种方法。这种方法计算的每期折旧额都是相等的。年限平均法下的相关计算公式如下。

年折旧率＝（1-预计净残值率）÷预计使用寿命（年）

月折旧率＝年折旧率÷12

月折旧额＝固定资产原价×月折旧率

【案例 2-3】2019 年 7 月 1 日，甲公司购入一台需要安装的生产设备，取得的增值税专用发票上注明的设备价款为 200 万元，增值税税额为 26 万元，购买过程中，用银行存款支付运杂费等 10 万元。安装时，领用原材料 18 万元，材料负担的增值税税额为 2.34 万元；支付安装工人工资 12 万元。2019 年 9 月 30 日，生产设备达到预定可使用状态。甲公司对该设备采用年限平均法计提折旧，预计使用年限为 10 年，预计净残值为零。假设不考虑其他因素，2019 年甲公司应当计提的折旧额为多少？

【案例解析】生产设备的入账价值 =200+10+18+12=240（万元）。2019 年 9 月 30 日，生产设备达到预定可使用状态，因此该设备从 10 月份开始计提折旧。2019 年甲公司应当计提的

折旧额 =240÷10×3÷12=6（万元）。

（2）工作量法。

工作量法是根据实际工作量计算固定资产每期应计提折旧额的一种方法。工作量法下的相关计算公式如下。

单位工作量折旧额=[固定资产原价×（1-预计净残值率）]÷预计总工作量

某项固定资产月折旧额=该项固定资产当月工作量×单位工作量折旧额

【案例2-4】2019年6月，甲公司购买一台设备供车间使用，采用工作量法计提折旧。该设备原价为100万元，预计总工作时数为20万小时，预计净残值为20万元。该设备2019年8月工作量为6 000小时。甲公司2019年8月应计提的折旧额为多少？

【案例解析】该设备2019年8月应计提的折旧额=[（100-20）÷20]×0.6=2.4（万元）。

（3）双倍余额递减法。

双倍余额递减法是指在不考虑固定资产预计净残值的情况下，根据每期期初固定资产原价减去累计折旧后的余额和双倍的直线法折旧率计算固定资产折旧的一种方法。采用双倍余额递减法计提折旧的关键是，净残值在使用寿命到期前两年内才加以考虑。双倍余额递减法下的相关计算公式如下。

年折旧率=2÷预计使用寿命（年）×100%

年折旧额=每年固定资产净值×年折旧率

月折旧率=年折旧率÷12

月折旧额=每月月初固定资产账面净值×月折旧率

采用双倍余额递减法计提折旧的固定资产，一般应在固定资产使用寿命到期前两年内，按固定资产账面净值扣除预计净残值后的净值平均摊销。

【案例2-5】甲公司某项设备的原价为100万元，预计使用寿命为5年，预计净残值率为4%。假设甲公司没有对该设备计提减值准备。若甲公司采用双倍余额递减法对该设备计提折旧，则每年的折旧额应如何计算？

【案例解析】甲公司采用双倍余额递减法计提折旧，年折旧率=2÷5×100%=40%。第1年应计提的折旧额=100×40%=40（万元）；第2年应计提的折旧额=（100-40）×40%=24（万元）；第3年应计提的折旧额=（100-40-24）×40%=14.4（万元）；从第4年起，改按年限平均法计提折旧：第4年、第5年应计提的折旧额=（100-40-24-14.4-100×4%）÷2=8.8（万元）。

名师点拨

双倍余额递减法下，折旧年度应以固定资产开始计提折旧的月份起算。例如，某公司2019年5月取得某项固定资产，则其折旧年度中的第1年为"2019年6月—2020年5月"。

【例题·单选题】甲企业采用双倍余额递减法计算固定资产折旧。2018年6月15日，甲企业购进设备一台，设备的入账价值为200万元，预计净残值为6万元，预计可使用年限为5年。该设备2019年应计提的折旧额为（　　）万元。

  A．48   B．64   C．77.6   D．80

【解析】本题考查双倍余额递减法下固定资产折旧额的计算。该项设备年折旧率=2÷5×100%=40%。第1个折旧年度应计提的折旧额=200×40%=80（万元）；第2个折旧年度应计提的折旧额=（200-80）×40%=48（万元）；第3个折旧年度应计提的折旧额=（200-80-48）×40%=28.8（万元）；第4、第5个折旧年度的折旧额=[（200-80-48-28.8）-6]÷2=18.6（万元）。

甲企业于2018年6月15日购入该设备，即2018年7月1日—2019年6月30日为第1个折旧年度，2019年7月1日—2020年6月30日为第2个折旧年度，因此该设备2019年应计提的折旧额=80×6÷12+48×6÷12=64（万元）。

【答案】B

（4）年数总和法。

年数总和法又称年限合计法，是指将固定资产的原价减去预计净残值后的余额，乘以一个逐年递减的分数计算每年的折旧额。

年数总和法下的相关计算公式如下。

年折旧率＝（预计使用寿命－已使用年限）÷[预计使用寿命×（预计使用寿命＋1）÷2]×100%

年折旧率＝尚可使用年限÷预计使用寿命的年数总和×100%

年折旧额＝（固定资产原值－预计净残值）×年折旧率

月折旧率＝年折旧率÷12

月折旧额＝（固定资产原价－预计净残值）×月折旧率

【案例2-6】沿用【案例2-5】中的资料，若甲公司采用年数总和法对该设备计提折旧，则每年的折旧额应如何计算？

【案例解析】甲公司采用年数总和法对该设备计提折旧时，各年的折旧额如表2-1所示。

表2-1　折旧计算表

年份	尚可使用年限（年）	原价－预计净残值（元）	年折旧率	年折旧额（元）	累计折旧额（元）
第1年	5	960 000	5/15	320 000	320 000
第2年	4	960 000	4/15	256 000	576 000
第3年	3	960 000	3/15	192 000	768 000
第4年	2	960 000	2/15	128 000	896 000
第5年	1	960 000	1/15	64 000	960 000

4. 固定资产折旧的财税处理

固定资产应当按月计提折旧，计提的折旧应当记入"累计折旧"科目，并根据用途计入相关资产的成本或当期损益。

◆ 企业自行建造固定资产过程中使用的固定资产，其计提的折旧应计入在建工程成本。

◆ 基本生产车间使用的固定资产，其计提的折旧应计入制造费用。

◆ 管理部门使用的固定资产，其计提的折旧应计入管理费用。

◆ 销售部门所使用的固定资产，其计提的折旧应计入销售费用。

◆ 经营租赁租出的固定资产，其计提的折旧额应计入其他业务成本。

◆ 未使用的固定资产，其计提的折旧应计入管理费用。

企业计提固定资产折旧时，具体的账务处理如下。

借：在建工程、制造费用、管理费用、销售费用、其他业务成本

　　贷：累计折旧

【例题·单选题】下列各项中，关于企业固定资产折旧会计处理表述错误的是（　　）。

A. 自行建造厂房使用自有固定资产，其计提的折旧应计入在建工程成本

B. 基本生产车间使用自有固定资产，其计提的折旧应计入制造费用

C. 经营租赁租出的固定资产，其计提的折旧应计入管理费用

D. 专设销售机构使用的自有固定资产，其计提的折旧应计入销售费用

【解析】本题考查固定资产折旧的账务处理。经营租赁租出的固定资产，其计提的折旧应计入其他业务成本，选项C错误。

【答案】C

企业至少应当于每年年度终了，对固定资产的使用寿命、预计净残值和折旧方法进行复核。

◆ 使用寿命预计数与原先估计数有差异的，应当调整固定资产使用寿命。

◆ 预计净残值预计数与原先估计数有差异的，应当调整预计净残值。

◆ 与固定资产有关的经济利益预期实现方式有重大改变的，应当改变固定资产折旧方法。

固定资产使用寿命、预计净残值和折旧方法的改变应当作为会计估计变更进行会计处理。

2.1.4 固定资产后续支出

固定资产的后续支出是指固定资产在使用过程中发生的更新改造支出、修理费用等。企业的固定资产投入使用后，可能会发生固定资产的局部损坏等现象，为了保证固定资产的正常运转，就必然会产生必要的后续支出。固定资产后续支出的处理原则：符合资本化条件的，应当计入固定资产成本或其他相关资产的成本；不符合资本化条件的，应当计入当期损益。

1. 资本化的后续支出

固定资产的更新改造等后续支出，满足固定资产确认条件的，应当计入固定资产成本。具体账务处理如下。

（1）固定资产转入改扩建时。

借：在建工程
　　累计折旧
　　固定资产减值准备
　　贷：固定资产

（2）发生可资本化的后续支出时。

借：在建工程
　　应交税费——应交增值税（进项税额）
　　贷：银行存款

需要注意的是，企业更新改造固定资产过程中，如有被替换的部分，在确认发生的相关支出时，应同时将被替换部分的账面价值从该固定资产原账面价值中扣除。具体账务处理如下。

借：银行存款或原材料（残料价值）
　　营业外支出（净损失）
　　贷：在建工程（被替换部分的账面价值）

（3）更新改造完成并达到预定可使用状态时。

借：固定资产
　　贷：在建工程

2. 费用化的后续支出

与固定资产有关的修理费等后续支出，不符合资本化条件的，应当根据不同情况分别在发生时计入当期损益（管理费用或销售费用）。

企业生产车间（部门）和行政管理部门发生的不可资本化的后续支出，如发生的固定资产日常修理费用应计入管理费用；企业专设销售机构发生的不可资本化的后续支出，如发生的固定资产日常修理费用应计入销售费用。具体账务处理如下。

借：管理费用、销售费用等
　　贷：银行存款

【案例2-7】至2019年7月，甲公司以前年度购入的固定资产已计提累计折旧50 000元，该固定资产的原值为180 000元，未计提减值准备。当月，该固定资产发生了以下支出。

①7月2日，使用银行存款支付日常维护修理费用2 000元。

②7月13日，由于生产产品的需要，该厂房必须进行改良才能继续使用。因此于当日支付厂房改良价款100 000元。

对于该固定资产在2019年7月发生的后续支出，甲公司应如何进行账务处理？

【案例解析】

①7月2日，支付的日常维护修理费用属于费用化的后续支出，其应确认为当期损益（管理费用），支付款项时的账务处理如下。

借：管理费用　　　　　　　　　　　2 000

　　贷：银行存款　　　　　　　　　　　2 000

②7月13日，支付的厂房改建支出属于资本化的后续支出，其应计入固定资产成本，支付款项时的账务处理如下。

借：固定资产　　　　　　　　　　　100 000

　　贷：银行存款　　　　　　　　　　　100 000

【例题·单选题】 A公司对一座办公楼进行更新改造，该办公楼原值为1 000万元，已计提折旧500万元。更新改造过程中发生支出600万元，被替换部分账面原值为100万元，出售价款为2万元。则新办公楼的入账价值为（　　）万元。

　　A. 1 100　　　　　　　B. 1 050　　　　　　　C. 1 048　　　　　　　D. 1 052

【解析】 本题考查固定资产的后续支出。办公楼更新改造后的账面价值＝更新前总的账面价值－替换部分的账面价值＋资本化的支出部分。被替换部分的变价收入与更新后的账面价值无关，题干中描述的出售价款2万元属于干扰项，不会影响固定资产的入账价值。因此，被替换部分的账面价值＝100－（500÷1 000）×100＝50（万元），新办公楼的入账价值＝（1 000－500）＋600－50＝1 050（万元）。

【答案】 B

2.1.5 固定资产减值

固定资产以历史成本入账，但固定资产使用年限较长，经营环境的变化、科学技术的进步、经营方针的改变等都可能导致固定资产的真实价值低于账面价值，这种情况称为固定资产减值。因此，在期末必须对固定资产减值损失进行确认。

在资产负债表日，固定资产存在可能发生减值的迹象时，其可收回金额低于账面价值的，企业应当将该固定资产的账面价值减记至可收回金额，减记的金额确认为减值损失，计入当期损益，同时计提相应的资产减值准备。确认固定资产减值损失的账务处理如下。

借：资产减值损失——计提的固定资产减值准备

　　贷：固定资产减值准备

固定资产减值损失一经确认，在以后会计期间不得转回。

【案例2-8】 甲公司2019年1月1日购入设备一台，入账价值为100万元，预计使用寿命为10年，预计净残值为10万元，采用年限平均法计提折旧。2019年12月31日，该设备存在减值迹象，经测试预计可收回金额为80万元。对于该减值甲公司应如何进行账务处理？

【案例解析】 甲公司该设备2019年计提的折旧＝（100－10）÷10÷12×11＝8.25（万元）；2019年末账面价值＝100－8.25＝91.75（万元），账面价值大于可收回金额80万元，发生减值。因此甲公司2019年对该设备应确认的减值损失＝91.75－80＝11.75（万元）。确认减值损失的账务处理如下。

借：资产减值损失——计提的固定资产减值准备　　　　117 500

　　贷：固定资产减值准备　　　　　　　　　　　　　117 500

2.1.6 处置固定资产

企业处置固定资产的相关项目如下。

1. 固定资产终止确认的条件

固定资产满足下列条件之一的，应当予以终止确认。

◆ 该固定资产处于处置状态。固定资产处置包括固定资产的出售、报废、毁损、对外投资、非货币性资产交换等。处于处置状态的固定资产不再用于生产商品、提供劳务、出租或经营管理，因此不再符合固定资产的定义，应予以终止确认。

◆ 该固定资产预期通过使用或处置不能产生经济利益。固定资产的确认条件之一是"与该固定资产有关的经济利益很可能流入企业"，如果一项固定资产预期通过使用或处置不能产生经济利益，那么它就不再符合固定资产的定义和确认条件，应予以终止确认。

2. 处置固定资产的账务处理

企业处置固定资产应通过"固定资产清理"科目核算。具体账务处理包括以下几个环节。

（1）固定资产转入清理。

固定资产转入清理时，应将固定资产的价值转出，已计提的累计折旧和固定资产减值准备也应一并结转，相关账务处理如下。

借：固定资产清理（固定资产的账面价值）
　　累计折旧（已计提的累计折旧额）
　　固定资产减值准备（已计提的减值准备）
　　　贷：固定资产（固定资产的账面原值）

（2）发生的清理费用等。

固定资产清理过程中发生的有关费用以及应支付的相关税费应记入"固定资产清理"科目，相关账务处理如下。

借：固定资产清理（清理过程中支付的费用）
　　应交税费——应交增值税（进项税额）
　　　贷：银行存款等

（3）处置收入和残料等。

企业收回出售固定资产的价款、残料价值和变价收入等，应冲减清理支出，相关账务处理如下。

借：银行存款、原材料等
　　　贷：固定资产清理
　　　　　应交税费——应交增值税（销项税额）

企业若为增值税小规模纳税人，其取得处置收入涉及的增值税直接记入"应交税费——应交增值税"科目。

（4）保险赔偿。

企业计算或收到的应由保险公司或过失人赔偿的损失，应冲减清理支出，相关账务处理如下。

借：其他应收款、银行存款等
　　　贷：固定资产清理

（5）清理净损益。

企业处置固定资产，清理完成后产生的清理净损益分别适用不同的处理方法，相关账务处理如下。

①属于已丧失使用功能正常报废或自然灾害等非正常原因的。

a. 如为净损失。

借：营业外支出——非常损失（自然灾害等非正常原因）
　　　　　　　　——非流动资产处置损失（已丧失使用功能正常报废）
　　　贷：固定资产清理

b. 如为净收益。

借：固定资产清理
　　　贷：营业外收入——非流动资产处置利得

②属于正常出售、转让的。

a. 如为净损失。

借：资产处置损益

　　贷：固定资产清理

b. 如为净收益。

借：固定资产清理

　　贷：资产处置损益

【案例2-9】甲公司为增值税一般纳税人。2019年6月，甲公司出售一台设备，原价为6 000 000元，已计提折旧5 000 000元，未计提减值准备。出售设备所得价款为4 520 000元（含增值税税额520 000元），出售时发生各种清理费用30 000元。有关收入、支出均通过银行办理结算。根据上述资料，甲公司应如何进行账务处理？

【案例解析】甲公司处置该固定资产时的账务处理如下。

①将固定资产转入清理时。

借：固定资产清理　　　　　　　　　　　　　　　　　1 000 000

　　累计折旧　　　　　　　　　　　　　　　　　　　5 000 000

　　　　贷：固定资产　　　　　　　　　　　　　　　　　　　　6 000 000

②收回残料变价收入时。

借：银行存款　　　　　　　　　　　　　　　　　　　4 520 000

　　　　贷：固定资产清理　　　　　　　　　　　　　　　　　　4 000 000

　　　　　　应交税费——应交增值税（销项税额）　　　　　　　520 000

③支付清理费用时。

借：固定资产清理　　　　30 000

　　　　贷：银行存款　　　　30 000

④结转出售该设备的净收益时。

借：固定资产清理　　　　2 970 000

　　　　贷：资产处置损益　　　　2 970 000

【例题·单选题】某企业转让一台旧设备，取得价款60万元，发生清理费用3万元。该设备原值为80万元，已提折旧30万元。假定不考虑相关税费，出售该设备发生的净损益为（　）万元。

A. -7　　　　　　　　B. -13　　　　　　　　C. 7　　　　　　　　D. 13

【解析】本题考查处置固定资产净损益的计算。出售该设备产生的净损益=60-（80-30）-3=7（万元），大于零，为净收益。

【答案】C

2.1.7 与固定资产有关的税务处理

在税法中，有关固定资产的规定与会计类似，下面即对与固定资产相关的税务处理进行介绍。

1. 固定资产计税基础

在税法中，固定资产是指企业为生产产品、提供劳务、出租或经营管理而持有的、使用时间超过12个月的非货币性资产，包括房屋、建筑物、机器、机械、运输工具以及其他与生产经营活动有关的设备、器具、工具等。其计税基础如下。

（1）外购的固定资产，以购买价款和支付的相关税费以及直接归属于使该资产达到预定用途发生的其他支出为计税基础。

（2）自行建造的固定资产，以竣工结算前发生的支出为计税基础。

（3）融资租赁租入的固定资产，以租赁合同约定的付款总额和承租人在签订租赁合同过程中发生的相关费用为计税基础；租赁合同未约定付款总额的，以该资产的公允价值和承租人在签订租赁合同过程中发生的相关费用为计税基础。

（4）盘盈的固定资产，以同类固定资产的重置完全价值为计税基础。

（5）通过捐赠、投资、非货币性资产交换等方式取得的固定资产，以该资产的公允价值和支付的相关税费为计税基础。

（6）改建的固定资产，除已足额提取折旧的固定资产和租入的固定资产以外的其他固定资产，以改建过程中发生的改建支出增加计税基础。

2. 固定资产折旧的计提

根据《中华人民共和国企业所得税法》（以下简称《企业所得税法》规定，固定资产按照直线法计算的折旧，准予扣除。企业应当自固定资产投入使用月份的次月起计提折旧；停止使用的固定资产，应从停止使用月份的次月起停止计提折旧。除国家财政、税务主管部门另有规定外，固定资产计算折旧的最低年限如下。

（1）房屋、建筑物，为20年。

（2）飞机、火车、轮船、机器、机械和其他生产设备，为10年。

（3）与生产经营活动有关的器具、工具、家具等，为5年。

（4）飞机、火车、轮船以外的运输工具，为4年。

（5）电子设备，为3年。

3. 固定资产折旧的处理

根据规定，企业固定资产会计折旧年限如果短于税法规定的最低折旧年限，其按会计折旧年限计提的折旧高于按税法规定的最低折旧年限计提的折旧部分，应调增当期应纳税所得额；企业固定资产会计折旧年限已期满且会计折旧已提足，但税法规定的最低折旧年限尚未到期且税收折旧尚未足额扣除，其未足额扣除的部分准予在剩余的税收折旧年限继续按规定扣除。

企业固定资产会计折旧年限如果长于税法规定的最低折旧年限，其折旧应按会计折旧年限计算扣除，税法另有规定除外。

另外，需要注意的是，企业按会计规定提取的固定资产减值准备，不得在所得税前扣除，其折旧仍旧按税法规定的固定资产计税基础计算扣除。企业按照税法规定实行加速折旧的，其按加速折旧办法计算的折旧额可全额在税前扣除。

2.2 无形资产的财税处理

与固定资产一样，无形资产也是企业的重要资产之一。此类资产具有独特的性质，其可能具有较高的价值，因此加强对无形资产的管理是企业的一项重要工作。

2.2.1 无形资产概述

无形资产是指企业拥有或控制的没有实物形态的可辨认的非货币性资产。无形资产是通过自身所具有的技术等优势为企业带来未来经济利益，而固定资产是通过实物价值的磨损和转移来为企业带来经济利益，所以不具有实物形态将无形资产与具有实物形态的固定资产、存货等有形资产相区分。无形资产通常包括以下几项。

- ◆ 专利权，可分为发明专利权、实用新型专利权及外观设计专利权3种。
- ◆ 非专利技术，一般包括工业专有技术、商业贸易专有技术、管理专有技术等。
- ◆ 商标权，是指专门在某类指定商品或产品上使用特定的名称或图案的权利。
- ◆ 著作权，又称版权，包括精神权利（人身权利）和经济权利（财产权利）两部分。
- ◆ 特许权，又称经营特许权、专营权，是指企业在某一地区经营或销售某种特定商品的权利或是一家企业接受另一家企业使用其商标、商号、技术秘密等的权利。
- ◆ 土地使用权，是指国家准许某一企业或单位在一定期间内对国有土地享有开发、利用、经营的权利。

当资产满足下列条件之一的，即符合无形资产定义中的可辨认性标准：能够从企业中分离或划分出来，并能单独或与相关合同、资产或负债一起，用于出售、转让、授予许可、租赁或交换；源自合同性权利或其他法定权利，无论这些权利是否可以从企业或其他权利和义务中转移或分离。

2.2.2 取得无形资产

无形资产通常按照实际成本计量，即以取得无形资产并使之达到预定用途而发生的全部支出作为无形资产的成本。对于不同来源的无形资产，其初始成本的构成也不尽相同。

1. 外购无形资产

外购的无形资产，应当按其取得成本进行初始计量。外购无形资产的成本包括购买价款、相关税费（不包括可抵扣的增值税进项税额）以及直接归属于使该项资产达到预定用途所发生的其他支出。其中，直接归属于使该项资产达到预定用途所发生的其他支出包括使无形资产达到预定用途发生的专业服务费、测试无形资产是否能够正常发挥作用的费用等。但是下列费用不构成外购无形资产的成本。

◆ 为引入新产品进行宣传发生的广告费、管理费用及其他间接费用。

◆ 无形资产已经达到预定用途后发生的费用。

若企业为增值税一般纳税人，外购固定资产的相关账务处理如下。

借：无形资产

应交税费——应交增值税（进项税额）

贷：银行存款等

知识拓展

如果购入的无形资产超过正常信用条件延期支付价款，实际上具有融资性质的，应按取得无形资产购买价款的现值计量其成本。

【例题·单选题】甲公司为增值税一般纳税人，2019 年 7 月 5 日购入一项专利权，取得的增值税专用发票上注明的价款为 270 万元，增值税税额为 16.2 万元，另支付相关费用 20 万元。为推广由该专利生产的产品，甲公司发生广告宣传费 60 万元。该专利权的账面价值为（　）万元。

  A. 270   B. 290   C. 306.2   D. 350

【解析】本题考查外购无形资产的入账价值。引入新产品发生的广告宣传费、管理费用以及其他间接费用不计入无形资产的成本，因此该专利权的账面价值 =270+20=290（万元）。

【答案】B

2. 自行研究开发无形资产

除外购方式外，企业取得无形资产还包括自行研究开发的方式。企业自行研究开发无形资产，对于其内部研究开发项目所发生的支出应区分研究阶段支出和开发阶段支出。

不管是研究阶段发生的支出，还是开发阶段发生的支出，均通过"研发支出"科目核算，该科目核算企业进行研究与开发无形资产过程中发生的各项支出，按照研究开发项目，分别以"费用化支出"与"资本化支出"进行明细核算。企业自行研究开发无形资产的账务处理如下。

（1）研究阶段发生的支出。

借：研发支出——费用化支出

应交税费——应交增值税（进项税额）（取得增值税专用发票的）

贷：原材料、银行存款、应付职工薪酬等

期末。

借：管理费用

    贷：研发支出——费用化支出

（2）开发阶段发生的支出。

借：研发支出——费用化支出（不符合资本化条件）

                ——资本化支出（符合资本化条件）

    应交税费——应交增值税（进项税额）（取得增值税专用发票的）

    贷：原材料、银行存款、应付职工薪酬等

期末，将"研发支出——费用化支出"科目归集的金额转入"管理费用"科目。

借：管理费用

    贷：研发支出——费用化支出

（3）当研究开发项目达到预定用途形成无形资产时。

借：无形资产

    贷：研发支出——资本化支出

如果无法可靠区分研究阶段的支出和开发阶段的支出，应将其所发生的研发支出全部费用化，期末转入当期损益（管理费用）。

借：研发支出——费用化支出

    贷：银行存款等

期末。

借：管理费用

    贷：研发支出——费用化支出

> **知识拓展**
>
> 企业自行研究开发的无形资产，其成本包括自满足资本化条件的时点至无形资产达到预定可使用状态前发生的可直接归属于该无形资产的创造、生产并使该资产能够以管理层预定的方式运作的必要支出总和。另外，未达到预定可使用状态前，"研发支出——资本化支出"余额列示在资产负债表中的"开发支出"项目。

【例题·单选题】2019 年 1 月 1 日，某企业开始自行研究开发一套软件，研究阶段发生支出 30 万元，开发阶段发生支出 125 万元。开发阶段的支出均满足资本化条件。4 月 15 日，该软件开发成功并依法申请了专利，支付相关手续费 1 万元。不考虑其他因素，该项无形资产的入账价值为（　　）万元。

    A. 126　　　　　　　　B. 155　　　　　　　　C. 125　　　　　　　　D. 156

【解析】本题考查自行研究开发无形资产入账价值的确定。该项无形资产的入账价值 =125+1=126（万元）。

【答案】A

3. 其他方式取得无形资产

除以上两种方式外，企业取得无形资产的形式还包括投资者投入、非货币性资产交换、政府补助等。下面对其进行简单介绍。

（1）投资者投入无形资产。

投资者投入的无形资产，应当按照投资合同或协议约定的价值确定无形资产的取得成本。如果投资合同或协议约定不公允，应以无形资产的公允价值作为无形资产的初始成本入账。

（2）非货币性资产交换取得无形资产。

企业通过非货币性资产交换取得的无形资产，包括以投资、存货、固定资产或无形资产换入的无形资产等。非货币性资产交换具有商业实质且公允价值能够可靠计量的，在发生补价的情况下，支付补价方应当以换出资产的公允价值加上支付的补价（即换入无形资产的公允价值）和应支付的相关税费，作为换入无形资产的成本；收到补价方，应当以换入无形资产的公允价值（或换出资产的公允价值减去补价）和应支付的相关税费，作为换入无形资产的成本。

（3）政府补助取得无形资产。

通过政府补助取得的无形资产，其成本应当按照公允价值计量；公允价值不能可靠取得的，按照名义金额（1元）计量。

2.2.3 无形资产摊销

无形资产在初始确认和计量后，在其后使用期间应以成本减去累计摊销额和累计减值损失后的余额计量。确定无形资产在使用过程中的累计摊销额的基础是估计其使用寿命。企业所有的无形资产中，对于使用寿命有限的无形资产才需要在估计的使用寿命内采用合理的方法进行摊销；对于使用寿命不确定的无形资产，不需要计提摊销。

1. 无形资产的摊销期、摊销金额和摊销方法

无形资产的摊销期自其可供使用（即达到预定用途）时起至终止确认时止，即无形资产的摊销期规定：当月增加的无形资产，当月开始摊销；当月减少的无形资产，当月不再摊销。

无形资产的摊销金额是指无形资产的成本扣除预计残值后的金额。已计提减值准备的无形资产，还应扣除已计提的无形资产减值准备累计金额。

在无形资产的使用寿命内应系统地分摊其应摊销的金额，可采用的方法主要有直线法和产量法等。企业选择的无形资产摊销方法，应当能够反映与该无形资产有关的经济利益的预期实现方式，并一致地用于不同的会计期间。无法可靠确定预期实现方式的，应当采用直线法摊销。

2. 无形资产残值的确定

除下列情况外，无形资产的残值一般为零。

◆ 有第三方承诺在无形资产使用寿命结束时购买该项无形资产。

◆ 可以根据活跃市场得到无形资产预计残值信息，并且该市场在该项无形资产使用寿命结束时可能存在。

3. 无形资产摊销的账务处理

使用寿命有限的无形资产，应当在其使用寿命内采用合理的摊销方法进行摊销。摊销时，应考虑该项无形资产的服务对象，并以此为基础将其摊销额计入相关资产成本或当期损益。

无形资产摊销的账务处理如下。

借：管理费用（管理用的无形资产）
　　制造费用（生产产品使用的无形资产）
　　其他业务成本（出租的无形资产）
　　研发支出（研发项目使用的无形资产）
　　贷：累计摊销

【案例2-10】甲公司将其自行开发完成的管理系统软件出租给乙公司，每年收取使用费240 000元（不含增值税），双方约定租赁期限为5年。该管理系统软件的总成本为600 000元，甲公司按月计提摊销。不考虑其他因素，甲公司对该项无形资产计提累计摊销时应如何进行账务处理？

【案例解析】甲公司该项无形资产每月应摊销的金额=600 000÷5÷12=10 000（元）。甲公司该项无形资产是用于出租的，其摊销金额应计入其他业务成本，相关账务处理如下。

借：其他业务成本　　　　　10 000
　　贷：累计摊销　　　　　　　10 000

2.2.4 无形资产减值

随着时间的流逝，可能因为技术陈旧、损坏、长期闲置等原因，企业的无形资产的可收回金

额低于其账面价值，这种情况称为无形资产减值。企业元形资产发生减值的，应当计提无形资产减值准备。

无形资产在资产负债表日存在可能发生减值的迹象时，其可收回金额低于账面价值的，企业应当将该无形资产的账面价值减记至可收回金额，减记的金额确认为减值损失，计入当期损益，同时计提相应的资产减值准备。企业计提无形资产减值准备时的账务处理如下。

借：资产减值损失——计提的无形资产减值准备
　　贷：无形资产减值准备
无形资产减值损失一经确认，在以后会计期间不得转回。

名师点拨

> 企业拥有的无形资产中，只有使用寿命有限的无形资产才计提摊销。对于无法合理估计使用寿命的无形资产，应将其作为使用寿命不确定的无形资产进行核算。对于使用寿命不确定的无形资产，在持有期间内不需要摊销，但应当在每个会计期间进行减值测试。如果经减值测试表明已发生减值，也需要计提相应的减值准备。

【案例2-11】甲公司为增值税一般纳税人。2019年7月1日，甲公司购入一项非专利技术，成本为600 000元，增值税专用发票上注明的进项税额为36 000元。预计净残值为零，预计使用寿命为5年。甲公司购入该非专利技术用于生产产品，且无法归属于某个产品。2020年6月30日，甲公司对该非专利技术进行减值测试，发现其可收回金额为360 000元。甲公司应如何对该非专利技术进行账务处理？

【案例解析】根据上述资料，甲公司购入的该非专利技术为使用寿命有限的无形资产，所以应在预计使用寿命内计提摊销，相关账务处理如下。

① 2019年7月1日，购入时。

借：无形资产——非专利技术　　　　　　　　　　　600 000
　　应交税费——应交增值税（进项税额）　　　　　 36 000
　　贷：银行存款　　　　　　　　　　　　　　　　　　　636 000

② 2019年7月—2020年6月，每月应计提的摊销金额=600 000÷5÷12=10 000（元）。

借：制造费用　　　　　　　　　　　　　　　　　　10 000
　　贷：累计摊销　　　　　　　　　　　　　　　　　　　10 000

③ 至2020年6月30日，该非专利技术的账面价值=600 000−10 000×12=480 000（元）；应计提的减值准备=480 000−360 000=120 000（元）。

借：资产减值损失——计提的无形资产减值准备　　　120 000
　　贷：无形资产减值准备　　　　　　　　　　　　　　　120 000

2.2.5 处置无形资产

处置无形资产主要包括出售无形资产、出租无形资产、报废无形资产、对外捐赠无形资产等。发生以上情况的，应将无形资产终止确认并转销。

1. 出售无形资产

企业出售无形资产，应当将取得的价款扣除该无形资产账面价值以及出售相关税费后的差额作为资产处置利得或损失，计入当期损益，相关账务处理如下。

借：银行存款（实际收到的金额）
　　累计摊销（已计提的累计摊销）
　　无形资产减值准备
　　贷：无形资产（账面余额）
　　　　应交税费——应交增值税（销项税额）
　　　　资产处置损益（差额，或借记）

2. 出租无形资产

企业将所拥有的无形资产的使用权让渡给他人并收取租金，属于与企业日常活动相关的其他经营活动取得的收入，在满足收入确认条件的情况下，应确认相关收入及成本，并通过"其他业务收入"和"其他业务成本"科目进行核算。摊销出租无形资产的成本并发生与出租有关的各种费用支出时，相关账务处理如下。

借：其他业务成本
　　贷：累计摊销

3. 报废无形资产

如果无形资产预期不能为企业带来未来经济利益（例如，某无形资产已被其他新技术替代或超过法律保护期，不能再为企业带来经济利益），则不再符合无形资产的定义，应将其报废并予以转销，其账面价值转作当期损益。企业处置无形资产时，相关账务处理如下。

借：银行存款（实际收到的金额）
　　累计摊销（已计提的累计摊销）
　　无形资产减值准备
　　营业外支出（借方差额）
　　贷：无形资产（账面余额）
　　　　应交税费——应交增值税（销项税额）

> **名师点拨**
>
> 企业处置无形资产的 3 种方式中，其实只有出售、报废算是真正意义上的"处置"，即丧失了无形资产的所有权；对于出租无形资产，其实丧失的只是无形资产的使用权。

【**案例 2-12**】甲公司为增值税一般纳税人。2019 年 8 月，甲公司转让一项专利权，该专利权的账面余额为 400 万元，已摊销 220 万元，已计提无形资产减值准备 30 万元，取得转让价款 170 万元，适用的增值税税率为 6%。假设不考虑其他因素，甲公司处置该无形资产时应如何进行账务处理？

【**案例解析**】甲公司转让无形资产，属于出售无形资产。转让时，应将与该无形资产有关的科目余额转出，然后确认相关净损益，相关账务处理如下。

```
借：银行存款                              1 700 000
    累计摊销                              2 200 000
    无形资产减值准备                        300 000
    贷：无形资产                          4 000 000
        应交税费——应交增值税（销项税额）      102 000
        资产处置损益                         98 000
```

2.2.6 与无形资产有关的税务处理

在税法中，无形资产是指企业长期使用、但没有实物形态的资产，包括专利权、商标权、著作权、土地使用权、非专利权利、商誉等。

1. 无形资产计税基础的确定

企业的无形资产应当按照以下方法确定其计税基础。

（1）外购的无形资产，以购买价款、支付的相关税费以及直接归属于使该资产达到预定用途发生的其他支出为计税基础。

（2）自行开发的无形资产，以开发过程中该资产符合资本化条件后至达到预定用途前发生的支出为计税基础。

（3）通过捐赠、投资、非货币性资产交换等方式取得的无形资产，以该资产的公允价值和支付的相关税费为计税基础。

2. 无形资产的摊销

根据规定，在计算企业所得税应纳税所得额时，企业按照规定计算的无形资产摊销费用准予扣除，但是下列无形资产除外。

（1）自行开发的支出已在计算应纳税所得额时扣除的无形资产。

（2）自创商誉。

（3）与经营活动无关的无形资产。

（4）其他不得计算摊销费用扣除的无形资产。

无形资产按照直线法计算的摊销费用，准予扣除。无形资产的摊销年限不得低于 10 年。作为投资或受让的无形资产，有关法律规定或合同约定了使用年限的，可按照规定或约定的使用年限分期摊销。外购商誉的支出，在企业整体转让或清算时，准予扣除。

2.3 存货的财税处理

存货主要包括原材料、在产品、半成品、产成品、商品和周转材料等，下面就对存货的财税处理进行具体介绍。

2.3.1 存货概述

存货是指企业在日常活动中持有以备出售的产成品或商品、处在生产过程中的在产品、在生产过程或提供劳务过程中耗用的材料、物料等。

1. 存货的初始计量

企业取得存货应当按照成本进行计量。存货成本包括采购成本、加工成本和使存货达到目前场所和状态所发生的其他成本 3 个组成部分。企业取得存货主要包括外购、自制以及接受投资者投资、盘盈存货等方式。

◆ 外购存货，主要包括原材料和商品。外购存货的成本即存货的采购成本，是指企业物资从采购到入库前所发生的全部支出，包括购买价款、相关税费、运输费、装卸费、保险费以及其他可归属于存货采购成本的费用（如采购过程中发生的仓储费、包装费、入库前的挑选整理费用和运输途中的合理损耗等）。

◆ 自制存货，即企业通过进一步加工取得存货，主要包括产成品、在产品、半成品、委托加工物资等，其成本由采购成本和加工成本（包括直接人工和按照一定方法分配的制造费用）构成。某些存货还包括使存货达到目前场所和状态所发生的其他成本，如可直接认定的产品设计费等。

◆ 以其他方式取得存货，如接受投资者投资、盘盈存货等。投资者投入存货的成本，按照投资合同或协议约定的价值确定，但合同或协议约定不公允的除外；盘盈的存货应当按其重置成本作为入账价值。

名师点拨

对于商品流通企业而言，其在采购商品过程中发生的运输费、装卸费、保险费及其他可归属于存货采购成本的费用等进货费用，应当计入存货采购成本。在实务中，企业也可以将发生的运输费、装卸费、保险费以及其他可归属于存货采购成本的费用等进货费用先进行归集，期末根据所购商品的存销情况进行分摊。

2. 发出存货的计量

在实际成本核算方式下，企业可以采用的发出存货成本的计价方法包括个别计价法、先进先出法、月末一次加权平均法和移动加权平均法。企业应当根据各类存货的实物流转方式、企业管理的要求、存货的性质等实际情况，合理地确定发出存货成本的计算方法，以及当期发出存货的成本。对于性质和用途相同的存货，应当采用相同的成本计算方法确定发出存货的成本。

（1）先进先出法。

先进先出法，是指以先购入的存货应先发出（销售或耗用）这样一种存货实物流动假设为前提，对发出存货进行计价的一种方法。

先进先出法下，先购入的存货成本在后购入的存货成本之前转出，据此确定发出存货和期末存货的成本。具体做法：收入存货时，逐笔登记存货的数量、单价和金额；发出存货时，按先进先出原则，逐笔登记存货的发出成本和结存金额。

先进先出法可以随时结转存货的发出成本，但较为烦琐。若存货收发业务较多且存货单价不稳定时，其工作量较大。在物价持续上升时，期末存货成本接近于市价，而发出成本偏低，会高估企业当期利润和存货价值；在物价持续下降时，会低估企业存货价值和当期利润。

【案例 2-13】甲公司采用先进先出法核算原材料。2019 年 5 月 1 日库存 A 材料 500 千克，实际成本为 3 000 元；5 月 5 日购入 A 材料 1 200 千克，实际成本为 7 440 元；5 月 8 日购入 A 材料 300 千克，实际成本为 1 830 元；5 月 10 日发出 A 材料 900 千克。不考虑其他因素，该企业发出的 A 材料实际成本为多少？

【案例解析】甲公司采用先进先出法核算原材料。5 月 10 日发出的 900 千克 A 材料中，优先发出期初结存的 500 千克，然后再发出 5 月 5 日购入的 400（900−500）千克。因此，甲公司发出的 A 材料实际成本 =3 000+7 440÷1 200×400=5 480（元）。

（2）月末一次加权平均法。

月末一次加权平均法，是指以本月全部进货数量加上月初存货数量作为权数，去除当月全部进货成本加上月初存货成本，计算出存货的加权平均单位成本，以此为基础计算当月发出存货的成本和期末存货的成本的一种方法。具体计算公式如下。

存货单位成本=［月初结存存货成本＋∑（本月各批进货的实际单位成本×本月各批进货的数量）］÷（月初结存存货的数量＋本月各批进货数量之和）

本月发出存货的成本=本月发出存货的数量×存货单位成本

本月月末结存存货成本=月末结存存货的数量×存货单位成本

本月月末结存存货成本=月初结存存货的实际成本＋本月收入存货的实际成本−本月发出存货的实际成本

采用月末一次加权平均法只在月末一次计算加权平均单价，过程比较简单，有利于简化成本计算工作。但此法平时无法从账上提供发出和结存存货的单价及金额，因此不利于存货成本的日常管理与控制。

【案例 2-14】乙公司采用月末一次加权平均法核算发出材料成本。2019 年 6 月 1 日结存乙材料 200 件，单位成本 35 元，6 月 10 日购入乙材料 400 件，单位成本 40 元；6 月 20 日购入乙材料 400 件，单位成本 45 元；当月发出乙材料 800 件。不考虑其他因素，乙公司 6 月发出材料的成本为多少？

【案例解析】乙公司采用月末一次加权平均法核算发出材料成本，所以只需在月末一次计算加权平均单价。存货单位成本 =［月初结存存货成本＋∑（本月各批进货的实际单位成本 × 本月各批进货的数量）］÷（月初结存存货的数量＋本月各批进货数量之和）=（200×35+400×40+400×45）÷（200+400+400）=41（元）。本月发出存货的成本 = 本月发出存货的数量 × 存货单位成本 =800×41=32 800（元）。

（3）移动加权平均法。

移动加权平均法，是指以每次进货的成本加上原有结存存货的成本，除以每次进货数量与原有结存存货的数量的合计数，据以计算加权平均单位成本，作为在下次进货前计算各次发出存货成本依据的一种方法。具体计算公式如下。

存货单位成本＝（原有结存存货的实际成本＋本次进货的实际成本）÷（原有结存存货数量＋本次进货数量）

本次发出存货的成本＝本次发出存货数量×本次发货前存货的单位成本

本月月末结存存货成本＝月末结存存货的数量×本月月末存货单位成本

采用移动加权平均法能够使企业管理层及时了解存货的结存情况，计算出来的存货成本比较客观。但由于每次收货都要计算一次平均单位成本，计算工作量较大，一般适用于经营品种不多或前后购进商品的单价相差幅度较大的商品流通类企业，不适用于收发货较频繁的企业。

【案例 2-15】丙公司 2019 年 7 月初结存 B 材料 13 吨，每吨单价为 8 290 元。本月购入 B 材料的情况如下：3 日，购入 5 吨，单价为 8 800 元；17 日，购入 12 吨，单价为 7 900 元。本月领用情况如下：10 日领用 10 吨，28 日领用 10 吨。丙公司采用移动加权平均法计算发出存货成本，则丙公司期末结存 B 材料的成本为多少？

【案例解析】丙公司采用移动加权平均法计算发出材料成本，所以需要在每次进货后计算存货的单位成本。3 日，购货后 B 材料的单位成本 ＝（13×8 290+5×8 800）÷（13+5）＝8 431.67（元）；17 日，购货后 B 材料的单位成本 ＝[（13+5−10）×8 431.67+12×7 900]÷（13+5−10+12）＝8 112.67（元）。月末结存 B 材料数量 ＝13+5−10+12−10＝10（吨）；结存 B 材料成本 ＝10×8 112.67＝81 126.7（元）。

（4）个别计价法。

个别计价法，也称个别认定法、具体辨认法、分批实际法，其特征是注重所发出存货具体项目的实物流转与成本流转之间的联系，逐一辨认各批发出存货和期末存货所属的购进批别或生产批别，分别按其购入或生产时所确定的单位成本计算各批发出存货和期末存货成本。在该方法下，把每一种存货的实际成本作为计算发出存货成本和期末存货成本的基础。个别计价法的计算公式如下。

发出存货的实际成本＝各批（次）存货发出数量×该批（次）存货实际进货单价

个别计价法的成本计算比较合理、准确，符合实际情况，但在存货收发频繁的情况下，其工作量较大。因此，这种方法适用于容易识别、存货品种数量不多、单位成本较高的存货计价，如珠宝、名画等贵重物品。

【案例 2-16】2019 年 6 月 1 日，丁公司库存 C 商品 300 件，单位成本为 15 元；6 月 6 日，购入 100 件单位成本为 16 元的 C 商品；6 月 21 日，购入 200 件单位成本为 18 元的 C 商品。已知，本期发出 C 商品的单位成本如下：6 月 10 日发出的 200 件 C 商品中，100 件是期初结存 C 商品，单位成本为 15 元，另外 100 件于 6 月 6 日购入，单位成本为 16 元；6 月 28 日发出的 300 件 C 商品中，100 件为期初结存 C 商品，单位成本为 15 元，另外 200 件于 6 月 21 日购入，单位成本为 18 元。根据上述资料，个别计价法下，丁公司本期发出 C 商品的成本及期末结存 C 商品成本是多少？

【案例解析】丁公司采用个别计价法计算发出存货的成本，所以应分别按照各存货成本计算其价值。本期发出 C 商品成本 ＝100×15+100×16+100×15+200×18＝8 200（元）；期末结存 C 商品成本 ＝期初结存 C 商品成本＋本期购入 C 商品成本−本期发出 C 商品成本 ＝300×15+100×16+200×18−8 200＝1 500（元）。

3. 存货成本的结转

企业销售存货，应当将已售存货的成本结转为当期损益，并计入营业成本。也就是说，企业在确认存货的销售收入的当期，应当将已经销售存货的成本结转为当期的营业成本。

◆ 存货为商品、产成品的，企业应当采用各个计量方法确定已销售商品的实际成本。

◆ 存货为非商品存货的，如材料等，应当将出售的材料的实际成本予以结转，并计入当期其他业务成本。如果材料销售属于企业的主营业务，则该材料为企业的商品存货，计入主营业务成本。

另外，对已售存货计提了存货跌价准备的，还应当结转已计提的存货跌价准备，冲减当期主营业务成本或其他业务成本，实际上是按已售产成品或商品的账面价值结转主营业务成本或其他业务成本。企业按存货类别计提存货跌价准备的，也应按比例结转相应的存货跌价准备。

2.3.2 原材料

原材料是指企业在生产过程中经过加工改变其形态或性质并构成产品主要实体的各种原料及主要材料、辅助材料等。原材料的日常收发及结存可以采用实际成本核算，也可以采用计划成本核算。

1. 采用实际成本核算

（1）购入材料。

由于支付方式不同，原材料的入库时间与付款时间可能一致，也可能不一致，因此，购入材料的账务处理也有所不同。

①货款已支付或已开出、承兑商业汇票，同时材料已验收入库（发票账单与材料同时到达）。

借：原材料

应交税费——应交增值税（进项税额）

贷：银行存款、其他货币资金、应付票据等

②货款已支付或已开出、承兑商业汇票，但材料尚未到达或尚未验收入库（发票账单已到、材料未到）。

a. 购入材料时。

借：在途物资

应交税费——应交增值税（进项税额）

贷：银行存款、其他货币资金、应付票据等

b. 材料到达验收入库后。

借：原材料

贷：在途物资

③货款尚未支付，材料已经验收入库（材料已到、发票账单未到）。

借：原材料

贷：应付账款——暂估应付账款

下月初，用红字做相同会计分录冲销原暂估入账金额（或做相反会计科目予以冲回），相关账务处理如下。

借：原材料（红字）

贷：应付账款——暂估应付账款（红字）

待收到发票账单后再按照实际金额入账。

④货款已经预付，材料尚未验收入库（采用预付款方式采购材料）。

a. 预付货款时。

借：预付账款

贷：银行存款

b. 材料入库时。

借：原材料

应交税费——应交增值税（进项税额）

　　贷：预付账款

c. 补付货款时。

借：预付货款

　　贷：银行存款

d. 收到退回多预付的货款时。

借：银行存款

　　贷：预付货款

【案例2-17】 甲公司为增值税一般纳税人，采用托收承付结算方式购入 D 材料一批，材料已验收入库。月末发票账单尚未收到也无法确定其实际成本，暂估价值为 80 000 元。根据上述资料，甲公司应如何进行账务处理？

【案例解析】 由于发票账单未到，甲公司无法确定所购材料的实际成本的情况，期末应按暂估价值先入账，待下月初编制相反分录予以冲回，收到发票账单后再按实际金额入账。具体账务处理如下。

借：原材料——D 材料　　　　　　　　　　80 000

　　贷：应付账款——暂估应付账款　　　　　　　80 000

下月初做相反会计分录予以冲回。

借：应付账款——暂估应付账款　　　　　　80 000

　　贷：原材料——D 材料　　　　　　　　　　80 000

如果甲公司于次月收到发票账单，增值税专用发票上注明货款为 58 000 元，增值税税额 7 540 元，已用银行存款付清。具体账务处理如下。

借：原材料——D 材料　　　　　　　　　　58 000

　　应交税费——应交增值税（进项税额）　　7 540

　　贷：银行存款　　　　　　　　　　　　　　65 540

（2）发出材料。

企业发出材料主要有以下 3 种情形，相关账务处理如下。

①生产经营领用材料时。

借：生产成本（生产产品领用的材料）

　　制造费用（车间一般耗用的材料）

　　管理费用（行政管理部门耗用的材料）

　　销售费用（销售部门耗用的材料）

　　在建工程（在建工程项目耗用的材料）

　　研发支出（研发环节耗用的材料）

　　贷：原材料

②出售材料时。

借：其他业务成本

　　贷：原材料

③发出委托外单位加工材料时。

借：委托加工物资

　　贷：原材料

2. 采用计划成本核算

（1）购入材料。

与采用实际成本法核算原材料类似，采用计划成本法，购入原材料同样需要分情况进行账务处理。

①货款已经支付，同时材料验收入库（发票账单与材料同时到达）。

借：材料采购（实际成本）

　　应交税费——应交增值税（进项税额）

　　贷：银行存款等

将材料验收入库时。

借：原材料（计划成本）

　　贷：材料采购（实际成本）

　　　　材料成本差异（差额，或在借方）

【案例2-18】甲公司为增值税一般纳税人，2019年10月5日购入F材料1 000千克，单价500元，增值税专用发票上注明货款为500 000元，增值税税额为65 000元，发票账单已收到，计划成本为550 000元，材料已验收入库，全部款项由银行存款支付。根据上述资料，甲公司应如何进行账务处理？

【案例解析】购入材料时的账务处理如下。

借：材料采购——F材料　　　　　　　　　　500 000

　　应交税费——应交增值税（进项税额）　　65 000

　　贷：银行存款　　　　　　　　　　　　　　565 000

将材料验收入库时的账务处理如下。

借：原材料——F材料　　　　　　　　　　　550 000

　　贷：材料采购——F材料　　　　　　　　　500 000

　　　　材料成本差异　　　　　　　　　　　　50 000

②货款已经支付，材料尚未验收入库（发票账单已到、材料未到）。

借：材料采购（实际成本）

　　应交税费——应交增值税（进项税额）

　　贷：银行存款等

③货款尚未支付，材料已经验收入库（材料已到、发票账单未到）。

借：材料采购（实际成本）

　　应交税费——应交增值税（进项税额）

　　贷：应付账款等

将材料验收入库时的账务处理如下。

借：原材料（计划成本）

　　贷：材料采购（实际成本）

　　　　材料成本差异（差额，或在借方）

对于尚未收到发票账单的材料采购业务，月末应按计划成本暂估入账。待到下月初，再用红字做相同分录冲回（或做相反的会计分录冲回）。

借：原材料（红字）

　　贷：应付账款——暂估应付账款（红字）

企业验收入库材料时，当实际成本大于计划成本，即形成的超支差异记入"材料成本差异"科目的借方，反之，形成的节约差异则记入"材料成本差异"科目的贷方。

（2）发出材料。

企业日常采用计划成本核算原材料的，同样需要分情况对发出材料进行账务处理。

①生产经营领用材料时。

借：生产成本（生产产品领用的材料）

　　制造费用（车间一般耗用的材料）

　　管理费用（行政管理部门耗用的材料）

　　销售费用（销售部门耗用的材料）

在建工程（在建工程项目耗用的材料）

研发支出（研发环节耗用的材料）

　　贷：原材料（计划成本）

②出售材料时。

借：其他业务成本

　　贷：原材料（计划成本）

③发出委托外单位加工材料时。

借：委托加工物资

　　贷：原材料（计划成本）

名师点拨

> 在实务中，为了简化核算，企业通常在月末根据领料单等编制"发料凭证汇总表"结转发出材料的计划成本，按照计划成本分别记入"生产成本""制造费用""销售费用""管理费用""其他业务成本""委托加工物资"等科目，贷记"原材料"科目，同时结转材料成本差异。

　　企业采用计划成本核算原材料时，与实际成本最大的不同在于材料成本差异的计算。

　　发出材料应负担的成本差异应当按期（月）分摊，不得在季末或年末一次计算，相关计算公式如下。

　　本期材料成本差异率＝（期初结存材料的成本差异＋本期验收入库材料的成本差异）÷（期初结存材料的计划成本＋本期验收入库材料的计划成本）×100%

　　发出材料应负担的成本差异＝发出材料的计划成本×本期材料成本差异率

　　期末结存材料的实际成本＝期末材料的计划成本×（1＋材料成本差异率）

　　如果企业的材料成本差异率各期之间比较均衡，也可以采用期初材料成本差异率分摊本期的材料成本差异。年度终了时，应对材料成本差异率进行核实调整。计算公式如下。

　　期初材料成本差异率＝期初结存材料的成本差异÷期初结存材料的计划成本×100%

　　发出材料应负担的成本差异＝发出材料的计划成本×期初材料成本差异率

　　期末，结转材料成本差异时的账务处理如下。

借：生产成本、制造费用、管理费用、销售费用、其他业务成本等

　　贷：材料成本差异（结转超支差额）

或

借：材料成本差异（结转节约差额）

　　贷：生产成本、制造费用、管理费用、销售费用、其他业务成本等

　　【案例2-19】甲公司为增值税一般纳税人，原材料采用计划成本核算，月初结存材料的计划成本为500万元，材料成本差异为超支90万元，当月入库材料的计划成本为1 100万元，材料成本差异为节约170万元，当月生产车间领用材料计划成本为1 200万元。不考虑其他因素，甲公司当月生产车间领用材料的实际成本为多少？

　　【案例解析】本期材料成本差异率＝（期初结存材料的成本差异＋本期验收入库材料的成本差异）÷（期初结存材料的计划成本＋本期验收入库材料的计划成本）×100%＝（90－170）÷（500＋1 100）×100%＝－80÷1 600×100%＝－5%。月末甲公司生产车间领用材料的实际成本＝1 200×（1－5%）＝1 140（万元）。

2.3.3 周转材料

　　周转材料是指企业能够多次使用但不符合固定资产定义的材料，如为了包装本企业商品而储备的各种包装物、各种工具、管理用具、玻璃器皿、劳动保护用品、在经营过程中周转使用的容器等低值易耗品和建造承包商的钢模板、木模板、脚手架等其他周转材料。

1. 包装物

包装物是指为了包装本企业商品而储备的各种包装容器。其具体包括生产过程中用于包装产品作为产品组成部分的包装物，随同商品出售而不单独计价的包装物，随同商品出售单独计价的包装物，出租或出借给购买单位使用的包装物。

（1）生产领用包装物。

生产领用包装物，应根据领用包装物的实际成本或计划成本进行核算，相关账务处理如下。

借：生产成本
　　贷：周转材料——包装物
　　　　材料成本差异（采用计划成本核算时使用，或在借方）

（2）随同商品出售包装物。

①随同商品出售且不单独计价的包装物，应于包装物发出时，将其实际成本计入销售费用，相关账务处理如下。

借：销售费用
　　贷：周转材料——包装物
　　　　材料成本差异（采用计划成本核算时使用，或在借方）

②随同商品出售而单独计价的包装物，应作为销售业务处理。出售收入应确认为其他业务收入，成本应确认为其他业务成本，相关账务处理如下。

借：银行存款
　　贷：其他业务收入
　　　　应交税费——应交增值税（销项税额）

借：其他业务成本
　　贷：周转材料——包装物
　　　　材料成本差异（采用计划成本核算时使用，或在借方）

【例题·多选题】 下列各项中，有关包装物的账务处理表述正确的有（　　）。

A. 随商品出售不单独计价的包装物成本，计入销售费用

B. 生产领用的包装物成本，计入生产成本

C. 随商品出售单独计价的包装物成本，计入其他业务成本

D. 多次反复使用的包装物成本，根据使用次数分次摊销计入相应成本费用

E. 包装物应负担的材料成本差异不需要进行结转，应在月末一次性计入管理费用

【解析】 本题考查包装物的相关规定。随同商品出售而不单独计价的包装物，应于包装物发出时，按其实际成本计入销售费用，选项A正确。生产领用包装物，应按照领用包装物的实际成本，计入生产成本，选项B正确。随商品出售单独计价的包装物成本，计入其他业务成本，选项C正确。多次使用的包装物应当根据使用次数分次进行摊销，选项D正确。包装物应负担的材料成本差异，应在领用包装物或销售包装物时一并结转，分别计入相应的成本费用。

【答案】 ABCD

2. 低值易耗品

低值易耗品是指不能作为固定资产核算和管理的各种用具物品，包括一般工具、专用工具、替换设备、管理用具、劳动保护用品和其他用具等。低值易耗品与包装物的账务处理类似，但由于低值易耗品通常情况下是多次使用的，所以需要在使用期间采用适当的方法对其价值进行摊销。低值易耗品（包装物同样适用）的摊销方法主要有一次摊销法和五五摊销法。

（1）一次摊销法下的核算。

一次摊销法是指领用包装物、低值易耗品时将其价值一次性计入成本或费用的方法。

①购入低值易耗品。

在一次摊销法下，购入低值易耗品时，应根据企业管理制度规定采用一定的方法确定其入账

成本，相关账务处理如下。

借：周转材料——低值易耗品
　　贷：银行存款等

②领用低值易耗品。

领用低值易耗品时，直接按照实际利用情况计入成本费用，相关账务处理如下。

借：制造费用（生产车间一般领用或无法归集于某产品的生产领用）
　　管理费用等（行政管理部门领用）
　　　贷：周转材料——低值易耗品

③报废低值易耗品。

低值易耗品报废时，应根据收回的残值冲减有关成本费用，相关账务处理如下。

借：原材料
　　贷：制造费用、管理费用等

（2）五五摊销法下的核算。

五五摊销法是指在周转材料领用时摊销其一半价值，在报废时再摊销其另一半价值的方法。在五五摊销法下，应设置"在库""在用""摊销"明细科目，分别核算处于不同环节的周转材料。

①购入低值易耗品。

购入低值易耗品时，根据确定的入账成本将其记入"在库"明细科目。

借：周转材料——低值易耗品（在库）
　　贷：银行存款等

②领用低值易耗品。

领用低值易耗品时，按照账面价值，首先将其从"在库"明细科目转入"在用"明细科目，相关账务处理如下。

借：周转材料——低值易耗品（在用）
　　贷：周转材料——低值易耗品（在库）

同时，摊销领用材料一半的价值，将其计入相关成本费用，相关账务处理如下。

借：制造费用、管理费用等
　　贷：周转材料——低值易耗品（摊销）

③报废低值易耗品。

报废低值易耗品时，首先应摊销其剩余的一半价值，相关账务处理如下。

借：制造费用、管理费用等
　　贷：周转材料——低值易耗品（摊销）

若报废低值易耗品存在残值，应冲减相关成本费用，相关账务处理如下。

借：原材料（收回残料的价值）
　　贷：制造费用、管理费用等

同时，将"摊销"与"在用"明细科目对冲，相关账务处理如下。

借：周转材料——低值易耗品（摊销）
　　贷：周转材料——低值易耗品（在用）

【案例2-20】2019年4月9日，甲公司使用现金购入一批价值500元的办公用量具供生产车间使用，作为低值易耗品核算。公司会计制度规定低值易耗品采用五五摊销法进行摊销。4月15日，车间管理部门领用该批量具；4月30日，该批量具报废，经批准，将收回的残料作为废品出售，收到现金50元。甲公司应如何对上述低值易耗品进行账务处理？

【案例解析】有关本例中的低值易耗品，可按照以下3个时间点进行账务处理。

①4月9日，购入量具时的账务处理如下。

借：周转材料——低值易耗品（在库）　　　　500
　　　贷：库存现金　　　　　　　　　　　　　　　　500
②4月15日，领用量具时的账务处理如下。
借：周转材料——低值易耗品（在用）　　　　500
　　　贷：周转材料——低值易耗品（在库）　　　　500
同时，摊销其价值的一半。
借：制造费用　　　　　　　　　　　　　　　250
　　　贷：周转材料——低值易耗品（摊销）　　　　250
③4月30日，报废量具并收到残料变现价值时的账务处理如下。
借：制造费用　　　　　　　　　　　　　　　250
　　　贷：周转材料——低值易耗品（摊销）　　　　250
借：库存现金　　　　　　　　　　　　　　　　50
　　　贷：制造费用　　　　　　　　　　　　　　　　50
同时，将"周转材料——低值易耗品（摊销）"与"周转材料——低值易耗品（在用）"明细科目对冲。
借：周转材料——低值易耗品（摊销）　　　　500
　　　贷：周转材料——低值易耗品（在用）　　　　500
若甲公司采用计划成本对低值易耗品进行核算，在领用时，还应当结转材料成本差异。

2.3.4　委托加工物资

委托加工物资是指企业委托外单位加工的各种材料、商品等物资。企业委托外单位加工物资的成本由以下部分构成。

◆ 加工中实际耗用物资的成本。
◆ 支付的加工费用及应负担的运杂费等。
◆ 支付的税费，包括委托加工物资所应负担的消费税等。

委托加工物资也可以采用计划成本或售价进行核算，其方法与库存商品相似。

1. 发出物资

（1）采用实际成本核算。

采用实际成本核算的委托加工物资，发出委托加工物资给外单位加工时，应按照实际成本进行如下账务处理。

借：委托加工物资
　　　贷：原材料、库存商品

（2）采用计划成本核算。

采用计划成本核算的委托加工物资，发出委托加工物资给外单位加工时，应按照计划成本进行如下账务处理。

借：委托加工物资
　　材料成本差异（转出材料物资应负担的节约差额）
　　　贷：原材料、库存商品
　　　　　材料成本差异（转出材料物资应负担的超支差额）

2. 支付加工费、应负担的运杂费等

支付委托加工物资涉及的加工费、运杂费等相关税费时，应进行如下账务处理。

借：委托加工物资
　　应交税费——应交增值税（进项税额）
　　　贷：银行存款、应付账款等

3. 加工完成，验收入库

（1）收回后用于直接销售。

需要缴纳消费税的委托加工物资收回后，直接用于销售的，在收回时应进行如下账务处理。

借：委托加工物资

　　贷：银行存款、应付账款等

在确定委托加工物资的实际成本时，应包含受托方代收代缴的消费税。

（2）收回后用于继续加工。

需要缴纳消费税的委托加工物资收回后，用于连续生产应税消费品的，在收回时应进行如下账务处理。

借：委托加工物资

　　应交税费——应交消费税

　　贷：银行存款、应付账款等

（3）结转委托加工物资成本。

①采用实际成本核算。

采用实际成本核算的委托加工物资，加工完成验收入库时，应按照实际成本进行如下账务处理。

借：原材料、库存商品

　　贷：委托加工物资

②采用计划成本核算。

采用计划成本核算的委托加工物资，加工完成验收入库时，应进行如下账务处理。

借：原材料、库存商品（按照计划成本）

　　材料成本差异（收回委托加工物资确认的超支差额）

　　贷：委托加工物资

　　　　材料成本差异（收回委托加工物资确认的节约差额）

【案例2-21】甲公司和乙公司均为增值税一般纳税人，2019年6月1日，双方签订了一项委托加工合同，合同约定：甲公司委托乙公司加工一批消费税应税商品——B半成品，由甲公司提供原料和主要材料，乙公司提供加工劳务并收取加工费。具体情况如下。

①6月3日，甲公司发出B半成品委托乙公司加工，该批半成品的实际成本为100 000元。

②6月8日，甲公司向乙公司发出价值50 000元的A原材料用于加工该半成品；同时，发生运输费1 000元，运输费通过银行存款支付，并取得了运输单位开具的增值税专用发票，发票上注明的增值税税额为90元。

③6月13日，该批半成品加工完成，甲公司向乙公司支付加工费，取得乙公司开具的增值税专用发票上注明价款为50 000元，增值税税额为6 500元；乙公司向甲公司收取了代收代缴的消费税12 000元，上述款项均使用银行存款支付。

根据上述资料，若甲公司收回B半成品后直接用于对外销售，应如何进行账务处理？若甲公司收回B半成品后继续用于加工应税消费品，又应如何进行账务处理？

【案例解析】甲公司该批物资涉及的账务处理如下。

①6月3日，甲公司发出B半成品时的账务处理如下。

借：委托加工物资——B半成品　　　　　　　　100 000

　　贷：库存商品——B半成品　　　　　　　　　　　100 000

②6月8日，甲公司发出原材料用于委托加工物资时的账务处理如下。

借：委托加工物资——B半成品　　　　　　　　51 000

　　应交税费——应交增值税（进项税额）　　　90

　　贷：原材料——A材料　　　　　　　　　　　　　50 000

　　　　银行存款　　　　　　　　　　　　　　　　　1 090

③6月13日，若甲公司收回B半成品后直接用于对外销售，相关账务处理如下。

借：委托加工物资——B半成品　　　　　　　　62 000

　　应交税费——应交增值税（进项税额）　　　 6 500

　　贷：银行存款　　　　　　　　　　　　　　　　　68 500

委托加工物资归集的成本 =100 000+51 000+62 000=213 000（元），结转委托加工物资时的账务处理如下。

借：库存商品——B商品　　　　　　　　　　　213 000

　　贷：委托加工物资——B半成品　　　　　　　　　213 000

④6月13日，若甲公司收回B半成品用于继续加工应税消费品，相关账务处理如下。

借：委托加工物资——B半成品　　　　　　　　50 000

　　应交税费——应交增值税（进项税额）　　　 6 500

　　　　　　　——应交消费税　　　　　　　　12 000

　　贷：银行存款　　　　　　　　　　　　　　　　　68 500

委托加工物资归集的成本 =100 000+51 000+50 000=201 000（元），结转委托加工物资时的账务处理如下。

借：库存商品——B商品　　　　　　　　　　　201 000

　　贷：委托加工物资——B半成品　　　　　　　　　201 000

2.3.5　库存商品

库存商品是指企业已完成全部生产过程并已验收入库、合乎标准规格和技术条件，可以按照合同规定的条件送交订货单位，或可以作为商品对外销售的产品以及外购或委托加工完成验收入库用于销售的各种商品。库存商品具体包括库存产成品、外购商品、存放在门市部准备出售的商品、发出展览的商品、寄存在外的商品、接受来料加工制造的代制品以及为外单位加工修理的代修品等。

1. 库存商品的财务处理

对于库存商品采用实际成本核算的企业，当库存商品生产完成并验收入库时，应按实际成本核算，相关账务处理如下。

借：库存商品

　　贷：生产成本

企业销售商品、确认收入时，应结转其销售成本，相关账务处理如下。

借：主营业务成本

　　贷：库存商品

【案例2-22】甲公司的"商品入库汇总表"记载：7月初验收入库A产品10 000台，实际单位成本50元，合计500 000元；B产品20 000台，实际单位成本30元，合计600 000元。7月末汇总的发出商品中，当月已实现销售的A产品有5 000台，B产品10 000台。根据上述资料，甲公司应如何进行账务处理？

【案例解析】

①甲公司将商品验收入库时。

借：库存商品——A产品　　　　　　　　　　　500 000

　　　　　　　——B产品　　　　　　　　　　　600 000

　　贷：生产成本——A产品　　　　　　　　　　　　500 000

　　　　　　　　——B产品　　　　　　　　　　　　600 000

②月末，结转销售商品的成本时。

借：主营业务成本　　　　　　　　　　　　　　550 000

贷：库存商品——A 产品   250 000
     ——B 产品   300 000

2. 库存商品核算的常见方法

对于商品流通企业而言，购入的商品可以采用进价或售价核算。采用售价核算时，商品售价和进价的差额，可通过"商品进销差价"科目核算。月末，应分摊已售商品的进销差价，将已售商品的销售成本调整为实际成本，相关会计分录如下。

借：商品进销差价
  贷：主营业务成本

商品流通企业发出库存商品时，通常采用毛利率法和售价金额核算法进行日常核算。

（1）毛利率法。

毛利率法是指根据本期销售净额乘以上期实际（或本期计划）毛利率匡算本期销售毛利，并据以计算发出存货和期末存货成本的一种方法。其计算公式如下。

毛利率＝（销售毛利÷销售净额）×100%

销售净额＝商品销售收入－销售退回与折让

销售毛利＝销售净额×毛利率

销售成本＝销售净额－销售毛利

期末存货成本＝期初存货成本＋本期购货成本－本期销售成本

【案例 2-23】某商品流通企业库存商品采用毛利率法核算。2019 年 5 月初，Z 类库存商品成本总额为 125 万元，本月购进商品成本为 180 万元，本月销售收入为 250 万元，Z 类商品上期毛利率为 20%。不考虑其他因素，该类商品月末库存商品成本总额为多少？

【案例解析】销售毛利＝销售净额×毛利率＝250×20%＝50（万元），销售成本＝销售净额－销售毛利＝250－50＝200（万元），期末存货成本＝期初存货成本＋本期购货成本－本期销售成本＝125＋180－200＝105（万元）。

（2）售价金额核算法。

售价金额核算法是指平时商品的购入、加工收回、销售均按售价记账，售价与进价的差额通过"商品进销差价"科目核算。期末计算进销差价率和本期已销商品应分摊的进销差价，并据以调整本期销售成本的一种方法。计算公式如下。

商品进销差价率＝（期初库存商品进销差价＋本期购入商品进销差价）÷（期初库存商品售价＋本期购入商品售价）×100%

本期销售商品应分摊的商品进销差价＝本期商品销售收入×商品进销差价率

本期销售商品的成本＝本期商品销售收入－本期销售商品应分摊的商品进销差价

期末结存商品的成本＝期初库存商品的进价成本＋本期购进商品的进价成本－本期销售商品的成本

商品进销差价＝商品的售价－商品的进价

该方法适用于从事商业零售业务的企业（如百货公司、超市等），因为其要求按商品零售价格标价，且经营的商品种类、品种、规格繁多，采用其他成本计算结转方法均比较困难。

名师点拨

如果企业的商品进销差价率各期之间比较均衡，也可以采用上期商品进销差价率分摊本期的商品进销差价。但是在年度终了，应对商品进销差价进行核实调整。

【案例 2-24】某商场采用售价金额核算法核算库存商品。2019 年 7 月 1 日，该商场库存商品的进价成本总额为 180 万元，售价总额为 250 万元；本月购入商品的进价成本总额为 500 万元，售价总额为750万元；本月实现的销售收入总额为600万元。不考虑其他因素，2019年7月31日该商场库存商品的成本总额为多少？

【案例解析】商品进销差价率=（期初库存商品进销差价+本期购入商品进销差价）÷（期初库存商品售价+本期购入商品售价）×100%=（250−180 + 750−500）÷（250+750）×100%=32%，2019年7月31日该商场库存商品的成本总额=期初库存商品的进价成本+本期购入商品的进价成本−本期销售商品的成本=180+500−600×（1−32%）=272（万元）。

2.3.6 存货减值

资产负债表日，存货应当按照成本与可变现净值孰低计量。存货可变现净值，是指在日常活动中，存货的售价减去至完工时估计将要发生的成本、估计的销售费用以及相关税费后的金额。

1. 存货减值概述

当存货成本低于可变现净值时，存货按照成本计量；当存货成本高于可变现净值时，存货按照可变现净值计量，同时按照成本高于可变现净值的差额计提存货跌价准备，计入当期损益。不同存货的可变现净值的构成不同，主要可分为以下两种情况。

◆ 产成品、商品和用于出售的材料等直接用于出售的商品存货，在正常生产经营过程中，应当以该存货的估计售价减去估计的销售费用和相关税费后的金额，确定其可变现净值。

◆ 需要经过加工的材料存货，在正常生产经营的过程中，应当以所生产的产成品的估计售价减去至完工时估计将要发生的成本、估计的销售费用和相关税费后的金额，确定其可变现净值。

企业通常应当按照单个存货项目计提存货跌价准备；对于数量繁多、单价较低的存货，可以按照存货类别计提存货跌价准备。当存货存在以下情况时，通常表明存货的可变现净值低于成本，即存货发生了减值。

◆ 已霉烂变质的存货。

◆ 已过期且无转让价值的存货。

◆ 生产中已不再需要，并且无使用价值和转让价值的存货。

◆ 其他足以证明已无使用价值和转让价值的存货。

2. 存货减值的账务处理

（1）当存货成本高于其可变现净值时，存货按可变现净值计价，按可变现净值与成本间的差额计提存货跌价准备，相关账务处理如下。

借：资产减值损失——计提的存货跌价准备
　　贷：存货跌价准备

需要注意的是，企业在计提本期存货跌价准备前，应考虑"存货跌价准备"科目的期初余额，然后在此基础上计提本期存货跌价准备。有关存货跌价准备的核算主要可分为以下几种情况进行账务处理。

①按照期末存货可变现净值与成本计算的存货跌价准备金额大于期初"存货跌价准备"科目余额时，应按其差额计提存货跌价准备。

借：资产减值损失——计提的存货跌价准备
　　贷：存货跌价准备

②按照期末存货可变现净值与成本计算的存货跌价准备金额小于期初"存货跌价准备"科目余额时，应按其差额冲减已计提的存货跌价准备。

借：存货跌价准备
　　贷：资产减值损失——计提的存货跌价准备

③按照期末存货可变现净值与成本计算的存货跌价准备金额等于零时，应将期初"存货跌价准备"科目余额全部冲销。

借：存货跌价准备

  贷：资产减值损失——计提的存货跌价准备

④若期初"存货跌价准备"科目为借方余额，应当根据按照期末存货可变现净值与成本计算的存货跌价准备金额与"存货跌价准备"科目期初借方余额的合计数计提存货跌价准备。

借：资产减值损失——计提的存货跌价准备

  贷：存货跌价准备

（2）企业的存货在符合条件的情况下，可以转回计提的存货跌价准备。存货跌价准备转回的条件是以前减记存货价值的影响因素已经消失，而不是在当期造成存货可变现净值高于成本的其他影响因素。当符合存货跌价准备转回的条件，应在原已计提的存货跌价准备的金额内转回。转回已计提的存货跌价准备时，按恢复增加的金额进行如下账务处理。

借：存货跌价准备

  贷：资产减值损失——计提的存货跌价准备

名师点拨

> 前文已经提过，若企业计提了存货跌价准备，其中有部分存货已经销售；则企业在结转销售成本时，应同时结转对其已计提的存货跌价准备。即应当借记"存货跌价准备"科目，贷记"主营业务成本、其他业务成本"等科目。

【**案例 2-25**】2019 年 6 月 30 日，甲公司库存 B 商品的账面余额 400 万元，年末计提存货跌价准备前，B 商品对应的存货跌价准备账面余额为 30 万元。B 商品的市场价格总额为 360 万元，预计销售 B 商品发生的相关税费总额为 20 万元。根据上述资料，甲公司对 B 商品计提存货跌价准备应如何进行账务处理？2019 年 7 月 20 日，甲公司将上述 B 商品中的 30% 对外销售时，应如何进行账务处理？2019 年 8 月 31 日，若影响上述 B 商品减记价值的因素已经消失，其剩余部分可变现净值上升至 285 万元，则甲公司应如何进行账务处理？

【**案例解析**】①2019 年 6 月 30 日，B 商品的可变现净值 =360−20=340（万元），小于其账面余额（成本）400 万元，因此 B 商品应计提的跌价准备金额 =400−340=60（万元）；由于本期计提存货跌价准备前，B 商品对应的跌价准备余额为 30 万元，2019 年 6 月 30 日 B 商品应计提的存货跌价准备 =60−30=30（万元），相关账务处理如下。

借：资产减值损失   300 000

  贷：存货跌价准备——B 商品   300 000

②2019 年 7 月 20 日，部分 B 商品实现销售，应确认相关销售收入并结转销售成本，同时还应结转销售部分商品应负担的存货跌价准备。应结转的 B 商品成本 =400×30%=120（万元），应结转的 B 商品存货跌价准备 =60×30%=18（万元），相关账务处理如下。

借：主营业务成本   1 020 000

  存货跌价准备——B 商品   180 000

  贷：库存商品——B 商品   1 200 000

③2019 年 8 月 31 日，剩余 B 商品的成本 =400×70%=280（万元），小于其可变现净值 285 万元，因此可以将已经计提的部分坏账准备金额转回。剩余 B 商品可变现净值−账面价值 =285−（400−60）×70%=47（万元），大于剩余部分 B 商品已计提的存货跌价准备 42（60×70%）万元，因此应按照 42 万元转回已计提的存货跌价准备，相关账务处理如下。

借：存货跌价准备——B 商品   420 000

  贷：资产减值损失   420 000

2.3.7 与存货相关的税务处理

在税法中，存货是指企业持有以备出售的产品或商品、处在生产过程中的在产品、在生产或提供劳务的过程中耗用的材料和物料等。

1. 存货的计税基础

根据规定，存货按照以下方法确定成本。

（1）通过支付现金方式取得的存货，以购买价款和支付的相关税费为成本。

（2）通过支付现金方式以外的方式取得的存货，以该存货的公允价值和支付的相关税费为成本。

（3）生产性生物资产（即为达到产出农产品、提供劳务或出租等目的而持有的生物资产，包括经济林、薪炭林、产畜和役畜等）收获的农产品，以产出或采收过程中发生的材料费、人工费和分摊的间接费用等必要支出作为成本。

2. 存货的成本计算方法

企业使用或销售的存货的成本计算方法，可以在先进先出法、加权平均法、个别计价法中选用一种。计价方法一经选用，不得随意变更。

企业转让以上资产，在计算企业应纳税所得额时，资产的净值允许扣除。资产的净值是指有关资产、财产的计税基础减除已经按照规定扣除的折旧、折耗、摊销、准备金等后的余额。

2.4 同步强化练习题

一、单项选择题

1. 企业购入需要安装的固定资产发生的安装费用应记入（　　）科目。

A. 固定资产　　　　B. 在建工程　　　　C. 营业外支出　　　　D. 管理费用

2. 某企业为增值税一般纳税人，2019年1月1日购入一台设备，入账价值为100万元，预计使用寿命为10年，预计净残值为10万元，采用年限平均法计提折旧。2019年12月31日该设备存在减值迹象，经测试预计可收回金额为80万元。则2019年应计提的该设备的减值金额为（　　）万元。

A. 11.75　　　　B. 11　　　　C. 12　　　　D. 15

3. 某企业为增值税一般纳税人，2019年5月购入一台不需要安装的生产设备，买价为1 000万元，增值税税额为130万元，支付的运杂费为10万元，款项以银行存款支付。则该企业的会计处理为（　　）。

A. 借：固定资产　　　　　　　　　　　　　　　　　1 130
　　　贷：银行存款　　　　　　　　　　　　　　　　　　　　1 130

B. 借：固定资产　　　　　　　　　　　　　　　　　1 000
　　　应交税费——应交增值税（进项税额）　　　　130
　　　销售费用　　　　　　　　　　　　　　　　　　10
　　　贷：银行存款　　　　　　　　　　　　　　　　　　　　1 140

C. 借：固定资产　　　　　　　　　　　　　　　　　1 010
　　　应交税费——应交增值税（进项税额）　　　　130
　　　贷：银行存款　　　　　　　　　　　　　　　　　　　　1 140

D. 借：固定资产　　　　　　　　　　　　　　　　　1 130
　　　贷：银行存款　　　　　　　　　　　　　　　　　　　　1 130

4. 甲公司为增值税一般纳税人，2018年12月31日购入一台设备并投入使用，其成本为25万元，预计使用年限5年，预计净残值1万元，采用双倍余额递减法计提折旧。假定不考虑其他因素，2019年度该设备应计提的折旧为（　　）万元。

A. 4.8　　　　B. 8　　　　C. 9.6　　　　D. 10

5. 下列关于企业计提固定资产折旧会计处理的表述中，不正确的是（　　）。

A. 对管理部门使用的固定资产计提的折旧应计入管理费用

B. 对财务部门使用的固定资产计提的折旧应计入财务费用

C. 对生产车间使用的固定资产计提的折旧应计入制造费用

D. 对专设销售机构使用的固定资产计提的折旧应计入销售费用

6. A公司为增值税一般纳税人，2019年1月31日，采用出包方式对生产用的一台机器设备进行改良，该设备的账面原价为3 000万元，预计使用年限为10年，已使用5年，预计净残值为零，采用年限平均法计提折旧。A公司支付出包工程款100万元，2019年6月31日改良工程达到预定可使用状态并投入使用，预计尚可使用8年，预计净残值为零，采用年限平均法计提折旧。2019年度该项设备应计提的折旧额是（   ）万元。

A. 100   B. 150   C. 250   D. 400

7. 甲公司为增值税一般纳税人，2019年12月31日购入不需要安装的生产设备一台，当日投入使用。该设备价款为360万元，增值税税额为46.8万元，预计使用寿命为5年，预计净残值为零，采用年数总和法计提折旧。该设备2020年应计提的折旧为（   ）万元。

A. 72   B. 120   C. 140.4   D. 168.48

8. A公司为增值税一般纳税人，出售一栋厂房，该厂房账面原价为500万元，累计折旧300万元，未计提减值准备。出售时取得增值税专用发票上注明价款为450万元，增值税为40.5万元。发生清理费用5万元。假设不考虑其他相关税费。A公司出售该厂房确认的净收益为（   ）万元。

A. 227.5   B. 195.5   C. 245   D. 200

9. 某企业为增值税一般纳税人，2018年12月31日购入一台设备，入账价值为200万元，预计使用寿命为10年，预计净残值为20万元，采用年限平均法计提折旧。2019年12月31日该设备存在减值迹象，经测试预计可收回金额为120万元。2019年12月31日该设备账面价值应为（   ）万元。

A. 120   B. 160   C. 180   D. 182

10. 某企业为增值税一般纳税人，转让一台旧设备，取得价款60万元，发生清理费用3万元。该设备原值为80万元，已提折旧10万元。假定不考虑其他因素，出售该设备影响当期损益的金额为（   ）万元。

A. 13   B. 10   C. 23   D. 15

11. 甲企业为增值税一般纳税人，转让一项专利权，有关资料如下：该专利权的账面余额为1 000万元，已摊销500万元，计提资产减值准备10万元，取得转让价款900万元，应交增值税54万元。假设不考虑其他因素，该企业应确认的转让无形资产净收益为（   ）万元。

A. 420   B. 460   C. 356   D. 960

12. 下列关于无形资产会计处理的表述中，正确的是（   ）。

A. 无形资产均应确定预计使用年限并分期摊销

B. 内部研发项目开发阶段支出应全部确认为无形资产

C. 有偿取得的自用土地使用权应确认为无形资产

D. 无形资产减值损失一经确认在以后会计期间可以转回

13. 甲公司为增值税一般纳税人，2019年1月5日以2 700万元购入一项专利权，支付相关税费120万元。为推广由该专利权生产的产品，甲公司发生广告宣传费60万元。该专利权预计使用5年，预计净残值为零，采用直线法摊销。假设不考虑其他因素，2019年12月31日该专利权的账面价值为（   ）万元。

A. 2 160   B. 2 256   C. 2 304   D. 2 700

14. A公司为增值税一般纳税人，2014年1月1日，购入一项专利权，购买价款为1 000万元，预计使用10年，预计净残值为零。2017年12月31日计提了50万元的减值准备，其他年限没有计提减值准备。2019年12月31日，该无形资产的可收回金额为200万元，则应计提的无形资产减值准备为（   ）万元。

A. 200   B. 166.66   C. 300   D. 312.5

15. 企业出租无形资产取得的收入，应记入（   ）科目。

A. 营业外收入 　　　　 B. 其他业务收入 　　　 C. 主营业外收入 　　　 D. 银行存款

16.下列与存货相关的费用中，不应计入存货成本的是（　　）。

A. 材料采购过程中发生的装卸费 　　　　　　　 B. 材料入库前发生的挑选整理费

C. 材料运输过程中的合理损耗 　　　　　　　　 D. 材料入库后发生的储存费用

17.某企业月初结存材料的计划成本为200万元，材料成本差异为超支48万元；当月入库材料的计划成本为400万元，材料成本差异为节约60万元；当月生产车间领用材料的计划成本为300万元。当月结存材料应负担的材料成本差异为（　　）万元。

A. 节约6 　　　　　　　 B. 超支10 　　　　　　　 C. 超支6 　　　　　　　 D. 节约10

18.某商场采用毛利率法计算期末存货成本。甲类商品2010年4月1日期初成本为3 500万元，当月购货成本为500万元，当月销售收入为4 500万元。甲类商品第一季度实际毛利率为25%。2010年4月30日，甲类商品结存成本为（　　）万元。

A. 50 　　　　　　　 B. 1 125 　　　　　　　 C. 625 　　　　　　　 D. 3 375

19.某企业为增值税一般纳税人，委托外单位加工一批应税消费品，加工后直接对外销售。材料成本500万元，加工费50万元（不含税），受托方增值税税率为13%，受托方代收代缴消费税10万元，则该批材料加工完成入库时的成本是（　　）万元。

A. 560 　　　　　　　 B. 550 　　　　　　　 C. 558.5 　　　　　　　 D. 568.5

20.甲公司2019年7月1日结存A材料120千克，每千克实际成本1 000元。本月发生如下有关业务：5日，购入A材料70千克，每千克实际成本1 040元，材料已验收入库；7日，发出A材料110千克；10日，购入A材料90千克，每千克实际成本990元，材料已验收入库；15日，发出A材料100千克；22日，购入A材料80千克，每千克实际成本1 100元，材料已验收入库；26日，发出A材料30千克。采用月末一次加权平均法时，甲公司期末结存A材料的实际成本为（　　）元。

A. 102 600 　　　　　　　 B. 127 600 　　　　　　　 C. 246 600 　　　　　　　 D. 123 300

21.下列选项中，不属于低值易耗品的是（　　）。

A. 手套 　　　　　　　 B. 刀片 　　　　　　　 C. 玻璃器皿 　　　　　　　 D. 摄像机

22.甲公司为增值税一般纳税人，委托外单位加工一批应交消费税的商品，以银行存款支付加工费200万元、增值税26万元、消费税30万元，该加工商品收回后将直接用于销售。甲公司支付上述相关款项时，应编制的会计分录是（　　）。

A. 借：委托加工物资 　　　　　　　　　　　　　　　　　　　 256

　　　 贷：银行存款 　　　　　　　　　　　　　　　　　　　　　　　　 256

B. 借：委托加工物资 　　　　　　　　　　　　　　　　　　　 230

　　　 应交税费——应交增值税（进项税额） 　　　　　　　 26

　　　 贷：银行存款 　　　　　　　　　　　　　　　　　　　　　　　　 256

C. 借：委托加工物资 　　　　　　　　　　　　　　　　　　　 200

　　　 应交税费——应交增值税（进项税额） 　　　　　　　 26

　　　　　　　　 ——应交消费税 　　　　　　　　　　　　 30

　　　 贷：银行存款 　　　　　　　　　　　　　　　　　　　　　　　　 256

D. 借：委托加工物资 　　　　　　　　　　　　　　　　　　　 256

　　　 贷：银行存款 　　　　　　　　　　　　　　　　　　　　　　　　 200

　　　　　　 应交税费——应交增值税（销项税额） 　　　　 26

　　　　　　　　　　　 ——应交消费税 　　　　　　　　　 30

23.某企业为增值税一般纳税人，委托外单位加工一批应税消费品，材料成本100万元，加工费10万元（不含税），受托方增值税税率为13%，受托方代收代缴消费税2万元。该批材料加工后委托方继续生产应税消费品，则该批材料加工完毕入库时的成本为（　　）万元。

A. 110 　　　　　　　 B. 102 　　　　　　　 C. 113.7 　　　　　　　 D. 112

24.存货采用先进先出法计价，在存货物价下降的情况下，将会使企业的（　　）。

A. 期末存货价值降低，当期利润增加　　　　B. 期末存货价值降低，当期利润减少

C. 期末存货价值升高，当期利润减少　　　　D. 期末存货价值升高，当期利润增加

25. 某商场采用售价金额核算法对库存商品进行核算。本月月初库存商品进价成本总额30万元，售价总额46万元；本月购进商品进价成本总额40万元，售价总额54万元；本月销售商品售价总额80万元。假设不考虑相关税费，该商场本月销售商品的实际成本为（　　）万元。

A. 46　　　　　　　　B. 56　　　　　　　　C. 70　　　　　　　　D. 80

26. 某企业2019年3月31日，乙存货的实际成本为100万元，加工该存货至完工产成品估计还将发生成本20万元，估计销售费用和相关税费为2万元，估计用该存货生产的产成品售价为110万元。假定乙存货月初"存货跌价准备"科目余额为0，2019年3月31日应计提的存货跌价准备为（　　）万元。

A. −10　　　　　　　B. 0　　　　　　　　C. 10　　　　　　　　D. 12

27. 甲股份有限公司对期末存货采用成本与可变现净值孰低法计价。2019年12月31日库存用于生产A产品的原材料的实际成本为40万元，预计进一步加工所需费用为16万元；预计A产品的销售费用及相关税费为8万元；该原材料加工完成后的A产品预计销售价格为60万元；假定该公司以前年度未计提存货跌价准备。2019年12月31日该项材料应计提的跌价准备为（　　）万元。

A. 0　　　　　　　　B. 4　　　　　　　　C. 16　　　　　　　　D. 20

二、多项选择题

1. 下列选项中，应计入固定资产入账价值的有（　　）。

A. 固定资产日常修理期间发生的修理费用

B. 固定资产购入时交纳的包装费

C. 固定资产改良过程中发生的材料费

D. 固定资产安装过程中发生的各种材料、职工工资等费用

E. 相关人员的培训费

2. 下列各项中，影响固定资产折旧的因素有（　　）。

A. 固定资产原价　　　　　　　　　　　　　B. 固定资产的预计使用寿命

C. 固定资产预计净残值　　　　　　　　　　D. 已计提的固定资产减值准备

E. 固定资产取得方式

3. 下列各项中，应计提折旧的有（　　）。

A. 未使用的机器设备

B. 按规定单独估价作为固定资产入账的土地

C. 大修停用的机器设备

D. 经营租赁方式出租的设备

E. 融资租赁方式租入的设备

4. 固定资产的后续支出可以计入（　　）。

A. 管理费用　　　　　B. 制造费用　　　　　C. 销售费用　　　　　D. 财务费用

E. 生产成本

5. "固定资产清理"账户借方核算的内容包括（　　）。

A. 结转清理净损失　　　　　　　　　　　　B. 结转清理净收益

C. 变价收入　　　　　　　　　　　　　　　D. 转入清理的固定资产净值

E. 支付的清理支出

6. 下列关于无形资产摊销的表述中，正确的有（　　）。

A. 使用寿命不确定的无形资产不计提摊销

B. 使用寿命有限的无形资产应使用直线法进行摊销

C. 所有的无形资产摊销应计入当期损益

D．无形资产摊销方法的选择，应当反映与该项无形资产有关的经济利润的预期实现方式

E．无形资产无法可靠确定预期实现方式的，应当采用直线法摊销

7．企业对使用寿命有限的无形资产进行摊销时，其摊销额应根据不同情况分别计入（　　）

A．管理费用　　　　B．制造费用　　　　　　C．财务费用　　　　　　D．其他业务成本

E．销售费用

8．下列选项中，应计入企业存货成本的有（　　）。

A．非正常消耗的直接人工

B．自然灾害造成的原材料净损益

C．原材料入库前的挑选整理费用

D．商品流通企业在采购商品的过程中发生的运输费用

E．运输途中的合理损耗

9．下列各项中，关于发出包装物的会计处理表述正确的有（　　）。

A．生产领用作为产品组成部分的包装物成本直接记入"生产成本"科目

B．随同商品销售单独计价包装物成本记入"其他业务成本"科目

C．生产车间一般耗用包装物摊销额记入"制造费用"科目

D．随同商品销售不单独计价包装物成本记入"销售费用"科目

E．随同商品销售不单独计价包装物成本记入"其他业务成本"科目

10．下列选项中，应计入委托加工物资成本的有（　　）。

A．委托加工物资收回后连续加工，由受托方代扣代缴的消费税

B．委托加工物资耗用的物资成本

C．委托加工物资支付的加工费

D．委托加工物资收回后直接销售，由受托方代扣代缴的消费税

E．委托加工物资支付的增值税

11．下列各项中，计算存货可变现净值应涉及的项目有（　　）。

A．估计的存货售价　　　　　　　　B．估计的销售费用

C．至完工时估计发生的成本　　　　D．估计的相关税费

E．估计销售过程将发生的增值税

第3章 企业成本费用的财税处理

　　本章主要介绍企业成本费用的财税处理，即产品成本的财税处理、人工成本的财税处理和期间费用的财税处理。

　　本章属于重点考查内容，所占分值为 25 分左右，所有题型均有可能涉及。本章内容中，应当掌握产品成本的财税处理、人工成本的财税处理和期间费用的财税处理，其中，产品成本的计算方法、生产费用的归集与分配、生产成本的结转，工资薪金的内容和账务处理、工资薪金和劳务报酬涉及的个人所得税的计算，以及期间费用的相关内容需要考生重点掌握。

▼ **本章考纲知识体系一览表**

章节		主要内容
企业成本费用的财税处理	产品成本的财税处理	（1）产品成本概述（★） （2）产品成本的计算方法（★★★） （3）生产费用的归集与分配（★★★） （4）产品生产成本的结转（★★★） （5）余料、废品的处理（★★★）
	人工成本的财税处理	（1）人工成本概述（★） （2）企业薪酬制度设计（★★） （3）工资薪金（★★★） （4）劳务报酬（★★★） （5）职工福利费、工会经费和职工教育经费（★★★）
	期间费用的财税处理	（1）期间费用概述（★★） （2）管理费用（★★★） （3）销售费用（★★★） （4）财务费用（★★★）

3.1 产品成本的财税处理

　　产品成本的处理即是对企业生产经营中实际发生的成本、费用进行计算，并进行相应的账务处理。企业对产品成本进行核算，一方面可以反映各项生产费用和经营管理支出，另一方面可以为计算利润、进行成本和利润预测提供数据，有助于提高企业生产技术水平和经营管理水平。下面即对产品成本相关的内容进行介绍。

3.1.1 产品成本概述

　　产品成本是指企业在生产产品（包括提供劳务）过程中所发生的材料费用、人工费用等，以及不能直接计入而按一定标准分配计入的各种间接费用。

1. 产品成本项目

　　产品成本主要包括"直接材料""燃料及动力""直接人工""制造费用""废品损失""停工损失"等项目，各项目的含义如下。

◆ **直接材料**：直接材料是指构成产品实体的原材料以及有助于产品形成的主要材料和辅料，具体包括原材料、辅助材料、备品配件、外购半成品、包装物、低值易耗品等。

◆ **燃料及动力**：燃料及动力是指直接被用于产品生产的外购和自制的燃料和动力。

◆ **直接人工**：直接人工是指直接从事产品生产人员的薪酬。

◆ **制造费用**：制造费用是指企业在生产产品和提供劳务的过程中发生的各种间接费用，包括企业生产部门（如生产车间）发生的水电费、固定资产折旧、无形资产摊销、管理人员的薪酬、劳动保护费、国家规定的有关环保费用、季节性和修理期间的停工损失等不能根据原始凭证或原始凭证汇总表直接计入成本的费用，需要按一定标准分配计入成本核算对象。

◆ **废品损失**：废品损失是指企业在生产过程中，由于材料本身的问题或加工操作不当等原因，产生了不符合产品质量要求的废品而发生的损失。

◆ **停工损失**：停工损失是指企业或生产车间在停工期间发生的各项费用，包括停工期间内支付的直接人工费用和应负担的制造费用。

2. 产品成本核算的程序

产品成本核算的程序是指企业对在生产经营过程中发生的各项生产费用和期间费用，按成本核算的要求逐步进行归集和分配，最后通过计算得到各种产品的生产成本和各项期间费用的过程。产品成本核算的程序主要包括以下环节。

◆ 根据企业生产特点和成本管理要求，确定产品成本核算的对象。产品成本核算对象的确定主要包括 4 种情形：大量大批单步骤生产产品或管理上不要求提供有关生产步骤成本信息的，以产品品种为成本核算对象；小批单件生产产品的，以每批或每件产品为成本核算对象；多步骤连续加工产品且管理上要求提供有关生产步骤成本信息的，以每种产品及各生产步骤为成本核算对象；产品规格繁多的，可将产品结构、耗用原材料和工艺过程基本相同的各种产品，适当合并作为成本核算对象。

◆ 确定产品成本核算的项目。企业生产成本核算的项目即"直接材料""直接人工""燃料及动力"等。

◆ 设置有关成本和费用明细账。为准确核算产品成本，必须设置有关成本和费用明细账，做好各项成本的计量，如生产成本明细账、产品成本明细账等。

◆ 归集产品的生产量、入库量，材料、工时、动力的消耗量等，并对已发生的各项费用进行审核。

◆ 归集发生的各项成本和费用，并采用合适的分配方法进行分配，按照成本项目计算产品的总成本和单位成本。

为了进行产品成本核算，企业在日常的生产经营中还应做好各项基础工作，做好各项原始记录工作，做好各项材料物资的计量、收发、领退、转移、报废和盘点等工作，并做好相应的管理工作以及定额的制定和修订工作。

3.1.2 产品成本的计算方法

核算产品成本，关键是要选择适当的产品成本计算方法。产品成本计算方法必须根据企业产品的生产特点、管理要求和工艺要求等确定。产品成本计算的方法主要包括品种法、分批法和分步法。

1. 品种法

品种法是指以产品品种作为成本核算对象，归集和分配生产成本，并计算产品成本的一种方法。此方法一般被应用于单步骤、大量生产的企业，如发电、供水、采掘等企业。在大量大批、多步骤生产的企业中，如果企业规模较小，而且管理上又不要求提供各步骤的成本资料，也可以采用品种法计算产品成本。

（1）品种法的特点。

采用品种法计算成本的特点主要有以下 3 个。

◆ 成本核算对象是产品品种。如果企业只生产一种产品，则全部生产成本都是直接成本，可以直接记入该产品生产成本明细账的有关成本项目，而不存在在各种成本核算对象之间分配成本的问题；如果企业生产多种产品，对间接生产成本则要采用适当的方法，在各成本核算对象之间进行分配。

◆ 品种法下一般定期（每月月末）计算产品成本。

◆ 月末一般不存在在产品，即便有在产品，数量也很少，一般不需要将生产费用在完工产品与在产品之间进行划分，当期发生的生产费用总和就是该种完工产品的总成本。如果月末有在产品，则需要在完工产品和在产品之间进行生产成本的分配。

（2）品种法的核算程序。

品种法成本核算的程序主要涉及以下 6 个环节。

◆ 按产品品种设立成本明细账，根据各项费用的原始凭证及相关资料编制有关记账凭证，登记有关明细账，并编制各种费用分配表，分配各种要素费用。

◆ 根据上一环节得到的各种费用分配表和其他有关资料，登记辅助生产明细账、基本生产明细账、制造费用明细账等。

◆ 根据辅助生产明细账编制辅助生产成本分配表，分配辅助生产成本。

◆ 根据制造费用明细账编制制造费用分配表，在各种产品之间分配制造费用，并据以登记基本生产成本明细账。

◆ 根据各产品基本生产明细账编制产品成本计算单，分配完工产品成本和在产品成本。

◆ 编制产成品的成本汇总表，结转产成品成本。

2．分批法

分批法是指以产品的批别作为产品成本核算对象，归集和分配生产成本，并计算产品成本的一种方法。分批法主要适用于单件、小批生产类型的企业，包括单件、小批生产的重型机械、船舶、精密工具、仪器等制造企业，新产品的试制、机器设备的修理作业以及辅助生产的工具、器具、模具的制造企业。

（1）分批法的特点。

采用分批法计算产品成本的主要特点有以下 3 个。

◆ 成本核算对象是产品批别，即购买者事先订货或企业规定的产品批别。

◆ 产品成本的计算与生产任务通知单的签发和结束紧密配合，因此产品成本计算是不定期的。成本计算期与产品生产周期基本一致，但与财务报告期不一致。

◆ 在计算月末在产品成本时，一般不存在在完工产品和在产品之间分配成本的问题。

（2）分批法的核算程序。

分批法成本核算的程序主要涉及以下 3 个环节。

◆ 按产品批别设置产品基本生产成本明细账、辅助生产成本明细账。在账内按成本项目设置专栏，按车间设置制造费用明细账。

◆ 根据各生产费用的原始凭证或原始凭证汇总表以及其他有关资料，编制各种要素费用分配表，分配各要素费用并登账。

◆ 月末根据完工批别产品的完工通知单，将计入已完工的该批产品的成本明细账所归集的生产费用，按成本项目加以汇总，计算出该批完工产品的总成本和单位成本，并转账。

3．分步法

分步法是按照生产过程中各个加工步骤（分品种）为成本核算对象，归集和分配生产成本，计算各步骤半成品和最终产成品成本的一种方法。这种方法适用于大量大批的多步骤生产企业，如冶金、纺织、机械制造等企业。

（1）分步法的特点。

分步法计算成本的主要特点包括以下 3 个。

◆ 成本核算对象是各种产品的生产步骤。

◆ 月末为计算完工产品成本，还需要将归集在生产成本明细账中的生产成本在完工产品和在产品之间进行分配。

◆ 除了按品种计算和结转产品成本外，还需要计算和结转产品的各步骤成本。

（2）分步法的核算程序。

分步法又可分为逐步结转分步法和平行结转分步法，不同方法的核算程序不同，现介绍如下。

◆ 逐步结转分步法也称计算半成品成本分步法，是按照产品连续加工的先后顺序，逐步计算并结转半成品成本，直到最后加工步骤完成才能计算产成品成本的一种方法。逐步结转分步法按产品的加工顺序，从第一步骤开始，先计算该步骤的半成品成本，然后将本步骤的成本转入第二个步骤；这时，第二个步骤用第一个步骤结转来的半成品成本加上本步骤耗用的材料成本和加工成本，即可得到第二个步骤的半成品成本。在此基础上，再将第二个步骤的半成品成本转入第三个步骤，以此类推，到最后步骤算出完工产品成本。

◆ 平行结转分步法也称不计算半成品成本分步法。平行结转分步法下，在计算各步骤成本时，不计算各步骤所产半成品的成本，也不计算各步骤所耗费的上一步骤的半成品成本，而只计算本步骤发生的各项其他成本，以及这些成本中应计入产成品的份额，然后将相同产品的各步骤成本明细账中的这些份额平行结转、汇总，计算出该种产品的产成品成本。

名师点拨

多步骤复杂生产、大批量生产的企业可以运用逐步结转分步法，这种类型的企业，不仅将产成品作为商品对外销售，有时生产步骤所产半成品也经常被作为商品对外销售。例如，纺织企业的棉纱、化肥企业的合成氨、冶金企业的生铁等。

83

【例题·单选题】下列各项中，适用单件、小批生产类型的企业的产品成本计算方法的是（　　）。

A．平行结转分步法　　　　　　B．品种法
C．逐步结转分步法　　　　　　D．分批法

【解析】本题考查产品成本计算方法。分批法主要适用于单件、小批生产类型的企业，因此，选项D符合题意。

【答案】D

【例题·多选题】下列各项中，关于品种法的表述，正确的有（　　）。

A．成本计算期与财务报告期不一致

B．以产品品种作为成本计算对象

C．以产品批别作为成本计算对象

D．广泛适用于发电、供水、采掘等企业

E．不需要在完工产品和在产品之间进行生产成本的分配

【解析】本题考查品种法的特点。品种法下，一般定期（每月月末）计算产品成本，产品成本计算期与财务报告期一致，选项A错误；品种法下，其成本核算对象是产品品种，选项B正确，选项C错误；品种法适用于单步骤、大量生产的企业，如发电、供水、采掘等企业，选项D正确；品种法下，如果月末有在产品，需要在完工产品和在产品之间进行生产成本的分配，选项E错误。

【答案】BD

3.1.3 生产费用的归集与分配

企业生产产品的费用，能确定由某一成本核算对象负担的，应当按照所对应的产品成本项目类别，直接计入产品成本核算对象的生产成本；由几个成本核算对象共同负担的，应当选择合理的分配标准分配计入。企业应当根据生产经营的特点，按照资源耗费方式确定合理的分配标准。具体来讲，对生产费用进行归集和分配应遵循以下基本原则。

◆ 受益性原则，即谁受益、谁负担，负担多少视受益程度而定。

◆ 及时性原则，即要及时将各项生产费用分配给受益对象，不应将本应在上期或下期分配的生产费用分配到本期。

◆ 成本效益性原则，即分配所带来的效益要远大于产生的成本。

◆ 基础性原则，即分配要以完整、准确的原始记录为依据。

◆ 管理性原则，即分配要有助于企业对成本的管理。

名师点拨

> 企业应当按照权责发生制的原则，根据产品的生产特点和管理要求结转成本。企业不得以计划成本、标准成本、定额成本等代替实际成本。企业采用计划成本、标准成本、定额成本等类似成本进行直接材料日常核算的，期末，应当将耗用直接材料的计划成本或定额成本等类似成本调整为实际成本。

在归集企业的生产费用时，主要通过"生产成本""制造费用"科目进行核算。其中，"生产成本"科目按产品品种等成本核算对象的不同，可设置基本生产成本和辅助生产成本明细科目，"生产成本——基本生产成本"科目用以核算生产产品的基本生产车间发生的费用，"生产成本——辅助生产成本"科目用以核算动力、修理、运输等为生产服务的辅助生产车间发生的费用。

1．材料、燃料、动力的归集和分配

企业发生的直接材料，能够直接计入成本核算对象的，应当直接计入成本核算对象的生产成本，否则应按照合理的分配标准分配计入。企业外购燃料和动力的，应当根据实际耗用数量或合理的分配标准对燃料和动力费用进行归集分配。若生产部门领用的燃料和动力是直接用于生产的，应直接计入生产成本；若是间接用于生产（如照明、取暖等）的，则计入制造费用。

（1）材料、燃料、动力的分配方法。

能分产品领用的材料、燃料和动力等各项要素费用，应根据领退料凭证直接计入相应产品成本的"直接材料"项目。对于不能分产品领用的材料，应采用以下的分配方法，分配计入各相关产品成本的"直接材料"成本项目。

①根据材料消耗与产品的关系，对于材料、燃料耗用量与产品重量、体积有关的，按其重量或体积分配。例如，以生铁为原材料生产各种铁铸件，应以生产的铁铸件的重量比例为分配依据；燃料可按照所耗用的原材料作为分配标准；动力一般按用电（或水）千瓦·时（或吨）数。或按产品的生产工时或机器工时进行分配。其计算公式如下。

材料、燃料、动力费用分配率＝材料、燃料、动力消耗总额÷分配标准（如产品重量、耗用的原材料、生产工时等）

某种产品应负担的材料、燃料、动力费用＝该产品的重量、耗用的原材料、生产工时等×材料、燃料、动力费用分配率

【案例3-1】 2019年8月，甲企业生产M、N两种产品的外购动力消耗定额分别为5工时和7.5工时。生产M产品500件，N产品400件，共支付动力费19 250元。已知甲企业按定额消耗量比例分配动力费，当月M、N两种产品应分配的动力费是多少？

【案例解析】 案例直接给出了M、N两种产品的生产工时，因此应当按产品的生产工时进行分配，具体计算过程如下。

动力费用分配率＝动力消耗总额÷生产工时＝19 250÷（500×5+400×7.5）=3.5；

M产品应分配的动力费=500×5×3.5=8 750（元）；

N产品应分配的动力费=400×7.5×3.5=10 500（元）。

②在消耗定额比较准确的情况下，原材料、燃料可按照产品的材料定额消耗量比例或材料定额费用比例进行分配。其计算公式如下。

某种产品材料定额消耗量＝该种产品实际产量×单位产品材料消耗定额

材料消耗量分配率＝材料实际总消耗量÷各种产品材料定额消耗量之和

某种产品应分配的材料费用=该种产品的材料定额消耗量×材料消耗量分配率×材料单价

【案例3-2】P企业本月生产A产品25台、B产品40台、C产品50台,共同耗用甲材料3 672千克。甲材料的单价为5元。3种产品的单位材料消耗量分别是60千克、40千克和10千克,试分配3种产品负担的材料费用。

【案例解析】案例明确了3种产品的单位材料消耗量,实际指出了3种产品的材料消耗定额,因此应按材料定额消耗量比例或材料定额费用比例进行分配,具体计算过程如下。

①计算各产品的定额消耗量。

A产品原材料定额消耗量 = 25×60 = 1 500(千克);

B产品原材料定额消耗量 = 40×40 = 1 600(千克);

C产品原材料定额消耗量 = 50×10 = 500(千克)。

②计算分配率。

原材料消耗分配率 = 3 672÷(1 500+1 600+500) = 1.02。

③计算各产品应负担的材料费用。

A产品应分配原材料数量 = 1 500×1.02 = 1 530(千克);

B产品应分配原材料数量 = 1 600×1.02 = 1 632(千克);

C产品应分配原材料数量 = 500×1.02 = 510(千克);

A产品应分配负担的材料费用 = 1 530×5 = 7 650(元);

B产品应分配负担的材料费用 = 1 632×5 = 8 160(元);

C产品应分配负担的材料费用 = 510×5 = 2 550(元)。

(2)材料、燃料、动力分配的账务处理。

材料、燃料、动力费用的分配,可通过材料、燃料、动力分配表进行,账务处理如下。

借:生产成本——基本生产成本

　　　　　——辅助生产成本

　　制造费用等

　　贷:原材料

📎 知识拓展

材料、燃料、动力费用分配表应根据领退料凭证和有关资料编制,其中,退料凭证的数额可从相应的领料凭证的数额中扣除。外购的电力应根据有关的转账凭证或付款凭证等资料编制。

【案例3-3】甲企业有2个生产车间,1个为基本生产车间,1个为辅助生产车间。基本生产车间根据各种领料凭证编制的材料费用分配表如表3-1所示,辅助生产车间和管理部门的材料费用分配表略(已知辅助生产车间耗用直接材料成本为24 000元,管理部门耗用直接材料成本为3 500元)。请根据表3-1对材料费用进行账务处理。

表3-1 基本生产车间材料费用分配表

2019年 × 月

分配对象	直接计入(元)	分配计入			材料成本合计(元)
		分配标准	分配率	金额(元)	
甲产品	85 600	450		1 338.75	86 938.75
乙产品	10 000	150		446.25	10 446.25
丙产品	5 045	1 200		3 570	8 615
小计	100 645	1 800	2.975	5 355	106 000
制造费用	8 000				8 000
合计	108 645			5 355	114 000

【案例解析】在对材料费用进行账务处理之前，应根据表 3-1 所示的数据编制材料费用分配汇总表，如表 3-2 所示。

表 3-2 材料费用分配汇总表

2019 年 × 月

单位：元

分配对象	材料成本合计
生产成本——基本生产成本	106 000
生产成本——辅助生产成本	24 000（辅助生产车间）
制造费用	8 000（基本生产车间）
管理费用	3 500（管理部门）
合计	141 500

根据表 3-2 所示的数据，进行如下账务处理。

借：生产成本——基本生产成本　　　　106 000

　　　　　　——辅助生产成本　　　　 24 000

　　制造费用　　　　　　　　　　　　　 8 000

　　管理费用　　　　　　　　　　　　　 3 500

　　贷：原材料　　　　　　　　　　　　　　141 500

2. 职工薪酬的归集和分配

职工薪酬是企业在生产产品或提供劳务活动过程中所发生的各种直接和间接人工费用的总和。归集职工薪酬，必须有一定的原始记录作为依据，计时工资应以考勤记录的工作时间记录为依据；计件工资应以产量记录的产品数量和质量记录为依据；计时工资和计件工资以外的各种奖金、津贴、补贴等，应按国家和企业的有关规定计算。

（1）职工薪酬的分配方法和分配标准。

职工薪酬的分配方法包括以下两种。

◆ 按本月应付金额分配本月职工薪酬费用：该方法适用于月份之间职工薪酬差别较大的情况。

◆ 按本月支付职工薪酬金额分配本月职工薪酬费用：该方法适用于月份之间职工薪酬差别不大的情况。

职工薪酬的分配标准包括以下 3 种。

◆ 直接进行产品生产的生产工人的职工薪酬，直接计入产品成本的"直接人工"项目。

◆ 不能直接计入产品成本的职工薪酬，按工时、产品产量、产值比例等方式进行合理分配，计入各有关产品成本的"直接人工"项目，相关计算公式如下。

生产职工薪酬费用分配率＝各种产品生产职工薪酬总额÷各种产品生产工时之和

某种产品应分配的生产职工薪酬＝该种产品生产工时×生产职工薪酬费用分配率

◆ 如果较难取得各种产品的实际生产工时数据，且各种产品的单件工时定额较为准确，则可按产品定额工时比例分配职工薪酬，相关计算公式如下。

某种产品耗用的定额工时＝该种产品投产量×单位产品工时定额

生产职工薪酬费用分配率＝各种产品生产职工薪酬总额÷各种产品定额工时之和

某种产品应分配的生产职工薪酬＝该种产品定额工时×生产职工薪酬费用分配率

【案例 3-4】甲企业的基本生产车间生产 A、B、C 共 3 种产品，其工时定额为 A 产品 15 分钟、B 产品 18 分钟、C 产品 12 分钟，本月产量为 A 产品 14 000 件、B 产品 10 000 件、C 产品 13 500 件。本月基本生产车间工人计时工资为 23 000 元。请试着分配各产品的职工薪酬。

【案例解析】本案例应按产品的定额工时比例分配职工薪酬，具体计算过程如下。

①计算各产品耗用的定额工时。

A 产品耗用的定额工时 =14 000×15÷60=3 500（小时）；

B 产品耗用的定额工时 =10 000×18÷60=3 000（小时）；

C 产品耗用的定额工时 =13 500×12÷60=2 700（小时）。

②计算分配率。

生产职工薪酬费用分配率 =23 000÷（3 500+3 000+2 700）=2.5。

③计算各产品应分配的职工薪酬。

A 产品应分配的职工薪酬 =3 500×2.5=8 750（元）；

B 产品应分配的职工薪酬 =3 000×2.5=7 500（元）；

C 产品应分配的职工薪酬 =2 700×2.5=6 750（元）。

【例题·单选题】某企业生产甲、乙两种产品，2019 年 12 月共发生生产工人工资 70 000 元，福利费 10 000 元。上述人工费按生产工时比例在甲、乙产品间分配，其中甲产品的生产工时为 1 200 小时，乙产品的生产工时为 800 小时。该企业生产甲产品应分配的人工费为（　）元。

A. 28 000　　　　B. 32 000　　　　C. 42 000　　　　D. 48 000

【解析】本题考查职工薪酬的分配。甲产品应分配的人工费 =1 200×[（70 000+10 000）÷（1 200+800）]=48 000（元）。

【答案】D

（2）职工薪酬分配的账务处理。

分配职工薪酬依赖于职工薪酬分配表，编制该表的依据是职工薪酬结算单和其他相关分配标准等资料，账务处理如下。

借：生产成本——基本生产成本（×× 产品）

　　　　　　——辅助生产成本

　　制造费用、管理费用、销售费用等

　　贷：应付职工薪酬

【案例 3-5】乙企业 2019 年 10 月的职工薪酬分配表如表 3-3 所示。试着根据表 3-3 做分配职工薪酬的账务处理。

表 3-3　职工薪酬分配表

2019 年 10 月

单位：元

分配对象		成本项目	生产工人职工薪酬	其他人员职工薪酬	职工薪酬合计
基本生产成本	甲产品	直接人工	150 000		150 000
	乙产品	直接人工	120 000		120 000
	小计		270 000		270 000
辅助生产成本	辅助车间	直接人工		20 000	20 000
制造费用	基本车间	直接人工		90 000	90 000
	辅助车间	直接人工		15 000	15 000
	小计			105 000	105 000
管理费用	行政管理部门等	直接人工		90 000	90 000
销售费用	销售部门	直接人工		50 000	50 000
合计			270 000	265 000	535 000

【案例解析】根据表 3-3，乙企业应进行的账务处理如下。

借：生产成本——基本生产成本（甲产品）　　　　150 000

　　　　　　　　　　　　　　　（乙产品）　　　　120 000

全国计算机应用水平考试培训教程

——辅助生产成本		20 000
制造费用		105 000
管理费用		90 000
销售费用		50 000
贷：应付职工薪酬		535 000

3. 辅助生产费用的归集和分配

辅助生产是指为基本生产车间、企业行政管理部门等服务而进行的产品生产和劳务供应。辅助生产费用是指企业所属辅助生产部门为生产提供工业性产品和劳务所发生的各种辅助生产费用。辅助生产费用的归集是通过辅助生产成本总账及明细账进行的。一般按车间、产品和劳务设立明细账。

分配辅助生产费用依赖于辅助生产费用分配表，常用的分配方法包括直接分配法、交互分配法、计划成本分配法、顺序分配法和代数分配法等。通常情况下，辅助生产的制造费用，与基本生产的制造费用一样，先通过"制造费用"科目进行单独归集，然后再转入"辅助生产成本"科目。对于辅助车间规模小、制造费用少且辅助生产不对外提供产品和劳务的，辅助生产的制造费用也可以不计入"制造费用"科目，直接记入"生产成本——辅助生产成本"科目即可。

（1）直接分配法。

直接分配法是将各辅助生产车间发生的费用直接分配给除辅助生产车间以外的各受益单位，而不考虑各辅助生产车间相互提供产品或提供劳务情况的一种辅助生产费用分配方法。直接分配法下，企业对各辅助生产费用只进行对外分配，且只分配一次，计算简便，但是分配结果不够准确。直接分配法适用于辅助生产内部相互提供产品和劳务不多、不进行费用的交互分配对辅助生产成本和企业产品成本影响不大的情况。直接分配法的计算公式如下。

某种辅助生产费用分配率=该辅助生产车间费用总额÷基本生产车间和其他部门耗用产品或劳务总量（不包括对各辅助生产车间提供的产品或劳务量）

某车间、部门或产品应分配的辅助生产费用=该车间、部门或产品耗用劳务总量×辅助生产费用分配率

【案例3-6】甲企业设有供电和供气两个辅助生产车间，主要为本企业基本生产车间和行政管理部门等服务。已知甲企业辅助生产车间的制造费用不通过"制造费用"科目核算，而是直接记入"生产成本——辅助生产成本"科目。该企业的两个辅助生产车间之间相互提供产品和劳务，供电车间按照耗电数量分配费用，8月发生生产费用68 000元；供气车间按照耗气数量分配费用，8月发生生产费用65 000元。8月有关辅助生产车间的劳务供应量如表3-4所示。试着采用直接分配法分配费用。（除不尽的保留两位小数）

表3-4 甲企业辅助生产车间劳务供应量

2019 年 8 月

辅助生产车间名称	供电车间（千瓦·时）	供气车间（立方米）
基本生产车间耗用	174 000	12 000
其中：第一车间耗用	160 000	
第二车间耗用	14 000	12 000
辅助生产车间耗用	34 000	2 600
其中：供电车间耗用		2 600
供气车间耗用	34 000	
行政管理部门耗用	16 000	7 000
销售部门耗用	10 000	1 000
合计	234 000	22 600

【**案例解析**】直接分配法下，首先应计算分配率，然后计算各部门分配的费用。

①计算供电、供气分配率。

供电车间分配率 =68 000÷（234 000−34 000）=0.34[元／（千瓦·时）]；

供气车间分配率 =65 000÷（22 600−2 600）=3.25（元／立方米）。

②计算各部门分配的费用。

第一车间应分配的电费 =160 000×0.34=54 400（元）；

第二车间应分配的电费 =14 000×0.34=4 760（元）；

行政管理部门应分配的电费 =16 000×0.34=5 440（元）；

销售部门应分配的电费 =68 000−54 400−4 760−5 440=3 400（元）；

第二车间应分配的气费 =12 000×3.25=39 000（元）；

行政管理部门应分配的气费 =7 000×3.25=22 750（元）；

销售部门应分配的气费 = 65 000−39 000−22 750=3 250（元）。

③进行账务处理。

借：制造费用——第一车间　　　　　　　　　　　　　54 400

　　　　　　——第二车间　　　　　　　　　　　　　43 760

　　管理费用　　　　　　　　　　　　　　　　　　　28 190

　　销售费用　　　　　　　　　　　　　　　　　　　6 650

　　贷：生产成本——辅助生产成本（供电车间）　　　68 000

　　　　　　　　　　　　　　　　　（供气车间）　　65 000

（2）交互分配法。

交互分配法下，应先将辅助生产明细账上的合计数根据各辅助生产车间相互提供的总产品或劳务总量计算分配率，在辅助生产车间进行交互分配；再将各辅助生产车间交互分配后的实际费用（即交互分配前的费用总额，加上交互分配转入的成本费用，减去交互分配转出的成本费用），按提供的产品或劳务数量在辅助生产车间以外各受益单位之间进行分配。交互分配法提高了分配的准确性，但同时加大了分配的工作量。交互分配法的计算公式如下。

对内交互分配率=辅助生产费用总额÷辅助生产车间相互提供的总产品或劳务总量

对外分配率=（交互分配前的成本费用+交互分配转入的成本费用−交互分配转出的成本费用）÷对辅助生产车间以外的其他部门提供的产品或劳务总量

【**案例3-7**】沿用【案例3-6】的资料，试着采用交互分配法分配辅助生产费用（除不尽的保留两位小数）。

【**案例解析**】交互分配法下，辅助生产费用的分配分为以下4步。

①第一次交互分配（辅助生产车间内部分配）。

交互分配前的单位成本：

供电车间 =68 000÷234 000=0.29[元／（千瓦·时）]；

供气车间 =65 000÷22 600=2.88（元／立方米）。

供电车间分配的气费 =2 600×2.88=7 488（元）；

供气车间分配的电费 =34 000×0.29=9 860（元）。

第一次交互分配应进行的账务处理。

借：生产成本——辅助生产成本（供电车间）　　　　7 488

　　　　　　　　　　　　　　　　（供气车间）　　9 860

　　贷：生产成本——辅助生产成本（供气车间）　　7 488

　　　　　　　　　　　　　　　　（供电车间）　　9 860

②辅助生产车间交互分配后的实际费用。

供电车间：68 000+7 488−9 860=65 628（元）。

供气车间：65 000+9 860-7 488=67 372（元）。

③第二次分配（对外分配）。

交互分配后的单位成本：

供电车间 =65 628÷200 000=0.328 14（元／立方米）；

供气车间 =67 372÷20 000=3.368 6[元／（千瓦·时）]。

第一车间应分配的电费 =160 000×0.328 14=52 502.4（元）；

第二车间应分配的电费 =14 000×0.328 14=4 593.96（元）；

行政管理部门应分配的电费 =16 000×0.328 14=5 250.24（元）；

销售部门应分配的电费 =65 628-52 502.4-4 593.96-5 250.24=3 281.4（元）；

第二车间应分配的气费 =12 000×3.368 6=40 423.2（元）；

行政管理部门应分配的气费 =7 000×3.368 6=23 580.2（元）；

销售部门应分配的气费 =67 372-40 423.2-23 580.2=3 368.6（元）。

④进行账务处理。

借：制造费用——第一车间　　　　　　　　　　　　52 502.4

　　　　　　——第二车间　　　　　　　　　　　　45 017.16

　　管理费用　　　　　　　　　　　　　　　　　　28 830.44

　　销售费用　　　　　　　　　　　　　　　　　　　6 650

　贷：生产成本——辅助生产成本（供电车间）　　　　65 628

　　　　　　　　　　　　　　　　　（供气车间）　　67 372

（3）计划成本分配法。

计划成本分配法下，辅助生产车间为各受益车间和部门提供的劳务或产品，都按照计划单位成本分配给各受益车间和部门，辅助生产车间实际发生的费用与按计划单位成本分配转出的费用之间的差额采用简化计算方法应全部计入管理费用。采用计划成本分配法便于考核和分析各受益单位的成本，有利于分清各单位的经济责任，但成本分配不够准确。本方法适用于辅助生产劳务或产品计划单位成本比较准确的企业。计划成本分配法的计算公式如下。

各受益单位应负担的辅助生产成本=该受益单位劳务耗用量×计划单位成本

实际成本=辅助生产成本归集的费用+按计划分配率分配转入的费用

成本差异=实际成本-按计划分配率分配转出的费用

【案例3-8】乙企业设有发电和修理两个辅助生产车间，本月在分配辅助生产费用之前发生的费用和提供的劳务数量如表3-5所示。假设电的计划单位成本为0.22元／（千瓦·时），修理劳务的计划单位成本为3.5元／小时，按计划单位成本分配法分配辅助生产费用，将各辅助生产车间实际成本与计划成本的差异计入管理费用。要求：采用计划成本分配法对辅助生产费用进行分配，并进行账务处理。

【案例解析】本案例要求采用计划成本分配法来分配辅助生产费用，根据案例提供的已知条件和表3-5的数据，以及计划成本分配法的分配公式，可编制出表3-6所示的辅助生产费用分配表。

表3-5　辅助生产车间成本及劳务数量汇总表

辅助生产车间	计量单位	待分配辅助生产费用（元）	提供劳务总量	劳务耗用情况						管理部门
				辅助生产		基本生产				
						工艺耗用		一般耗用		
				发电	修理	一车间	二车间	一车间	二车间	
发电	千瓦·时	8 000	40 000	—	4 000	20 000	12 000	—	—	4 000
修理	小时	3 600	1 200	200	—	—	—	440	320	240

表 3-6 辅助生产费用分配表

项目	计划单位成本	辅助生产车间				基本生产车间				管理部门	
		发电车间		修理车间		一车间		二车间			
		数量	金额（元）	数量	金额（元）	数量	金额（元）	数量	金额（元）	数量	金额（元）
待分配辅助生产费用	—	40 000	8 000	1 200	3 600	—	—	—	—	—	—
发电车间	0.22	—	—	4 000	880	20 000	4 400	12 000	2 640	4 000	880
修理车间	3.50	200	700	—	—	440	1 540	320	1 120	240	840
辅助生产实际成本合计	—		8 700		4 480		5 940		3 760		1 720
按计划成本分配金额合计	—	40 000	8 800	1 200	4 200						
成本差额	—		−100		280						

根据上述分配结果结转辅助生产成本，账务处理如下。

①分配电费。

借：生产成本——辅助生产成本（修理车间）　　880
　　　　　　——基本生产成本（一车间）　　4 400
　　　　　　——基本生产成本（二车间）　　2 640
　　管理费用　　880
　　贷：生产成本——辅助生产成本（发电车间）　　8 800

②分配修理费。

借：生产成本——辅助生产成本（发电车间）　　700
　　制造费用——一车间　　1 540
　　　　　　——二车间　　1 120
　　管理费用　　840
　　贷：生产成本——辅助生产成本（修理车间）　　4 200

③结转劳务实际总成本与计划总成本的差额。

发电车间成本差额结转。

借：生产成本——辅助生产成本（发电车间）　　100
　　贷：管理费用　　100

修理车间成本差额结转。

借：管理费用　　280
　　贷：生产成本——辅助生产成本（修理车间）　　280

（4）顺序分配法。

顺序分配法，又称梯形分配法，按照辅助生产车间受益多少的顺序分配生产费用，受益少的先分配，受益多的后分配，先分配的辅助生产车间不负担后分配的辅助生产车间的费用。顺序分配法仅适用于各辅助生产车间之间相互受益程度有明显顺序的企业。

【案例3-9】沿用【案例3-6】的资料，试着采用顺序分配法分配辅助生产费用（除不尽的保留两位小数）。

【案例解析】顺序分配法下，辅助生产费用的分配如下。

①排序。

电费分配率 =68 000÷234 000=0.29[元／（千瓦·时）]；

供气车间应分配电费 =34 000×0.29=9 860（元）；

气费分配率 =65 000÷22 600=2.88（元／立方米）；

供电车间应分配气费 =2 600×2.88=7 488（元）。

因为供电车间受益少于供气车间，根据排序原则，供电车间排在第一位，而供气车间排在第二位，即先分配电费，再分配气费。

②分配电费。

电费分配率 =68 000÷234 000=0.29[元／（千瓦·时）]；

第一车间应分配的电费 =160 000×0.29=46 400（元）；

第二车间应分配的电费 =14 000×0.29=4 060（元）；

供气车间应分配的电费 =34 000×0.29=9 860（元）；

行政管理部门应分配的电费 =16 000×0.29=4 640（元）；

销售部门应分配的电费 =68 000-46 400-4 060-9 860-4 640=3 040（元）。

账务处理如下。

借：生产成本——辅助生产成本（供气车间）　　　　9 860

　　制造费用——第一车间　　　　　　　　　　　46 400

　　　　　　——第二车间　　　　　　　　　　　 4 060

　　管理费用　　　　　　　　　　　　　　　　　 4 640

　　销售费用　　　　　　　　　　　　　　　　　 3 040

　　贷：生产成本——辅助生产成本（供电车间）　　　　68 000

③分配气费。

气费分配率 =（65 000+9 860）÷（22 600-2 600）=3.743（元／立方米）；

第二车间应分配的气费 =12 000×3.743=44 916（元）；

行政管理部门应分配的气费 =7 000×3.743=26 201（元）；

销售部门应分配的气费 =65 000+9 860-44 916-26 201=3 743（元）。

账务处理如下。

借：制造费用——第二车间　　　　　　　　　　　44 916

　　管理费用　　　　　　　　　　　　　　　　　26 201

　　销售费用　　　　　　　　　　　　　　　　　 3 743

　　贷：生产成本——辅助生产成本（供气车间）　　　　74 860

（5）代数分配法。

代数分配法的特点是先根据联立方程的原理，计算辅助生产劳务或产品的单位成本，然后再根据各受益单位耗用的数量和单位成本分配辅助生产费用。

采用代数分配法得出的成本费用分配结果最正确。但在辅助生产车间较多的情况下，未知数较多，计算过程较为复杂，因此本方法适用于在成本核算中已经实现电算化的企业。

【案例3-10】沿用【案例3-6】的资料，试着采用代数分配法分配辅助生产费用（除不尽的保留两位小数）。

【案例解析】采用代数分配法分配辅助生产费用的具体分配步骤如下。

①利用方程计算电、气的单位成本。

假设每千瓦·时电的成本为 x，每立方米气的成本为 y。

$68\ 000+2\ 600y=234\ 000x$；$65\ 000+34\ 000x=22\ 600y$；

解得：$x=0.328\ 0$；$y=3.369\ 6$。

②分配电费。

第一车间应分配的电费 =160 000×0.328=52 480（元）；

第二车间应分配的电费 =14 000×0.328=4 592（元）；

供气车间应分配的电费 =34 000×0.328=11 152（元）；

行政管理部门应分配的电费 =16 000×0.328=5 248（元）；

销售部门应分配的电费 =10 000×0.328=3 280（元）。

③分配气费。

第二车间应分配的气费 =12 000×3.369 6=40 435.2（元）；

供电车间应分配的气费 =2 600×3.369 6=8 760.96（元）；

行政管理部门应分配的气费 =7 000×3.369 6=23 587.2（元）；

专设销售机构应分配的气费 =1 000×3.369 6=3 369.6（元）。

④进行账务处理。

借：生产成本——辅助生产成本（供电车间）　　　　　8 760.96

　　　　　　　　　　　　　　　　（供气车间）　　　　11 152

　　制造费用——第一车间　　　　　　　　　　　　　52 480

　　　　　　——第二车间　　　　　　　　　　　　　45 027.2

　　管理费用　　　　　　　　　　　　　　　　　　　28 835.2

　　销售费用　　　　　　　　　　　　　　　　　　　6 649.6

　　贷：生产成本——辅助生产成本（供电车间）　　　　76 752

　　　　　　　　　　　　　　　　（供气车间）　　　　76 152.96

名师点拨

> 辅助生产费用的分配方法中，大多数的"生产成本——辅助生产成本"科目的发生额合计都大于原来待分配费用合计数，这是由于辅助生产费用交互分配而相互转账引起的，各种方法最后分配到其他各受益单位的辅助生产费用的合计数，都仍然是待分配费用合计数。

4. 制造费用的归集和分配

制造费用是指企业为生产产品和提供劳务而发生的，无法直接计入产品成本或劳务成本的各项间接成本，包括各生产车间为组织和管理生产所发生的费用、车间管理人员的工资和福利费用、车间用固定资产折旧费等。上述费用在发生时无法直接判定其所归属的成本计算对象，因此不能直接计入相关成本，而需要先在"制造费用"中进行归集，然后在月末时，再按照一定的方法在各成本计算对象中进行分配，分别计入相关成本。

（1）制造费用的分配方法。

分配制造费用一般应先分配辅助生产的制造费用，将其计入辅助生产成本，再分配辅助生产成本，将其中应由基本生产负担的制造费用计入基本生产的制造费用，最后再分配基本生产的制造费用。分配制造费用的方法很多，通常采用生产工人工时比例法、生产工人工资比例分配法、机器工时比例法和按年度计划分配率分配法等。虽然上述方法的分配依据不同，但其分配率的计算公式存在一定的相似之处。生产工人工时比例法、生产工人工资比例法、机器工时比例法下，制造费用常用计算公式如下。

制造费用分配率=制造费用总额÷各产品分配标准之和（如产品生产工时总数、生产工人工资总和、机器工时数、产品计划产量的定额工时总数）

某种产品应分配的制造费用=该种产品的分配标准×制造费用分配率

企业自行决定采用哪种分配方法，分配方法一经确定，不得随意变更。如需变更，应当在附注中予以说明。

【案例3-11】2019年3月，甲企业共生产了A、B、C这3种产品，各产品的相关资料如表3-7所示。已知本月共发生制造费用20 000元，分别采用生产工人工时比例分配法、生产工人工资比例分配法、机器工时比例法3种方法，计算出A、B、C产品应负担的制造费用。

表3-7 甲企业A、B、C产品相关资料

产品名称	生产工时（小时）	生产工人工资合计（元）	机器总工时（小时）
A产品	500	4 800	300
B产品	300	4 000	200
C产品	200	5 200	500

【案例解析】 不同分配方法下，制造费用分配的相关计算如下。

①生产工人工时比例分配法。

制造费用分配率 =20 000÷（500 + 300 + 200）=20（元／小时）；

A 产品应分配的制造费用 =500×20=10 000（元）；

B 产品应分配的制造费用 =300×20=6 000（元）；

C 产品应分配的制造费用 =200×20=4 000（元）。

②生产工人工资比例分配法。

制造费用分配率 =20 000÷（4 800 + 4 000 + 5 200）=10/7；

A 产品应分配的制造费用 =4 800×10/7=6 857.14（元）；

B 产品应分配的制造费用 =4 000×10/7=5 714.29（元）；

C 产品应分配的制造费用 =5 200×10/7=7 428.57（元）。

③机器工时比例法。

制造费用分配率 =20 000÷（300 + 200 + 500）=20（元／小时）；

A 产品应分配的制造费用 =300×20=6 000（元）；

B 产品应分配的制造费用 =200×20=4 000（元）；

C 产品应分配的制造费用 =500×20=10 000（元）。

（2）制造费用的账务处理。

对制造费用进行归集和分配后，首先需要根据分配计算结果编制制造费用分配表，再根据制造费用分配表进行制造费用分配的总分类核算和明细核算，相关账务处理如下。

借：生产成本

贷：制造费用

最后将归集在辅助生产成本中的费用按辅助生产费用的分配方法进行分配。分配给基本生产的制造费用在归集了全部基本生产车间的制造费用后，转入"生产成本——基本生产成本"科目。

【案例 3-12】 A 公司的基本生产车间，为生产甲、乙两种产品本月共发生制造费用 68 000 元。假设甲产品生产工人工资为 12 000 元，乙产品生产工人工资为 9 250 元。要求：计算甲、乙两种产品应承担的制造费用，并进行相应的账务处理。

【案例分析】 本案例给出的是工人工资，因此本案例应按照生产工人工资比例分配法来分配制造费用。

①计算分配率。

制造费用分配率 =68 000÷（12 000+9 250）=3.2。

②计算各产品应负担的制造费用。

甲产品应负担的制造费用 =12 000×3.2=38 400（元）；

乙产品应负担的制造费用 =9 250×3.2=29 600（元）。

③编制制造费用分配表。根据计算结果，编制制造费用分配表，如表 3-8 所示。

表 3-8　制造费用分配表

单位：元

应借科目	生产工人工资	分配金额（分配率为 3.2）
基本生产成本——甲产品	12 000	38 400
基本生产成本——乙产品	9 250	29 600
合计	21 250	68 000

④账务处理。根据"制造费用分配表"，应当编制的账务处理如下。

借：生产成本——基本生产成本（甲产品）　　38 400

　　　　　　——基本生产成本（乙产品）　　29 600

　　贷：制造费用　　　　　　　　　　　　　　　　68 000

3.1.4 产品生产成本的结转

在企业产品的生产过程中，产品并不总是在月末完工的。因此在月末计算产品成本时，可能存在未形成成品、不能作为商品销售的产品，即在产品。在产品是指没有完成全部生产过程、不能作为商品销售的产品，包括正在车间中加工的在产品（包括正在返修的废品）和已经完成一个或几个生产步骤但还需要继续加工的半成品（包括未经验收入库的产品和等待返修的废品）。在产品成本与完工入库产品成本的合计数就等于全部转来的生产费用。所以，在月末计算产品成本时，还应当按照一定的方法将生产费用在完工产品和在产品之间进行分配。

1. 完工产品和在产品之间费用的分配

月末，生产成本明细账中归集的本月生产成本是本月发生的生产成本，并不是本月完工产品的成本。因此计算本月完工产品的成本，还需将本月发生的生产成本，加上月初在产品成本，然后再将其在本月完工产品和月末在产品之间进行分配，以求得本月完工产品成本。完工产品和在产品成本之间的关系如下。

本月完工产品成本=本月发生生产成本+月初在产品成本-月末在产品成本

完工产品和在产品之间费用的分配方法包括不计算在产品成本法、在产品按固定成本计价法、在产品按所耗用直接材料成本计价法、约当产量比例法、在产品按定额成本计价法、定额比例法以及在产品按完工产品成本计价法等。

（1）不计算在产品成本法。

如果企业生产的是各月月末在产品数量都很少的产品，则可采用不计算在产品成本法来分配完工产品和在产品的费用。采用此方法时，虽然月末有在产品，但不计算其成本，即产品每月发生的成本，全部由完工产品负担，每月发生的成本之和即每月完工产品成本。

（2）在产品按固定成本计价法。

如果月末企业生产的在产品数量较多，但各月变化不大，或月末在产品数量很少，则可采用在产品按固定成本计价法来分配完工产品和在产品的费用。采用此方法时，各月末在产品的成本固定不变，某种产品本月发生的生产成本就是本月完工产品的成本。但在年末，在产品成本不应再按固定不变的金额计价，否则会使按固定金额计价的在产品成本与其实际成本有较大差异，影响产品成本计算的正确性。因此，在每年年末，应当根据实际盘点的在产品数量，具体计算在产品成本，据以计算12月产品成本。

（3）在产品按所耗用直接材料成本计价法。

如果各月月末企业生产的在产品数量较多，各月在产品数量变化也较大，直接材料成本在生产成本中所占比重较大且材料在生产开始时一次就全部投入，可采用在产品按所耗用直接材料成本计价法来分配完工产品和在产品的费用。采用此方法时，月末在产品只计算其所耗用直接材料的成本，不计算直接人工等加工费用，即产品的直接材料成本（月初在产品的直接材料成本与本月发生的直接材料成本之和）需要在完工产品和月末在产品之间进行分配，而本月发生的加工成本全部由完工产品成本负担。

【案例3-13】丙企业的主要产品为C产品，其在生产该产品时，材料费用均为一次性投入，人工费等其他费用随着生产的进行而逐渐增加。因此，丙企业决定C产品的在产品成本按照耗用直接材料的成本计价。2019年5月初，C产品的期初在产品共500件，成本为3 000元，本月耗费直接材料13 000元，直接人工5 000元，其他制造费用2 000元。2019年5月末，完工产品为1 200件，在产品为400件。根据上述资料，计算在产品与完工产品的成本。

【案例解析】在产品按所耗用直接材料计算成本时，应首先计算完工产品与在产品的总成本，然后计算出本月在产品的成本，最后将总成本减去在产品成本即得到完工产品的成本。所以，应按照如下步骤计算在产品与完工产品的成本。

①计算在产品与完工产品总成本。

本例中在产品与完工产品总成本 = 月初在产品成本 + 本月投入的产品成本 = 3 000+

13 000+5 000+2 000=23 000（元）。

②计算在产品成本。

采用"在产品按所耗用直接材料成本计价法"，因此在产品的成本应按照分配来的材料费用计价，本月在产品应负担的材料费用 =（月初在产品成本 + 本月投入材料费用）×［月末在产品数量 ÷（月末在产品数量 + 月末完工产品数量）]=（3 000+13 000）×[400÷（400+1 200）]=4 000（元）。

③计算完工产品成本。

完工产品成本 = 总成本 − 在产品成本 =23 000−4 000=19 000（元）。

（4）约当产量比例法。

如果企业生产的产品数量较多，各月在产品数量变化也较大，且生产成本中直接材料成本和直接人工等加工成本的比重相差不大，可采用约当产量比例法。采用此方法时，应将月末在产品数量按其完工程度折算为相当于完工产品的产量，即约当产量，然后将产品应负担的全部成本按照完工产品产量与月末在产品约当产量的比例分配计算完工产品成本和月末在产品成本。其计算公式如下。

在产品约当产量=在产品数量×完工程度

单位成本=（月初在产品成本+本月发生生产成本）÷（完工产品产量+在产品约当产量）

完工产品成本=完工产品产量×单位成本

在产品成本=在产品约当产量×单位成本

名师点拨

企业生产产品的过程中可能涉及多道工序，因此，多道工序生产产品约当产量的计算与单工序生产产品约当产量的计算有所不同。例如某公司生产某产品共需要两道工序，第一道工序的定额工时为80小时，第二道工序的定额工时为120小时，假设各工序内在产品完工程度均为50%，月末第一道工序在产品数为100件，第二道工序在产品数为50件。则各工序下的在产品完工程度与约当产量的计算：第一道工序完工程度 =80×50%÷（80+120）=20%；第二道工序完工程度 =（80+120×50%）÷（80+120）=70%；在产品约当产量 =100×20%+50×70%=55（件）。

【案例 3-14】丁企业生产 A 产品，月初在产品数量为 100 件，本月投产数量为 400 件，本月完工产品数量为 300 件，月末在产品数量为 200 件。该产品单位工时定额为 50 小时，经三道工序制成。各工序单位工时定额：第一道工序为 10 小时，第二道工序为 20 小时，第三道工序为 20 小时。在产品数量分布：第一道工序的数量为 50 件，第二道工序的数量为 50 件，第三道工序的数量为 100 件。为简化核算，假定各工序内在产品完工程度平均为 50%。已知原材料在生产开始时一次性投料，且有关成本资料如表 3-9 所示。要求：计算月末在产品的约当产量，采用约当产量比例法分别计算完工产品和月末在产品成本并填入表格。

表 3-9　产品成本资料表　　　　　　　　　　　　　　　　单位：元

成本项目	直接材料	直接人工	制造费用	合计
月初在产品成本	20 000	10 000	10 000	40 000
本月发生的成本	60 000	26 450	10 250	96 700
合计总成本	80 000	36 450	20 250	136 700
本月完工产品成本				
月末在产品成本				

【案例分析】由于是多工序生产产品，第一步应计算产品在各工序的完工程度，第二步应计算各工序中在产品的约当产量，第三步应分配各项费用，最后填制表格数据。

①计算各工序完工程度。

第一道工序完工率＝（10×50%）÷50×100%=10%

第二道工序完工率＝（10+20×50%）÷50×100%=40%

第三道工序完工率＝（10+20+20×50%）÷50×100%=80%

②计算各工序在产品约当产量。

第一道工序在产品约当产量=50×10%=5（件）；

第二道工序在产品约当产量=50×40%=20（件）；

第三道工序在产品约当产量=100×80%=80（件）；

在产品的约当总产量=5+20+80=105（件）。

③计算分配各项费用。

材料费用分配率=80 000÷（300+200）=160；

完工产品应分配的材料费用=300×160=48 000（元）；

在产品应负担的材料费用=200×160=32 000（元）；

直接人工费用分配率=36 450÷（300+105）=90；

完工产品应分配的人工费用=300×90=27 000（元）；

在产品应负担的人工费用=105×90=9 450（元）；

制造费用分配率=20 250÷（300+105）=50；

完工产品应分配的制造费用=300×50=15 000（元）；

在产品应负担的制造费用=105×50=5 250（元）。

④填制表格数据。

根据计算的结果，完善的成本资料如表3-10所示。

表3-10　产品成本资料表　　　　　　　　　　　　　　　　单位：元

成本项目	直接材料	直接人工	制造费用	合计
月初在产品成本	20 000	10 000	10 000	40 000
本月发生的成本	60 000	26 450	10 250	96 700
合计总成本	80 000	36 450	20 250	136 700
本月完工产品成本	48 000	27 000	15 000	90 000
月末在产品成本	32 000	9 450	5 250	46 700

【例题·单选题】某企业的生产费用在完工产品和在产品之间采用约当产量比例法进行分配。该企业甲产品月初在产品成本和本月生产费用共计900 000元。本月甲产品完工400台，在产品为100台，且其平均完工程度为50%。不考虑其他因素，下列各项中计算结果正确的是（　　）。

A. 甲产品的完工产品成本为900 000元

B. 甲产品的单位成本为2 250元

C. 甲产品在产品的约当产量为50台

D. 甲产品的在产品成本为112 500元

【解析】本题考查约当产量比例法。在产品的约当产量=100×50%=50（台），所以甲产品的单位成本=900 000÷（400+50）=2 000（元），甲产品完工产品的成本=900 000÷（400+50）×400=800 000（元），在产品成本=900 000-800 000=100 000（元）。

【答案】C

（5）在产品按定额成本计价法。

如果企业生产的是定额管理基础较好，各项消耗定额或成本定额较准确、稳定，各月月末在产品数量变化不大的产品，则可采用在产品按定额成本计价法。采用此方法时，月末在产品成本按定额成本计算，该种产品的全部成本（如果有月初在产品，包括月初在产品成本在内）减去按定额成本计算的月末在产品成本的余额为完工产品成本；每月生产成本脱离定额的节约差异或超支差异全部计入当月完工产品成本。计算公式如下。

月末在产品成本＝月末在产品数量×在产品单位定额成本

完工产品总成本＝（月初在产品成本＋本月发生生产成本）－月末在产品成本

完工产品单位成本＝完工产品总成本÷产成品产量

【案例3-15】某厂生产的甲产品经过3道工序加工制成。原材料分别在各道工序生产开始时一次投入，各工序在产品在本工序的完工率为50%。甲产品本月完工验收入库数量为1 000件。甲产品生产成本明细账归集的生产费用：月初在产品成本为2 780元，其中直接材料为1 500元，直接人工为800元，制造费用为480元；本月生产甲产品的生产费用为68 000元，其中直接材料为60 000元，直接人工为5 000元，制造费用为3 000元。该厂定额每小时直接人工费用分配率为0.05，制造费用分配率为0.03。该产品其他资料如表3-11所示。要求：计算月末在产品单位定额成本，计算月末在产品定额成本，计算完工产品成本。

表3-11　产品成本资料表

工序	在产品数量（件）	材料定额成本（元）	工时定额（小时）
1	200	20	20
2	50	60	40
3	150	20	40
合计	—	100	100

【案例分析】

①月末在产品单位定额成本如表3-12所示。其中相关计算过程如下。

累计平均材料定额成本＝各工序材料定额成本累加；

累计平均工时定额＝当前工序工时定额×50%+前工序工时定额；

直接人工单位定额成本＝累计平均工时定额×直接人工费用分配率；

制造费用单位定额成本＝累计平均工时定额×制造费用分配率。

表3-12　在产品单位定额成本表

工序	累计平均材料定额成本（元）	累计平均工时定额（小时）	直接人工单位定额成本	制造费用单位定额成本
1	20	10	0.5	0.3
2	80	40	2	1.2
3	100	80	4	2.4
合计	—	—	—	—

②月末在产品定额成本如表3-13所示。

表3-13　月末在产品定额成本表

工序	在产品数量（件）	直接材料 单位定额	直接材料 总成本（元）	直接人工 单位定额	直接人工 总成本（元）	制造费用 单位定额	制造费用 总成本（元）	月末在产品定额总成本（元）
1	200	20	4 000	0.5	100	0.3	60	4 160
2	50	80	4 000	2	100	1.2	60	4 160
3	150	100	15 000	4	600	2.4	360	15 960
合计	—	—	23 000	—	800	—	480	24 280

③完工产品成本如表3-14所示。

表 3-14　完工产品成本表　　　　　　　　　　　　　　　　单位：元

成本项目	直接材料	直接人工	制造费用	合计
月初在产品成本	1 500	800	480	2 780
本月生产费用	60 000	5 000	3 000	68 000
生产费用合计	61 500	5 800	3 480	70 780
月末在产品成本（定额成本）	23 000	800	480	24 280
完工产品总成本	38 500	5 000	3 000	46 500

（6）定额比例法。

如果企业生产的产品各项消耗定额或成本定额比较准确、稳定，但各月末在产品数量变动较大，则可采用定额比例法来分配完工产品和在产品的费用。采用此方法时，将产品的生产成本在完工产品和月末在产品之间按照两者的定额消耗量或定额成本比例分配。其中，直接材料成本按直接材料的定额消耗量或定额成本比例分配；直接人工等加工成本，可以按定额成本的比例分配，也可按定额工时比例分配。以定额成本比例分配为例，相关计算公式如下。

①直接材料分配。

直接材料成本分配率=（月初在产品实际材料成本+本月投入的实际材料成本）÷（完工产品定额材料成本+月末在产品定额材料成本）

完工产品应负担的直接材料成本=完工产品定额材料成本×直接材料成本分配率

月末在产品应负担的直接材料成本=月末在产品定额材料成本×直接材料成本分配率

②直接人工分配。

直接人工成本分配率=（月初在产品实际人工成本+本月投入的实际人工成本）÷（完工产品定额工时+月末在产品定额工时）

完工产品应负担的直接人工成本=完工产品定额工时×直接人工成本分配率

月末在产品应负担的直接人工成本=月末在产品定额工时×直接人工成本分配率

【案例 3-16】某厂对大量生产的甲产品有比较健全的定额资料和定额管理制度。本月完工甲产品 1 000 件，产品直接材料费用定额为 800 元，工时消耗定额为 90 小时。月末盘点停留在各生产工序的在产品为 400 件，其中第一道工序为 150 件，在产品直接材料费用定额为 600 元，工时消耗定额为 10 小时；第二道工序为 140 件，在产品直接材料费用定额为 700 元，工时消耗定额为 45 小时；第三道工序为 110 件，在产品直接材料费用定额为 800 元，工时消耗定额为 35 小时。甲产品月初在产品成本和本月发生的生产费用如表 3-15 所示。采用定额比例法计算月末在产品和本月完工产品成本（各工序在产品在本工序的完工率为 50%）。要求：按照定额比例法计算在产品成本与完工产品成本（计算结果保留两位小数）。

表 3-15　产品成本结算单

2019 年 × 月　　　　　　　　　　　　　　　　　　　　　　　　单位：元

成本项目	直接材料	直接人工	制造费用	合计
月初在产品成本	103 296	25 584	15 350	144 230
本月发生费用	929 664	294 216	176 530	1 400 410
生产费用合计	1 032 960	319 800	191 880	1 544 640

【案例分析】该企业在产品成本与完工产品成本的计算步骤如下。

①计算完工产品与在产品各成本项目定额消耗。

完工产品直接材料定额消耗 =1 000×800=800 000（元）；

完工产品直接人工定额消耗 =1 000×90=90 000（小时）；

完工产品制造费用定额消耗 =1 000×90=90 000（小时）；

在产品直接材料定额消耗 =150×50%×600+140×50%×700+110×50%×800=138 000（元）；

在产品直接人工定额消耗 =150×50%×10+140×50%×45+110×50%×35=5 825（小时）；

在产品制造费用定额消耗 =150×50%×10+140×50%×45+110×50%×35=5 825（小时）。

②计算完工产品与在产品各成本项目的定额消耗比例。

完工产品直接材料定额消耗比例 =800 000÷（800 000+138 000）×100%=85.29%；

完工产品直接人工定额消耗比例 =90 000÷（90 000+5 825）×100%=93.92%；

完工产品制造费用定额消耗比例 =90 000÷（90 000+5 825）=93.92%；

在产品直接材料定额消耗比例 =138 000÷（800 000+138 000）=14.71%；

在产品直接人工定额消耗比例 =5 825÷（90 000+5 825）=6.08%；

在产品制造费用定额消耗比例 =5 825÷（90 000+5 825）=6.08%。

③分配完工产品与在产品成本。

完工产品应负担的直接材料成本 =1 032 960×85.29%=881 011.58（元）；

完工产品应负担的直接人工成本 =319 800×93.92%=300 356.16（元）；

完工产品应负担的制造费用 =191 880×93.92%=180 213.70（元）；

在产品应负担的直接材料成本 =1 032 960×14.71%=151 948.42（元）；

在产品应负担的直接人工成本 =319 800×6.08%=19 443.84（元）；

在产品应负担的制造费用 =191 880×6.08%=11 666.30（元）。

综上，甲产品完工产品成本 =881 011.58+300 356.16+180 213.70=1 361 581.44（元）；甲产品在产品成本 =151 948.42+19 443.84+11 666.30=183 058.56（元）。

【例题·单选题】某企业本月生产完工甲产品200件，乙产品300件，月初、月末均无在产品。该企业本月发生直接人工成本6万元，按定额工时比例在甲、乙产品之间分配，甲、乙产品的单位工时分别为7小时、2小时，本月甲产品应分配的直接人工成本为（　　）万元。

A. 2.4　　　　　　　B. 1.8　　　　　　　C. 3.6　　　　　　　D. 4.2

【解析】本题考查两种产品之间费用的分配。甲产品应分配的直接人工成本 =6×[（200×7）÷（200×7+300×2）]=4.2（万元）。

【答案】D

（7）在产品按完工产品成本计价法。

如果企业月末在产品已接近完工，或产品已经加工完毕但尚未验收或包装入库，则可采用在产品按完工产品成本计价法，将在产品视同完工产品计算、分配生产费用。

2. 结转产品生产成本的账务处理

完工产品经产成品仓库验收入库后，企业应进行如下账务处理。

借：库存商品

　　贷：生产成本——基本生产成本

如果"生产成本"科目期末有余额，则该余额就是在产品的成本，也是产品在生产过程中所占用的资金，该金额应该与所属各产品成本明细账中月末在产品成本之和相符。

【案例3-17】A企业为仅生产并销售甲产品的增值税一般纳税人，产品适用的增值税税率为13%。材料采用实际成本核算，材料发出采用先进先出法计价，生产甲产品所耗用的材料随生产进度陆续投入。2019年8月初，该企业M材料结存500千克，成本为10 000元，"生产成本"科目余额为31 000元，月末采用约当产量比例法在完工产品和在产品之间分配生产费用，8月发生有关交易或事项如下。

①1日，购入5 000千克M材料，已验收入库，取得的增值税专用发票上注明价款为100 000元，增值税税额为13 000元，材料采购过程中发生保险费6 000元，装卸费4 000元（均

不考虑增值税），全部款项以银行存款支付，发票已通过税务机关认证。

②2日，行政办公楼进行日常维修领用M材料500千克，车间设备日常维修领用M材料100千克，生产甲产品领用M材料2 500千克。

③31日，分配当月职工薪酬300 000元，其中生产工人工资为200 000元，车间管理人员工资为30 000元，行政管理人员工资为70 000元。另外，计提车间设备折旧费20 000元。

④31日，本月甲产品完工250件。月末在产品50件，在产品平均完工程度为60%。

要求：根据上述资料，不考虑其他因素，分析回答下列问题。

①计算A企业采购M材料的入账价值。

②对A企业领用材料的业务进行账务处理。

③对A企业分配职工薪酬的业务进行账务处理。

④计算A企业8月份甲产品的成本。

【案例解析】

①存货的采购成本，包括购买价款、相关税费、运输费、装卸费、保险费以及其他可归属于存货采购成本的费用。因此A企业采购M材料的入账价值=100 000+6 000+4 000=110 000（元），账务处理如下。

  借：原材料   110 000

    应交税费——应交增值税（进项税额） 13 000

    贷：银行存款   123 000

②材料发出按照先进先出法计价，因此，行政办公楼进行日常维修负担材料费用=（10 000÷500）×500=10 000（元）；车间设备日常维修负担材料费用=（110 000÷5 000）×100=2 200（元）；甲产品负担的直接材料费用=（110 000÷5000）×2 500=55 000（元）。账务处理如下。

  借：生产成本   55 000

    管理费用   12 200

    贷：原材料   67 200

③分配当月职工薪酬时，生产工人工资计入生产成本，车间管理人员工资计入制造费用，行政管理人员工资计入管理费用。分配职工薪酬的账务处理如下。

  借：生产成本   200 000

    制造费用   30 000

    管理费用   70 000

    贷：应付职工薪酬   300 000

④甲产品当期发生的成本=55 000+200 000+30 000+20 000=305 000（元）；

完工产品数量=250（件）；

在产品约当产量=50×60%=30（件）；

甲产品总成本=期初成本+本期发生成本=31 000+305 000=336 000（元）；

甲产品完工产品成本=336 000÷（250+30）×250=300 000（元）；

甲产品在产品成本=336 000÷（250+30）×30=36 000（元）。

完工产品经产成品仓库验收入库后，企业做如下账务处理。

  借：库存商品   300 000

    贷：生产成本   300 000

3.1.5 余料、废品的处理

产品生产完毕后，投入的材料可能会出现剩余的情况，此时生产部门需要将其领用的剩余物料退回。另外，在产品生产的过程中和入库后，还可能会发现质量不合格的成品（即废品），因此需要会计人员对其进行处理，下面即对这两种情形进行介绍。

1．余料的处理

余料退回时，退料的部门需要填写退料单，经部门主管审批后即可到仓储部办理退料。同时，会计人员还应当进行以下账务处理。

借：原材料
　　贷：生产成本

2．废品的处理

废品，即检验不合格、用户不能使用的成品。如果废品较多，企业就需要设置"废品损失"科目进行废品损失的归集和分配，并在成本项目中增设"废品损失"项目。通常情况下，废品可以分为不可修复废品和可修复废品，因此，企业的废品损失即在生产过程中发生的和入库后发现的不可修复废品的生产成本，以及可修复废品的修复费用，扣除回收的废品残料价值和应收赔款以后的损失。

（1）不可修复废品。

不可修复废品的生产成本，可按废品所耗实际费用计算，也可按废品所耗定额费用计算。按废品所耗实际费用计算时，应将废品报废前与合格品在一起计算的各项费用，采用适当的分配方法在合格品与废品之间进行分配，从而计算废品的实际成本，并做以下账务处理。

借：废品损失
　　贷：生产成本——基本生产成本

如果废品是在完工以后发现的，单位废品负担的各项生产费用应与单位合格产品完全相同，企业可按合格品产量和废品的数量比例分配各项生产费用，计算废品的实际成本。

采用按废品所耗定额费用计算不可修复废品成本时，因废品的生产成本是按废品数量和各项费用定额计算的，所以不用考虑废品实际发生的生产费用。

名师点拨

废品较少的，也可不单独核算，在"生产成本——基本生产成本""原材料"等科目中反映。辅助生产一般不单独核算废品损失。

【例题·单选题】某工业企业在生产过程中发现不可修复废品一批，该批废品的成本构成为：直接材料3 200元，直接人工4 000元，制造费用2 000元。废品残料计价500元已回收入库，应收过失人赔偿款1 000元。假定不考虑其他因素，该批废品的净损失为（　　）元。

A．7 700　　　　　B．8 700　　　　　C．9 200　　　　　D．10 700

【解析】本题考查不可修复废品损失的计算。该废品净损失=3 200+4 000+2 000-500-1 000=7 700（元）。

【答案】A

（2）可修复废品。

可修复废品发生的费用应当区分发生在返修前和发生在返修时两种情况。

◆ **返修前发生的费用：**可修复废品返修以前发生的生产费用不是废品损失，企业不需要计算其生产成本，而应将其留在"生产成本——基本生产成本"科目和所属有关产品成本明细账中，不需要转出。

◆ **返修时发生的费用：**可修复废品返修时发生的各种费用，应根据各种费用分配表，按以下方法进行账务处理。回收的残料价值和应收的赔款，应从"废品损失"科目贷方分别转入"原材料"和"其他应收款"科目的借方。结转后"废品损失"科目的借方反映的是归集的可修复损失成本，应转入"生产成本——基本生产成本"科目的借方。

【例题·单选题】某产品入库后企业发现可修复废品一批，其生产成本为3 500元。修复废品耗用直接材料1 000元，直接人工500元，制造费用800元，废品残料作价100元，应收过失人赔款 100 元。不考虑其他因素，该批废品净损失为（　　）元。

　　A．2 100　　　　　　　　B．5 600　　　　　　　　C．3 600　　　　　　　　D．2 300

　　【解析】本题考查废品损失的确认。应将可修复废品损失的返修费用记入"废品损失"科目，同时将收回的材料价值和赔款从"废品损失"科目转到"原材料"或"其他应收款"科目，冲减废品损失，所以废品净损失 =1 000+500+800-100-100=2 100（元）。

　　【答案】A

3.2　人工成本的财税处理

　　企业的人工成本，是指一定时期内企业在生产经营和提供劳务活动中使用劳动力而发生的各项直接和间接的费用总和。要对企业的人工成本进行处理，首先需要了解其构成内容，下面即对人工成本的具体内容进行介绍。

3.2.1　人工成本概述

　　企业的人工成本，即表现为职工薪酬的内容，主要包括职工工资薪金、社会保险费、职工福利费、工会经费和职工教育经费、住房公积金和其他人工成本支出等，具体内容如下。

◆ 职工工资薪金，是指构成工资总额的计时工资、计件工资、支付给职工超额劳动报酬和增收节支的劳动报酬，为补偿职工特殊或额外劳动消耗和因其他特殊原因支付给职工的津贴以及为保证职工工资水平不受物价影响支付给职工的物价补贴等。

◆ 社会保险费，是指企业按照国家规定的基准和比例计算，向社会保险经办机构缴纳的养老保险费、医疗保险费、工伤保险费等。

◆ 职工福利费，是指为职工卫生保健、生活、住房、交通等所发放的各项补贴和非货币性福利，包括向职工发放的因公外地就医费用、未实行医疗统筹企业职工医疗费用、职工供养直系亲属医疗补贴、供暖费补贴、职工防暑降温费、职工困难补贴、救济费、职工食堂经费补贴、职工交通补贴等；按照规定发生的其他职工福利费，包括丧葬补助费、抚恤费、安家费、探亲假路费等。

◆ 工会经费和职工教育经费，是指企业为了改善职工文化生活、为职工学习先进技术及提高文化水平和业务素质，开展工会活动、职工教育和职业技能培训等的相关支出。

◆ 住房公积金，是指企业按照国家规定的基准和比例计算，向住房公积金管理机构缴存的住房公积金。

　　另外，企业提供给职工配偶、子女、受赡养人、已故员工遗属及其他受益人等的福利，也属于人工成本。上述的"职工"主要包括以下 3 类人员。

◆ 与企业订立劳动合同的所有人员（包含全职、兼职和临时职工）。

◆ 未与企业订立劳动合同，但由企业正式任命的企业治理层和管理层人员（如董事会成员、监事会成员等）。

◆ 在企业的计划和控制下，虽未与企业订立劳动合同或未由企业正式任命，但向企业所提供服务与职工所提供服务类似的人员（包括通过企业与劳务中介公司签订用工合同而向企业提供服务的人员）。

　　【例题·单选题】下列各项中，不属于企业人工成本的是（　　）。

　　A．为职工缴纳的医疗保险费　　　　　　　　B．为职工交存的住房公积金

　　C．为职工报销因公差旅费　　　　　　　　　D．支付职工技能培训费

　　【解析】本题考查职工薪酬的内容。选项 C，职工差旅费应计入管理费用，不属于企业的人工成本。

　　【答案】C

3.2.2 企业薪酬制度设计

要核算和处理企业的人工成本，就要对其薪酬制度进行设计和管理。良好的薪酬制度可以帮助企业更有效地吸引、保留和激励员工，起到增强企业竞争优势的作用。因此建立一套行之有效的薪酬制度对相应的会计制度设计也是不可或缺的。

一个合理的薪酬制度不仅可以用来记录员工的工作量，还能反映劳动价值计价和薪酬分配的全过程。设计完备的薪酬制度可以正确反映生产费用的支出，保证产品成本计算的正确性。因此，企业在设计薪酬制度应当遵守公平性原则、竞争性原则、激励性原则、合法性原则和经济性原则，在实际操作时，还应当注意以下要点。

（1）明确企业基本现状及战略目标。企业现状及未来战略目标是制定薪酬政策，进行薪酬决策的前提条件。只有明确了企业现状及未来战略目标才能确定适合本企业的薪酬水平，并建立具有内部公平性和外部竞争性的薪酬体系结构。

（2）工作分析及职位评价。工作分析是确定薪酬体系的基础，在结合企业战略发展目标的前提下，通过系统分析的方法明确企业内部各职位的职责权限、任职资格。职位评价的目的是解决薪酬的内部公平性，使不同职位之间具有可比性，为确保薪酬的公平性奠定基础。

（3）薪酬调查。通过各种途径，收集企业所关注的竞争对手或同行业类似企业的薪酬水平及相关信息，并根据薪酬曲线得出本企业各职位薪酬所处的位置。

（4）确定薪酬水平。完成薪酬调查后，即可确定薪酬水平。在确定薪酬水平时，企业需要根据内外部环境，选择不同的策略，如领先策略、跟随策略或滞后策略，同时也可以根据职位特点在企业内部实行混合策略。

（5）薪酬结构设计。确定薪酬水平后，就需要对薪酬的内部一致性和外部竞争性两种薪酬有效性标准之间进行设计，并得到一种平衡的结果，即薪酬结构设计。一个完整的薪酬结构中主要包含薪酬等级、薪酬等级内部变动范围和相邻薪酬等级间的关系等。

（6）薪酬预算与控制。最后，为了保证薪酬体系的有效实施，还需要进行薪酬预算与控制。薪酬预算是预先性的成本分析过程，通过薪酬预算可以提前估计出企业的人工成本，并进行相应的薪酬控制，达到控制薪酬的目的。

3.2.3 工资薪金

工资薪金即个人因任职或受雇而取得的工资、薪金、奖金、年终加薪、劳动分红等。工资薪金是企业人工成本的主要构成部分，现将其财税处理进行如下介绍。

1. 工资薪金的账务处理

在会计中，企业职工的工资薪金情况通过"应付职工薪酬"科目核算，并按照"工资、奖金、津贴和补贴"项目设置明细账。在职工为其提供服务的会计期间，企业应当根据不同受益对象或岗位，将应确认的工资薪金计入相关资产成本或当期损益，同时确认应付职工薪酬。具体账务处理如下。

借：生产成本（生产车间生产工人薪酬）
　　制造费用（生产车间管理人员薪酬）
　　管理费用（行政管理人员薪酬）
　　销售费用（专设销售机构人员薪酬）
　　研发支出（从事研发活动人员薪酬）
　　在建工程（从事工程建设人员薪酬）等
　　　贷：应付职工薪酬

实务中，企业一般在每月发放工资前，根据"工资结算汇总表"中的"实发金额"栏的合计数向开户银行提取现金或直接由银行转账，向员工发放工资，账务处理如下。

借：应付职工薪酬
　　贷：银行存款、库存现金等

此外，企业从应付职工薪酬中扣还各种款项（如代垫的医药费、个人所得税等）时，应进行的账务处理如下。

借：应付职工薪酬
　　贷：银行存款、其他应收款等
　　　　应交税费——应交个人所得税

【案例 3-18】甲公司 2019 年 10 月应付工资总额为 100 000 元，根据工资费用分配汇总表可知，产品生产人员工资为 65 000 元，车间管理人员工资为 12 000 元，企业行政管理人员工资为 10 000 元，专设销售机构人员工资为 13 000 元。11 月月初，甲公司根据"工资结算汇总表"结算 2019 年 10 月应付工资总额为 100 000 元，其中，实发工资 86 000 元，企业代扣职工房租 8 000 元，代扣代垫的职工医药费 6 000 元。根据上述资料，甲公司应如何进行账务处理？

【案例解析】

①确认工资、奖金、津贴和补贴时。

借：生产成本　　　　　　　　　65 000
　　制造费用　　　　　　　　　12 000
　　管理费用　　　　　　　　　10 000
　　销售费用　　　　　　　　　13 000
　　　贷：应付职工薪酬　　　　　　　　100 000

②发放工资、奖金、津贴和补贴时。

借：应付职工薪酬　　　　　　　86 000
　　　贷：银行存款　　　　　　　　　　86 000

代扣款项。

借：应付职工薪酬　　　　　　　14 000
　　　贷：其他应收款——职工房租　　　　8 000
　　　　　　　　　　——代垫职工医药费　6 000

2. 工资薪金所得应缴纳的个人所得税

根据规定，企业支付职工工资薪金所得时，应当按照累计预扣法计算预扣税款，并按月办理全员全额扣缴申报（另有规定的除外）。下面即对职工工资薪金所得应交个人所得税的计算进行如下介绍。

累计预扣法是指扣缴义务人在一个纳税年度内预扣预缴税款时，以纳税人截至当前月份累计工资薪金所得收入额减去纳税人申报的累计基本减除费用（免征额）、专项扣除、专项附加扣除和依法确定的其他扣除后的余额为累计预缴应纳税所得额，根据个人所得税预扣率表（见表 3-16）计算累计应预扣预缴税额，再减去已预扣预缴税额，以确定本期应预扣预缴税额的一种计算方法。

表 3-16　个人所得税预扣率表（居民个人工资、薪金所得预扣预缴适用）

级数	累计预扣预缴应纳税所得额	预扣率（%）	速算扣除数
1	不超过 36 000 元的部分	3	0
2	超过 36 000 元至 144 000 元的部分	10	2 520
3	超过 144 000 元至 300 000 元的部分	20	16 920
4	超过 300 000 元至 420 000 元的部分	25	31 920
5	超过 420 000 元至 660 000 元的部分	30	52 920
6	超过 660 000 元至 960 000 元的部分	35	85 920
7	超过 960 000 元的部分	45	181 920

累计预扣法的计算公式如下。

本期应预扣预缴税额=（累计预扣预缴应纳税所得额×预扣率-速算扣除数）-累计减免税额-累计已预扣预缴税额

累计预扣预缴应纳税所得额=累计收入-累计免税收入-累计基本减除费用-累计专项扣除-累计专项附加扣除-累计依法确定的其他扣除

◆ **累计收入**：纳税人当年截至本月在本单位取得的个人、薪金累计所得。

◆ **累计免税收入**：依法可以免征个人所得税的收入，包括按照国家统一规定发给的补贴、津贴，福利费、抚恤金、救济金，保险赔款等。

◆ **累计基本减除费用**：按照 5 000 元／月乘以纳税人当年截至本月在本单位的任职受雇月份数计算。

◆ **累计专项扣除**："三险一金"的社会保险累计扣除。

◆ **累计专项附加扣除**：《个人所得税专项附加扣除暂行办法》所规定的附加扣除累计扣除项，包括子女教育、继续教育、大病医疗、住房贷款利息、住房租金和赡养老人 6 项专项附加扣除。

◆ **累计依法确定的其他扣除**：截至当前月份累计依法确定的其他扣除额。

【**案例3-19**】张强在甲企业任职，2019 年 1 月在甲企业取得工资薪金收入 18 000 元，无免税收入，缴纳"三险一金"等共计 2 000 元，可以办理的专项附加扣除为 3 000 元，无其他扣除。2019 年 2 月，张强在甲企业取得工资薪金收入 16 000 元，无免税收入，缴纳"三险一金"等共计 2 000 元，可以办理的专项附加扣除为 3 000 元，无其他扣除。2019 年 3 月，张强在甲企业取得工资薪金收入 16 000 元，无免税收入，发放季度奖金 30 000 元，缴纳"三险一金"等共计 2 000 元，可以办理的专项附加扣除为 3 000 元，无其他扣除。试计算张强各月应交的个人所得税。

【**案例解析**】工资、薪金所得的应纳税所得额，按当前月份累计支付的工资、薪金所得收入扣除累计免税收入、累计基本减除费用、累计专项扣除、累计专项附加扣除和累计依法确定的其他扣除后的余额计算。本期工资、薪金应预扣预缴税额，以应纳税所得额、适用预扣率和已预扣预缴税额计算。具体计算如下。

① 1 月应纳税所得额＝累计收入－累计免税收入－累计基本减除费用－累计专项扣除－累计专项附加扣除－累计依法确定的其他扣除 =18 000-0-5 000-2 000-3 000-0=8 000（元），当月预扣预缴个人所得税 =8 000×3%=240（元）。2019 年 1 月，甲企业在发放工资时按照上述规则计算并预扣个人所得税 240 元，2019 年 2 月，甲企业在申报期内按照新税法申报个人所得税，以预扣预缴方法计算出的 240 元为张强进行预缴个人所得税申报。

② 2 月累计预扣预缴应纳税所得额＝累计收入－累计免税收入－累计基本减除费用－累计专项扣除－累计专项附加扣除－累计依法确定的其他扣除 =（18 000+16 000）-0-5000×2-（2 000+2 000）-（3 000+3 000）-0=14 000（元），2 月应预扣预缴税额＝（累计预扣预缴应纳税所得额 × 预扣率－速算扣除数）－累计已预扣预缴税额 =14 000×3%-240=180（元）。

③ 3 月累计预扣预缴应纳税所得额＝累计收入－累计免税收入－累计基本减除费用－累计专项扣除－累计专项附加扣除－累计依法确定的其他扣除 =（18 000+16 000+16 000+30 000）-0-5 000×3-（2 000+2 000+2 000）-（3 000+3 000+3 000）-0=50 000（元），3 月应预扣预缴税额＝（累计预扣预缴应纳税所得额 × 税率－速算扣除数）－累计已预扣预缴税额 =50 000×10%-2 520-420=2 060（元）。

名师点拨

采取累计预扣的方式是使预扣的税款最大化地趋同于年终的汇算清缴税款，最大限度地避免退补税情况的发生，从而减轻征纳双方的纳税成本。实行累计预扣方法，可以实现只有一处工资薪金所得且在单位办理专项附加扣除的纳税人税款的全年精准计算，个人则无须办理年度自行汇缴补退税。税务机关通过提供扣缴软件，由单位录入当月收入、扣除等金额后，自动计算出每一个纳税人自年初起累计至当期的应纳税款，扣减已纳税款后，计算出每一个纳税人当期应纳的税款。

3.2.4 劳务报酬

劳务报酬即个人独立从事某种技艺，独立提供某种劳务而取得的报酬。其包含的劳务项目具体为设计、装潢、安装、制图、化验、测试、医疗、法律、会计、咨询、讲学、新闻、广播、翻译、审稿、书画、雕刻、影视、录音、录像、演出、表演、广告、展览、技术服务、介绍服务、经济服务、代办服务、其他劳务。劳务报酬与工资薪金的区别，主要在于当事双方是否存在雇佣与被雇佣关系，劳务报酬的当事双方一般不存在雇佣关系。

1. 劳务报酬的账务处理

根据规定，企业支付给个人的劳务报酬不构成工资总额，应当作为费用，构成企业的一项损益，账务处理如下。

借：管理费用
　　贷：银行存款、库存现金等
　　　　应交税费——应交个人所得税（企业代扣代缴的个人所得税）
缴纳个人所得税时。
借：应交税费——应交个人所得税
　　贷：银行存款

需要注意的是，对于个人而言，提供的劳务属于增值税征收范围，还应当到税务机关代开增值税发票，按照 3% 的税率缴纳增值税，同时应缴纳城建税、教育费附加和地方教育附加等附加税费。

2. 劳务报酬应缴纳的个人所得税

按照规定，向个人支付劳务报酬时由扣缴义务人按月或按次预扣预缴个人所得税。劳务报酬所得属于一次性收入的，以取得该项收入为一次；属于同一项目连续性收入的，以一个月内取得的收入为一次。按次或按月预扣预缴个人所得税的计算公式如下。

劳务报酬所得应预扣预缴税额＝预扣预缴应纳税所得额×预扣率-速算扣除数

预扣预缴应纳税所得额＝劳务报酬所得-减除费用

其中，每次收入不超过 4 000 元的，减除费用按 800 元计算；每次收入 4 000 元以上的，减除费用按 20% 计算。

劳务报酬所得个税预扣率表如表 3-17 所示。

表 3-17 个人所得税预扣率表（居民个人劳务报酬所得预扣预缴适用）

级数	预扣预缴应纳税所得额	预扣率（%）	速算扣除数
1	不超过 20 000 元的部分	20	0
2	超过 20 000 元至 50 000 元的部分	30	2 000
3	超过 50 000 元的部分	40	7 000

居民个人取得劳务报酬所得，以每一纳税年度的收入额减除费用 60 000 元以及专项扣除、专项附加扣除和依法确定的其他扣除后的余额，为应纳税所得额。年度劳务报酬所得应纳税所得额的计算公式如下。

应纳税所得额＝年度收入额×（1-20%）-费用60 000元（5 000×12）-专项扣除-专项附加扣除-依法确定的其他扣除

应纳税额＝应纳税所得额×预扣率-速算扣除数

知识拓展

个人取得的工资薪金、劳务报酬所得、稿酬所得、特许权使用费所得构成了综合所得。个人的综合所得，以每一纳税年度的收入额减除费用 6 万元以及专项扣除、专项附加扣除和依法确定的其他扣除后的余额，为应纳税所得额。个人取得综合所得，按年计算个人所得税；有扣缴义务人的，由扣缴义务人按月或按次预扣预缴税款；需要办理汇算清缴的，应在取得所得的次年 3 月 1 日至 6 月 30 日内办理汇算清缴。预扣预缴办法由中华人民共和国国务院税务主管部门制定。

【案例3-20】2019年，李梅在甲公司的工资薪金为6 000元／月，"三险一金"扣除500元／月，享受房屋租金专项扣除1 000元／月；在A公司取得劳务费2 000元／次，一月取得4次。请问李梅在2020年进行个人年度汇算清缴时，个人所得税是属于多退还是少补呢？（不考虑年终奖和增值税）

【案例解析】在进行预扣预缴时，李梅在甲公司扣除个人所得税起征点、社保、专项附加扣除后工资薪金未达到缴税标准，因此需要缴纳的个税为0。但李梅在A公司取得的劳务报酬需要缴纳个人所得税，个人所得税预缴的纳税金额=2 000×4×（1-20%）×20%=1 280（元），李梅每月需要预扣预缴1 280元的个人所得税，累计每年需要预扣预缴的个人所得税=1 280×12=15 360（元）。

需要注意的是，由于劳务报酬属于综合所得，可以在次年办理汇算清缴。在汇算清缴时，全年个人应纳税所得额=6 000×12＋[6 000×12×（1-20%）]-500×12-1 000×12-60 000=51 600（元）。李梅的个人所得税应纳税额=51 600×10％-2 520=2 640（元），退税额=15 360（预缴个人所得税）-2 640（全年应纳个人所得税）=12 720（元），因此，李梅办理汇算清缴时，可以收到退回个人所得税12 720（元）。

3.2.5 职工福利费、工会经费和职工教育经费

除了职工薪酬和劳务报酬外，企业日常经营中还经常涉及职工福利费、工会经费和职工教育经费的相关业务。核算这些费用，需要通过"应付职工薪酬——职工福利费""应付职工薪酬——非货币性福利""应付职工薪酬——工会经费""应付职工薪酬——职工教育经费"等科目。下面即对职工福利费、工会经费和职工教育经费的财税处理进行介绍。

1. 职工福利费的账务处理

企业提供给职工的福利费，不仅包括发放给职工或为职工支付的各项货币性形式的补贴，还包括各项非货币性集体福利。企业发生的职工福利费，应该单独设置账册，进行准确核算。

（1）货币性形式的职工福利。

对于企业应支付的职工福利费，企业应在实际发生时计入当期损益或相关资产成本，账务处理如下。

借：生产成本、制造费用、管理费用、销售费用、研发支出、在建工程等
　　贷：应付职工薪酬——职工福利费
企业支付职工福利费时。
借：应付职工薪酬——职工福利费
　　贷：银行存款、库存现金等

【例题·单选题】甲企业以银行存款支付专设销售机构人员生活困难补助5 000元，下列各项中，账务处理正确的是（　　）。

A. 借：销售费用　　　　　　　　　　　　　　5 000
　　　贷：银行存款　　　　　　　　　　　　　　　5 000
B. 借：营业外支出　　　　　　　　　　　　　5 000
　　　贷：银行存款　　　　　　　　　　　　　　　5 000
C. 借：应付职工薪酬——职工福利费　　　　　5 000
　　　贷：银行存款　　　　　　　　　　　　　　　5 000
D. 借：应付职工薪酬——工资、奖金、津贴和补贴　5 000
　　　贷：银行存款　　　　　　　　　　　　　　　5 000

【解析】本题考查职工福利费的核算。企业以银行存款支付的专设销售机构人员的生活困难补助费属于职工福利费，在实际支付时，应编制如下会计分录。

借：应付职工薪酬——职工福利费　　　　　　5 000
　　贷：银行存款　　　　　　　　　　　　　　　5 000

【答案】C

（2）非货币性形式的职工福利。

除支付货币性的福利外，企业可能还会将自产产品作为非货币性福利发放给职工或将拥有的房屋等资产无偿提供给职工使用，非货币性形式的职工福利的账务处理如下。

①企业以其自产产品作为非货币性福利。

企业以其自产产品作为非货币性福利发放给职工，应当根据受益对象，按照该产品的含税公允价值，将其计入相关资产成本或当期损益，同时确认应付职工薪酬。

计提时。

借：生产成本、制造费用、管理费用、销售费用、在建工程等
　　贷：应付职工薪酬——非货币性福利

发放时。

借：应付职工薪酬——非货币性福利
　　贷：主营业务收入
　　　　应交税费——应交增值税（销项税额）

同时，结转产品成本。

借：主营业务成本
　　存货跌价准备（若有）
　　贷：库存商品

【例题·单选题】某企业为增值税一般纳税人，适用的增值税税率为13%。2019年12月，该企业将其生产的每台成本为150元的加湿器作为福利发放给职工，每位职工发放1台，该型号的加湿器每台市场售价为200元（不含税）。该企业共有职工200名，其中生产工人180名，总部管理人员20名。不考虑其他因素，下列各项中，关于该企业确认非货币性职工福利的会计处理，正确的是（　　）。

A．确认管理费用4 000元　　　　　　　B．确认管理费用3 000元

C．确认生产成本27 000元　　　　　　　D．确认应付职工薪酬45 200元

【解析】本题考查非货币性职工福利的账务处理。企业以其自产产品作为非货币性福利发放给职工，应当根据受益对象，按照该产品的含税公允价值，将其计入相关资产成本或当期损益，同时确认应付职工薪酬。本题中，应确认的生产成本 $=200×180×(1+13\%)=40\,680$（元）；应确认的管理费用 $=200×20×(1+13\%)=4\,520$（元）；应确认的应付职工薪酬 $=200×200×(1+13\%)=45\,200$（元），账务处理如下。

借：生产成本　　　　　　　　　　　　　40 680
　　管理费用　　　　　　　　　　　　　 4 520
　　贷：应付职工薪酬——非货币性福利　 45 200

发放时。

借：应付职工薪酬——非货币性福利　　　45 200
　　贷：主营业务收入　　　　　　　　　 40 000
　　　　应交税费——应交增值税（销项税额）5 200

同时，结转产品成本。

借：主营业务成本　　　　　　　　　　　30 000
　　贷：库存商品　　　　　　　　　　　 30 000

【答案】D

②企业将拥有的房屋等资产无偿提供给职工使用。

企业将拥有的房屋等资产无偿提供给职工使用，应当根据受益对象，将该住房每期应计提的折旧计入相关资产成本或当期损益，同时确认应付职工薪酬，账务处理如下。

借：生产成本、制造费用、管理费用、销售费用、在建工程等

贷：应付职工薪酬——非货币性福利

计提折旧时。

借：应付职工薪酬——非货币性福利

　　贷：累计折旧

【例题·单选题】企业将自有房屋无偿提供给本企业行政管理人员使用，下列各项中，关于计提房屋折旧的账务处理，表述正确的是（　　）。

A．借记"其他业务成本"科目，贷记"累计折旧"科目

B．借记"其他应收款"科目，贷记"累计折旧"科目

C．借记"营业外支出"科目，贷记"累计折旧"科目

D．借记"管理费用"科目，贷记"应付职工薪酬"科目；同时借记"应付职工薪酬"科目，贷记"累计折旧"科目

【解析】本题考查非货币性形式职工福利的核算。企业将自有房屋无偿提供给本企业行政管理人员使用时，应进行如下账务处理。

借：管理费用

　　贷：应付职工薪酬——非货币性福利

同时。

借：应付职工薪酬——非货币性福利

　　贷：累计折旧

【答案】D

③企业将租赁住房等资产提供给职工无偿使用。

企业将租赁住房等资产提供给职工无偿使用，应当根据受益对象，将每期应付的租金计入相关资产成本或当期损益，并确认应付职工薪酬，账务处理如下。

借：生产成本、制造费用、管理费用、销售费用、在建工程等

　　贷：应付职工薪酬——非货币性福利

实际支付租金时。

借：应付职工薪酬——非货币性福利

　　贷：银行存款

2. 工会经费和职工教育经费的账务处理

工会是职工自愿结合的工人阶级群众组织。准确来说，建立了工会组织的企业拨缴给工会组织的经费即为工会经费。工会依法维护劳动者的合法权益，对用人单位履行劳动合同、集体合同的情况进行监督。根据规定，建立工会组织的企业、事业单位、机关，应当按每月全部职工工资总额的 2% 向工会拨缴经费。

职工教育经费专项用于企业职工后续职业教育和职业培训。根据规定，一般企业应当按照职工工资总额的 1.5% 足额提取职工教育经费，而对于从业人员技术要求高、培训任务重、经济效益较好的企业，可按 2.5% 提取。

企业在确认职工薪酬时，对于按规定提取的工会经费和职工教育经费，应在职工提供服务的会计期间，根据规定的计提基础和计提比例计算确定相应的职工薪酬金额，并确认相关负债，按照受益对象计入当期损益或相关资产成本，账务处理如下。

借：生产成本、制造费用、管理费用、销售费用、研发支出、在建工程等

　　贷：应付职工薪酬——工会经费和职工教育经费

3.3 期间费用的财税处理

费用根据用途的不同，可以分为生产费用和期间费用。生产费用为与生产经营直接相关的费

用，期间费用即销售费用、管理费用和财务费用。下面即对企业的期间费用进行介绍。

3.3.1 期间费用概述

期间费用是指企业日常活动发生的，不能直接或间接归入营业成本，而是直接计入当期损益的各项费用，包括销售费用、管理费用和财务费用。期间费用的具体含义如下。

期间费用是企业日常活动中所发生的经济利益的流出，是企业为组织和管理整个经营活动所发生的费用，与可以确定特定成本核算对象的材料采购、产成品生产等无直接关系，因而不能列入产品制造成本，而是直接计入当期损益。

期间费用包含以下两种情况。

◆ 企业发生的支出不产生经济利益，或即使产生经济利益但不符合资产确认条件的，应当在发生时确认为费用，计入当期损益。

◆ 企业发生的交易或事项导致其承担了某项负债，而又不确认为一项资产的，应当在发生时确认为费用，计入当期损益。

3.3.2 管理费用

管理费用是指企业为组织和管理生产经营发生的各种费用，主要包括以下内容。

◆ 企业在筹建期间发生的开办费。

◆ 董事会和行政管理部门在企业的经营管理中发生的，或应由企业统一负担的公司经费（包括行政管理部门职工薪酬、物料消耗、低值易耗品摊销、办公费和差旅费等）。

◆ 行政管理部门负担的工会经费、董事会费（包括董事会成员津贴、会议费和差旅费等）。

◆ 聘请中介机构费、咨询费（含顾问费）、业务招待费、诉讼费、技术转让费、矿产资源补偿费、研究费用、排污费等。

◆ 企业生产车间（部门）和行政管理部门发生的固定资产修理费用等后续支出。

企业通过"管理费用"科目，核算其发生和结转情况。该科目按管理费用的费用项目进行明细核算。管理费用相关的账务处理如下。

（1）企业在筹建期间发生开办费（如人员工资、办公费、培训费以及注册登记费）时。

借：管理费用

　　　　贷：银行存款等

（2）计提企业行政管理部门人员的职工薪酬时。

借：管理费用

　　　　贷：应付职工薪酬

（3）企业行政管理部门计提固定资产折旧时。

借：管理费用

　　　　贷：累计折旧

（4）企业行政管理部门发生办公费、水电费、差旅费等费用以及企业发生的业务招待费、咨询费等其他费用时。

借：管理费用

　　　　贷：银行存款等

> **知识拓展**
>
> 对于商品流通企业而言，其管理费用不多的，可不设本科目，相关核算内容可并入"销售费用"科目核算。

【案例3-21】甲公司行政部门2019年12月发生如下费用：行政人员职工薪酬60 000元，行政部门专用办公设备折旧费15 000元，其他办公费、水电费8 000元。上述费用均已用银行存款支付，甲公司应如何进行账务处理？

【案例解析】甲公司发生的各项费用应进行的账务处理如下。

借：管理费用   83 000

 贷：银行存款   8 000

   应付职工薪酬   60 000

   累计折旧   15 000

【例题·多选题】下列各项中，应计入管理费用的有（   ）。

A. 将自产产品作为非货币性福利发给总部行政管理人员

B. 计提的行政管理人员的福利费

C. 行政管理部门发生的符合资本化条件的设备更新支出

D. 行政管理部门固定资产折旧费

E. 代垫的行政管理人员医药费

【解析】本题考查管理费用。行政管理部门发生的符合资本化条件的设备更新支出应计入固定资产成本，选项 C 错误；代垫的行政管理人员医药费应计入其他应收款，选项 E 错误。

【答案】ABD

【例题·单选题】某企业支付给管理人员的工资为 50 万元，业务招待费为 20 万元，展览费为 30 万元，违约金为 5 万元，计入管理费用的金额是（   ）万元。

A. 55   B. 50   C. 70   D. 105

【解析】本题考查管理费用。本题中，应当计入管理费用的包括管理人员的工资和业务招待费。因此，计入管理费用的金额 =50+20=70（万元）。

【答案】C

3.3.3 销售费用

销售费用是指企业在销售商品和材料、提供劳务的过程中发生的各种费用，主要包括以下内容。

◆ 企业在销售商品过程中发生的保险费、包装费、展览费、广告费、商品维修费、预计产品质量保证损失、运输费、装卸费等。

◆ 为销售本企业商品而专设的销售机构（含销售网点、售后服务网点等）的职工薪酬、业务费、折旧费等经营费用。

◆ 企业发生的与专设销售机构相关的固定资产修理费用等后续支出。

◆ 委托代销商品支付的手续费。

销售费用是与企业销售商品活动有关的费用，但不包括销售商品本身的成本和劳务成本。销售的商品的成本、提供的劳务的成本属于主营业务成本。

企业通过"销售费用"科目，核算其发生和结转情况。该科目应按销售费用的费用项目进行明细核算。与销售费用相关的账务处理如下。

（1）企业在销售商品过程中发生包装费、装卸费、运输费以及广告费等费用时。

借：销售费用

 贷：库存现金、银行存款等

（2）企业为销售本企业商品而专设的销售机构发生职工薪酬、业务费、折旧费以及修理费等经营费用时。

借：销售费用

 贷：应付职工薪酬、银行存款、累计折旧等

【例题·多选题】下列各项中，应计入销售费用的有（   ）。

A. 推广新产品的宣传费

B. 销售商品发生的运输费

C. 预计产品质量保证损失

D. 随同商品出售单独计价的包装物的成本

E. 随同商品出售不单独计价的包装物的成本

【解析】本题考查销售费用。销售费用是指企业在销售商品和材料、提供劳务的过程中发生的各种费用。选项 D，随同商品出售单独计价的包装物的成本应当计入其他业务成本。

【答案】ABCE

【例题·单选题】某企业 2019 年 11 月发生以下经济业务：支付专设销售机构固定资产修理费 3 万元，代垫销售商品运杂费 2 万元，支付受托方代销商品手续费 10 万元，结转随同商品出售单独计价包装物成本 5 万元，预计本月已销商品质量保证损失 1 万元，支付诉讼费 0.8 万元。该企业 11 月应计入销售费用的金额是（ ）万元。

A. 16　　　　　　B. 16.8　　　　　　C. 14　　　　　　D. 14.8

【解析】本题考查销售费用。本题中，专设销售机构固定资产修理费计入销售费用，代垫销售商品运杂费计入应收账款，支付受托方代销商品手续费计入销售费用，随同商品出售单独计价包装物的成本计入其他业务成本，预计已销产品质量保证损失计入销售费用，诉讼费计入管理费用。因此，应计入销售费用的金额 = 3+10+1=14（万元）。

【答案】C

3.3.4 财务费用

财务费用是指企业为筹集生产经营所需资金等而发生的筹资费用，主要包括以下内容。

◆ 企业生产经营期间发生的利息支出（减利息收入）。

◆ 汇兑损益（如外币应收账款的汇兑收益或损失）。

◆ 相关的手续费以及企业发生的现金折扣等。

虽然多数情况下的利息和手续费都属于财务费用，但是也有特殊情况。例如，企业筹建期间发生的各项财务支出属于管理费用；为购建固定资产的专门借款所发生的借款费用，在固定资产达到预定可使用状态前按规定应予资本化的部分属于在建工程。

名师点拨

手续费是非常容易被混淆的内容，如发行债券所需支付的手续费、开出汇票的银行手续费、调剂外汇手续费等。但是需要注意的是，发行股票所支付的手续费并不属于财务费用。

企业通过"财务费用"科目，核算其发生和结转情况。该科目应按财务费用的费用项目进行明细核算。与财务费用相关的账务处理如下。

（1）企业发生各项财务费用时。

借：财务费用

　　贷：银行存款、应收账款等

（2）企业发生应冲减财务费用的利息收入、汇兑差额和现金折扣时。

借：银行存款、应收账款等

　　贷：财务费用

【案例 3-22】致尚有限公司 2019 年 12 月发生如下经济业务。

①12 月 1 日，取得 6 个月期的短期借款 180 000 元，年利率 5%，该借款本金到期后一次归还，利息分月预提，按季支付。

②12 月 10 日，支付所购原材料应付账款 20 000 元，获得供货方给予的现金折扣 200 元，实际使用银行存款支付 19 800 元。

致尚有限公司应如何进行账务处理？

【案例解析】企业与财务费用相关的会计分录如下。

①月末，预提当月应负担的短期借款利息时。

借：财务费用　　　　　　　　　　750（180 000×5%）÷12=750

　　贷：应付利息　　　　　　　　750

②12月10日，企业发生现金折扣时。

借：应付账款　　　　　　　　　　20 000

　　贷：财务费用　　　　　　　　200

　　　　银行存款　　　　　　　　19 800

【例题·单选题】下列各项中，不应计入企业财务费用的是（　　）。

A. 支付的银行承兑汇票手续费　　　　B. 支付的银行结算手续费

C. 确认的短期借款利息费用　　　　　D. 支付的发行股票手续费

【解析】本题考查财务费用的核算内容。选项D，支付的发行股票手续费涉及企业的资本公积或盈余公积等科目，不计入企业的财务费用。

【答案】D

3.4 同步强化练习题

一、单项选择题

1. 成本核算对象应该结合企业的生产特点加以确定，下列确定成本核算对象的说法中，不正确的是（　　）。

A. 生产一种或几种产品的，以产品品种为成本核算对象

B. 多步骤连续加工的产品，以耗用的原材料为成本核算对象

C. 分批、单件生产的产品，以每批或每件产品为成本核算对象

D. 产品规格繁多的，以产品结构、耗用原材料和工艺基本相同的各种产品适当进行合并作为成本核算对象

2. 下列各项中，不属于辅助生产费用分配方法的是（　　）。

A. 相对销售价格分配法　　　　　　　B. 交互分配法

C. 直接分配法　　　　　　　　　　　D. 计划成本分配法

3. 某企业2019年发生的费用包括车间管理员工资60万元，车间设备计提折旧100万元，车间信息系统维护费25万元，行政管理部门办公费10万元。则该企业当年应该记入"制造费用"科目的金额为（　　）万元。

A. 137　　　　　　B. 207　　　　　　C. 185　　　　　　D. 112

4. A公司为生产甲、乙两种产品共领用原材料1 000千克，单价是20元/千克。本月投产的甲产品100件，乙产品150件，甲产品的单位材料消耗定额为5千克，乙产品的单位材料消耗定额为10千克，则甲产品应负担的材料费用是（　　）元。

A. 4 000　　　　　B. 5 000　　　　　C. 15 000　　　　　D. 20 000

5. 某企业生产甲、乙两种产品，2019年12月共发生生产工人工资70 000元，福利费10 000元。上述人工费按生产工时比例在甲、乙产品间分配，其中甲产品的生产工时为1 200小时，乙产品的生产工时为800小时。下列选项中，该企业生产甲产品应分配的人工费，正确的是（　　）元。

A. 28 000　　　　　B. 32 000　　　　　C. 42 000　　　　　D. 48 000

6. 某企业为生产A、B两种产品共支付给生产工人的职工薪酬是2 500万元，A产品的生产工时是300小时，B产品的生产工时是200小时，则A产品应分配的职工薪酬是（　　）万元。

A. 1 500　　　　　B. 1 000　　　　　C. 2 500　　　　　D. 500

7. 某工业企业有机修和供电两个辅助生产车间。2019年5月份机修车间待分配费用900万元，提供修理工时是450小时，其中基本生产车间耗用200小时，行政管理部门耗用150小时，供电车间

耗用100小时。采用直接分配法，其费用分配率应是（　　）。

A. 3.6　　　　　B. 2　　　　　C. 2.57　　　　　D. 2.3

8. 某工业企业有机修和供电两个辅助生产车间。2019年8月机修车间待分配费用900万元，提供修理工时是450小时，其中供电车间耗用200小时，行政管理部门耗用150小时，基本生产车间100小时，由供电车间转入100万元。采用交互分配法，机修车间对外分配时的费用分配率是（　　）。

A. 2.4　　　　　B. 2　　　　　C. 1.78　　　　　D. 2.2

9. 某公司月初及本月的生产费用共计7 200元，其中直接材料4 200元，直接人工1 800元，制造费用1 200元。本月完工产品100件，月末在产品40件，其完工程度为50%，材料在开始生产时一次投入。生产费用采用约当产量比例法在完工产品和在产品之间进行分配。不考虑其他因素，本月完工产品成本为（　　）元。

A. 6 600　　　　　B. 5 500　　　　　C. 7 200　　　　　D. 6 000

10. 某工业企业有供水和供电两个辅助生产间。2019年6月供水车间待分配费用500万元，供水100万吨，其中供电车间耗用10万吨；供电车间待分配费用是650万元，提供10万千瓦·时电，其中供水车间耗用3万千瓦·时。采用顺序分配法分配辅助生产费用，分配的顺序是（　　）。

A. 供电车间先分配，供水车间后分配　　　　　B. 供水车间先分配，供电车间后分配
C. 两者同时分配　　　　　D. 没有确定顺序

11. 甲公司是一家从事矿石采掘的企业，则其适宜采用的成本计算方法是（　　）。

A. 分批法　　　　　B. 定额法　　　　　C. 品种法　　　　　D. 分类法

12. 在计算各步骤成本时，不计算各步骤所产半成品的成本，也不计算各步骤所耗上一步骤的半成品成本，只计算本步骤发生的各项其他成本，以及这些成本中应计入产成品的份额，则该种成本计算方法是（　　）。

A. 平行结转分步法　　　　　B. 逐步结转分步法
C. 逐步分项结转法　　　　　D. 逐步综合结转法

13. 某企业期初无在产品，本月完工甲产品600件，乙产品400件，共耗用直接人工费用12万元，采用定额工时比例法分配甲产品和乙产品直接人工费用。甲产品每件定额工时6小时，乙产品每件定额工时3小时。甲产品负担的直接人工费用是（　　）万元。

A. 7.2　　　　　B. 7.3　　　　　C. 4.8　　　　　D. 9

14. 下列各项中，不属于企业应付职工薪酬的是（　　）。

A. 为职工缴纳的医疗保险　　　　　B. 为职工交存的住房公积金
C. 为职工报销因公差旅费　　　　　D. 支付职工技能培训费

15. 某家电企业适用的增值税税率为13%，2019年8月，该企业向直接参加生产的250名职工每人发放一台自产的空气净化器作为职工福利。该空气净化器实际成本为每台800元，市场售价为每台1 000元（不含增值税）。不考虑其他因素，该家电企业因该项业务应确认的"应付职工薪酬"科目贷方金额为（　　）元。

A. 200 000　　　　　B. 282 500　　　　　C. 232 000　　　　　D. 250 000

16. 某企业为增值税一般纳税人，2019年12月25日向职工发放空气净化器。空气净化器的售价为10万元，生产成本为7.5万元，按计税价格计算增值税，增值税为1.3万元，则应计入应付职工薪酬（　　）万元。

A. 10　　　　　B. 7.5　　　　　C. 9.2　　　　　D. 11.3

17. 某纺织业企业为增值税一般纳税人，适用的增值税税率为13%。该企业以其生产的服装作为福利发放给100名生产车间管理人员，每人一套。每套服装不含税售价为350元，成本为280元。不考虑其他因素，下列各项中该企业关于非货币性形式的福利费会计处理结果正确的是（　　）。

A. 确认增值税销项税额3 640元　　　　　B. 确认管理费用39 550元
C. 确认主营业务收入39 550元　　　　　D. 确认应付职工薪酬39 550元

18. 下列各项中，属于企业按规定代扣代缴职工个人所得税时，应借记的会计科目是（　　）。

A. 管理费用
B. 税金及附加
C. 营业外支出
D. 应付职工薪酬

19. 张老师2019年8月扣除"三险一金"后取得工资薪金收入为12 000元，享受每月2 000元的赡养老人专项附加扣除。在不考虑其他因素影响下，张老师在2019年8月需要预缴的个人所得税为（　　）元。

A. 150
B. 300
C. 430
D. 450

20. 张磊是一名设计师，某天，其额外接到了一个做设计的私活，取得收入6 000元。假定不考虑增值税，张磊取得该项收入应当预扣预缴的个税是（　　）元。

A. 144
B. 180
C. 960
D. 1 040

21. 下列各项中，关于企业以自产产品作为福利发放给专设销售机构人员的会计处理表述正确的是（　　）。

A. 按产品的生产成本确定主营业务收入
B. 按产品的公允价值加上增值税销项税额确认应付职工薪酬
C. 接产品的账面价值加上增值税销项税额确认销售费用
D. 按产品的公允价值结转主营业务成本

22. 企业从应付职工薪酬中代扣的职工房租，应借记的会计科目是（　　）。

A. 其他应收款
B. 其他应付款
C. 应付职工薪酬
D. 营业外支出

23. 下列各项中，应计入企业管理费用的是（　　）。

A. 收回应收账款发生的现金折扣
B. 处置无形资产净损失
C. 生产车间机器设备的折旧费
D. 生产车间发生的排污费

24. 下列各项中，不应通过财务费用核算的是（　　）。

A. 发生的外币应收账款汇兑损失
B. 计提短期借款利息费用
C. 支付发行股票手续费
D. 银行承兑汇票手续费

25. 下列各项中，应计入管理费用的是（　　）。

A. 生产车间管理人员工资
B. 筹建期间的开办费
C. 专设销售机构的固定资产修理费
D. 利息支出

26. 2019年A公司计提专设销售机构使用固定资产折旧费2万元，支付业务招待费3万元，支付生产车间工人工资8万元，计提车间固定资产折旧5万元，支付行政部门发生的固定资产修理费用3.8万元，则A公司该年应确认的期间费用为（　　）万元。

A. 10
B. 18
C. 13.8
D. 8.8

27. 下列各项中，企业不应确认为管理费用的是（　　）。

A. 计提的行政管理人员社会保险费
B. 计提的行政管理人员住房公积金
C. 计提的行政管理人员的福利费
D. 代垫的行政管理人员医药费

二、多项选择题

1. 下列各项中，属于完工产品和在产品之间费用的分配方法有（　　）。

A. 约当产量比例法
B. 交互分配法
C. 不计算在产品成本法
D. 在产品按定额成本计价法
E. 顺序分配法

2. 下列各项中，应计入产品生产成本的有（　　）。

A. 生产产品耗用的直接材料
B. 生产产品耗用的燃料费
C. 生产产品耗用的动力费
D. 生产车间管理人员的职工薪酬
E. 生产车间发生的固定资产修理费用

3. 辅助生产费用的分配方法有（　　）。

A. 直接分配法
B. 约当产量比例法
C. 计划成本分配法
D. 定额比例法
E. 代数分配法

4. 以下属于采用直接分配法分配辅助生产费用的特点的有（　　）。

A. 不考虑各辅助生产车间之间相互提供的劳务或产品的情况
B. 只对外进行分配
C. 适用于内部相互提供劳务不多的情况
D. 只需分配一次，计算简单
E. 分配结果准确

5. 以下属于代数分配法分配辅助生产费用的特点的有（　　）。

A. 分配的结果最准确
B. 适用于已经实现电算化的企业
C. 利用联立方程的原理
D. 适用于辅助生产车间较少的企业
E. 适用于各辅助生产车间之间相互受益程度有明显顺序的企业

6. 下列各项中，属于废品损失的有（　　）。

A. 入库后发现的不可修复废品的生产成本
B. 不需要返修、可以降价出售的不合格品
C. 产品入库后由于保管不善而损坏变质的产品
D. 可修复废品的修复费用
E. 实行"三包"企业在产品出售后发现的废品

7. 某企业月末在产品数量很小，月末完工产品和在产品费用分配可以选择的方法有（　　）。

A. 不计算在产品成本法
B. 在产品按固定成本计算法
C. 在产品按所耗直接材料成本计价法
D. 定额比例法
E. 计划成本分配法

8. 采用定额比例法分配完工产品和月末在产品费用，应具备的条件有（　　）。

A. 各月末在产品数量变化较大
B. 各月末在产品数量变化不大
C. 各项消耗定额或成本定额比较稳定
D. 各项消耗定额波动较大
E. 各项成本定额波动较大

9. 产品成本归集和分配的基本原则包括（　　）。

A. 受益性原则
B. 及时性原则
C. 成本效益性原则
D. 基础性原则
E. 公平性原则

10. 下列成本计算方法中，成本计算期与产品生产周期不一致的有（　　）。

A. 品种法
B. 分批法
C. 分步法
D. 分类法
E. 定额法

11. 一个合理的薪酬制度应当遵守的原则包括（　　）。

A. 公平性原则
B. 公正性原则
C. 激励性原则
D. 竞争性原则
E. 合法性原则

12. 下列各项中，企业的"职工"包括（　　）。

A. 与企业订立劳动合同的全职职工
B. 企业通过中介公司雇佣的保洁员
C. 与企业订立劳动合同的临时职工
D. 企业正式任命并聘请的独立董事
E. 与企业订立劳动合同的临时职工

13. 下列各项中，应作为职工薪酬计入相关资产成本的有（　　）。

A. 设备采购人员差旅费　　　　　　　　　B. 公司总部管理人员的工资

C. 生产职工的伙食补贴　　　　　　　　　D. 材料入库前挑选整理人员的工资

E. 职工教育费

14. 下列各项职工薪酬中，不能直接在管理费用中列支的有（　　）。

A. 生产人员的薪酬　　　　　　　　　　　B. 行政人员的薪酬

C. 车间管理人员的薪酬　　　　　　　　　D. 研发人员的薪酬

E. 公司总部管理人员的薪酬

15. 下列各项中，关于确认期间费用会计处理正确的有（　　）。

A. 专设销售机构职工薪酬计入销售费用　　B. 外币存款的汇兑损益计入财务费用

C. 年度财务报告审计费计入管理费用　　　D. 支付税务师事务所咨询费计入管理费用

E. 随同商品出售单独计价的包装物的成本计入销售费用

16. 下列各项中，应计入销售费用的有（　　）。

A. 专设销售机构的职工薪酬　　　　　　　B. 随同商品出售不单独计价的包装物成本

C. 随同商品出售单独计价的包装物的成本　D. 预计产品质量保证损失

E. 支付的广告费

第4章 企业收入相关的财税处理

收入是指企业在日常活动中形成的、会导致所有者权益增加的、与所有者投入资本无关的经济利益的总流入。日常活动即企业为完成经营目标从事的经常性活动以及与之相关的其他活动，如工业企业制造并销售产品、商品流通企业销售商品等，下面即对企业收入相关的财税处理进行介绍。

本章在考试中所占的分值约为5~10分，考查题型以单选题为主，多选题可能也会涉及。本章内容中，收入的确认和计量、合同成本、增值税和消费税属于重点考查内容，考生应当予以重视。

▼ **本章考纲知识体系一览表**

章节		主要内容
企业收入相关的财税处理	收入的确认和计量	（1）识别与客户订立的合同（★★★） （2）识别合同中的单项履约义务（★★★） （3）确定交易价格（★★★） （4）将交易价格分摊至各单项履约义务（★★★） （5）履行每一单项履约义务时确认收入（★★★）
	合同成本	（1）合同取得成本（★★★） （2）合同履约成本（★★★）
	销售业务中的涉税事项	（1）增值税（★★★） （2）消费税（★★★） （3）城市维护建设税、教育费附加和地方教育附加（★★）

4.1 收入的确认和计量

企业在确认和计量收入时，应遵循的基本原则是，确认收入的方式应当反映其向客户转让商品或提供服务的模式，收入的金额应当反映企业因转让商品或提供服务而预期有权收取的对价金额。根据规定，企业应当在履行了合同中的履约义务，即在客户取得相关商品控制权时确认收入。其中，取得相关商品控制权是指客户能够主导该商品的使用并从中获得几乎全部的经济利益，也包括有能力阻止其他方主导该商品的使用并从中获得经济利益。

其中，客户是指与企业订立合同以向该企业购买其日常活动产出的商品并支付对价的一方。如果合同对方与企业订立合同的目的是共同参与一项活动（如合作开发一项资产），合同对方和企业一起分担（或分享）该活动产生的风险（或收益），而不是获取企业日常活动产出的商品，则该合同对方不是企业的客户。

名师点拨

> 需要注意的是，本章适用于所有与客户订立的合同，但是不涉及企业对外出租资产收取的租金、债权投资收取的利息、股权投资取得的现金股利、保险合同取得的保费收入等。

企业收入的确认和计量分为5步，因此又被称为"五步法模型"，具体步骤如下。

◆ 第一步，识别与客户订立的合同（与收入的确认有关）。
◆ 第二步，识别合同中的单项履约义务（与收入的确认有关）。
◆ 第三步，确定交易价格（与收入的计量有关）。

◆ 第四步，将交易价格分摊至各单项履约义务（与收入的计量有关）。

◆ 第五步，履行各单项履约义务时确认收入（与收入的确认有关）。

4.1.1 识别与客户订立的合同

合同是指双方或多方之间订立有法律约束力的，确定权利、义务关系的协议，包括书面形式、口头形式以及其他形式（如隐含于商业惯例或企业以往的习惯做法中等）。识别与客户订立的合同的主要内容如下。

1. 合同的识别

根据规定，企业与客户之间的合同同时满足下列条件时，企业应当在客户取得相关商品控制权时确认收入。

（1）合同各方已批准该合同并承诺将履行各自义务。

（2）该合同明确了合同各方与所转让商品或提供劳务（以下简称"转让商品"）相关的权利和义务。

（3）该合同有明确的与所转让商品或提供劳务相关的支付条款。

（4）该合同具有商业实质，即履行该合同将改变企业未来现金流量的风险、时间分布或金额。

（5）企业因向客户转让商品或提供劳务而有权取得的对价很可能收回。

企业在进行上述判断时，还应当注意以下事项。

（1）合同约定的权利和义务是否具有法律约束力，需要根据企业所处的法律环境和实务操作进行判断。不同的企业可能采取不同的方式和流程与客户订立合同，同一企业在与客户订立合同时，对于不同类别的客户及不同性质的商品也可能采取不同的方式和流程。企业在判断其与客户之间的合同是否具有法律约束力，以及这些具有法律约束力的权利和义务在何时设立时，应当考虑上述因素的影响。

（2）企业在评估其因向客户转让商品而有权取得的对价是否很可能收回时，仅应考虑客户到期时支付对价的能力和意图（即客户的信用风险）。企业预期很可能无法收回全部合同对价时，应当判断其原因，考虑是由于客户的信用风险还是企业向客户提供了价格折让所致。企业向客户提供价格折让的，应当在估计交易价格时进行考虑。

【案例4-1】甲公司与乙公司签订了一份销售建筑物的合同，合同价款为200万元。该建筑物的成本为160万元，乙公司在合同开始日即取得了该建筑物的控制权。根据合同约定，乙公司在合同开始日支付了保证金10万元，并就剩余的价款与甲公司签订了不附追索权的融资协议，如果乙公司违约，甲公司可重新拥有该建筑物，即使收回的建筑物不能涵盖所欠款项的总额，甲公司也不能向乙公司索取进一步的赔偿。乙公司计划在该建筑物内开设一家超市，并以该超市的收益偿还甲公司的欠款。但是，在该建筑物所在的地区，其开设的超市将面临激烈的竞争，且乙公司缺乏经营超市的经验。那么甲公司能够将收到的10万元作为一项收入进行确认吗？

【案例解析】乙公司计划以该超市产生的收益偿还甲公司的欠款，除此之外并无其他的经济来源，乙公司也未对该笔欠款设定任何担保。如果乙公司违约，则甲公司可重新拥有该建筑物，但是，根据合同约定，即使收回的建筑物不能涵盖所欠款项的总额，甲公司也不能向乙公司索取进一步的赔偿。因此，甲公司对乙公司还款的能力和意图存在疑虑，认为该合同不满足合同价款很可能收回的条件，甲公司应当将收到的10万元确认为一项负债。

对于不能同时满足收入确认的5个条件的合同，企业只有在不再负有向客户转让商品的剩余义务（如合同已完成或取消），且已向客户收取的对价（包括全部或部分对价）无须退回时，才能将已收取的对价确认为收入；否则，应当将已收取的对价作为负债进行会计处理。该负债代表了企业在未来向客户转让商品或支付退款的义务。其中，企业向客户收取无须退回的对价的，应当在已经将该部分对价所对应的商品的控制权转移给客户，并且已经停止向客户转让额外的商品，且也不再负有此类义务时，或相关合同已经终止时，将该部分对价确认为收入。

> **知识拓展**
>
> 需要说明的是，没有商业实质的非货币性资产交换，均不应确认收入。从事相同业务经营的企业之间，为便于向客户或潜在客户销售商品而进行的非货币性资产交换，不应当确认收入。

企业与客户之间的合同，在合同开始日即同时满足收入确认的 5 个条件的，企业在后续期间无须对其进行重新评估，除非有迹象表明相关事实和情况发生重大变化。例如，企业与客户签订了一份合同，在合同开始日，企业认为该合同同时满足收入确认的 5 个条件，但是在后续期间，客户的信用风险显著升高，企业需要评估其在未来向客户转让剩余商品而有权取得的对价是否很可能收回，如果不能满足很可能收回的条件，则该合同自此开始不再满足相关条件，应当停止确认收入。只有当后续合同条件再度满足时或当企业不再负有向客户转让商品的剩余义务，且已向客户收取的对价无须退回时，才能将已收取的对价确认为收入，但是，不应当调整在此之前已经确认的收入。企业与客户之间的合同，在合同开始日不能同时满足收入确认的 5 个条件的，企业应当在后续期间对其进行持续评估，以判断其能否满足收入确认的 5 个条件。如果企业在此之前已经向客户转移了部分商品，当该合同在后续期间满足收入确认的 5 个条件时，企业应当将在此之前已经转移的商品所分摊的交易价格确认为收入。

其中，合同开始日是指合同开始赋予合同各方具有法律约束力的权利和义务的日期，通常是指合同生效日。

2. 合同的变更

合同变更是指经合同各方批准对原合同范围或价格做出的变更。合同变更既可能形成新的具有法律约束力的权利和义务，也可能变更合同各方现有的具有法律约束力的权利和义务。与合同初始订立相同，合同各方可能以书面形式、口头形式或其他形式（如隐含于企业以往的习惯做法中）批准合同变更。

企业应当区分下列 3 种情形，对合同变更分别进行会计处理。

（1）合同变更部分作为单独合同。合同变更增加了可明确区分的商品及合同价款，且新增合同价款反映了新增商品单独售价的，应当将该合同变更部分作为一份单独的合同进行会计处理。此类合同变更不影响原合同的会计处理。判断新增合同价款是否反映了新增商品的单独售价时，应当考虑为反映该特定合同的具体情况而对新增商品价格所做的适当调整。例如，在合同变更时，企业由于无须发生为发展新客户等所须发生的相关销售费用，可能会向客户提供一定的折扣，从而适当调整新增商品的单独售价，该调整不影响新增商品单独售价的判断。

（2）合同变更作为原合同终止及新合同订立。合同变更不属于第（1）种情形，且在合同变更日已转让的商品或已提供的服务（以下简称"已转让的商品"）与未转让的商品或未提供的服务之间（以下简称"未转让的商品"）可明确区分的，应当视为原合同终止，同时，将原合同未履约部分与合同变更部分合并为新合同进行会计处理。

（3）合同变更部分作为原合同的组成部分。合同变更不属于上述第（1）种情形，且在合同变更日已转让的商品与未转让的商品之间不可明确区分的，应当将该合同变更部分作为原合同的组成部分，在合同变更日重新计算履约进度，并调整当期收入和相应成本等。

【**案例4-2**】甲公司承诺向 A 客户销售 120 件产品，每件产品售价为 200 元。该批产品彼此之间可明确区分，且将于未来 6 个月内陆续转让给 A 客户。甲公司将其中的 60 件产品转让给 A 客户后，双方对合同进行了变更，甲公司承诺向 A 客户额外销售 30 件相同的产品，这 30 件产品与原合同中的产品可明确区分，其售价为每件 195 元（假定该价格反映了合同变更时的单独售价）。假设上述价格均不包含增值税，对于该项业务，甲公司应当如何确认收入？

【**案例解析**】本例中，由于新增的 30 件产品是可明确区分的，且新增的合同价款反映了新增产品的单独售价，因此，该合同变更实际上构成了一份单独的、在未来销售30件产品的新合同，且该新合同并不影响对原合同的会计处理。甲公司应当对原合同中的120件产品按每件产品200元确认收入，对新合同中的30件产品按每件产品195元确认收入。

4.1.2 识别合同中的单项履约义务

履约义务是指合同中企业向客户转让可明确区分商品的承诺。企业的单项履约义务包括企业向客户转让可明确区分商品（或商品或服务的组合）的承诺和企业向客户转让一系列实质相同且转让模式相同的、可明确区分商品的承诺，下面依次介绍。

1. 企业向客户转让可明确区分商品（或商品或服务的组合）的承诺

根据规定，企业向客户承诺的商品满足下列条件的，应当作为可明确区分商品。

（1）客户能够从该商品本身或从该商品与其他易于获得资源一起使用中受益。当客户能够使用、消耗或以高于残值的价格出售商品，或以能够产生经济利益的其他方式持有商品时，表明客户能够从该商品本身获益。对于某些商品而言，客户可能需要将其与其他易于获得的资源一起使用才能从中获益。需要特别指出的是，在评估某项商品是否能够明确区分时，应当基于该商品自身的特征，而与客户可能使用该商品的方式无关。因此，企业无须考虑合同中可能存在的阻止客户从其他来源取得相关资源的限制性条款。

> **知识拓展**
>
> 其他易于获得的资源是指企业（或其他企业）单独销售的商品，或客户已经从企业获得的资源（包括企业按照合同将会转让给客户的商品）或从其他交易或事项中获得的资源。

（2）企业向客户转让该商品的承诺与合同中其他承诺可单独区分，即转让该商品的承诺在合同中是可明确区分的。企业确定了商品本身能够明确区分后，还应当在合同层面继续评估转让该商品的承诺是否与合同中其他承诺可明确区分。这一评估的目的在于确定承诺的性质，即根据合同约定，企业承诺转让的究竟是每一单项商品，还是由这些商品组成的一个或多个组合产出。很多情况下，组合产出的价值应当高于或显著不同于各单项商品的价值总和。

在确定企业转让商品的承诺是否可单独区分时，需要运用判断并综合考虑所有事实和情况。下列情形通常表明企业向客户转让商品的承诺与合同中的其他承诺不可单独区分。

①企业需提供重大的服务以将该商品与合同中承诺的其他商品进行整合，形成合同约定的某个或某些组合产出转让给客户。例如，A企业与甲客户签订了一份建造厂房的合同，A企业向客户提供的钢筋、水泥、人工等都能够使客户获益，但该合同中，A企业承诺的不是提供钢筋、水泥和人工等，而是为甲客户建造厂房，A企业需提供重大的服务将这些商品或服务进行整合，以形成合同约定的一项组合产出（即厂房）转让给客户。因此，合同中的钢筋、水泥和人工等商品或服务之间不能单独区分。

②该商品将对合同中承诺的其他商品予以重大修改或定制。

③该商品与合同中承诺的其他商品具有高度关联性。换言之，合同中承诺的每一单项商品均受到合同中其他商品的重大影响。合同中包含多项商品时，如果企业无法通过单独交付其中的某一单项商品而履行其合同承诺，则可能表明合同中的这些商品会受到彼此的重大影响。

【案例4-3】甲公司与A客户签订合同，向A客户销售一台其生产的可直接使用的医疗设备，并且在未来3年内向其提供用于该设备的专用耗材。该耗材只有甲公司能够生产，因此A客户只能从甲公司购买该耗材。该耗材既可与设备一起销售，也可单独对外销售。试着判断甲公司与A客户签订的该项合同存在的履约义务。

【案例解析】本例中，甲公司在合同中对A客户的承诺包括销售设备和专用耗材，虽然A客户同时购买了设备和专用耗材，但是由于耗材可以单独出售，A客户可以从将设备与单独购买的耗材一起使用中获益，表明设备和专用耗材能够明确区分。此外，甲公司未对设备和耗材提供重大的整合服务以将两者形成组合产出，设备和耗材并未对彼此做出重大修改或定制，也不具有高度关联性，表明设备和耗材在合同中彼此之间可明确区分。这是因为，尽管没有耗材，设备无法使用，耗材也只有用于设备才有用，但是甲公司能够单独履行其在合同中的每一项承诺，也就是说，即使 A 客户没有购买任何耗材，甲公司也可以履行其转让设备的承诺；即使 A 客户单独购买设备，甲公司也可以履行其提供耗材的承诺。因此，该项合同包含两项履约义务，即销售设备和提供专用耗材。

需要注意的是，在企业向客户销售商品，且约定企业需要将商品运送至客户指定的地点的情况下，企业需要根据相关商品的控制权转移时间点判断该运输活动是否构成单项履约义务。通常情况下，控制权转移给客户之前发生的运输活动不构成单项履约义务，而只是企业为了履行合同而从事的活动，相关成本应当作为合同履约成本；相反，控制权转移给客户之后发生的运输活动则可能表明企业向客户提供了一项运输服务，企业应当考虑该项服务是否构成单项履约义务。

2. 一系列实质相同且转让模式相同的、可明确区分商品的承诺

当企业向客户连续转让某项承诺的商品时，如每天提供类似劳务的长期劳务合同等，如果这些商品属于实质相同且转让模式相同的一系列商品，企业应当将这一系列商品作为单项履约义务。转让模式相同是指每一项可明确区分的商品均满足规定的在某一时段内履行履约义务的条件，且采用相同方法确定其履约进度。例如，企业与客户签订了为期 1 年的保洁服务合同，承诺每天为客户提供保洁服务，由于企业每天所提供的服务都是可明确区分且实质相同的，且根据控制权转移的判断标准，每天的服务都属于在某一时段内履行的履约义务。因此，企业应当将每天提供的保洁服务合并在一起作为单项履约义务进行会计处理。

企业在判断所转让的一系列商品是否实质相同时，应当考虑合同中承诺的性质，当企业承诺的是提供确定数量的商品时，需要考虑这些商品本身是否实质相同。例如，企业与客户签订为期 2 年的合同，每月向客户提供工资核算服务，共计 24 次，由于企业提供服务的次数是确定的，在判断每月的服务是否实质相同时，应当考虑每次提供的具体服务是否相同，由于同一家企业的员工结构、工资构成以及核算流程等相对稳定，企业每月提供的该项服务很可能符合实质相同的条件。

当企业承诺的是在某一期间内随时向客户提供某项服务时，需要考虑企业在该期间内的各个时间段（如每天或每小时）的承诺是否相同，而并非具体的服务行为本身。

4.1.3 确定交易价格

交易价格是指企业因向客户转让商品而预期有权收取的对价金额。企业代第三方收取的款项（如增值税）以及企业预期将退还给客户的款项，应当作为负债进行会计处理，不计入交易价格。合同标价并不一定代表交易价格，企业应当根据合同条款，并结合以往的习惯做法确定交易价格。在确定交易价格时，企业应当考虑可变对价、合同中存在的重大融资成分、非现金对价、应付客户对价等因素的影响。

1. 可变对价

企业在判断合同中是否存在可变对价时，不仅应当考虑合同条款的约定，在下列情况下，即使合同中没有明确约定，合同的对价金额也是可变的。

◆ 根据企业已公开宣布的政策、特定声明或以往的习惯做法等，客户能够合理预期企业将会接受低于合同约定的对价金额，即企业会以折扣、返利等形式提供价格折让。
◆ 其他相关事实和情况表明，企业在与客户签订合同时即打算向客户提供价格折让。例如，企业与一新客户签订合同，虽然企业没有对该客户销售给予折扣的历史经验，但是根据企业拓展客户关系的战略安排，企业愿意接受低于合同约定的价格。合同中存在可变对价的，企业应当对计入交易价格的可变对价进行估计。

名师点拨

企业与客户的合同中约定的对价金额可能是固定的，也可能会因折扣、价格折让、返利、退款、奖励积分、激励措施、业绩奖金、索赔、未来事项等因素而变化。此外，企业有权收取的对价金额，将根据一项或多项或有事项的发生有所不同的情况，也存在属于可变对价的情形。企业在判断交易价格是否为可变对价时，应当考虑各种相关因素（如企业已公开宣布的政策、特定声明、以往的习惯做法、销售战略以及客户所处的环境等），以确定其是否会接受一个低于合同标价的金额，即企业向客户提供一定的价格折让。

（1）可变对价最佳估计数的确定。

在对可变对价进行估计时，企业应当按照期望值或最可能发生金额确定可变对价的最佳估计数。期望值是按照各种可能发生的对价金额及相关概率计算确定的金额。企业如果拥有大量具有类似特征的合同，并据此估计合同可能产生多个结果，那么按照期望值估计可变对价金额通常是恰当的。最可能发生金额是一系列可能发生的对价金额中最可能发生的单一金额，即合同最可能产生的单一结果。当合同仅有两个可能结果（如企业能够达到或不能达到某业绩奖金目标）时，按照最可能发生金额估计可变对价金额通常是恰当的。

名师点拨

企业不可以在上述两种方法之间随意进行选择，对于某一事项的不确定性对可变对价金额的影响，企业应当在整个合同期间一致地采用同一种方法进行估计；当存在多个不确定性事项均会影响可变对价金额的情况时，企业可以采用不同的方法对其进行估计。企业在对可变对价进行估计时，应当考虑能够合理获得的所有信息（包括历史信息、当前信息以及预测信息），并且在合理的数量范围内估计各种可能发生的对价金额以及概率。通常情况下，企业在估计可变对价金额时使用的信息，应当与其在对相关商品进行投标或定价时所使用的信息一致。

【案例4-4】甲公司与乙公司签订了一份固定资产造价合同，约定其在乙公司的厂区内为其建造一栋办公楼，合同价款为800万元。合同约定，该项工程的完工日期为2020年5月31日，若甲公司能够在该日期之前完工，每提前一天，合同价款将增加1万元，若甲公司未能按期完工，每推迟一天，合同价款将减少1万元。此外，合同还约定，该项工程完工之后将参与省级优质工程奖的评选，如果能够获奖，甲公司还会额外获得奖励50万元。试对该项合同中的可变对价进行确定。

【案例解析】本例产生可变对价的事项包括是否按期完工和能否获得省级优质工程奖两项。甲公司可以采用不同的方法对其进行估计：对于前者，其可能产生多个结果，应当按照期望值估计可变对价金额；对于后者，其仅有两个可能结果，因此应当按照最有可能的金额进行估计。

（2）计入交易价格的可变对价金额的限制。

企业按照期望值或最可能发生金额确定可变对价金额之后，计入交易价格的可变对价金额还应该满足限制条件，即包含可变对价的交易价格，应当不超过在相关不确定性消除时，累计已确认的收入极可能不会发生重大转回的金额。

企业对此进行评估时应当同时考虑收入转回的可能性和转回金额的比重，内容如下。

◆ 收入转回的可能性。"极可能"发生的概率应远高于"很可能（即可能性超过50%）"，但不要求达到"基本确定（即可能性超过95%）"，其目的是避免一些不确定性因素的发生导致之前已经确认的收入发生转回。

◆ 转回金额的比重。在评估收入转回金额的比重时，应同时考虑合同中包含的固定对价和可变对价，也就是说，企业应当评估可能发生的收入转回金额相对于合同总对价（包括固定对价和可变对价）而言的比重。

企业应当将满足上述限制条件的可变对价的金额，计入交易价格。

【案例4-5】2020年3月1日，甲公司与乙公司签订了一份销售A产品的合同。合同约定，当乙公司在2020年的采购量不超过5 000件时，每件产品的价格为180元，当乙公司在2020

年的采购量超过 5 000 件时，每件产品的价格为 170 元。乙公司在第一季度的采购量为 950 件，甲公司预计乙公司全年的采购量不会超过 2 000 件。2020 年 6 月，乙公司因完成产能升级而增加了 A 产品的采购量，第二季度共向甲公司采购 A 产品 3 000 件，甲公司预计乙公司全年的采购量将超过 5 000 件，因此，全年采购量适用的产品单价均将调整为 170 元。假设上述价格均不包含增值税，甲公司应当如何确认收入？

【案例解析】本例中，2020 年第一季度，甲公司根据以往经验估计乙公司全年的采购量将不会超过 2 000 件，因此按照 180 元的单价确认收入，满足在不确定性（即乙公司全年的采购量确定）消除之后，累计已确认的收入将极可能不会发生重大转回的要求，因此，甲公司在第一季度确认的收入金额 =950×180=171 000（元）。2020 年第二季度，甲公司对交易价格进行重新估计，由于预计乙公司全年的采购量将超过 5 000 件，因此应当按照 170 元的单价确认收入，才满足极可能不会导致累计已确认的收入发生重大转回的要求。所以，甲公司在第二季度确认的收入 =170×（3000+950）-171 000=500 500（元）。

2. 合同中存在的重大融资成分

当企业将商品的控制权转移给客户的时间与客户实际付款的时间不一致时，如企业以赊销的方式销售商品，或要求客户支付预付款等，如果各方以在合同中明确（或以隐含的方式）约定的付款时间为客户或企业就转让商品的交易提供了重大融资利益，则合同中即包含了重大融资成分。合同中存在重大融资成分的，企业应当按照假定客户在取得商品控制权时即以现金支付的应付金额（即现销价格）确定交易价格。该交易价格与合同对价之间的差额，应当在合同期间内采用实际利率法摊销。合同开始日，企业预计客户取得商品控制权与客户支付价款间隔不超过一年的，可以不考虑合同中存在的重大融资成分。

在评估合同中是否存在融资成分以及该融资成分对于该合同而言是否重大时，企业应当考虑所有相关的事实和情况，主要内容如下。

（1）已承诺的对价金额与已承诺商品的现销价格之间的差额，如果企业或其他企业在销售相同商品时，不同的付款时间会导致销售价格有所差别，则通常表明各方知晓合同中包含了融资成分。

（2）企业将承诺的商品转让给客户与客户支付相关款项之间的预计时间间隔和相应的市场现行利率的共同影响。企业向客户转让商品与客户支付相关款项之间存在时间间隔并不足以表明合同包含重大融资成分，两者之间的合同没有包含重大融资成分的情形包括以下内容：

①客户就商品支付了预付款，且可以自行决定这些商品的转让时间，如企业向客户出售其发行的储值卡，客户可随时到该企业持卡购物。

②客户承诺支付的对价中有相当大的部分是可变的，该对价金额或付款时间取决于某一未来事项是否发生，且该事项实质上不受客户或企业控制，如按照实际销售量收取的特许权使用费。

③合同承诺的对价金额与现销价格之间的差额是向客户或企业提供融资利益以外的其他原因所导致的，且这一差额与产生该差额的原因是相称的。例如，合同约定的支付条款是为了向企业或客户提供保护，以防止另一方未能依照合同充分履行其部分或全部义务。

3. 非现金对价

当企业因转让商品而有权向客户收取的对价是非现金形式时，如实物资产、无形资产、客户提供的广告服务等。企业通常应当按照非现金对价在合同开始日的公允价值确定交易价格。非现金对价公允价值不能合理估计的，企业应当参照其承诺向客户转让商品的单独售价间接确定交易价格。

合同开始日后，非现金对价的公允价值因对价形式以外的原因而发生变动的，应当作为可变对价，按照与计入交易价格的可变对价金额的限制条件相关的规定进行处理；合同开始日后，非现金对价的公允价值因对价形式而发生变动的，该变动金额不应计入交易价格。

4. 应付客户对价

企业在向客户转让商品的同时，需要向客户或第三方支付对价的，应当将该应付对价冲减交易价格，并在确认相关收入与支付（或承诺支付）客户对价二者孰晚的时点冲减当期收入，但应付客户对价是为了自客户取得其他可明确区分商品的款项的情况除外。

企业应付客户对价是为了向客户取得其他可明确区分商品的，应当采用与本企业其他采购相一致的方式确认所购买的商品。企业应付客户对价超过向客户取得可明确区分商品公允价值的，超过金额应当作为应付客户对价冲减交易价格。向客户取得的可明确区分商品公允价值不能合理估计的，企业应当将应付客户对价全额冲减交易价格。

> **知识拓展**
>
> 应付客户对价还包括可以抵减应付企业金额的相关项目金额，如优惠券等。第三方通常是指向企业的客户购买本企业商品的一方，如企业将其生产的产品销售给经销商，经销商再将这些产品销售给最终用户，最终用户即第三方。

4.1.4 将交易价格分摊至各单项履约义务

当合同中包含两项或多项履约义务时，需要将交易价格分摊至各单项履约义务，以使企业分摊至各单项履约义务（或可明确区分的商品）的交易价格能够反映其因向客户转让已承诺的相关商品而预期有权收取的对价金额。

1. 分摊基本原则

合同中包含两项或多项履约义务的，企业应当在合同开始日，按照各单项履约义务所承诺商品的单独售价的相对比例，将交易价格分摊至各单项履约义务。例如，甲公司与 H 客户签订了合同，向其销售 A、B、C 3 件产品，合同价款为 10 000 元，3 件产品单独售价分别为 5 000 元、2 500 元、7 500 元，合计 15 000 元，假设上述价格均不包含增值税，根据交易价格分摊原则，A 产品应当分摊的交易价格 =5 000 ÷ 15 000 × 10 000=3 333（元）；B 产品应当分摊的交易价格 =2 500 ÷ 15 000 × 10 000=1 667（元）；C 产品应当分摊的交易价格 =7 500 ÷ 15 000 × 10 000=5 000（元）。

> **名师点拨**
>
> 单独售价是指企业向客户单独销售商品的价格。企业在类似环境下向类似客户单独销售某商品的价格，应作为确定该商品单独售价的最佳证据。合同或价目表上的标价可能是商品的单独售价，但不能默认其一定是该商品的单独售价。例如，企业为销售的产品制定了标准价格，却经常以低于该标准价格的折扣价格对外销售，在估计该产品的单独售价时，应当考虑这一因素。

2. 单独售价无法直接观察

单独售价无法直接观察的，企业应当综合考虑其能够合理取得的全部相关信息，采用市场调整法、成本加成法、余值法等方法合理估计单独售价，应考虑的信息包括市场情况（如商品的市场供求状况、竞争和趋势等）、企业特定因素（如企业的定价策略等），以及与客户有关的信息（如客户类型、所在地区等）等。企业在估计单独售价时，应当最大限度地采用可观察的输入值，并对类似的情况采用一致的估计方法。

（1）市场调整法。

市场调整法是指企业根据某商品或类似商品的市场售价，考虑本企业的成本和毛利等进行适当调整后的金额，确定其单独售价的方法。企业可以对其销售商品的市场进行评估，进而估计客户在该市场上购买本企业的商品所愿意支付的价格，也可以参考类似商品的销售价格，并在此基础上进行必要调整以反映本企业的成本及毛利。

（2）成本加成法。

成本加成法是指企业根据某商品的预计成本加上其合理毛利后的金额，确定其单独售价的方

126

法。其中，预计成本应当与企业在定价时通常会考虑的成本因素一致，既包括直接成本，也包括间接成本；企业在确定合理毛利时，应当考虑的因素包括类似商品单独售价的毛利水平、行业内的历史毛利水平、行业平均售价、市场情况以及企业的利润目标等。

（3）余值法。

余值法是指企业根据合同交易价格减去合同中其他商品可观察单独售价后的余额，确定某商品单独售价的方法。企业在商品近期售价波动幅度巨大，或因未定价且未曾单独销售而使售价无法可靠确定时，可采用余值法估计其单独售价。其中，售价波动幅度巨大，是指企业在相同或相近的时间向不同客户出售同一种商品时的价格差异很大，这导致企业无法从以往的交易或其他可观察的证据中识别出具有代表性的单独售价；未定价且未曾单独销售，是指企业尚未对该商品进行定价，且该商品过往未曾单独出售过，即销售价格尚未确定。

> **知识拓展**
>
> 如果合同中存在两项或两项以上的商品，其销售价格变动幅度较大或尚未确定，企业可能需要采用多种方法相结合的方式，对合同所承诺的商品的单独售价进行估计。企业采用多种方法相结合的方式估计合同所承诺的每一项商品的单独售价时，应当评估该方式是否满足交易价格分摊的目标，即企业分摊至各单项履约义务（或可明确区分的商品）的交易价格能够反映其因向客户转让已承诺的相关商品而预期有权收取的对价金额。

4.1.5 履行每一单项履约义务时确认收入

企业应当在履行了合同中的履约义务，即客户取得相关商品控制权时确认收入。企业将商品的控制权转移给客户，该转移可能在某一时段内（即履行履约义务的过程中）发生，也可能在某一时点（即履约义务完成时）发生。企业应当根据实际情况，首先应当判断履约义务是否满足在某一时段内履行的条件，如不满足，则该履约义务属于在某一时点履行的履约义务。

1. 在某一时段内履行的履约义务

满足下列条件之一的，即属于在某一时段内履行的履约义务。

（1）客户在企业履约的同时即取得并消耗企业履约所带来的经济利益。企业在履约过程中是持续地向客户转移企业履约所带来的经济利益的，该履约义务属于在某一时段内履行的履约义务。

对于如保洁服务的服务类合同而言，可以通过直观判断获知，企业在履行履约义务（即提供保洁服务）的同时，客户即取得并消耗了企业履约所带来的经济利益。对于难以通过直观判断获知结论的情形，企业在进行判断时，可以假定在企业履约的过程中更换为其他企业继续履行剩余履约义务，当该继续履行合同的企业实质上无须重新执行企业累计至今已经完成的工作时，表明客户在企业履约的同时即取得并消耗了企业履约所带来的经济利益。如甲承诺将乙的一批货物从A处运送到B处，若该批货物在途经C处时由H运输公司接替甲继续提供该运输服务，由于A处到C处之间的运输服务是无须重新执行的，表明乙在甲履约的同时即取得并消耗了甲履约所带来的经济利益，所以，甲提供的运输服务属于在某一时段内履行的履约义务。

（2）客户能够控制企业履约过程中在建的商品。企业在履约过程中在建的商品包括在产品、在建工程、尚未完成的研发项目、正在进行的服务等，由于客户控制了在建的商品，客户在企业提供商品的过程中获得其利益，所以，该履约义务属于在某一时段内履行的履约义务。

（3）企业履约过程中所产出的商品具有不可替代用途，且该企业在整个合同期间内有权就累计至今已完成的履约部分收取款项。具有不可替代用途是指因合同限制或实际可行性限制，企业不能轻易地将商品用于其他用途。当企业产出的商品只能提供给某特定客户，而不能被轻易地用于其他用途（如销售给其他客户）时，该商品就具有不可替代用途。有权就累计至今已完成的履约部分收取款项，是指在由于客户或其他方原因终止合同的情况下，企业有权就累计至今已完成的履约部分收取能够补偿其已发生成本和合理利润的款项，并且该权利具有法律约束力。

知识拓展

企业在判断商品是否具有不可替代用途时，需要注意以下 4 点：①判断时点是合同开始日；②考虑合同限制；③考虑实际可行性限制；④基于最终转移给客户的商品的特征判断。

【案例 4-6】甲公司与乙公司签订了一份合同，其为改善乙公司业务流程提供咨询服务，针对乙公司的实际情况和面临的具体问题，出具专业的咨询意见。双方约定，甲公司仅需要向乙公司提交最终的咨询意见，而无须提交任何其在工作过程中涉及的相关资料。在整个合同期间内，如果乙公司单方面终止合同，乙公司需要向甲公司支付违约金，违约金的金额为甲公司已发生的成本外加 15% 的毛利率，该毛利率与甲公司在类似合同中能够赚取的毛利率大致相同。对于甲公司向乙公司提供的咨询服务，其是否属于在某一时段内履行的履约义务？

【案例解析】在合同执行过程中，由于乙公司无法获得甲公司已经完成工作的任何资料，假设在执行合同的过程中，甲公司无法履约，需要由其他公司来继续提供后续咨询服务并出具咨询意见，那么需要其他公司重新执行甲公司已经完成的工作，表明乙公司并未在甲公司履约的同时即取得并消耗了甲公司履约所带来的经济利益。另外，由于该咨询服务是针对乙公司的具体情况而提供的，甲公司无法将最终的咨询意见用于其他用途，表明其具有不可替代用途。在整个合同期间内，如果乙公司单方面终止合同，甲公司根据合同条款可以主张其已发生的成本及合理利润，表明甲公司在整个合同期间内有权就累计至今已完成的履约部分收取款项。因此，由上述可以判断，甲公司向乙公司提供的咨询服务属于在某一时段内履行的履约义务。

2. 在某一时段内履行的履约义务的收入的确认

对于在某一时段内履行的履约义务，企业应当在该段时间内按照履约进度确认收入，但是，履约进度不能合理确定的除外。企业应当考虑商品的性质，采用产出法或投入法确定恰当的履约进度，并且在确定履约进度时，应当扣除那些控制权尚未转移给客户的商品。

（1）产出法。

产出法是根据已转移给客户的商品对于客户的价值确定履约进度的方法，通常可采用实际测量的完工进度、评估已实现的结果、已达到的里程碑、时间进度、已完工或交付的产品等产出指标确定履约进度。企业在评估是否采用产出法确定履约进度时，应当考虑具体的事实和情况，并选择能够如实反映企业履约进度和向客户转移商品控制权的产出指标。

【案例 4-7】甲与乙签订了一份合同，其为乙拥有的一栋建筑物内的灯具进行更换，灯具共1 000 盏，合同价格为 100 万元（不含税价）。截至 2019 年 12 月 31 日，甲共更换灯具 600 盏，剩余部分预计在 2020 年 3 月 31 日之前完成。该合同仅包含一项履约义务，且该履约义务满足在某一时段内履行的条件。假定不考虑其他情况，甲应当如何确认收入？

【案例解析】本例中，甲提供的更换灯具的服务属于在某一时段内履行的履约义务，甲应当按照已完成的工作量确定履约进度。截至 2019 年 12 月 31 日，该合同的履约进度 $=600\div$ 1 000$\times100\%=60\%$，因此甲公司应确认的收入 $=100\times60\%=60$（万元）。

名师点拨

产出法是根据能够代表向客户转移商品控制权的产出指标直接计算履约进度的，因此通常能够客观地反映履约进度。但是，产出法下有关产出指标的信息有时可能无法通过直接观察获得，企业为获得这些信息需要花费很高的成本，这就可能需要采用投入法来确定履约进度。

（2）投入法。

投入法是根据企业履行履约义务的投入确定履约进度的方法，通常可采用投入的材料数量、花费的人工工时或机器工时、发生的成本和时间进度等投入指标确定履约进度。当企业从事的工作或发生的投入是在整个履约期间内平均发生时，企业也可以按照直线法确认收入。

【**案例4-8**】乙公司经营一家俱乐部，2020年2月1日，A客户与乙公司签订合同，成为乙公司的会员，并向乙公司支付会员费5 400元（不含税价）。合同约定，A客户可在未来的12个月内在该俱乐部学习瑜伽，且没有次数限制，适用的增值税税率为6%。对于该项业务，乙公司应当如何确认收入？

【**案例解析**】A客户在会员期间可随时来俱乐部学习瑜伽，且没有次数限制，客户已使用俱乐部学习的次数不会影响其未来继续使用的次数，乙公司在该合同下的履约义务是承诺随时准备在客户需要时为其提供教授瑜伽的服务，乙公司提供的服务是在整个履约期间内平均发生的，那么该履约义务属于在某一时段内履行的履约义务，并且该履约义务会随时间的流逝而被履行。因此，乙公司按照直线法确认收入，即每月应当确认的收入=5 400÷12=450（元），截至2020年12月31日，乙公司应确认的收入=450×11=4 950（元）。另外，客户在签订合同时就支付了合同对价，企业在向客户提供服务之前就已经产生了一项负债。相关账务处理如下。

2020年2月1日收到会员费时。

借：银行存款   5 400

  贷：合同负债   5 400

2020年2月29日确认收入，开具增值税专用发票并收到税款时。

借：合同负债   450

  银行存款   27

  贷：主营业务收入   450

    应交税费——应交增值税（销项税额） 27

2020年3月—2021年1月，每月确认收入的处理同上。

另外，需要说明的是，如果客户购买的是确定数量的服务，如在未来12个月内，客户可随时来俱乐部学习瑜伽100次，则乙公司的履约义务是为客户提供这100次瑜伽服务，而不是随时准备为其提供瑜伽服务的承诺。在这种情况下乙公司应当按照客户已使用瑜伽服务的次数确认收入。

投入法所需要的投入指标虽然易于获得，但是投入指标与企业向客户转移商品的控制权之间未必存在直接的对应关系。因此，企业在采用投入法确定履约进度时，应当扣除那些虽然已经发生、但是未导致向客户转移商品的投入。例如，企业为履行合同应开展一些初始活动，如果这些活动并没有向客户转移商品，则企业在使用投入法确定履约进度时，不应将为开展这些活动发生的相关投入包括在内。

实务中，企业通常按照累计实际发生的成本占预计总成本的比例（即成本法）确定履约进度，累计实际发生的成本包括企业向客户转移商品过程中所发生的直接成本和间接成本，如直接人工、直接材料、分包成本以及其他与合同相关的成本。在下列情形下，企业在采用成本法确定履约进度时，可能需要对已发生的成本进行适当调整。

①已发生的成本并未反映企业履行履约义务的进度。例如，因企业生产效率低下等原因而发生的非正常消耗，如非正常消耗的直接材料、直接人工及制造费用等，不应包括在累计实际发生的成本中，但是企业和客户在订立合同时已经预见会发生这些成本并将其包括在合同价款中的情况除外。

②已发生的成本与企业履行履约义务的进度不成比例。当企业已发生的成本与履约进度不成比例时，企业在采用成本法确定履约进度时需要进行适当调整，通常仅以其已发生的成本为限确认收入。

> **知识拓展**
>
> 每一资产负债表日，企业应当对履约进度进行重新估计。当客观环境发生变化时，企业也需要重新评估履约进度是否发生变化，以确保履约进度能够反映履约情况的变化。

【案例4-9】2019年12月1日，A公司与B公司签订了一份合同，为B公司安装一栋建筑物中的电梯。合同约定，安装期为3个月，合同总收入为800 000元，12月31日已预收安装费640 000元，实际发生安装费用为420 000元（假设为安装工人的薪酬），估计还将发生安装费用180 000元。假设不考虑增值税，A公司按实际发生的成本占总成本的比例确定安装电梯的履约进度，其应当如何进行账务处理？

【案例解析】该项电梯安装服务属于在某一时段内履行的履约义务，实际发生的成本占估计总成本的比例 =420 000÷（420 000+180 000）×100%=70%，因此应当确认的收入 =800 000×70%=560 000（元）。相关账务处理如下。

实际发生劳务成本420 000元时：

借：合同履约成本　　　　　　　　　　　　　　　　420 000
　　贷：应付职工薪酬　　　　　　　　　　　　　　　　420 000

预收款项时。

借：银行存款　　　　　　　　　　　　　　　　　　640 000
　　贷：合同负债　　　　　　　　　　　　　　　　　　640 000

2019年12月31日，确认劳务收入并结转劳务成本时。

借：合同负债　　　　　　　　　　　　　　　　　　560 000
　　贷：主营业务收入　　　　　　　　　　　　　　　　560 000

借：主营业务成本　　　　　　　　　　　　　　　　420 000
　　贷：合同履约成本　　　　　　　　　　　　　　　　420 000

3. 在某一时点履行的履约义务

对于不属于在某一时段内履行的履约义务，其应当属于在某一时点履行的履约义务，企业应当在客户取得相关商品控制权时点确认收入。企业在判断客户是否已取得商品控制权时，应当考虑下列迹象。

（1）企业就该商品享有现时收款权利，即客户就该商品负有现时付款义务。

（2）企业已将该商品的法定所有权转移给客户，即客户已拥有该商品的法定所有权。

（3）企业已将该商品实物转移给客户，即客户已占有该商品实物。

（4）企业已将该商品所有权上的主要风险和报酬转移给客户，即客户已取得该商品所有权上的主要风险和报酬。

（5）客户已接受该商品。

名师点拨

> 需要强调的是，在上述迹象中，并没有哪一个或哪几个迹象是决定性的，企业应当根据合同条款和交易实质进行分析，综合判断其是否将商品的控制权转移给客户及是何时转移的，从而确定收入确认的时点。此外，企业应当从客户的角度进行评估，而不应当仅考虑企业自身的看法。

需要说明的是，客户占有了某项商品实物并不意味着其就一定取得了该商品的控制权，反之亦然。下面介绍两种特殊情况。

（1）委托代销。

委托代销是指委托方和受托方签订代销合同或协议，委托受托方向终端客户销售商品。在这种情况下，委托方应当评估受托方在委托方向其转让商品时是否已获得对该商品的控制权，如果没有，委托方不应在此时确认收入，通常应当在受托方售出商品时按合同或协议约定的方法计算确定的手续费确认销售商品收入。表明一项安排是委托代销安排的迹象包括但不限于下列情况。

◆ 在特定事件发生之前（如向最终客户出售商品或指定期间到期之前），企业拥有对商品的控制权。

◆ 企业能够要求将委托代销的商品退回或将其销售给其他方（如其他经销商）。

◆ 尽管受托方可能被要求向企业支付一定金额的押金，但是，其并没有承担对这些商品无条件付款的义务。

【案例4-10】2020年5月1日，甲公司委托乙公司销售A商品2 000件，A商品已经发出，每件成本为50元。合同约定乙公司应按每件100元对外销售，甲公司按销售价格（不含增值税）的10%向乙公司支付手续费。合同约定，除非这些商品在乙公司存放期间内由于乙公司的责任发生毁损或丢失，否则在A商品对外销售之前，乙公司没有义务向甲公司支付货款。甲公司有权要求收回A商品或将其销售给其他的客户，乙公司不承担包销责任，没有售出的A商品须退回给甲公司。2020年5月31日，已知乙公司对外实际销售2 000件，开出的增值税专用发票上注明的销售价格为200 000元，增值税税额为26 000元，款项已经收到，乙公司向甲公司开具代销清单并支付了货款。甲公司收到乙公司开具的代销清单时，向乙公司开具一张相同金额的增值税专用发票。假定不考虑其他因素，甲公司发出A商品时纳税义务尚未发生，手续费增值税税率为6%，其应当如何进行账务处理？

【案例解析】甲公司将A商品发送至乙公司后，虽然乙公司已经占有A商品，但仅是接受甲公司的委托进行代销从而赚取一定比例的手续费。甲公司有权要求收回A商品或将其销售给其他的客户，乙公司并不能主导这些商品的销售，这些商品对外销售与否、是否获利以及获利多少等不由乙公司控制，乙公司没有取得这些商品的控制权。因此，甲公司将A商品发送至乙公司时，不应确认收入，而应当在乙公司将A商品销售给最终客户时确认收入。根据上述资料，甲公司的账务处理如下。

发出商品时。

借：发出商品   100 000
  贷：库存商品   100 000

收到代销清单，同时发生增值税纳税义务时。

借：应收账款   226 000
  贷：主营业务收入   200 000
    应交税费——应交增值税（销项税额） 26 000

借：主营业务成本   100 000
  贷：发出商品   100 000

借：销售费用——代销手续费   20 000
  应交税费——应交增值税（进项税额） 1 200
  贷：应收账款   21 200

收到乙公司支付的货款时。

借：银行存款   204 800
  贷：应收账款   204 800

（2）售后代管商品。

售后代管商品是指根据企业与客户签订的合同，企业已经就销售的商品向客户收款或取得了收款权利，但是直到在未来某一时点将该商品交付给客户之前，仍然继续持有该商品实物。实务中，客户可能会因为缺乏足够的仓储空间或生产进度延迟而要求与销售方订立此类合同。在这种情况下，尽管企业仍然持有商品的实物，但是当客户已经取得了对该商品的控制权时，即使客户决定暂不行使占有实物的权利，其依然有能力主导该商品的使用并从中获得几乎全部的经济利益。因此，企业不再控制该商品，而只是向客户提供了代管服务。

在这种情况下，除了应当考虑客户是否取得商品控制权的迹象之外，还应当同时满足下列4个条件，才表明客户取得了该商品的控制权。

◆ 具有商业实质，如该售后代管商品安排是应客户的要求而订立的。

◆ 属于客户的商品必须能够单独识别，如将属于客户的商品单独存放在指定地点。

◆ 若客户要求，该商品可以随时交付给客户。

◆ 企业不能自行使用该商品或将该商品提供给其他客户。

> **名师点拨**
>
> 需要注意的是，如果在满足上述条件的情况下，企业对尚未发货的商品确认了收入，那么应当考虑是否还承担了其他的履约义务，如向客户提供保管服务等，从而应当将部分交易价格分摊至该保管服务对应的履约义务。

【案例4-11】甲公司以生产并销售笔记本电脑为主营业务。2019年，甲公司与乙零售公司签订销售合同，向其销售5 000台笔记本电脑。由于乙公司的仓储能力有限，无法在2019年年底之前接收该批笔记本电脑，双方约定甲公司在2020年按照乙公司的安排按时发货，并将笔记本电脑运送至乙公司指定的地点。2019年12月31日，甲公司共有笔记本电脑库存7 000台，其中包括5 000台将要销售给乙公司的笔记本电脑。这5 000台笔记本电脑和其余2 000台笔记本电脑一起存放并统一管理，并且彼此之间可以互相替换。甲公司应当在2019年12月31日确认5 000台笔记本电脑的收入吗？

【案例解析】本例中，尽管由于乙公司没有足够的仓储空间才要求甲公司按照其指定的时间发货，但是由于这5 000台笔记本电脑与甲公司的其他产品可以互相替换，且未单独存放保管，甲公司在向乙公司交付这些笔记本电脑之前，能够将其提供给其他客户或自行使用。因此，对于这5 000台笔记本电脑，客户并未完全取得商品控制权，不满足售后代管商品情况下确认收入的条件。

4.2 合同成本

企业在与客户之间建立合同关系过程中发生的成本主要有合同取得成本和合同履约成本，下面依次介绍。

4.2.1 合同取得成本

企业为取得合同发生的增量成本预期能够收回的，应当作为合同取得成本确认为一项资产。增量成本是指企业不取得合同就不会发生的成本，如销售佣金等。为简化实务操作，该资产摊销期限不超过一年的，可以在发生时计入当期损益。企业采用该简化处理方法的，应当对所有类似合同一致采用。

企业为取得合同发生的、除预期能够收回的增量成本之外的其他支出，如无论是否取得合同均会发生的差旅费、投标费、为准备投标资料发生的相关费用等，应当在发生时计入当期损益，但是明确由客户承担的除外。

> **名师点拨**
>
> 企业因现有合同续约或发生合同变更需要支付的额外佣金，也属于为取得合同发生的增量成本。实务中，当涉及合同取得成本的安排比较复杂时，企业需要运用判断，对发生的合同取得成本进行恰当的会计处理。例如，合同续约或合同变更时需要支付额外的佣金、企业支付的佣金金额取决于客户未来的履约情况或取决于累计取得的合同数量或金额等。

【案例4-12】甲公司是一家提供咨询服务的公司，其通过竞标赢得一个新客户。为取得与该客户的合同，甲公司聘请外部律师进行调查并支付相关费用25 000元，为投标发生差旅费8 000元，支付销售人员佣金9 000元。甲公司预期这些支出未来均能够收回，此外，其根据年度销售目标、整体盈利情况及个人业绩等，向销售部门经理支付年度奖金50 000元。已知服务期为5年，该客户每年年末支付的含税咨询费为1 590 000元，根据上述资料，试着判断这些支出应当如何进行处理。

【案例解析】甲公司因取得与该客户的合同而向销售人员支付的佣金属于为取得合同发生

的增量成本，应当将其作为合同取得成本确认为一项资产。甲公司聘请外部律师进行调查发生的支出、为投标发生的差旅费，无论是否取得合同都会发生，不属于增量成本，因此，应当于发生时直接计入当期损益。甲公司向销售部门经理支付的年度奖金也不是为取得合同发生的增量成本，这是因为该奖金的发放金额还取决于其他因素（包括公司的盈利情况和个人业绩等），并不能直接归属于可识别的合同。相关账务处理如下。

支付相关费用时。

借：合同取得成本   9 000
   管理费用   33 000
   销售费用   50 000
  贷：银行存款   92 000

每月确认服务收入，摊销销售佣金时。

服务收入 =1 590 000÷（1+6%）÷12=125 000（元）。

销售佣金摊销额 =9 000÷5÷12=150（元）。

借：应收账款   132 500
   销售费用   150
  贷：合同取得成本   150
   主营业务收入   125 000
   应交税费——应交增值税（销项税额） 7 500

4.2.2 合同履约成本

企业为履行合同可能会发生各种成本，企业应当对这些成本进行分析，不适用于其他企业会计准则且同时满足下列条件的，应当作为合同履约成本确认为一项资产。

◆ 该成本与一份当前或预期取得的合同直接相关。预期取得的合同应当是企业能够明确识别的合同，如现有合同续约后的合同、尚未获得批准的特定合同等。与合同直接相关的成本包括直接人工（如支付给直接为客户提供所承诺服务的人员的工资）、直接材料（如为履行合同耗用的原材料、辅助材料、半成品的成本）、制造费用（或类似费用，如组织和管理相关生产、施工、服务等活动发生的费用，包括管理人员的职工薪酬、劳动保护费、固定资产折旧费及修理费、物料消耗、取暖费、水电费、办公费、差旅费、财产保险费、工程保修费、排污费、临时设施摊销费等）、明确由客户承担的成本以及仅因该合同而发生的其他成本（如支付给分包商的成本、机械使用费、设计和技术援助费用、施工现场二次搬运费、生产工具和用具使用费、检验试验费、工程定位复测费、工程点交费用、场地清理费等）。

◆ 该成本增加了企业未来用于履行（包括持续履行）履约义务的资源。

◆ 该成本预期能够收回。

企业发生合同履约成本时，应当借记"合同履约成本"科目，贷记"银行存款""应付职工薪酬""原材料"等科目；对合同履约成本进行摊销时，借记"主营业务成本""其他业务成本"等科目，贷记"合同履约成本"科目，涉及增值税的，还应进行相应的处理。

企业应当在下列支出发生时，将其计入当期损益。

◆ 管理费用，除明确由客户承担的管理费用。

◆ 非正常消耗的直接材料、直接人工和制造费用（或类似费用）。这些支出为履行合同发生，但未反映在合同价格中。

◆ 与履约义务中已履行（包括已全部履行或部分履行）部分相关的支出，即该支出与企业过去的履约活动相关。

◆ 无法在尚未履行的与已履行（或已部分履行）的履约义务之间区分的相关支出。

需要注意的是，确认为企业资产的合同履约成本和合同取得成本，应当采用与该资产相关的商品收入确认相同的基础（即在履约义务履行的时点或按照履约义务的履约进度）进行摊销，计入当期损益。

【案例4-13】甲公司经营一家民宿酒店，该酒店属于甲公司的自有资产。2020年5月，甲公司计提与酒店经营相关的折旧150 000元，包括民宿酒店以及民宿酒店内的设备、家具等；计提酒店土地使用权摊销费用95 000元。经过计算统计，5月的房费、餐饮等服务含税收入为560 000元，款项已经全部存入银行。甲公司应当如何对当月的该项业务进行处理？

【案例解析】甲公司经营民宿酒店主要通过提供客房服务赚取利润，客房服务依赖于家具、土地等相关资产，因此这些资产的折旧和摊销属于甲公司为履行与客户的合同而发生的合同履约成本。对于已经确认的合同履约成本应当在收入确认时予以摊销，并计入营业成本，相关账务处理如下。

确认相关资产的折旧、摊销费时。

借：合同履约成本　　　　　　　　　　　　　　245 000
　　贷：累计折旧　　　　　　　　　　　　　　　　150 000
　　　　累计摊销　　　　　　　　　　　　　　　　 95 000

5月确认收入并摊销合同履约成本时。

借：银行存款　　　　　　　　　　　　　　　　560 000
　　贷：主营业务收入　　　　　　　　　　　　　528 301.89
　　　　应交税费——应交增值税（销项税额）　　 31 698.11
借：主营业务成本　　　　　　　　　　　　　　245 000
　　贷：合同履约成本　　　　　　　　　　　　　245 000

4.3 销售业务中的涉税事项

企业收入的取得一般发生在日常的销售业务中，企业在取得收入时应当按照国家规定履行纳税义务，还应对经营过程中的有关行为及经营所得依法缴纳相应税费，下面即对销售业务中的涉税事项进行介绍。

4.3.1 增值税

根据我国增值税的相关规定，增值税是对在中华人民共和国境内销售货物或加工、修理修配劳务（以下简称劳务），销售服务、无形资产、不动产以及进口货物的单位和个人，就其销售货物、劳务、服务、无形资产、不动产（以下统称应税销售行为）的增值额和货物进口金额为计税依据而课征的一种流转税。

增值税的纳税义务人是指税法规定负有缴纳增值税义务的单位和个人。在中华人民共和国境内（以下简称境内）销售货物、劳务、服务、无形资产、不动产以及进口货物的单位和个人为增值税的纳税人，应当依法缴纳增值税。增值税纳税义务人又可分为小规模纳税人和一般纳税人。

1. 增值税的征税范围

根据规定，增值税的征税范围包括在境内发生应税销售行为以及进口货物等，下面一一进行介绍。

（1）销售或进口货物。

货物是指有形资产，包括热力、电力、气体。销售货物是指有偿转让货物的所有权。

（2）销售劳务。

劳务是指纳税人提供的加工、修理修配劳务。其中，加工是指委托方提供原料及主要材料，受托方按委托方的要求制造货物并取得加工费的业务（即受托加工货物）；修理修配是指受托对损伤和丧失功能的货物进行修复，使其恢复原状和功能的业务。提供应税劳务是指有偿提供劳务，单位或个体工商户聘用的员工为本单位或雇主提供的劳务不包括在内。

（3）销售服务。

服务包括交通运输服务、邮政服务、电信服务、建筑服务、金融服务、现代服务和生活服务，具体内容如下。

①交通运输服务。交通运输服务是指利用运输工具将货物或旅客送达目的地，使其空间位置得到转移的业务活动，包括陆路运输服务、水路运输服务、航空运输服务和管道运输服务，具体内容如表4-1所示。

表 4-1　交通运输服务具体内容

子目	含义	备注
陆路运输服务	通过陆路（地上或地下）运送货物或旅客的运输业务活动，包括铁路运输服务和其他陆路运输服务	出租车公司向使用本公司自有出租车的出租车司机收取的管理费用按此税目纳税
水路运输服务	通过江、河、湖、川等天然、人工水道或海洋航道运送货物或旅客的运输业务活动	水路运输的程租、期租业务也属于水路运输服务
航空运输服务	通过空中航线运送货物或旅客的运输业务活动	航空运输的湿租业务属于航空运输服务
管道运输服务	通过管道设施输送气体、液体、固体物质的运输业务活动	—

知识拓展

无运输工具承运业务按照交通运输服务纳税，其是指经营者以承运人身份与托运人签订运输服务合同，收取运费并承担承运人责任，然后委托实际承运人完成运输服务的经营活动。另外，现纳税人已售票但客户逾期未消费取得的运输逾期票证收入，按照交通运输服务纳税。

②邮政服务。邮政服务是指中国邮政集团公司及其所属邮政企业提供邮件寄递、邮政汇兑、机要通信和邮政代理等邮政基本服务的业务活动，包括邮政普遍服务、邮政特殊服务和其他邮政服务，具体内容如表4-2所示。

表 4-2　邮政服务具体内容

子目	含义
邮政普遍服务	函件、包裹等邮件寄递，以及邮票发行、报刊发行和邮政汇兑等业务活动
邮政特殊服务	义务兵平常信函、机要通信、盲人读物和革命烈士遗物的寄递等业务活动
其他邮政服务	邮册等邮品销售、邮政代理等业务活动

③电信服务。电信服务是指利用有线、无线的电磁系统或光电系统等各种通信网络资源，提供语音通话服务，传送、发射、接收或应用图像、短信等电子数据和信息的业务活动；包括基础电信服务和增值电信服务。基础电信服务是指利用固网、移动网、卫星、互联网，提供语音通话服务的业务活动，以及出租或出售带宽、波长等网络元素的业务活动；增值电信服务是指利用固网、移动网、卫星、互联网、有线电视网络，提供短信和彩信服务、电子数据和信息的传输及应用服务、互联网接入服务等业务活动。

④建筑服务。建筑服务是指各类建筑物、构筑物及其附属设施的建造、修缮、装饰，线路、管道、设备、设施等的安装以及其他工程作业的业务活动，包括工程服务、安装服务、修缮服务、装饰服务和其他建筑服务，具体内容如表4-3所示。

表 4-3　建筑服务具体内容

子目	含义
工程服务	新建、改建各种建筑物、构筑物的工程作业，包括与建筑物相连的各种设备或支柱、操作平台的安装或装设工程作业，以及各种窑炉和金属结构工程作业
安装服务	生产设备、动力设备、起重设备、运输设备、传动设备、医疗实验设备以及其他各种设备、设施的装配、安置工程作业，包括与被安装设备相连的工作台、梯子、栏杆的装设工程作业，以及被安装设备的绝缘、防腐、保温、油漆等工程作业

子目	含义
修缮服务	对建筑物、构筑物进行修补、加固、养护、改善，使之恢复原来的使用价值或延长其使用期限的工程作业
装饰服务	对建筑物、构筑物进行修饰装修，使之美观或具有特定用途的工程作业
其他建筑服务	上列工程作业之外的各种工程作业服务，如钻井（打井）、拆除建筑物或构筑物、平整土地、园林绿化、疏浚（不包括航道疏浚）、建筑物平移、搭脚手架、爆破、矿山穿孔、表面附着物（包括岩层、土层、沙层等）剥离和清理等工程作业

> **知识拓展**
>
> 固定电话、有线电视、宽带、水、电、燃气、暖气等经营者向用户收取的安装费、初装费、开户费、扩容费以及类似收费，按照安装服务缴纳增值税。

⑤金融服务。金融服务是指经营金融保险的业务活动，包括贷款服务、直接收费金融服务、保险服务和金融商品转让，具体内容如表4-4所示。

表4-4 金融服务具体内容

子目	含义
贷款服务	贷款是指将资金贷与他人使用而取得利息收入的业务活动。各种占用、拆借资金取得的收入，包括金融商品持有期间（含到期）利息（保本收益、报酬、资金占用费、补偿金等）收入、信用卡透支利息收入、买入返售金融商品利息收入、融资融券收取的利息收入，以及融资性售后回租、押汇、罚息、票据贴现、转贷等业务取得的利息及利息性质的收入，按照贷款服务缴纳增值税
直接收费金融服务	为货币资金融通及其他金融业务提供相关服务并且收取费用的业务活动，包括提供货币兑换、账户管理、电子银行、信用卡、信用证、财务担保、资产管理、信托管理、基金管理、金融交易场所（平台）管理、资金结算、资金清算、金融支付等服务
保险服务	投保人根据合同约定，向保险人支付保险费，保险人对于合同约定的可能发生的事故因其发生所造成的财产损失承担赔偿保险金责任，或当被保险人死亡、伤残、疾病或达到合同约定的年龄、期限等条件时承担给付保险金责任的商业保险行为。保险服务包括人身保险服务和财产保险服务
金融商品转让	转让外汇、有价证券、非货物期货和其他金融商品所有权的业务活动。其他金融商品转让包括基金、信托、理财产品等各类资产管理产品和各种金融衍生品的转让

⑥现代服务。现代服务是指围绕制造业、文化产业、现代物流产业等提供技术型、知识型、服务型的业务活动，包括研发和技术服务、信息技术服务、文化创意服务、物流辅助服务、租赁服务、鉴证咨询服务、广播影视服务、商务辅助服务和其他现代服务，具体内容如表4-5所示。

表4-5 现代服务具体内容

子目	含义
研发和技术服务	包括研发服务、技术转让服务、技术咨询服务、合同能源管理服务、工程勘察勘探服务
信息技术服务	包括软件服务、电路设计及测试服务、信息系统服务、业务流程管理服务和信息系统增值服务
文化创意服务	包括设计服务、知识产权服务、广告服务和会议展览服务
物流辅助服务	包括航空服务、港口码头服务、货运客运场站服务、打捞救助服务、货物运输代理服务、代理报关服务、仓储服务和装卸搬运服务
租赁服务	包括融资租赁服务和经营租赁服务。按照标的物的不同，经营租赁服务还可以分为有形动产经营租赁服务和不动产经营租赁服务
鉴证咨询服务	包括认证服务、鉴证服务和咨询服务
广播影视服务	包括广播影视节目（作品）的制作服务、发行服务和播映（含放映）服务
商务辅助服务	包括企业管理服务、经纪代理服务、人力资源服务、安全保护服务
其他现代服务	除研发和技术服务、信息技术服务、文化创意服务、物流辅助服务、租赁服务、鉴证咨询服务、广播影视服务和商务辅助服务以外的现代服务

知识拓展

宾馆、旅馆、旅社、度假村和其他经营性住宿场所提供会议场地及配套服务的活动，按照会议展览服务缴纳增值税；将建筑物、构筑物等不动产或飞机、车辆等有形动产的广告位出租给其他单位或个人用于发布广告的，按照经营租赁服务缴纳增值税；车辆停放服务、道路通行服务（包括过路费、过桥费、过闸费等）等按照不动产经营租赁服务缴纳增值税；翻译服务和市场调查服务按照咨询服务缴纳增值税；纳税人为客户办理退票而向客户收取的退票费、手续费等收入，纳税人对安装运行后的电梯提供的维护保养服务，按照其他现代服务缴纳增值税。

⑦生活服务。生活服务是指为满足城乡居民日常生活需求提供的各类服务活动，包括文化体育服务、教育医疗服务、旅游娱乐服务、餐饮住宿服务、居民日常服务和其他生活服务，具体内容如表4-6所示。

表4-6　生活服务具体内容

子目	含义
文化体育服务	包括文化服务和体育服务。纳税人在游览场所经营索道、摆渡车、电瓶车、游船等取得的收入，按照文化体育服务缴纳增值税
教育医疗服务	包括教育服务和医疗服务
旅游娱乐服务	包括旅游服务和娱乐服务
餐饮住宿服务	包括餐饮服务和住宿服务
居民日常服务	主要为满足居民个人及其家庭日常生活需求提供的服务，包括市容市政管理、家政、婚庆、养老、殡葬、照料和护理、救助救济、美容美发、按摩、桑拿、氧吧、足疗、沐浴、洗染、摄影扩印等服务
其他生活服务	除文化体育服务、教育医疗服务、旅游娱乐服务、餐饮住宿服务和居民日常服务之外的生活服务。纳税人提供植物养护服务，按照其他生活服务缴纳增值税

【例题·单选题】根据相关规定，下列各项中，应按照"销售服务——生活服务"税目计缴增值税的是（　　）。

A. 文化创意服务　　　　　　　　　　B. 车辆停放服务

C. 广播影视服务　　　　　　　　　　D. 旅游娱乐服务

【解析】本题考查销售服务中的各项税目。选项A，应按照"销售服务——文化创意服务"税目计缴增值税；选项B，应按照"销售服务——租赁服务"税目计缴增值税；选项C，应按照"销售服务——广播影视服务"税目计缴增值税。

【答案】D

（4）销售无形资产。

无形资产，是指不具有实物形态，但能带来经济利益的资产，包括技术、商标、著作权、商誉、自然资源使用权和其他权益性无形资产。因此，销售无形资产是指转让无形资产所有权或使用权的业务活动。

其中，技术包括专利技术和非专利技术；自然资源使用权包括土地使用权、海域使用权、探矿权、采矿权、取水权和其他自然资源使用权；其他权益性无形资产包括基础设施资产经营权、公共事业特许权、配额、经营权（包括特许经营权、连锁经营权、其他经营权）、经销权、分销权、代理权、会员权、席位权、网络游戏虚拟道具、域名、名称权、肖像权、冠名权、转会费等。

（5）销售不动产。

销售不动产是指转让不动产所有权的业务活动。不动产是指不能移动或移动后会引起性质、形状改变的财产，包括建筑物、构筑物等。建筑物包括住宅、商业营业用房、办公楼等可供居住、工作或进行其他活动的建造物；构筑物包括道路、桥梁、隧道、水坝等建造物。

转让建筑物有限产权或永久使用权的，转让在建的建筑物或构筑物所有权的，以及在转让建筑物或构筑物时一并转让其所占土地的使用权的，按照销售不动产缴纳增值税；单独转让土地使用权按照销售无形资产缴纳增值税。

【例题·单选题】根据规定，下列行为中，应按照"销售不动产"税目计缴增值税的是（   ）。

A. 将建筑物广告位出租给其他单位用于发布广告

B. 销售底商（建筑物底层商铺）

C. 转让高速公路经营权

D. 转让国有土地使用权

【解析】本题考查销售不动产的内容。选项 A 应按照"现代服务——租赁服务"计缴增值税；选项 C、D 应当按照"销售无形资产"计缴增值税。

【答案】B

需要注意的是，销售服务、无形资产或不动产，是指有偿提供服务、有偿转让无形资产或不动产，但属于下列非经营活动的情形除外。

①行政单位收取的同时满足以下条件的政府性基金或行政事业性收费：由国务院或中华人民共和国财政部（以下简称"财政部"）批准设立的政府性基金，由国务院或省级人民政府及其财政、价格主管部门批准设立的行政事业性收费；收取时开具省级以上（含省级）财政部门监（印）制的财政票据；所收款项全额上缴财政。

②单位或个体工商户聘用的员工为本单位或雇主提供取得工资的服务。

③单位或个体工商户为聘用的员工提供服务。

④财政部和国家税务总局规定的其他情形。

（6）视同销售。

根据规定，单位或个体工商户有下列行为之一的，视同销售货物。

◆ 将货物交付其他单位或个人代销。

◆ 销售代销货物。

◆ 货物移送。设有两个以上机构并实行统一核算的纳税人，将货物从一个机构移送至其他机构用于销售，但相关机构设在同一县（市）的除外。

◆ 将自产、委托加工的货物用于集体福利或个人消费。

◆ 将自产、委托加工或购进的货物作为投资，提供给其他单位或个体工商户。

◆ 将自产、委托加工或购进的货物分配给股东或投资者。

◆ 将自产、委托加工或购进的货物无偿赠送给其他单位或个人。

另外，下列情形视同销售服务、无形资产或不动产。

◆ 单位或个体工商户向其他单位或个人无偿提供服务，但用于公益事业或以社会公众为对象的除外。

◆ 单位或个人向其他单位或个人无偿转让无形资产或不动产，但用于公益事业或以社会公众为对象的除外。

◆ 财政部和国家税务总局规定的其他情形。

2. 增值税的销项税额

企业在日常销售中，主要涉及的就是增值税的销项税额。销项税额是指纳税人发生应税销售行为时，按照销售额与规定税率计算并向购买方收取的增值税税额。销项税额的计算公式如下。

销项税额＝销售额×适用税率

从销项税额的定义和公式可以看出，其主要取决于销售额和适用税率两个因素，下面即对其进行介绍。

（1）一般销售方式下销售额的确认。

销售额是指纳税人销售货物、提供应税劳务或发生应税行为时向购买方收取的全部价款和价外费用，但是不包括收取的销项税额。其中，价外费用包括价外向购买方收取的手续费、补贴、基金、集资费、返还利润、奖励费、违约金、滞纳金、延期付款利息、赔偿金、代收款项、代垫款项、包装费、包装物租金、储备费、优质费、运输装卸费以及其他各种性质的价外收费。但下列项目不包括在销售额内。

①受托加工应征消费税的消费品所代收代缴的消费税。

②同时符合以下3个条件代为收取的政府性基金或行政事业性收费：由国务院或财政部批准设立的政府性基金，由国务院或省级人民政府及其财政、价格主管部门批准设立的行政事业性收费；收取时开具省级以上财政部门印制的财政票据；所收款项全额上缴财政。

③销售货物的同时代办保险等而向购买方收取的保险费，以及向购买方收取的代购买方缴纳的车辆购置税、车辆牌照费。

④以委托方名义开具发票代委托方收取的款项。

（2）增值税视同销售业务的销售额的确定。

增值税视同销售业务一般不以资金的形式反映出来，因而会出现无销售额的情况，在这种情况下，税务机关有权按照如下顺序核定销售额。

①按纳税人最近时期同类货物的平均销售价格确定。

②按其他纳税人最近时期同类货物的平均销售价格确定。

③按组成计税价格确定。组成计税价格的公式如下。

组成计税价格=成本×（1+成本利润率）

属于应征消费税的货物，其组成计税价格中应加计消费税额，其计算公式如下。

组成计税价格=成本×（1+成本利润率）+消费税税额

或

组成计税价格=成本×（1+成本利润率）÷（1-消费税税率）

其中，公式中的成本为销售自产货物的为实际生产成本，或销售外购货物的为实际采购成本。公式中的成本利润率为10%。另外，纳税人销售货物或劳务的价格明显偏低并无正当理由的，也应当由税务机关按照上述方法核定其销售额。

根据规定，纳税人销售服务、无形资产或不动产的价格明显偏低或偏高并且不具有合理商业目的的，或发生无销售额的，税务机关应当按照以下顺序确定其销售额。

①按纳税人最近时期销售同类服务、无形资产或不动产的平均价格确定。

②按其他纳税人最近时期销售同类服务、无形资产或不动产的平均价格确定。

③按组成计税价格确定。组成计税价格的公式如下。

组成计税价格=成本×（1+成本利润率）

需要注意的是，这里的成本利润率由国家税务总局确定。

（3）特殊销售方式下销售额的确认。

在销售活动中，除了一般的销售方式外，纳税人还会采用很多特殊的销售方式，表4-7所示为特殊销售方式下的销售额。

表4-7　特殊销售方式下销售额的确认

方式	含义	销售额
折扣销售	是指销售方在发生应税销售行为时，因购货方购货数量较大等原因而给予购货方的价格优惠	当纳税人采取折扣方式销售货物时，按以下两种不同情形来确定销售额 ①销售额和折扣额在同一张发票上分别注明的，按折扣后的销售额征收增值税 ②如果将折扣额另开发票（或将折扣额在同一张发票的备注栏分别注明），则不论其在财务上如何处理，均不得从销售额中减除折扣额
以旧换新	是指纳税人在销售自己的货物时，有偿收回旧货物的行为	按新货物的同期销售价格确定销售额，不得扣减旧货物的收购价格；但是，对金银首饰的以旧换新业务，可按销售方实际收取的不含增值税的全部价款征收增值税
还本销售	是指纳税人在销售货物后，到一定期限由销售方一次或分次退还给购货方全部或部分价款	销售额就是货物的销售价格，不得从销售额中减除还本支出

续表

方式	含义	销售额
以物易物	是指购销双方不是以货币结算，而是以同等价款的应税销售行为相互结算，实现应税销售行为购销的一种方式	以物易物双方都应做购销处理，以各自发出的货物核算销售额并计算销项税额，以各自收到的货物按规定核算购货额并计算进项税额。在这种销售行为中，应分别开具合法的票据，若收到的货物不能取得相应的增值税专用发票或其他合法票据，则不能抵扣进项税额
直销方式	是指直销企业招募直销员，由直销员在固定营业场所之外直接向最终消费者推销产品的方式	销售额为其向直销员收取的全部价款和价外费用。直销员将货物给消费者时，应按照现行规定缴纳增值税

另外，有的行业的某些业务还具有一定的特殊性，因此在确定其销售额时应遵循特殊规定。具体如表4-8所示。

名师点拨

需要注意的是，折扣销售不同于销售折扣和销售折让。销售折扣是指销售方在发生应税销售行为后，为了鼓励购货方及早偿还货款而协议许诺给予购货方的一种折扣优待（即会计上的现金折扣），由于发生在应税销售行为之后，故销售折扣不得从销售额中减除。销售折让是指企业因售出商品的质量不合格等原因而在售价上给予的减让，虽然其发生在应税销售行为之后，但销售折让是应税销售行为的品种和质量等引起的销售额减少，因此其应当以折让后的货款为销售额。

表4-8　有关行业销售额的特殊规定

类型	业务种类	销售额的确定	备注
全额计税	贷款服务	全部利息及利息性质的收入	—
	直接收费金融服务	收取的手续费、佣金、酬金、管理费、服务费、经手费、开户费、过户费、结算费、转托管费等各类费用	—
	发卡机构、清算机构和收单机构提供银行卡跨机构资金清算服务	发卡机构以其向收单机构收取的发卡行服务费为销售额，清算机构以其向发卡机构、收单机构收取的网络服务费为销售额，收单机构以其向商户收单服务费为销售额	清算机构从发卡机构取得的增值税发票上记载的发卡行服务费，一并计入清算机构的销售额
差额计税	金融商品转让	卖出价扣除买入价后的余额	不得开具增值税专用发票
	经纪代理服务	全部价款和价外费用，扣除向委托方收取并代为支付的政府性基金或行政事业性收费后的余额	向委托方收取的政府性基金或行政事业性收费，不得开具增值税专用发票
	航空运输企业	不包括代收的机场建设费和代售其他航空运输企业客票而代收转付的价款	—
	试点纳税人中的一般纳税人提供客运场站服务	全部价款和价外费用，扣除支付给承运方运费后的余额	—
	试点纳税人提供旅游服务	全部价款和价外费用，扣除向旅游服务购买方收取并支付给其他单位或个人的住宿费、餐饮费、交通费、签证费、门票费和支付给其他接团旅游企业的旅游费用后的余额	向旅游服务购买方收取并支付的费用，不得开具增值税专用发票，可以开具普通发票
	纳税人提供建筑服务适用简易计税方法的	全部价款和价外费用扣除支付的分包款后的余额	—
差额计税	房地产开发企业中的一般纳税人销售其开发的房地产项目（选择简易计税方法的房地产老项目除外）	全部价款和价外费用，扣除受让土地时向政府部门支付的土地价款后的余额	房地产老项目是指《建筑工程施工许可证》上注明的合同开工日期在2016年4月30日前的房地产项目，以及《建筑工程施工许可证》未注明合同开工日期或未取得《建筑工程施工许可证》但建筑工程承包合同注明的开工日期在2016年4月30日前的建筑工程项目

除了上述销售外，企业的日常销售中还会出现混合销售和兼营的行为。若一项销售行为既涉

及服务又涉及货物，即为混合销售；若企业的经营中包括销售货物、劳务以及销售服务、无形资产和不动产的行为，即为兼营。混合销售和兼营的，其销售额的确认如下。

◆ **混合销售**：根据规定，混合销售的销售额为货物销售额与服务销售额的合计。

◆ **兼营**：根据规定，纳税人兼营不同税率的货物、劳务、服务、无形资产和不动产，应当分别核算不同税率或征收率的销售额；未分别核算销售额的，从高适用税率。若纳税人兼营免税、减税项目的，应当分别核算免税、减税项目的销售额；未分别核算的，不得免税、减税。

需要注意的是，增值税实行价外税，计算销项税额时，销售额中不应含有增值税税款。如果包含了增值税税款即销项税额，则应将含税销售额换算成不含税销售额。其换算公式如下。

不含税销售额 ＝ 含税销售额 ÷（1 ＋ 增值税税率）

名师点拨

> 纳税人按人民币以外的货币结算销售额的，其销售额的人民币折合率可以选择销售额发生的当天或当月1日的人民币外汇中间价。纳税人应在事先确定采用哪种折合率，确定后1年之内不得变更。

【例题·单选题】甲公司为增值税一般纳税人，2019年10月采取折扣方式销售一批货物，该批货物不含税销售额为90 000元，折扣额为9 000元，销售额和折扣额在同一张发票上分别注明。已知增值税税率为13%。甲公司当月该笔业务增值税销项税额的下列计算列示中，正确的是（　　）。

A.（90 000－9 000）×（1＋13%）×13% ＝ 11 898.9（元）

B. 90 000×13% ＝ 11 700（元）

C. 90 000×（1＋13%）×13% ＝ 13 221（元）

D.（90 000－9 000）×13% ＝ 10 530（元）

【解析】本题考查销售额的确定。纳税人采取折扣方式销售货物，如果销售额和折扣额在同一张发票上分别注明的，可按折扣后的销售额征收增值税。故甲公司当月该笔业务增值税销项税额 ＝（90 000－9 000）×13% ＝ 10 530（元），选项D正确。

【答案】D

3. 增值税的税率和征收率

我国采用税率和征收率两种方式向纳税人征收增值税。对一般纳税人采用基本税率、低税率和零税率3个档次的比例税率，对小规模纳税人采用征收率。

（1）基本税率。

纳税人销售或进口货物（除适用9%的货物外），提供加工、修理、修配劳务，提供有形动产租赁服务的税率均为13%。

（2）低税率。

除基本税率以外，下列货物按照低税率征收增值税。

①根据《中华人民共和国增值税暂行条例》（以下简称《增值税暂行条例》）及相关规定，下列应税货物按照9%的低税率征收增值税：饲料、化肥、农药、农机、农膜；粮食等农产品、食用植物油、食用盐；自来水、暖气、冷气、热水、煤气、石油液化气、天然气、二甲醚、沼气、居民用煤炭制品；图书、报纸、杂志、音像制品、电子出版物；国务院规定的其他货物。

②根据《增值税暂行条例》及相关规定，下列应税服务按照低税率征收增值税：不动产租赁服务、销售不动产、建筑服务、交通运输服务、邮政服务、基础电信服务、转让土地使用权，税率为9%；销售服务、无形资产，除《增值税暂行条例》第二条第一项、第二项、第五项另有规定外，税率为6%，即包括现代服务（租赁服务除外）、增值电信服务、金融服务、生活服务、销售无形资产（含转让补充耕地指标，不含转让土地使用权）。

名师点拨

> 土地使用权虽然属于无形资产的范畴，但其适用的税率却不能按销售无形资产的税率来核算。销售无形资产适用的增值税税率为 6%，转让土地使用权适用的增值税税率为 9%。

（3）零税率。

下列项目适用于增值税零税率。

①纳税人出口货物，税率为零，国务院另有规定的除外。

②境内单位和个人提供的国际运输服务、航天运输服务、向境外单位提供的完全在境外消费的服务、国家税务总局规定的其他服务，税率为零。

（4）征收率。

增值税征收率是指对特定的货物或特定的纳税人发生应税销售行为在某一生产流通环节应纳税额与销售额的比率。增值税征收率（包括 3%）适用于两种情况：一是小规模纳税人（一般为 3%），二是一般纳税人发生应税销售行为按规定可以选择简易计税方法计税的。根据规定，下列情况适用 5% 的征收率。

①小规模纳税人销售自建或取得的不动产。

②一般纳税人选择简易计税方法计税的不动产销售。

③房地产开发企业中的小规模纳税人销售、出租自行开发的房地产老项目。

④其他个人销售其取得（不含自建）的不动产（不含其购买的住房）。

⑤一般纳税人选择简易计税方法计税的不动产经营租赁。

⑥小规模纳税人出租（经营租赁）其取得的不动产（不含个人出租住房）。

⑦其他个人出租（经营租赁）其取得的不动产（不含住房）。

⑧个人出租住房，应按照 5% 的征收率减按 1.5% 计算应纳税额。

⑨一般纳税人和小规模纳税人提供劳务派遣服务选择差额纳税的。

⑩一般纳税人提供人力资源外包服务，选择适用简易计税方法的。

⑪一般纳税人收取试点前开工的一级公路、二级公路、桥、闸通行费，选择适用简易计税方法的。

⑫纳税人转让 2016 年 4 月 30 日前取得的土地使用权，选择适用简易计税方法的。

⑬一般纳税人 2016 年 4 月 30 日前签订的不动产融资租赁合同，或 2016 年 4 月 30 日前取得的不动产提供的融资租赁服务，选择适用简易计税方法的。

除上述适用 5% 征收率以外的纳税人选择适用简易计税方法发生的应税行为的征收率均为 3%。

除以上规定外，增值税法中关于征收率的特殊规定如表 4-9 所示。

表 4-9　征收率的特殊规定

情形	规定
一般纳税人销售自己使用过的属于《增值税暂行条例》第十条规定不得抵扣且未抵扣进项税额的固定资产	按照简易办法依照 3% 征收率减按 2% 征收增值税
纳税人销售旧货，其中旧货是指进入二次流通的具有部分使用价值的货物（含旧汽车、旧摩托车和旧游艇），但不包括自己使用过的物品	
小规模纳税人销售自己使用过的固定资产	减按 2% 征收率增收增值税
提供物业管理服务的纳税人，向服务接受方收取的自来水水费	以扣除其对外支付的自来水水费后的余额为销售额，按照简易计税方法依 3% 的征收率计算缴纳增值税
非企业性单位中的一般纳税人提供的研发和技术服务、信息技术服务、鉴证咨询服务，以及销售技术、著作权等无形资产	可以选择简易计税方法按照 3% 征收率计算缴纳增值税
一般纳税人提供教育辅助服务	
自 2018 年 5 月 1 日起，增值税纳税人生产销售和批发、零售抗癌药品的（抗癌药品是指经国家药品监督管理部门批准注册的抗癌制剂及原料药）	
自 2019 年 3 月 1 日起，增值税一般纳税人生产销售和批发、零售罕见病药品的（罕见病药品是指经国家药品监督管理部门批准注册的罕见病药品制剂及原料药）	

上述纳税人销售自己使用过的固定资产、物品和旧货适用按照简易办法依照 3% 征收率减按 2% 征收增值税的，按照下列公式确定销售额和应纳税额：销售额 = 含税销售额 ÷（1+3%），应纳税额 = 销售额 ×2%。

需要注意的是，抗癌药品和罕见病药品的范围实行动态调整，纳税人选择简易办法计算缴纳增值税后，36 个月不得变更。另外，纳税人应当单独核算罕见病药品的销售额，未单独核算的，不得使用上述规定的简易征收政策。

4.3.2 消费税

除了增值税以外，企业在日常销售中涉及的税还包括消费税。消费税是对特定的消费品和消费行为按流转额征收的一种商品税，其征收具有较强的选择性，是国家贯彻消费政策、引导消费结构从而引导产业结构的重要手段。

1. 消费税的纳税人和征税范围

消费税是对在我国境内从事生产、委托加工和进口应税消费品的单位和个人，就其应税消费品的销售额或销售量征收的一种税。其纳税人和征税范围具体如下。

（1）消费税的纳税人。

消费税纳税人是指在中华人民共和国境内生产、委托加工和进口《中华人民共和国消费税暂行条例》（以下简称《消费税暂行条例》）规定的应税消费品的单位和个人，以及国务院确定的销售《消费税暂行条例》规定的消费品的其他单位和个人。

①生产销售（包括自用）的应税消费品，以生产销售单位和个人为纳税人，由生产者直接缴纳。

②委托加工的应税消费品，以委托的单位和个人为纳税人，由受托方代收代缴消费税（受托方为个人的除外）。

③进口的应税消费品，以进口的单位和个人为纳税人，海关代为征收。

（2）消费税的征税范围。

消费税征税范围主要包括生产环节、委托加工环节、进口环节、零售环节和批发环节等包含的各种行为。

①生产应税消费品。生产应税消费品应按以下规定纳税或不纳税。

◆ 纳税人生产的应税消费品，应于纳税人销售时纳税。

◆ 工业企业以外的单位和个人的下列行为视为应税消费品的生产行为，并按规定缴纳消费税：将外购的消费税非应税产品以消费税应税产品对外销售的；将外购的消费税低税率应税产品以高税率应税产品对外销售的；纳税人自产自用的应税消费品用于连续生产应税消费品的，不纳税，用于其他方面的，于移送使用时纳税。

②委托加工应税消费品。委托加工的应税消费品，除受托方为个人外，由受托方在向委托方交货时代收代缴消费税。委托个人加工的应税消费品，由委托方收回后缴纳消费税。委托加工的应税消费品，委托方用于连续生产应税消费品的，所纳税款准予按规定抵扣。委托方将收回的应税消费品，以不高于受托方的计税价格出售的，为直接出售，不再缴纳消费税；委托方以高于受托方的计税价格出售的，不属于直接出售，需按照规定申报缴纳消费税，在计税时准予扣除受托方已代收代缴的消费税。

③零售应税消费品。在零售环节征收消费税的首饰主要包括 3 类：金、银金基、银基合金首饰，以及金、银和金基、银基合金的镶嵌首饰；钻石及钻石饰品；铂金首饰。此外，商业零售金银首饰视同零售业，在零售环节缴纳消费税的业务主要包括以下几个。

◆ 为经营单位以外的单位和个人加工金银首饰。

◆ 经营单位将金银首饰用于馈赠、赞助、集资、广告样品、职工福利、奖励等方面。

◆ 未经中国人民银行总行批准，经营金银首饰批发业务单位将金银首饰销售给经营单位。

> 名师点拨
>
> 另外，自2016年12月1日起，对超豪华小汽车，在生产（进口）环节按现行税率征收消费税的基础上，在零售环节加征消费税，将超豪华小汽车销售给消费者的单位和个人为超豪华小汽车零售环节纳税人。

2. 消费税税目及税率

消费税税率采取比例税率和定额税率两种形式。一般情况下，对一种消费品只选择一种税率形式，但为了更有效地保全消费税税基，对卷烟和白酒则采取了以比例税率和定额税率双重征收的形式。消费税的税目及税率如表4-10所示。

表4-10　消费税税目及税率

税目	税率	税目	税率
（一）烟 1．卷烟 （1）甲类卷烟 （2）乙类卷烟 （3）批发环节 2．雪茄烟 3．烟丝	 56%加0.003元/支（生产环节） 36%加0.003元/支（生产环节） 11%加0.005元/支 36% 30%	（七）摩托车 1．气缸容量（排气量，下同）为250毫升的 2．气缸容量在250毫升（不含）以上的	 3% 10%
（二）酒 1．白酒 2．黄酒 3．啤酒 （1）甲类啤酒 （2）乙类啤酒 4．其他酒	 20%加0.5元/500克（或500毫升） 240元/吨 250元/吨 220元/吨 10%	（八）小汽车 1．乘用车 （1）气缸容量（排气量，下同）在1.0升（含1.0升）以下的 （2）气缸容量在1.0升以上至1.5升（含1.5升）的 （3）气缸容量在1.5升以上至2.0升（含2.0升）的 （4）气缸容量在2.0升以上至2.5升（含2.5升）的	 1% 3% 5% 9%
（三）高档化妆品	15%	（5）气缸容量在2.5升以上至3.0升（含3.0升）的 （6）气缸容量在3.0升以上至4.0升（含4.0升）的	12% 25%
（四）贵重首饰及珠宝玉石 1．金银首饰、铂金首饰和钻石及钻石饰品 2．其他贵重首饰和珠宝玉石	 5% 10%	（7）气缸容量在4.0升以上的 2．中轻型商用客车 3．超豪华小汽车（零售环节加征）	40% 5% 10%
（五）鞭炮、焰火	15%	（九）高尔夫球及球具	10%
（六）成品油 1．汽油 2．柴油 3．航空煤油 4．石脑油 5．溶剂油 6．润滑油 7．燃料油	 1.52元/升 1.20元/升 1.20元/升 1.52元/升 1.52元/升 1.52元/升 1.20元/升	（十）高档手表 （十一）游艇 （十二）木制一次性筷子 （十三）实木地板 （十四）电池 （十五）涂料	20% 10% 5% 5% 4% 4%

3. 消费税销售额和销售数量的确认

与增值税相似，要想确认应当缴纳的消费税，首先需要确定消费品的销售额。消费税应纳税额的计算分为从价计征、从量计征和复合计征3种方法，因此，在计算应当缴纳的消费税前，需要先确认其销售额和销售数量。

（1）从价计征。

从价计征方式下的销售额，是指纳税人销售应税消费品向购买方收取的全部价款和价外费用，不包括应向购买方收取的增值税税款。价外费用是指价外向购买方收取的手续费、补贴、基金、集资费、返还利润、奖励费、违约金、滞纳金、延期付款利息、赔偿金、代收款项、代垫款项、包装费、包装物租金、储备费、优质费、运输装卸费以及其他各种性质的价外费用。其中，不包含在销售额内的费用如下。

①同时符合以下条件的代垫运输费用：承运部分的运输费用发票开具给购买方的，纳税人将

该项发票转交给购买方的。

②同时符合以下条件代为收取的政府性基金或行政事业性收费：由国务院或财政部批准设立的政府性基金，由国务院或省级人民政府及其财政、价格主管部门批准设立的行政事业性收费；收取时开具以上财政部门印制的财政票据；所收款项全部上缴财政。

名师点拨

应税消费品在缴纳消费税的同时，还应缴纳增值税。按《中华人民共和国消费税暂行条例实施细则》的规定，应税消费品的销售额，不包括应向购货方收取的增值税税款。纳税人应税消费品的销售额中未扣除增值税税款或因不得开具增值税专用发票而发生价款和增值税税款合并收取的，在计算消费税时应将含增值税的销售额换算为不含增值税税款的销售额。换算公式如下。

应税消费品的销售额＝含增值税的销售额÷（1+ 增值税税率或征收率）

（2）从量计征。

从量计征的方式下，其应纳税额的计算取决于销售数量和税率，因此需要确认的即为销售数量。销售数量是指纳税人生产、加工和进口应税消费品的数量，具体规定如下。

①销售应税消费品的，为应税消费品的销售数量。

②自产自用应税消费品的，为应税消费品的移送使用数量。

③委托加工应税消费品的，为纳税人收回的应税消费品数量。

④进口应税消费品的，为海关核定的应税消费品进口征税数量。

（3）复合计征。

根据消费税法律法规的规定，对卷烟和白酒实行从价和从量相结合的复合计征办法征收消费税。具体销售额和销售数量按以下规定确定。

①销售额为纳税人生产销售卷烟、白酒向购买方收取的全部价款和价外费用。

②销售数量为纳税人生产销售、进口、委托加工、自产自用卷烟、白酒的销售数量、海关核定数量、委托方收回数量和移送使用数量。

除了以上规定外，在企业的日常经营中还会存在一些特殊情形，其销售额和销售数量的确定如下。

◆ 纳税人应税消费品的计税价格明显偏低并无正当理由的，由税务机关核定计税价格。其核定权限规定包括卷烟、白酒和小汽车的计税价格由国家税务总局核定，送财政部备案；其他应税消费品的计税价格由省、自治区和直辖市税务局核定；进口应税消费品的计税价格由海关核定。

◆ 纳税人销售的应税消费品，以人民币以外的货币结算销售额的，其销售额的人民币折合率可选择销售额发生的当天或当月1日的人民币汇率的中间价。纳税人应提前确定采取哪种折合率，并在之后的1年内不得变更选择的折合率。

◆ 纳税人用于换取生产资料和消费资料、投资入股和抵偿债务等方面的应税消费品，应以纳税人同类应税消费品的最高销售价格作为计税依据计算消费税。

【例题·多选题】根据规定，下列各项中，纳税人应当以同类应税消费品的最高销售价格作为计税依据的有（　　）。

A. 将自产应税消费品用于换取生产资料

B. 将自产应税消费品用于换取消费资料

C. 将自产应税消费品用于对外捐赠

D. 将自产应税消费品用于投资入股

E. 将自产应税消费品用于抵偿债务

【解析】本题考查消费税销售额和销售数量的确定。纳税人用于换取生产资料和消费资料（选项A、B）、投资入股（选项D）、抵偿债务（选项E）等方面的应税消费品，应当以纳税人同类应税消费品的最高销售价格为依据计算消费税。

【答案】ABDE

4. 应纳税额的计算

消费税应纳税额的计算，按生产销售、自产自用、委托加工和进口等环节分别计算。

（1）生产销售环节应纳消费税的计算。

①实行从价计征消费税的，其计算公式如下。

应纳税额 = 销售额 × 比例税率

②实行从量计征消费税的，其计算公式如下。

应纳税额 = 销售数量 × 定额税率

③实行复合计征消费税的（卷烟、白酒），其计算公式如下。

应纳税额 = 销售额 × 比例税率 + 销售数量 × 定额税率

（2）自产自用环节应纳消费税的计算。

纳税人自产自用的应税消费品，用于连续生产应税消费品的，不纳税；用于其他方面的，于移送使用时按纳税人生产的同类消费品的销售价格计算纳税。没有同类消费品销售价格的，按照组成计税价格计算纳税。具体应纳消费税的计算方法分别如下。

①实行从价计征消费税的，其计算公式如下。

应纳税额 = 组成计税价格 × 比例税率

组成计税价格 =（成本 + 利润）÷（1−比例税率）

②实行复合计征消费税的，其计算公式如下。

应纳税额 = 组成计税价格 × 比例税率 + 自产自用数量 × 定额税率

组成计税价格 =（成本 + 利润 + 自产自用数量 × 定额税率）÷（1−比例税率）

（3）委托加工环节应纳消费税的计算。

委托加工的应税消费品，按受托方的同类消费品的销售价格计算并纳税；没有同类消费品销售价格的，按组成计税价格纳税，具体规定如下。

①实行从价计征消费税的，其计算公式如下。

应纳税额 = 组成计税价格 × 比例税率

组成计税价格 =（材料成本 + 加工费）÷（1−比例税率）

②实行复合计征消费税的，其计算公式如下。

应纳税额 = 组成计税价格 × 比例税率 + 委托加工数量 × 定额税率

组成计税价格 =（材料成本 + 加工费 + 委托加工数量 × 定额税率）÷（1−比例税率）

（4）进口环节应纳消费税的计算。

进口环节消费税除国务院另有规定的，一律不得给予减免。纳税人进口应税消费品，按组成计税价格和规定的税率计算应纳税额，具体规定如下。

①实行从价计征消费税的，其计算公式如下。

应纳税额 = 组成计税价格 × 比例税率

组成计税价格 =（关税完税价格 + 关税）÷（1−比例税率）

②实行复合计征消费税的，其计算公式如下。

应纳税额 = 组成计税价格 × 比例税率 + 进口数量 × 定额税率

组成计税价格 =（关税完税价格 + 关税 + 进口数量 × 定额税率）÷（1−比例税率）

【案例4-14】 甲化妆品厂为增值税一般纳税人，适用的增值税税率为13%。2019年9月1日，甲化妆品厂将其生产的高档化妆品作为福利发给本厂职工，该类产品无同类消费品销售价格，生产成本为14 000元，成本利润率为5%，高档化妆品适用的消费税税率为15%，则该厂应缴纳的消费税为多少元？

【案例解析】该高档化妆品无同类消费品销售价格，因此应当按照组成计税价格计算应纳税额。组成计税价格 = （14 000+14 000×5%）÷（1-15%）=17 294.12（元）；甲化妆品厂应缴纳的消费税 =17 294.12×15%=2 594.12（元）。

【例题·单选题】甲汽车厂将1辆生产成本为5万元的自产小汽车用于抵偿债务，同型号小汽车不含增值税平均售价为10万元，不含增值税最高售价为12万元。已知小汽车消费税税率为5%，甲汽车厂该笔业务应缴纳消费税税额的下列计算列式中，正确的是（　　）。

    A. $1×10×5\% = 0.5$（万元）

    B. $1×12×5\% = 0.6$（万元）

    C. $1×5×5\% = 0.25$（万元）

    D. $1×5×（1+5\%）×5\% = 0.262\,5$（万元）

【解析】本题考查消费税的计算。消费税纳税人将生产的应税消费品用于抵偿债务的，应当以纳税人同类应税消费品的最高销售价格作为计税依据计算消费税。所以甲汽车厂该笔业务应缴纳的消费税 =$1×12×5\% = 0.6$（万元）。

【答案】B

5. 消费税相关的账务处理

与增值税相比，消费税是在销售收入中包含的税款，所以被称为"价内税"，价内税的特点是会影响企业的当期损益。应交消费税的发生、缴纳情况通常通过"应交税费——应交消费税"科目核算，下面即对消费税相关的账务处理进行介绍。

（1）销售应税消费品。

企业销售应税消费品缴纳消费税时，应当进行如下账务处理。

借：税金及附加
    贷：应交税费——应交消费税

（2）自产自用应税消费品。

企业将生产的应税消费品用于在建工程等非生产机构，对应缴纳的消费税做如下账务处理。

借：在建工程等
    贷：应交税费——应交消费税

企业将自产的应税消费品用于在建工程时，直接将库存商品成本和按商品市场价格计算的消费税税额计入在建工程成本；企业将自产的应税消费品用于集体福利和个人消费时，应确认商品的销售收入，并结转商品的成本。

【案例4-15】甲公司为增值税一般纳税人。2019年7月1日，甲公司销售所生产的实木地板一批，开具的增值税专用发票上注明的价款为20万元，增值税税额为2.6万元，适用的消费税税率为5%，款项已存入银行。另外，本月甲公司在建工程领用一批实木地板，成本为10万元，应缴纳消费税0.5万元。假设不考虑其他因素，甲公司应如何编制与消费税相关的会计分录？

【案例解析】销售实木地板应纳消费税 = 销售额（不含增值税）× 消费税税率 =$20×5\%=$1（万元），应编制的会计分录如下。

借：税金及附加   10 000
    贷：应交税费——应交消费税   10 000

自产自用应税消费品用于在建工程时。

借：在建工程   105 000
    贷：库存商品   100 000
        应交税费——应交消费税   5 000

（3）委托加工应税消费品。

需要缴纳消费税的委托加工物资，一般应由受托方代收代缴消费税。委托加工物资被收回后，分为直接用于销售和用于连续生产应税消费品两种情况。具体会计分录如下。

①受托方。

借：应收账款、银行存款等
　　贷：应交税费——应交消费税

②委托方。

委托加工物资被收回后直接用于销售的，应将受托方代收代缴的消费税计入委托加工物资的成本。

借：委托加工物资
　　贷：应付账款、银行存款等

委托加工物资被收回后用于连续生产应税消费品，按规定准予抵扣的，应按已由受托方代收代缴的消费税，借记"应交税费——应交消费税"科目。

借：应交税费——应交消费税
　　贷：应付账款、银行存款等

待用委托加工的应税消费品生产出应缴纳消费税的产品销售时，再缴纳消费税。

【例题·单选题】企业将委托加工应税消费品收回后直接对外销售，下列各项中，属于由受托方代收代缴的消费税应计入的会计科目是（　　）。

A．发出商品　　　　　　　　　B．委托加工物资

C．税金及附加　　　　　　　　D．应交税费

【解析】本题考查消费税的账务处理。委托加工物资被收回后直接用于销售的，应将受托方代收代缴的消费税计入委托加工物资的成本。

【答案】B

（4）进口应税消费品。

企业应将进口应税消费品在进口环节应缴纳的消费税，计入该项物资的成本。

借：材料采购、固定资产等
　　贷：银行存款

（5）缴纳消费税。

企业按期缴纳消费税时，应做以下账务处理。

借：应交税费——应交消费税
　　贷：银行存款

4.3.3 城市维护建设税、教育费附加和地方教育附加

在介绍了增值税和消费税之后，下面即对以企业实际缴纳的增值税与消费税为依据计算缴纳的税费——城市维护建设税、教育费附加、地方教育附加进行介绍。

1．城市维护建设税

城市维护建设税简称城建税，是我国为了加强城市的维护建设，增加和稳定城市维护建设资金的来源，对有经营收入的单位和个人征收的一种税。

（1）城市维护建设税的纳税人和税率。

城市维护建设税的纳税人是指在中华人民共和国境内缴纳增值税和消费税的单位和个人，包括各类企业（包括外商投资企业和外国企业）、行政单位、事业单位、军事单位、社会团体及其他单位，以及个体工商户和其他个人（包括外籍个人）。城市维护建设税的扣缴义务人为负有增值税、消费税扣缴义务的单位和个人。

城市维护建设税实行差别比例税率，根据纳税人所在地区的不同，设置了不同比例税率，具体如下所示。

①纳税义务人所在地在市区的，税率为7%。

②纳税义务人所在地在县城、镇的，税率为5%。

③纳税义务人所在地不在市区、县城、镇的，税率为1%。

（2）城市维护建设税应纳税额的计算。

城市维护建设税的应纳税额按照纳税人实际缴纳的增值税、消费税税额和出口货物、劳务或跨境销售服务、无形资产增值税免抵税额乘以税率计算。

城市维护建设税应纳税额的计算公式如下。

应纳税额 = 实际缴纳的增值税、消费税税额和出口货物、劳务或跨境销售服务、无形资产增值税抵免税额×适用税率

【案例4-16】某企业3月销售应税货物缴纳增值税34万元、消费税12万元，出售房产缴纳增值税10万元、土地增值税4万元。已知该企业所在地适用的城市维护建设税税率为7%。分析该企业3月应缴纳的城市维护建设税税额是多少？

【案例解析】根据规定，城市维护建设税的计税依据为纳税人实际缴纳的增值税和消费税税额，以及出口货物、劳务或跨境销售服务、无形资产增值税抵免税额。因此该企业应缴纳的城市维护建设税 = （34+12+10）×7% = 3.92（万元）。

（3）城市维护建设税的账务处理。

城市维护建设税的账务处理主要通过"应交税费——应交城市维护建设税"科目进行核算，具体账务处理如下。

①计提应缴纳的城市维护建设税时。

借：税金及附加

　　贷：应交税费——应交城市维护建设税

②实际缴纳城市维护建设税时。

借：应交税费——应交城市维护建设税

　　贷：银行存款

2. 教育费附加和地方教育附加

教育费附加和地方教育附加是对缴纳增值税、消费税的单位和个人，就其实际缴纳的税额为计算依据征收的一种附加费。教育费附加是为加快地方教育事业，扩大地方教育经费的资金而征收的一项专用基金。

（1）教育费附加和地方教育附加的计算。

教育费附加和地方教育附加对缴纳增值税、消费税的单位和个人征收，以其实际缴纳的增值税、消费税税款为计征依据，分别与增值税、消费税同时缴纳。根据规定，教育费附加征收比率为3%，地方教育附加的征收比率为2%。教育费附加和地方教育附加的计算公式如下。

应纳教育费附加或地方教育附加 = 实际缴纳增值税和消费税税额之和×征收比率

【案例4-17】某市甲企业2019年8月应缴增值税90 000元，实际缴纳增值税80 000元；应缴纳消费税70 000元，实际缴纳消费税60 000元。已知该企业所在地适用的教育费附加的征税比率为3%，地方教育附加的征税比率为2%。分析该企业8月应缴纳的教育费附加和地方教育附加。

【案例解析】教育费附加和地方教育附加以其实际缴纳的增值税、消费税税款为计征依据，因此该企业8月的应纳教育费附加 = （80 000+60 000）×3% = 4 200（元），应纳地方教育附加 = （80 000+60 000）×2% = 2 800（元）。

（2）教育费附加和地方教育附加的账务处理。

与城市维护建设税一致，教育费附加和地方教育附加的账务处理主要包括计提和实际缴纳两个环节，具体账务处理如下。

①计提应缴纳的教育费附加和地方教育附加时。

借：税金及附加等

　　　　　贷：应交税费——应交教育费附加
　　　　　　　　　　——应交地方教育附加
　　②实际缴纳教育费附加和地方教育附加时。
　　　借：应交税费——应交教育费附加
　　　　　　　　　——应交地方教育附加
　　　贷：银行存款

【例题·单选题】某企业适用的城市维护建设税税率为7%，教育费附加征收比率为3%，地方教育附加征收比率为2%。2019年8月，该企业应缴纳增值税200 000元、土地增值税30 000元、消费税50 000元、资源税20 000元。8月，该企业应记入"应交税费——应交城市维护建设税""应交税费——应交教育费附加""应交税费——应交地方教育附加"科目的金额分别为（　　）元。

　　A. 16 100、6 900、4 600　　　　　B. 17 500、7 500、5 000
　　C. 19 600、8 400、5 600　　　　　D. 21 000、9 000、6 000

【解析】本题考查企业应交城市维护建设税、教育费附加和地方教育附加的计算。增值税、消费税是城市维护建设税、教育费附加和地方教育附加的计税基础。该企业应记入"应交税费——应交城市维护建设税"科目金额＝（增值税＋消费税）×7%＝（200 000+50 000）×7%＝17 500（元），"应交税费——应交教育费附加"科目金额＝（增值税＋消费税）×3%＝（200 000+50 000）×3%＝7 500（元），"应交税费——应交地方教育附加"科目金额＝（增值税＋消费税）×2%＝（200 000+50 000）×2%＝5 000（元）。

【答案】B

4.4 同步强化练习题

一、单项选择题

1. 2019年2月1日，甲与乙签订了一项总额为50 000万元的固定资产造价合同，在乙自有土地上为其建造一栋办公楼。截至2019年12月20日，甲累计已发生成本12 500万元，2019年12月25日，经协商合同双方同意变更合同范围，附加装修办公楼的服务内容，合同价格相应增加8 500万元。假定不考虑其他因素，且上述新增合同价款不能反映装修服务的单独售价，下列各项关于合同变更会计处理的表述中，正确的是（　　）。

　　A. 合同变更部分作为单独合同进行会计处理
　　B. 合同变更部分作为原合同组成部分进行会计处理
　　C. 合同变更部分作为单项履约义务于完成装修时确认收入
　　D. 原合同未履约部分与合同变更部分作为新合同进行会计处理

2. 甲向乙销售了一批A商品，合同标价为300万元。甲从未向乙所在国家的其他客户进行过销售，已知乙所在的国家正在经历较为严重的经济困难，预计将不能从乙公司收回全部的对价金额，仅能收回180万元。尽管如此，甲预计乙所在国家的经济情况将在未来3年内好转，且甲与乙之间建立的关系有助于其在该国家拓展其他潜在客户。因此，甲能够接受乙支付低于合同对价的金额，即180万元，且估计很可能收回该对价。甲销售该商品的交易价格为（　　）万元。

　　A. 120　　　　　B. 180　　　　　C. 300　　　　　D. 0

3. 丙公司与A客户订立了一项合同，合同约定，转让软件许可证和实施安装服务并在两年期间内提供未明确规定的软件更新和技术支持。另外，合同还规定作为安装服务的一部分，软件将进行重大定制以增添重要的新功能，从而使软件能够与客户使用的其他定制软件应用程序相对接。下列项目表述中错误的是（　　）。

   A. 软件更新构成单项履约义务　　　　B. 技术支持构成单项履约义务

   C. 软件许可证构成单项履约义务　　　　D. 定制安装服务属于单项履约义务

4. 下列关于收入计量的交易价格的表述中，错误的是（　　）。

   A. 企业应当根据合同条款，并结合其以往的习惯做法确定交易价格

   B. 在确定交易价格时，企业应当考虑可变对价因素的影响

   C. 在确定交易价格时，企业应当考虑合同中存在的重大融资成分因素的影响

   D. 应付客户对价因素不影响交易价格的确定

5. 甲公司与A客户签订了一个管理信息技术数据中心3年的服务合同，在随后的每一年续约一次。与A客户签订合同的平均期限为5年。在提供服务之前，甲公司设计并建立了一个供公司内部使用，并与A客户管理系统接口的技术平台，该平台未转移至客户，只是用于向客户提供服务。建立技术平台发生的初始成本包括设计服务10万元；硬件8万元；软件13万元；数据中心的迁移与测试20万元。不考虑其他因素，甲公司下列会计处理表述中，错误的是（　　）。

   A. 数据中心的设计成本应计入当期损益

   B. 软件应确认为无形资产

   C. 硬件应确认为固定资产

   D. 数据中心的迁移与测试成本应确认为一项资产

6. 根据增值税法律制度的规定，下列各项中，应按照"销售劳务"税目计缴增值税的是（　　）。

   A. 制衣厂员工为本厂提供的加工服装服务

   B. 有偿提供安装空调服务

   C. 有偿修理机器设备服务

   D. 有偿提供出租车服务

7. 下列关于增值税的计税销售额的规定，说法不正确的是（　　）。

   A. 以物易物方式销售货物，双方都应做购销处理，以各自发出的货物核算销售额并计算销项税额

   B. 以旧换新销售货物，除金银首饰以旧换新业务之外，都应当按新货物的同期销售价格确定销售额，不得扣减旧货物的收购价格

   C. 纳税人采取折扣方式销售货物，销售额和折扣额在同一张发票上分别注明的，按折扣后的销售额征收增值税

   D. 以还本方式销售货物，销售额就是货物的销售价格，还应当从销售额中减除还本支出

8. 下列选项中，不属于视同销售业务的是（　　）。

   A. 将自产的货物作为投资提供给其他单位

   B. 将购进的货物用于集体福利

   C. 将自产的货物无偿赠送其他单位

   D. 将购进的货物分配给股东

9. 某服装厂将自产的品牌服装作为福利发给本厂的职工，该批产品账面成本共计15万元，按当月同类产品的平均售价计算为25万元，该服装厂按规定计征增值税的销售额为（　　）万元。

   A. 25　　　　　　　B. 19　　　　　　　C. 15　　　　　　　D. 16.5

10. 下列各项行为中，属于兼营行为的是（　　）。

   A. 某商业企业销售液晶电视机并负责为该客户安装

   B. 某加工企业为委托方加工商品并负责运输

   C. 某建筑公司为客户提供建筑业务的同时销售给客户自产货物

   D. 某KTV歌城提供娱乐服务的同时销售酒水饮料

11. 下列有关销售额的表述中，错误的是（　　）。

   A. 贷款服务，以收到的全部费用为销售额

B. 金融企业转让金融商品，按照卖出价扣除买入价后的余额为销售额

C. 航空运输企业的销售额，不包括代收的机场建设费和代售其他航空运输企业客票而代收转付的价款

D. 纳税人提供建筑服务适用简易计税方法的，以全部价款和价外费用扣除支付的分包款后的余额为销售额

12. 下列选项中，适用5%的征收率的是（　　）。

A. 小规模纳税人销售自己使用过的固定资产

B. 小规模纳税人销售自建或取得的不动产

C. 一般纳税人提供教育辅助服务

D. 纳税人销售旧货

13. 下列不属于消费税纳税人的是（　　）。

A. 生产销售小汽车的企业

B. 进口成品油的企业

C. 委托加工木制一次性筷子的个体工商户

D. 零售化妆品的商场

14. 根据规定，下列各项中，应征收消费税的是（　　）。

A. 超市零售白酒　　　　　　　　　　B. 汽车厂销售自产电动汽车

C. 地板厂销售自产实木地板　　　　　D. 百货公司零售高档化妆品

15. 某白酒厂为增值税一般纳税人，2019年10月将3吨新研制的白酒用于赠送客户，该批白酒的生产成本为每吨100 000元，无同类产品市场销售价格。已知白酒适用的消费税定额税率为0.5元/500克，比例税率为20%；成本利润率为5%。则该白酒厂上述业务应缴纳消费税（　　）元。

A. 81 750　　　　B. 66 000　　　　C. 75 500　　　　D. 82 500

16. 某金店为增值税一般纳税人，2020年1月零售铂金首饰取得含税销售额56.5万元；零售翡翠手镯取得含税销售额1.13万元；零售包金首饰取得含税收入5.65万元；零售珍珠项链取得含税收入6.78万元；采取以旧换新方式销售金项链，新项链同期含税零售价格为11.3万元，旧项链含税作价3.39万元。该金店2020年1月份应缴纳消费税（　　）万元。

A. 2.85　　　　B. 3　　　　C. 3.6　　　　D. 3.45

17. 企业将委托加工应税消费品收回后用于连续生产应税消费品，下列各项中，属于由受托方代收代缴的消费税应计入的会计科目是（　　）。

A. 发出商品　　　B. 委托加工物资　　　C. 税金及附加　　　D. 应交税费

二、多项选择题

1. 2019年12月10日，甲公司承诺以每件200元的价格向乙公司销售150件A产品。A产品在6个月内转移给乙公司，甲公司在某个时点转移每一件产品的控制权。2020年4月2日，当甲公司向乙公司转移100件A产品控制权后，合同进行了修改，要求甲公司向乙公司额外交付30件产品（即总数为180件相同的产品）。但这额外的30件产品并未包括在原合同中，在协商购买额外30件产品的过程中，合同双方最初商定每件产品价格为180元（未反映单独售价）。此外，乙公司发现已收到的100件产品存在瑕疵，甲公司承诺乙公司收到的100件产品每件优惠15元，即额外30件产品的实际价款为3 900元（5 400－1 500）。甲公司下列会计处理的表述中，正确的有（　　）。

A. 原100件瑕疵产品优惠1 500元应冲减2020年4月主营业务收入

B. 原100件瑕疵产品优惠1 500元应冲减2019年12月主营业务收入

C. 原合同尚未提供的50件产品单独售价为200元

D. 剩余产品单价为192.5元

E. 新增合同尚未提供的30件产品单独售价为180元

2. 下列项目中，通常表明企业向客户转让该商品的承诺与合同中其他承诺不可单独区分的有（　　）。

A. 企业需提供重大的服务以将该商品与合同中承诺的其他商品进行整合，形成合同约定的某个或某些组合产出转让给客户

B. 该商品将对合同中承诺的其他商品予以定制

C. 该商品将对合同中承诺的其他商品予以重大修改

D. 该商品与合同中承诺的其他商品具有高度关联性

E. 该商品与合同中承诺的其他商品无任何关联性

3. 关于收入的计量，下列表述中正确的有（   ）。

A. 交易价格是指企业因向客户转让商品已收取的对价

B. 当合同中包含两项或多项履约义务时，需要将交易价格分摊至各单项履约义务

C. 当合同中包含两项或多项履约义务时，需要采用市场调整法、成本加成法、余值法等方法估计收入

D. 企业代第三方收取的款项，作为负债进行会计处理，记入"其他应付款"科目

E. 企业预期将退还给客户的款项，应当作为负债进行会计处理

4. 对于在某一时点履行的履约义务，企业应当在客户取得相关商品控制权时确认收入，在判断客户是否取得商品控制权时，企业应当考虑的迹象有（   ）。

A. 客户已接受该商品

B. 客户已占有该商品实物

C. 客户已拥有该商品的法定所有权

D. 客户已取得该商品所有权上的主要风险和报酬

E. 客户就该商品负有现时付款义务

5. 下列选项中，属于增值税视同销售项目的有（   ）。

A. 将委托加工的货物用于个人消费

B. 将委托加工的货物用于集体福利

C. 将购进的货物用于个人消费

D. 将购进的货物用于集体福利

E. 将购进的货物无偿赠送给个人

6. 以下行为中，需要缴纳增值税的有（   ）。

A. 进口货物   B. 销售无形资产

C. 销售劳务   D. 销售货物

E. 销售不动产

7. 依照增值税的现行规定，下列货物销售，适用9%增值税税率的有（   ）。

A. 食用植物油   B. 暖气、热水

C. 音像制品   D. 电动汽车

E. 图书

8. 根据增值税法律制度的规定，下列服务中，应按照"物流辅助服务"项目征收增值税的有（   ）。

A. 业务流程管理服务   B. 装卸搬运服务

C. 仓储服务   D. 打捞救助服务

E. 港口码头服务

9. 下列关于增值税销售额的说法中，正确的有（   ）。

A. 折扣销售方式下，销售额和折扣额在同一张发票上分别注明的，按折扣前的销售额征收增值税

B. 以物易物销售方式下，以物易物双方都应做购销处理，以各自发出的货物核算销售额并计算销项税额

C. 金融商品转让，以卖出价扣除买入价后的余额为销售额

D. 直接收费金融服务，以收取的手续费、佣金、酬金、管理费、服务费、经手费、开户费、过户费、结算费、转托管费等各类费用为销售额

E. 纳税人提供建筑服务适用简易计税方法的，以全部价款和价外费用为销售额

10. 下列选项中，属于增值税销售额的是（　　）。

A. 违约金　　　　　　　　　　　　　　B. 滞纳金

C. 手续费　　　　　　　　　　　　　　D. 商品销售货款

E. 行政事业性收费

11. 下列选项中，属于增值税零税率的项目有（　　）。

A. 纳税人出口货物　　　　　　　　　　B. 境内单位提供的国际运输服务

C. 境内单位提供的增值电信服务　　　　D. 再保险服务

E. 从事学历教育的学校提供的教育服务

12. 根据规定，下列各项中，属于消费税征税范围的有（　　）。

A. 电动汽车　　　　　　　　　　　　　B. 汽油

C. 烟丝　　　　　　　　　　　　　　　D. 啤酒

E. 化妆品

13. 根据规定，下列各项中，应按纳税人同类应税消费品的最高销售价格作为计税依据计征消费税的有（　　）。

A. 用于抵债的应税消费品　　　　　　　B. 用于投资的应税消费品

C. 用于对外捐赠的应税消费品　　　　　D. 用于换取生产资料的应税消费品

E. 用于换取消费资料的应税消费品

14. 应缴消费税的产品销售数量确定的原则有（　　）。

A. 销售应税消费品的为应税消费品的销售数量

B. 自产自用应税消费品的为应税消费品的移送数量

C. 委托加工应税消费品的为纳税人销售的应税消费品数量

D. 委托加工应税消费品为纳税人收回的应税消费品数量

15. 2019年12月甲酒厂发生的下列业务中，应缴纳消费税的有（　　）。

A. 将自产高度白酒继续加工成低度白酒

B. 将自产低度白酒奖励职工

C. 将自产高度白酒馈赠客户

D. 将自产低度白酒用于市场推广

E. 将自产低度白酒继续加工成高度白酒

16. 根据消费税法律制度，下列各项中，实行从量计征消费税的有（　　）。

A. 柴油　　　　　　　　　　　　　　　B. 黄酒

C. 涂料　　　　　　　　　　　　　　　D. 游艇

E. 实木地板

17. 根据规定，下列各项中，构成城市维护建设税计征依据的有（　　）。

A. 向税务机关实际缴纳的消费税　　　　B. 海关代征的增值税

C. 海关代征的消费税　　　　　　　　　D. 向税务机关实际缴纳的资源税

E. 向税务机关实际缴纳的增值税

第5章 企业经营成果的财税处理

企业经营的目的是获取利润。在会计中，企业经营成果的财税处理主要包括企业会计利润的计算、税务利润的计算、所得税的计算、结转经营成果以及经营成果核算中的涉税事项。

在考试中，本章内容所占的分值较高，为 10~15 分，所有题型均可能涉及。本章内容中，会计利润的计算和税务利润的计算经常会结合进行考查，另外暂时性差异、递延所得税、应交所得税和所得税费用、企业所得税、增值税，以及利润的结转也属于考查的重中之重，考生应当予以重视。

▼ 本章考纲知识体系一览表

章节		主要内容
企业经营成果的财税处理	会计利润的计算	（1）利润的构成（★★） （2）营业外收支（★★） （3）会计利润相关的账务处理（★★★）
	税务利润的计算	（1）会计利润与税务利润（★★★） （2）暂时性差异（★★★）
	所得税的计算	（1）应交所得税（★★★） （2）递延所得税（★★★） （3）所得税费用（★★★）
	结转经营成果	（1）结转实现的利润（★★★） （2）结转发生的亏损（★★★）
	经营成果核算中的涉税事项	（1）企业所得税（★★★） （2）增值税（★★★） （3）土地增值税（★★）

5.1 会计利润的计算

会计利润是根据会计准则或会计制度计算的结果，即根据会计准则或会计制度的规定，通过财务会计的程序确认的、在扣减当期所得税费用之前的收益，也称为税前会计利润。下面即对会计利润进行介绍，包括利润的构成和营业外收支等。

5.1.1 利润的构成

利润是指企业在一定会计期间的经营成果。利润包括收入减去费用后的净额、直接计入当期利润的利得和损失等。

其中，收入减去费用后的净额反映的是企业日常活动的经营业绩，直接计入当期利润的利得和损失反映的是企业非日常活动的业绩。直接计入当期利润的利得和损失是指应当计入当期损益、最终会引起所有者权益发生增减变动的、与所有者投入资本或向所有者分配利润无关的利得或损失。利得是指由企业非日常活动所形成的、会导致所有者权益增加的、与所有者投入资本无关的经济利益的流入；损失是指由企业非日常活动所形成的、会导致所有者权益减少的、与向所有者分配利润无关的经济利益的流出。未计入当期利润的利得和损失，扣除所得税影响后的净额应计入其他综合收益项目。净利润与其他综合收益的合计金额为综合收益总额。

1. 营业利润

营业利润的计算公式如下。

营业利润＝营业收入－营业成本－税金及附加－销售费用－管理费用－财务费用－资产减值损失－信用减值损失＋公允价值变动收益（－公允价值变动损失）＋投资收益（－投资损失）＋其他收益＋资产处置收益（－资产处置损失）

其中：

营业收入＝主营业务收入＋其他业务收入

营业成本＝主营业务成本＋其他业务成本

（1）营业收入是指企业经营业务所确认的收入总额，包括主营业务收入和其他业务收入。

（2）营业成本是指企业经营业务所发生的实际成本总额，包括主营业务成本和其他业务成本。

（3）税金及附加是指企业经营活动应负担的相关税费。

（4）资产减值损失是指企业计提各项资产减值准备所形成的损失。

（5）公允价值变动收益（损失）是指企业以公允价值计量且其变动计入当期损益的金融资产等公允价值变动形成的应计入当期损益的利得（损失）。

（6）投资收益（损失）是指企业以各种方式对外投资所取得的收益（发生的损失）。

（7）其他收益主要是指与企业日常活动相关，除冲减相关成本费用以外的政府补助。

（8）资产处置收益（损失）反映企业处置有关非流动资产时确认的处置利得（损失）。

【例题·单选题】 下列各项中，不影响企业当期营业利润的是（　　）。

A．销售原材料取得的收入

B．资产负债表日持有交易性金融资产的公允价值变动

C．无法查明原因的现金溢余

D．资产负债表日计税的存货跌价准备

【解析】 本题考查营业利润的影响因素。无法查明原因的现金溢余计入营业外收入，不影响营业利润。

【答案】 C

2. 利润总额

利润总额的计算公式如下。

利润总额＝营业利润＋营业外收入－营业外支出

其中，营业外收入是指企业发生的与其日常活动无直接关系的各项利得，营业外支出是指企业发生的与其日常活动无直接关系的各项损失。

【例题·单选题】 下列各项，不直接影响企业当期利润总额的是（　　）。

A．缴纳税收滞纳金 　　　　　　　　B．固定资产盘盈

C．长期股权投资收益 　　　　　　　D．库存现金盘盈

【解析】 本题考查利润总额。选项B，固定资产盘盈作为前期差错处理，通过"以前年度损益调整"科目核算，借记"固定资产"科目，贷记"以前年度损益调整"科目，影响期初留存收益，不影响当期利润总额。

【答案】 B

5.1.2 营业外收支

营业外收支即营业外收入和营业外支出，下面一一介绍。

1. 营业外收入的内容

营业外收入核算的主要内容包括非流动资产毁损报废收益、盘盈利得、捐赠利得等。

（1）非流动资产毁损报废收益是指因自然灾害等发生毁损、已丧失使用功能而报废非流动资产所产生的清理收益。

（2）盘盈利得是指企业对现金等资产进行清查盘点时，对于无法查明原因的现金溢余，经批准后，计入营业外收入的金额。

（3）捐赠利得是指企业接受捐赠产生的利得。

> **知识拓展**
>
> 除上述内容外，营业外收入核算的内容还包括政府补助利得等。政府补助利得指与企业日常活动无关的、从政府无偿取得货币性资产或非货币性资产形成的利得。

2. 营业外收入的账务处理

营业外收入的账务处理主要分为以下 3 种情况。

（1）处置非流动资产毁损报废收益时。

借：固定资产清理、银行存款、待处理财产损溢、原材料等

　　贷：营业外收入

（2）确认盘盈、捐赠利得时。

借：库存现金、待处理财产损溢等

　　贷：营业外收入

（3）期末结转时。

借：营业外收入

　　贷：本年利润

【例题·单选题】 某公司因洪灾报废专用设备一台，取得价款 30 万元（不考虑增值税），发生清理费用 5 万元（不考虑增值税），该设备的账面价值为 22 万元。不考虑其他因素，下列各项中，关于此项交易净损益会计处理结果，表述正确的是（　　）。

A. 营业外支出增加 27 万元　　　　　　B. 营业外收入增加 8 万元

C. 营业外收入增加 25 万元　　　　　　D. 营业外收入增加 3 万元

【解析】 本题考查报废固定资产相关的会计处理。具体会计分录如下。

①将固定资产转入清理时。

借：固定资产清理　　　　　　22

　　贷：固定资产　　　　　　22

②收到价款时。

借：银行存款　　　　　　30

　　贷：固定资产清理　　　　　　30

③支付清理费用时。

借：固定资产清理　　　　　　5

　　贷：银行存款　　　　　　5

④结转利得时。

借：固定资产清理　　　　　　3

　　贷：营业外收入　　　　　　3

故选项 D 正确。

【答案】 D

【例题·多选题】 下列各项中，应计入营业外收入的有（　　）。

A. 接受社会捐赠收到的款项

B. 无法支付的应付账款

C. 无形资产的租金收入

D. 结转原材料收发计量差错而导致的盘盈金额

E. 无法查明原因的现金溢余

【解析】本题考查营业外收入核算的内容。无形资产的租金收入应计入其他业务收入，结转原材料收发计量差错而导致的盘盈余额应冲减管理费用。

【答案】ABE

3. 营业外支出的内容

营业外支出的主要内容包括非流动资产毁损报废损失、公益性捐赠支出、盘亏损失、非常损失、罚款支出等。

（1）非流动资产毁损报废损失是指因自然灾害等发生损毁、已丧失使用功能而报废非流动资产所产生的净损失。

（2）公益性捐赠支出是指企业对外进行公益性捐赠发生的支出。

（3）盘亏损失主要是指对于财产清查盘点中盘亏的资产，查明原因并报经批准计入营业外支出的损失。

（4）非常损失是指企业对于因客观因素（如自然灾害等）造成的损失，在扣除保险公司赔偿后应计入营业外支出的净损失。

（5）罚款支出是指企业支付的行政罚款、税务罚款以及其他因违反法律法规、合同协议等而支付的罚款。

【例题·单选题】下列各项中，不属于企业营业外支出的是（　　）。

A. 公益性捐赠支出　　　　　　　　B. 违反合同的违约金

C. 处置固定资产净损失　　　　　　D. 无法查明原因的现金短缺

【解析】本题考查营业外支出的核算内容。选项 D，无法查明原因的现金短缺应计入管理费用。

【答案】D

4. 营业外支出的账务处理

对于营业外支出，可按营业外支出项目对其进行明细核算。期末，应将"营业外支出"科目余额转入"本年利润"科目，结转后本科目无余额。相关账务处理如下。

（1）处置非流动资产毁损报废损失时。

借：营业外支出

　　贷：固定资产清理等

（2）确认盘亏、罚款支出时。

借：营业外支出

　　贷：待处理财产损溢、库存现金等

（3）对外捐赠时。

借：营业外支出

　　贷：库存商品

　　　　应交税费——应交增值税（销项税额）

（4）期末结转时。

借：本年利润

　　贷：营业外支出

【例题·单选题】某公司因雷电造成损失共计 250 万元，其中流动资产 100 万元，非流动资产 150 万元，获得保险公司赔偿 80 万元，计入营业外支出的金额为（　　）万元。

A. 250　　　　　　　B. 170　　　　　　　C. 150　　　　　　　D. 100

【解析】本题考查营业外支出的核算内容。自然灾害造成的损失扣除保险公司赔偿后应计入营业外支出，所以计入营业外支出的金额 =250-80=170（万元）。

【答案】B

5.1.3 会计利润相关的账务处理

期末，对于企业取得的会计利润，应当采用相应的账务处理，即通过"本年利润"科目对相关收入和费用进行结转。结转本年利润的方法包括表结法和账结法。

1. 表结法

表结法下，对各损益类科目每月月末只需结计出本月发生额和月末累计余额，不结转到"本年利润"科目，只有在年末时才将全年累计余额结转入"本年利润"科目。

但每月月末要将损益类科目的本月发生额合计数填入利润表的本月数栏，同时将本月月末累计余额填入利润表的本年累计数栏，通过利润表计算反映各期的利润（或亏损）。

表结法下，年中损益类科目余额无须结转入"本年利润"科目，这减少了转账环节和工作量，同时并不影响利润表的编制及对有关损益指标的利用。

2. 账结法

账结法下，每月月末均需编制转账凭证，将在账上结计出的各损益类科目的余额结转入"本年利润"科目。结转后"本年利润"科目的本月余额反映当月实现的利润或发生的亏损，"本年利润"科目的本年余额反映本年累计实现的利润或发生的亏损。采用账结法在各月均可通过"本年利润"科目提供当月及本年累计的利润（或亏损）额，但增加了转账环节和工作量。

会计期末，企业应将各项收入、利得类科目的余额转入"本年利润"科目的贷方；将各项费用、损失类科目的余额转入"本年利润"科目的借方。具体会计分录如下。

（1）结转收入、利得类科目。

借：主营业务收入

其他业务收入

公允价值变动损益（收益）

投资收益（收益）

资产处置损益（收益）

营业外收入

其他收益等

贷：本年利润

（2）结转费用、损失类科目。

借：本年利润

贷：主营业务成本

其他业务成本

税金及附加

销售费用

管理费用

财务费用

资产减值损失

信用减值损失

营业外支出

公允价值变动损益（损失）

投资收益（损失）

资产处置损益（损失）等

【案例 5-1】2019 年 12 月 31 日，甲公司 12 月各损益类科目结转前账户余额如表 5-1 所示（该企业采用表结法，年末一次结转损益类科目，所得税税率为25%）。假设不考虑其他因素，甲公司2019年年末结转本年利润应如何编制会计分录？

表 5-1　损益类科目年末余额一览表　　　　　　　　　　　单位：元

科目名称	借贷方向	结转前账户余额	科目名称	借贷方向	结转前账户余额
主营业务收入	贷	500 000	税金及附加	借	10 000
其他业务收入	贷	100 000	销售费用	借	110 000
投资收益	贷	80 000	管理费用	借	90 000
营业外收入	贷	20 000	财务费用	借	50 000
主营业务成本	借	300 000	营业外支出	借	30 000
其他业务成本	借	50 000			

【案例解析】首先，甲公司应将各损益类科目年末余额结转入"本年利润"科目。具体会计分录如下。

①结转收入、利得类科目时。

借：主营业务收入　　　　　500 000
　　其他业务收入　　　　　100 000
　　营业外收入　　　　　　 20 000
　　投资收益　　　　　　　 80 000
　　贷：本年利润　　　　　　　　 700 000

②结转费用、损失类科目时。

借：本年利润　　　　　　　640 000
　　贷：主营业务成本　　　　　　 300 000
　　　　其他业务成本　　　　　　　50 000
　　　　税金及附加　　　　　　　　10 000
　　　　销售费用　　　　　　　　 110 000
　　　　管理费用　　　　　　　　　90 000
　　　　财务费用　　　　　　　　　50 000
　　　　营业外支出　　　　　　　　30 000

经过上述结转后，"本年利润"账户的贷方余额＝700 000－640 000＝60 000（元），即税前会计利润为60 000元。

5.2　税务利润的计算

与会计利润相比，税务利润即考虑税法的特别规定，对会计利润进行调整之后的利润。企业所得税是对企业所得进行课税，在计算上，税法有着严格的规定，与会计上的利润的计算有着不一致的地方，因此两者便产生了差异，下面即对税务利润的计算进行介绍。

5.2.1　会计利润与税务利润

会计利润是企业会计核算的收支相抵的结果；税务利润则表现为应纳税所得额，是在会计核算的基础上按企业所得税规定的纳税标准进行纳税调整后的计算结果。

1．会计利润与税务利润产生差异的原因

会计和税收是经济领域中两个不同的分支，分别遵循不同的原则，规范不同的对象。会计利润和税务利润分别作为按照会计与税收两种不同规定计算的结果，就可能存在和出现差异，这种

差异的形成原因主要归结为以下 3 个方面。

（1）两者的处理基础不完全一致。财务会计采用权责发生制和配比原则，强调收支是否实际发生以及收入与费用相互配比；而税务会计要求贯彻税收稳定性原则，在处理会计收支事项时，有时采用权责发生制原则，有时又采用收付实现制原则。由于两者所采用的会计处理基础不同，所以税前会计利润与纳税所得存在数量上的差异。

（2）两者收支的确认范围不同。财务会计为了真实、全面地反映企业的财务状况和经营成果，对企业发生的一切收支事项都要按照其业务性质和有关会计准则、制度的要求，记入有关损益账户；而税务会计为了满足计算纳税所得的需要，必须按照税法规定，将企业财务会计确认的收支事项区分为税前收支和税后收支两个部分。由于两者确认收支的范围不同，其计算结果自然会有差异。

（3）两者收支的计量标准不同。财务会计出于经营和理财管理目的的需要，必然在会计准则规定的多种方法中，选择有利的方法计量损益；而税务会计出于执行国家税收政策的需要，必须按照税法规定的方法计量纳税所得。采用不同方法计量的结果往往不一致。

2. 会计利润与税务利润的差异点

在我国，会计的确认、计量、报告应当遵循《企业会计准则》的规定，要能够真实、完整地反映企业的财务状况、经营成果和现金流量等，为投资者、债权人以及其他会计信息使用者提供对其决策有用的信息。而根据企业所得税法的规定，在计算应纳税所得额时，企业财务、会计处理方法与税收法律、行政法规的规定不一致的，应当依照税收法律、行政法规的规定计算。因此，企业的会计核算和税收处理分别遵循不同的原则，服务于不同的目的，则计算出的会计利润和税务利润就会有所差异。总的来说，其差异主要在于以下几个方面。

（1）会计上确认为收入，税收上不征企业所得税，如国债利息收入、符合条件的居民企业之间的股息红利等权益性投资收益、交易性金融资产等金融工具的期末的公允价值变动、企业综合利用资源生产符合国家产业政策规定的产品所取得的收入，可以在计算应纳税所得额时进行减计等。

（2）会计上不确认为收入，税收上要作为收入征税，如不符合税法规定的折扣折让、税法视同销售确认的收入（非货币性资产交换不具有商业实质且公允价值不能够可靠计量时，会计上不确认收入，但税收上需要确认收入）、将闲置的专门借款存入银行取得的利息收入或进行暂时性投资取得的投资收益、按权益法核算的投资收益、接受权益性捐赠等。

（3）会计上确认为成本费用，税收上不得税前扣除，如资产减值准备，不符合税前扣除条件的资产损失，未实际发生的工资薪金，限额扣除的业务招待费、广告费、福利费、职工教育经费、捐赠支出、固定资产折旧、无形资产摊销等。

（4）会计上不作为成本费用，税收上可以税前扣除，如符合条件的研究开发费用的加计扣除等。

5.2.2 暂时性差异

暂时性差异是指资产和负债的账面价值与其计税基础不同产生的差额，其计算公式如下。

暂时性差异=资产、负债的账面价值－资产、负债的计税基础

由于资产、负债的账面价值与其计税基础不同，在未来收回资产或清偿负债的期间内，应纳税所得额的增加或减少会导致未来期间应交所得税的增加或减少，形成企业的资产和负债。在相关暂时性差异发生当期，符合条件的情况下，应当确认相关的递延所得税资产和递延所得税负债。在介绍暂时性差异前，首先需要了解资产、负债的计税基础，下面即对其逐一介绍。

1. 资产的计税基础

资产的计税基础是指企业收回资产账面价值过程中，计算应纳税所得额时按照税法规定可以从应税经济利益中抵扣的金额，即某一项资产在未来期间计税时可以税前扣除的金额。其公式如下。

某一资产负债表日的计税基础=成本-以前期间已税前扣除的金额

资产在初始确认时，其计税基础一般为取得的成本，即企业为取得某项资产支付的成本在未来期间准予税前扣除的金额。在资产持续持有的过程中，其计税基础是指资产的取得成本减去以前期间按照税法规定已经税前扣除的金额后的余额。下面即以常见的资产项目为例介绍资产计税基础的确定。

（1）固定资产。

无论采用何种方式取得固定资产，初始确认时按照会计准则规定确定的入账价值基本上被税法认可，即取得时其账面价值一般等于计税基础，但是在持有期间进行后续计量时就会产生计税基础和账面价值的差异。两者具体的计算公式如下。

固定资产的会计账面价值=成本-累计折旧（会计）-固定资产减值准备

固定资产的税法账面价值（计税基础）=成本-累计折旧（税法）

根据以上两个公式可知，固定资产账面价值和计税基础的差异主要是由于折旧方法、折旧年限以及固定资产减值准备的提取等不同产生的。

①折旧方法不同。根据《企业会计准则》的规定，企业应当根据与固定资产有关的经济利益的预期实现方式合理选择折旧方法（如年限平均法、年数总和法等）；而税法规定除某些按照规定可以加速折旧的固定资产外，可以税前扣除的折旧额一般应是按照年限平均法计提的折旧。

②折旧年限不同。根据《企业会计准则》的规定，企业应按照固定资产的性质和使用情况合理确定折旧年限；而税法通常就每一类固定资产的折旧年限做出最低折旧年限的规定。

③因计提固定资产减值准备产生的差异。根据《企业会计准则》的规定，固定资产进行减值测试后，如果可收回金额小于账面价值，应计提减值准备。但是，税法规定计提的减值准备在计提当期不允许税前扣除，从而造成固定资产的账面价值与计税基础产生差异。

名师点拨

《中华人民共和国企业所得税法》规定，以下固定资产不得计算折旧：房屋、建筑物以外未投入使用的固定资产，以经营租赁方式租入的固定资产，以融资租赁方式租出的固定资产，已足额提取折旧仍继续使用的固定资产，与经营活动无关的固定资产，单独估价作为固定资产入账的土地，其他不得计算折旧扣除的固定资产。

【案例5-2】甲公司于2018年年末以1 000万元购入一项生产用固定资产，按照该项资产的预计使用情况，甲公司估计其使用寿命为20年，按照直线法计提折旧，预计净残值为0。假定税法规定的折旧年限、折旧方法及净残值与会计规定相同。2020年12月31日，甲公司估计该项资产的可收回金额为880万元。

要求：判断是否计提固定资产减值准备，计提后是否产生暂时性差异。

【案例解析】2020年12月31日，该项固定资产的账面价值=1 000-1 000÷20×2=900（万元），可收回金额为880万元，因此应计提减值准备20万元（900-880）。计提减值准备后，该资产的账面价值为880万元。同时，该资产的计税基础=1 000-1 000÷20×2=900（万元）。计提减值准备造成该资产的账面价值小于计税基础，因此产生暂时性差异。

（2）无形资产。

除内部研究开发形成的无形资产以外，以其他方式取得的无形资产，初始确认时其入账价值与税法规定的成本之间一般不存在差异。无形资产的账面价值与计税基础的差异主要是内部研究开发形成无形资产的研究开发费用的加计扣除、无形资产后续计量时是否计提摊销和减值准备的计提造成的。

①对于内部研究开发形成的无形资产，《企业会计准则》规定有关内部研究开发活动区分为研究和开发两个阶段。研究阶段的支出应当费用化，计入当期损益，开发阶段符合资本化条件以后至达到预定用途前发生的支出应当资本化，计入无形资产的成本。根据税法规定，企业为开发新技术、新产品、新工艺发生的研究开发费用，未形成无形资产计入当期损益的，在按照规定可据

实扣除的基础上，还可以按照研究开发费用的 75% 加计扣除；形成无形资产的，按照无形资产成本的 175% 摊销。

综上所述，对于不是企业内部研究开发形成的无形资产，其在初始确认时，按照会计准则确定的成本与按照税法规定的计税基础是相同的。但是，若该无形资产属于内部研究开发形成的，则其应根据税法规定按照无形资产成本的 175% 进行摊销，这造成了计税基础比其账面价值多 75% 的情况，从而产生账面价值与计税基础在初始确认时的差异。但如果该无形资产的确认不是产生于企业合并交易，同时在确认时既不影响会计利润也不影响应纳税所得额，按照企业会计准则的规定，不确认该暂时性差异的所得税影响。

②无形资产后续计量时是否计提摊销。对于使用寿命不确定的无形资产，《企业会计准则》不要求摊销，但应在会计期末进行减值测试。税法没有界定使用寿命不确定的无形资产，除外购商誉外，企业取得的所有无形资产都应在一定期限内摊销，有关摊销额允许税前扣除。因此，无形资产是否计提摊销会造成其计税基础与账面价值不一致。

③无形资产计提减值准备。与固定资产相似，无形资产计提的减值准备在形成实质性损失前不允许税前扣除，因此会造成其计税基础与账面价值不一致。

综上所述，无形资产的账面价值与计税基础的公式如下。

（使用寿命确定）无形资产账面价值=实际成本−累计摊销（会计）−无形资产减值准备

（使用寿命不确定）无形资产账面价值=实际成本−无形资产减值准备

无形资产计税基础=实际成本−累计摊销（税法）

名师点拨

与企业会计准则规定不同，《中华人民共和国企业所得税法》第十二条规定，以下无形资产不得计算摊销：自行开发的支出已在计算应纳税所得额时扣除的无形资产，自创商誉，与经营活动无关的无形资产，其他不得计算摊销费用扣除的无形资产。

【案例 5-3】2019 年度，甲公司用于研发某项新技术的直接支出共计 500 万元，其中研究阶段支出 100 万元，开发阶段符合资本化条件前发生的支出为 100 万元，符合资本化条件后发生的支出为 300 万元。假定开发形成的无形资产在当期期末已达到预定用途（尚未开始摊销）。

要求：判断甲公司初始确认无形资产时是否会产生暂时性差异，是否应确认该暂时性差异的所得税影响。

【案例解析】本例中，甲公司当期发生的研究开发支出中，按照会计准则规定应予费用化的金额为 200 万元，形成无形资产的成本为 300 万元，即无形资产的账面价值为 300 万元。税法规定按照无形资产成本的 175% 作为计算未来期间摊销额的基础，即该项无形资产在初始确认时的计税基础为 525 万元（300×175%）。

该项无形资产的账面价值 300 万元与其计税基础 525 万元之间的差额 225 万元形成暂时性差异。该差异产生于无形资产初始确认时，确认该资产既不影响会计利润也不影响应纳税所得额，因此，按照企业会计准则，不确认该暂时性差异的所得税影响。

2. 负债的计税基础

负债的计税基础是指负债的账面价值减去未来期间计算应纳税所得额时按照税法规定可予抵扣的金额，即企业按照税法规定确定的资产负债表中有关负债的应有金额。其计算公式如下。

负债的计税基础=负债的账面价值−未来期间计算应纳税所得额时按照税法规定可予抵扣的金额

负债的确认与偿还一般不会影响企业未来期间的损益，也不会影响其未来期间的应纳税所得额。因此，负债在未来期间计算应纳税所得额时按照税法规定可予抵扣的金额为 0，计税基础=账面价值−0=账面价值，如企业的短期借款和应付账款等。但有些负债项目的确认可能会影响企业的损益，进而影响不同期间的应纳税所得额，使其计税基础与账面价值之间产生差额，如按照会计规定确认的某些预计负债。下面即以常见的负债项目为例介绍负债计税基础的确定。

（1）预收账款。

企业收到客户预付的款项时，由于不符合收入的确认条件，故不确认收入，而将其确认为负债，通过"预收账款"科目反映。税收法律、法规的规定中对于收入的确认原则一般与会计规定相同，即会计上未确认收入时，计税时一般也不计入应纳税所得额，该部分经济利益在未来期间计税时可予税前扣除的金额为零，计税基础等于账面价值。

在某些情况下，因不符合《企业会计准则》规定的收入确认条件，未确认为收入的预收款项，但按照税收法律、法规规定应计入当期应纳税所得额时，有关预收账款的计税基础为0，即因其产生时已经计算缴纳企业所得税，未来期间可全额税前扣除。

【案例5-4】甲公司于2019年12月1日自客户处收到一笔合同预付款，金额为3 000万元，将其作为预收账款核算。按照税法规定，该笔款项应计入当期应纳税所得额计算缴纳所得税。

要求：判断甲公司该预收账款是否产生暂时性差异。

【案例解析】本例中，该预收账款在甲公司2019年12月31日资产负债表中的账面价值为3 000万元，该预收账款的计税基础＝账面价值－未来期间计算应纳税所得额时按照税法规定可予抵扣的金额＝3 000-3 000=0。

该项负债的账面价值3 000万元与其计税基础0之间产生了3 000万元暂时性差异。该项暂时性差异的含义为在未来期间企业按照会计规定确认收入，产生经济利益流入时，因该项负债在产生期间已经计算缴纳了所得税，未来期间则不再计入应纳税所得额，从而会减少企业于未来期间的所得税税款流出。

（2）应付职工薪酬。

根据会计准则规定，企业为获得职工提供的服务给予的各种形式的报酬以及其他相关支出均应作为企业的成本、费用，在未支付之前确认为负债。税收法律、法规规定中对于企业实际发生的真实、合理的职工薪酬允许税前扣除，但税收法律、法规规定中如果规定了税前扣除标准的，对按照《企业会计准则》规定计入成本费用的金额超过规定标准部分，应进行纳税调整。因超过部分在发生当期不允许税前扣除，在以后期间也不允许税前扣除，即该部分差额对未来期间计税不产生影响，所产生应付职工薪酬负债的账面价值等于计税基础。

【案例5-5】甲公司2019年12月计入成本费用的职工工资总额为500万元，但在2019年12月31日仍体现在资产负债表的应付职工薪酬中，尚未支付。假定按照税收法律、法规的规定，当期计入成本费用的500万元工资支出中，可予税前扣除的合理部分为400万元。

要求：判断甲公司该项应付职工薪酬是否产生暂时性差异。

【案例解析】2019年12月31日，甲公司该项应付职工薪酬负债的账面价值为500万元，计税基础＝账面价值－未来期间计算应纳税所得额时按照税法规定可予抵扣的金额=500-0=500（万元）。甲公司该项负债的账面价值500万元与其计税基础500万元相同，不形成暂时性差异。

（3）其他负债。

按照会计规定，企业的其他负债项目（如罚款和滞纳金等）在支付前确认为费用，同时作为负债反映。税法规定，罚款和滞纳金不允许税前扣除，即该部分费用无论是在发生当期还是在以后期间均不允许税前扣除，其计税基础为账面价值减去未来期间计税时可予税前扣除的金额0之间的差额，即计税基础等于账面价值。对于其他交易或事项产生的负债，其计税基础的确定应当遵从税法的相关规定。

【案例5-6】甲公司2019年12月由于违反当地有关环保法规的规定，接到环保部门的处罚通知，要求其支付罚款50万元。根据税法规定，企业因违反国家有关法律法规支付的罚款和滞纳金，计算应纳税所得额时不允许税前扣除。至2019年12月31日，该项罚款尚未支付。

要求：判断甲公司该项罚款是否产生暂时性差异。

【案例解析】该项罚款负债的账面价值为50万元，计税基础＝账面价值－未来期间计算应纳税所得额时按照税法规定可予税前扣除的金额 =50-0=50（万元）。因此该项负债的账面价值50 万元与其计税基础 50 万元相同，不形成暂时性差异，不会对未来期间的计税产生影响。

📖 名师点拨

对常见的资产和负债的账面价值和计税基础进行了介绍后，下面对相关资产和负债的账面价值与计税基础进行了总结，分别如表 5-2 和表 5-3 所示。

表 5-2 　相关资产的账面价值与计税基础

项目		账面价值	计税基础
货币资金、预付账款		账面价值=计税基础	
交易性金融资产		期末公允价值	取得成本
应收款项（应收账款和其他应收款）		账面余额-坏账准备（会计）	账面余额-坏账准备（税法）
存货		账面余额-存货跌价准备	账面余额
长期股权投资		成本-投资减值准备	取得成本
固定资产		成本-累计折旧（会计）-固定资产减值准备	成本-累计折旧（税法）
无形资产	使用寿命确定	实际成本-累计摊销（会计）-无形资产减值准备	①成本 ×150%- 累计摊销（税法）；②成本 - 累计摊销（税法）
	使用寿命不确定	实际成本-无形资产减值准备	
投资性房地产	成本模式	成本-累计折旧或累计摊销（会计）- 投资性房地产减值准备	成本-累计折旧或累计摊销（税法）
	公允价值模式	公允价值	

表 5-3 　相关负债的账面价值与计税基础

项目		账面价值	计税基础
预计负债	相关支出允许税前扣除	账面价值	0
	相关支出不允许税前扣除	账面价值=计税基础	
预收账款	不确认收入	账面价值=计税基础	
	确认收入	账面价值	0
应付职工薪酬	一般情况	账面价值=计税基础	
	超过扣除限额	账面价值≠计税基础	
其他负债		账面价值=计税基础	

3．暂时性差异的分类

根据暂时性差异对未来期间应纳税所得额的影响，分为应纳税暂时性差异和可抵扣暂时性差异。

（1）应纳税暂时性差异。

应纳税暂时性差异是指确定未来收回资产或清偿负债期间的应纳税所得额时，将导致产生应税金额的暂时性差异，即在未来期间不考虑该事项影响的应纳税所得额的基础上，由于该暂时性差异的转回，会进一步增加转回期间的应纳税所得额和应交企业所得税金额。在其产生当期应当确认相关的递延所得税负债。应纳税暂时性差异通常产生于以下两种情况。

①资产的账面价值＞其计税基础。资产的账面价值大于其计税基础时，其计算公式如下。

暂时性差异=资产的账面价值-资产的计税基础＞0

一项资产的账面价值代表企业在持续使用或最终出售该资产时会取得的经济利益总额，一项资产的计税基础代表的是其在未来期间可予税前扣除的总额。资产的账面价值大于其计税基础，则表示该资产在未来期间产生的经济利益不能全部税前扣除，因此产生了应纳税暂时性差异。例如，一项固定资产的账面价值为 100 万元，计税基础为 85 万元，该资产的账面价值大于计税基础，表示该资产在未来期间产生的经济利益不能全部抵扣，两者的差额 15 万元需要缴纳所得税，从而形成应纳税暂时性差异。

②负债的账面价值＜其计税基础。一项负债的账面价值为企业预计在未来期间清偿该项负债时的经济利益流出，而其计税基础代表的是账面价值减去税法规定未来期间允许税前扣除的金额的差额。负债的账面价值小于其计税基础时，其计算公式如下。

暂时性差异=负债的账面价值-负债的计税基础=负债的账面价值-（负债账面价值-未来可税前扣除的金额）=未来可予税前扣除的金额＜0

从以上公式中可看出，该项负债在未来期间可以税前扣除的金额为负数，即应在未来期间应纳税所得额的基础上调增，增加应纳税所得额和应交所得税金额，产生应纳税暂时性差异，应确认相关的递延所得税负债。

（2）可抵扣暂时性差异。

可抵扣暂时性差异是指确定未来收回资产或清偿负债期间的应纳税所得额时，将导致产生可抵扣的暂时性差异。该差异在未来期间转回时，将减少转回期间的应纳税所得额，产生当期一般确认相应的递延所得税资产。可抵扣暂时性差异通常产生于以下情况。

①资产的账面价值＜其计税基础。资产的账面价值小于其计税基础时，其计算公式如下。

暂时性差异=资产的账面价值-资产的计税基础＜0

资产的账面价值小于其计税基础，意味着在以后年度按该项资产账面价值可取得的经济利益数额比计税基础少，按照税法规定允许税前扣除的金额大，企业在未来期间可以减少应纳税所得额并相应减少应交所得税，即现在多缴税、未来少缴税，因此产生了可抵扣暂时性差异。例如，一项固定资产的账面价值为 100 万元，计税基础为 110 万元，该资产的账面价值小于计税基础，表示该资产在未来期间产生的经济利益不够税前抵扣，两者的差额 10 万元将减少缴纳所得税，从而形成可抵扣暂时性差异。

②负债的账面价值＞其计税基础。负债的账面价值大于其计税基础时，其计算公式如下。

暂时性差异=负债的账面价值-负债的计税基础=负债的账面价值-（负债账面价值-未来可税前扣除的金额）=未来可予税前扣除的金额＞0

从以上公式中可看出，当一项负债的账面价值大于其计税基础时，意味着未来期间按照税收法律、法规规定与该项负债相关的全部或部分支出可以自未来应税经济利益中扣除，减少未来期间的应纳税所得额和应交企业所得税，产生可抵扣暂时性差异，符合相关确认条件时，应确认相关的递延所得税资产。

【例题·单选题】下列各项中，能够产生应纳税暂时性差异的是（   ）。

A. 账面价值大于其计税基础的资产

B. 账面价值大于其计税基础的负债

C. 超过税法扣除标准的业务宣传费

D. 按税法规定可以结转以后年度的未弥补亏损

【解析】本题考查产生应纳税暂时性差异的情形。选项 A，资产账面价值大于其计税基础时，产生应纳税暂时性差异；选项 B，负债账面价值大于其计税基础时，产生可抵扣暂时性差异；选项 C、D 产生的暂时性差异均为可抵扣暂时性差异。

【答案】A

5.3 所得税的计算

企业核算所得税，需要先确定当期应交所得税以及利润表中的所得税费用，从而确定各期实现的净利润。按照资产负债表债务法进行核算时，利润表中的所得税费用由当期所得税和递延所得税费用（或收益）两部分组成。

5.3.1 应交所得税

应交所得税是指企业按照《企业所得税法》规定计算确定的针对当期发生的交易和事项，应缴纳给税务部门的所得税金额，即当期应交所得税。计算公式如下。

应交所得税＝应纳税所得额×所得税税率

应纳税所得额是在企业税前会计利润（即利润总额）的基础上调整确定的，计算公式如下。

应纳税所得额＝税前会计利润＋纳税调整增加额－纳税调整减少额

纳税调整增加额和纳税调整减少额的核算内容如表5-4所示。

表5-4　纳税调整项目一览表

项目	核算内容
纳税调整增加额	①《企业所得税法》规定允许扣除的项目中，企业已计入当期费用但超过税法规定扣除标准的金额，如超过税法规定标准的职工福利费、工会经费、职工教育经费、业务招待费、公益性捐赠支出、广告费和业务宣传费等 ②企业已计入当期损失但税法规定不允许扣除项目的金额，如税收滞纳金、罚金、罚款等
纳税调整减少额	①按税法规定允许弥补的亏损，如5年内未弥补亏损等 ②准予免税的项目，如国债利息收入等

【案例5-7】甲企业2019年度实现的利润总额为500万元，该企业全年实发工资200万元，职工福利费30万元，工会经费5万元，职工教育经费20万元，已计入营业外支出的税收滞纳罚款12万元，企业所得税税率为25%。税法规定，合理的工资薪金据实扣除，职工福利费按工资薪金总额的14%扣除，工会经费按工资薪金总额的2%扣除，职工教育经费按工资薪金总额的8%扣除，计算甲企业2019年应交所得税。

【案例解析】根据税法规定，企业在计算当期应纳税所得额时，可以扣除的工资支出为200万元，职工福利费支出为28万元（200×14%=28），工会经费支出为4万元（200×2%=4），职工教育经费支出为16万元（200×8%=16）。甲公司当期所得税计算如下。

纳税调整增加额＝（30-28）+（5-4）+（20-16）+12=19（万元）；

应纳税所得额＝500+19=519（万元）；

2019年度甲企业应交所得税＝519×25%=129.75（万元）。

5.3.2 递延所得税

递延所得税是指按照《企业会计准则》规定应予确认的递延所得税资产和递延所得税负债金额，即递延所得税资产和递延所得税负债当期发生额的综合结果，但不包括计入所有者权益的交易或事项的所得税影响。

1．递延所得税资产的确认

递延所得税资产是指以未来期间很可能取得的用来抵扣可抵扣暂时性差异的应纳税所得额为限确认的一项资产。递延所得税资产产生于可抵扣暂时性差异。确认递延所得税资产时，应注意以下问题。

（1）递延所得税资产的确认应以未来期间可能取得的应纳税所得额为限。

如果在可抵扣暂时性差异转回的未来期间，企业无法产生足够的应纳税所得额用以抵减可抵扣暂时性差异的影响，使得与递延所得税资产相关的经济利益无法实现的，那么不应确认该部分递延所得税资产。企业有确凿的证据表明，未来期间能够产生足够的应纳税所得额用于抵减可抵扣暂时性差异，则应以可能取得的应纳税所得额为限，确认相关的递延所得税资产。

在判断企业于可抵扣暂时性差异转回的未来期间能否产生足够的应纳税所得额时，应考虑通过正常的生产经营活动能够实现的应纳税所得额以及以前期间产生的应纳税暂时性差异在未来期间转回时将增加的应纳税所得额。

📖 **名师点拨**

> 考虑到受可抵扣暂时性差异转回的期间内可能取得应纳税所得额的限制，因无法取得足够的应纳税所得额而未确认相关的递延所得税资产的，应在财务报表附注中进行披露。

（2）对与子公司、联营企业、合营企业的投资相关的可抵扣暂时性差异的处理。

对与子公司、联营企业、合营企业的投资相关的可抵扣暂时性差异，同时满足下列条件的，应当确认相关的递延所得税资产。

①暂时性差异在可预见的未来很可能转回。

②未来很可能获得用来抵扣可抵扣暂时性差异的应纳税所得额。对联营企业和合营企业的投资产生的可抵扣暂时性差异，主要产生于权益法下被投资单位发生亏损时，投资企业按照持股比例确认应予承担的部分相应减少长期股权投资的账面价值，但税法规定长期股权投资的成本在持有期间不发生变化，造成长期股权投资的账面价值小于其计税基础，产生可抵扣暂时性差异。另外，在投资企业对有关投资计提减值准备的情况下，可抵扣暂时性差异也会产生。

（3）对按税法规定可以结转以后年度的未弥补亏损和税款抵减的处理。

对于税法规定可以结转以后年度的未弥补亏损和税款抵减，应视同可抵扣暂时性差异处理。在预计可利用未弥补亏损或税款抵减的未来期间内很可能取得足够的应纳税所得额时，应当以很可能取得的应纳税所得额为限，确认相应的递延所得税资产，同时减少确认当期的所得税费用。

【案例5-8】 因经营政策不符合市场预期，甲公司在2019年发生300万元亏损。假设可用以后年度产生的利润弥补该亏损，适用的所得税税率为25%。2019年资产负债表日，该部分亏损的账面价值为0万元，计税基础为300万元，因此产生300万元的可抵扣暂时性差异。

要求：判断未弥补亏损是否应确认相关的递延所得税。分别计算以下几种情况应确认的递延所得税：预计未来5年持续亏损，未来5年很可能取得的应纳税所得额分别为240万元、300万元。

【案例解析】 对于税法规定可以结转以后年度的未弥补亏损，应当以很可能取得的应纳税所得额为限，确认相关的递延所得税资产。

如果预计未来5年持续亏损，则确认递延所得税资产=0×25%=0（万元）。如果未来5年很可能取得的应纳税所得额为240万元，则确认递延所得税资产=240×25%=60（万元）。如果未来5年很可能取得的应纳税所得额为300万元，则确认递延所得税资产=300×25%=75（万元）。

需要注意的是，某些情况下，企业发生的某项交易或事项不属于企业合并，并且交易发生时既不影响会计利润也不影响应纳税所得额，该项交易中产生的资产、负债的初始确认金额与其计税基础不同，产生可抵扣暂时性差异的，《企业会计准则》中规定在交易或事项发生时不确认相关的递延所得税资产。

【案例5-9】 甲企业进行内部研究开发形成的无形资产成本为1 500万元，因按照税法规定可于未来期间税前扣除的金额为2 100万元，其计税基础为2 100万元。试分析该种情况是否应当确认递延所得税资产。

【案例解析】 该项无形资产不属于企业合并产生的，同时在初始确认时既不影响会计利润也不影响应纳税所得额，确认其账面价值与计税基础之间产生暂时性差异的所得税影响需要调整该项资产的历史成本，准则规定该种情况下不确认相关的递延所得税资产。

2. 递延所得税资产的计量

计量递延所得税资产时，主要考虑适用税率和减值两个因素。

（1）适用税率的确定。

企业在确认递延所得税资产时，应当以预期收回该资产期间的适用企业所得税税率为基础计算确定。无论相关的可抵扣暂时性差异转回期间如何，递延所得税资产均不要求折现。

（2）递延所得税资产的减值。

确认递延所得税资产后，在资产负债表日，企业应当复核递延所得税资产的账面价值。如果未来期间很可能无法取得足够的应纳税所得额用以利用可抵扣暂时性差异带来的经济利益时，应减记递延所得税资产的账面价值。减记的递延所得税资产，除原确认时计入所有者权益的递延所得税资产，其减记金额也应计入所有者权益外，其他的情况应当增加所得税费用。

因无法取得足够的应纳税所得额利用可抵扣暂时性差异而减记递延所得税资产账面价值的，如果以后期间根据新的环境和情况判断能够产生足够的应纳税所得额利用可抵扣暂时性差异，使得递延所得税资产包含的经济利益能够实现的，应相应恢复递延所得税资产的账面价值。

确认减值时，进行如下账务处理（当减值迹象消失时，编制相反分录即可）。

借：所得税费用（预期无法实现应纳税所得额时）

资本公积——其他资本公积（原计入所有者权益的金额）

商誉（因企业合并确认的递延所得税资产金额）

贷：递延所得税资产

3. 递延所得税负债的确认

递延所得税负债产生于应纳税暂时性差异。除《企业会计准则》中明确规定可不确认递延所得税负债的情况以外，企业对于所有的应纳税暂时性差异均应确认相关的递延所得税负债。除与直接计入所有者权益的交易或事项以及企业合并中取得资产、负债相关的以外，在确认递延所得税负债的同时，应增加利润表中的所得税费用。

【案例5-10】2019年12月5日，甲公司购入某项设备，取得成本为800万元，会计上采用年限平均法计提折旧，使用年限为10年，净残值为0。因该资产常年处于强震动状态，计税时按双倍余额递减法计提折旧，使用年限及净残值与会计相同。甲公司适用的所得税税率为25%。假定甲公司不存在其他会计与税收处理的差异，试分析该项业务是否应当确认递延所得税负债。

【案例解析】2020年资产负债表日，根据规定，该项固定资产应当计提的折旧额为80万元，计税时允许扣除的折旧额为160万元，则固定资产的账面价值720万元与其计税基础640万元的差额构成应纳税暂时性差异，因此甲公司应当确认相关递延所得税负债。

需要注意的是，有的情况下，虽然资产、负债的账面价值与其计税基础不同，产生了应纳税暂时性差异，但是出于各方面考虑，根据规定不确认相应的递延所得税负债，主要情形包括以下几种。

（1）商誉的初始确认。

（2）除企业合并以外的其他交易或事项中，如果该项交易或事项在发生时既不影响会计利润，也不影响应纳税所得额，产生相关应纳税暂时性差异时，不确认递延所得税负债。

（3）与子公司、联营企业和合营企业投资等相关的应纳税暂时性差异，如果同时满足以下两个条件：①投资企业能够控制暂时性差异转回的时间；②该暂时性差异在可预见的未来很可能不会转回，则表明投资企业可决定暂时性差异的转回或不转回，无须确认相关的递延所得税负债。

（4）对于采用权益法核算的长期股权投资，如果企业准备长期持有，则其账面价值与计税基础之间的差异一般不确认相关的所得税影响。如果企业改变持有意图准备对外出售，则应确认差异产生的所得税影响。

【案例5-11】甲公司为专门生产电子产品的企业。由于产品更新换代较快，该公司在2016年12月1日购入与生产电子产品配套的固定资产模具，取得成本为300万元，采用年限平均法计提折旧，使用年限为5年，净残值为零。该固定资产符合加速折旧的条件，因此按年数总和法计提折旧，使用年限及净残值与会计相同。假定该企业不存在其他会计与税法处理的差异，适用的企业所得税税率为25%。已知甲公司每年因固定资产账面价值与计税基础不同应予确认的递延所得税情况如表 5-5 所示。根据以上资料，计算 2016—2020 年应确认的递延所得税，并编制相关的会计分录。

表 5-5　账面价值与计税基础　　　　　　　　　　　单位：万元

时间	会计计提折旧	账面价值	税法计提折旧	计税基础	暂时性差异
2016-12-31	60	240	100	200	40
2017-12-31	60	180	80	120	60
2018-12-31	60	120	60	60	60
2019-12-31	60	60	40	20	40
2020-12-31	60	0	20	0	0
合计	300	—	300	—	—

　　【案例解析】由表 5-5 可看出，该项资产在同样的使用年限内，分别按照税法和会计上的规定提取的各期折旧金额是不同的，但总额都为 300 万元，暂时性差异会随着时间的推移不断转回。甲公司其固定资产每年资产负债表日应计算的递延所得税负债如下。

　　2016 年 12 月 31 日，期末递延所得税负债＝期末应纳税暂时性差异 × 适用的所得税税率＝40×25%＝10（万元），相关账务处理如下。

　　　　借：所得税费用　　　　　　　　　　100 000
　　　　　　贷：递延所得税负债　　　　　　　　100 000

　　2017 年 12 月 31 日，期末递延所得税负债＝期末应纳税暂时性差异 × 适用的所得税税率＝60×25%＝15（万元），已确认递延所得税负债 10 万元，本期应确认 5 万元，相关账务处理如下。

　　　　借：所得税费用　　　　　　　　　　50 000
　　　　　　贷：递延所得税负债　　　　　　　　50 000

　　2018 年 12 月 31 日，期末递延所得税负债＝期末应纳税暂时性差异 × 适用的所得税税率＝60×25%＝15（万元），已确认递延所得税负债 15 万元，本期应确认 0 万元。

　　2019 年 12 月 31 日，期末递延所得税负债＝期末应纳税暂时性差异 × 适用的所得税税率＝40×25%＝10（万元），已确认递延所得税负债 15 万元，本期应转回 5 万元，相关账务处理如下。

　　　　借：递延所得税负债　　　　　　　　50 000
　　　　　　贷：所得税费用　　　　　　　　　　50 000

　　2020 年 12 月 31 日，期末递延所得税负债＝期末应纳税暂时性差异 × 适用的所得税税率＝0×25%＝0（万元），已确认递延所得税负债 10 万元，本期应转回 10 万元，相关账务处理如下。

　　　　借：递延所得税负债　　　　　　　　100 000
　　　　　　贷：所得税费用　　　　　　　　　　100 000

4. 递延所得税负债的计量

　　在资产负债表日，应当根据税法规定，按照预期收回该资产或清偿该负债期间的适用税率计量递延所得税负债，也就是说，应以相关应纳税暂时性差异转回期间按照税法规定适用的所得税税率计量递延所得税负债。另外，无论应纳税暂时性差异的转回期间如何，递延所得税负债不要求折现。

📖 名师点拨

无论是递延所得税资产还是递延所得税负债的计量，均应考虑资产负债表日企业预期收回资产或清偿负债方式的所得税影响，在计量递延所得税资产和递延所得税负债时，应当采用与收回资产或清偿债务的预期方式相一致的税率和计税基础。例如，企业持有的某一项固定资产，一般情况是为企业的正常生产经营活动提供必要的生产条件，但在某一时点上，企业决定将该固定资产出售，实现其为企业带来的未来经济利益，且假定税法规定长期资产处置时适用的所得税税率与一般情况不同，则企业在计量因该资产产生的应纳税暂时性差异或可抵扣暂时性差异的所得税影响时，应考虑该资产带来的经济利益预期实现方式的影响。

5.3.3 所得税费用

确定了当期应交所得税及递延所得税费用（或收益），将两者加总即为利润表中应予确认的所得税费用。

其计算公式如下。

所得税费用＝当期所得税＋递延所得税

其中：

递延所得税＝（递延所得税负债的期末余额－递延所得税负债的期初余额）－（递延所得税资产的期末余额－递延所得税资产的期初余额）

递延所得税负债属于负债类科目，核算企业确认的应纳税暂时性差异产生的所得税负债；递延所得税资产属于资产类科目，核算企业确认的可抵扣暂时性差异产生的递延所得税资产。"所得税费用"科目可按"当期所得税费用"和"递延所得税费用"进行明细核算。期末，应将"所得税费用"科目的余额转入"本年利润"科目，结转后本科目无余额。所得税费用的账务处理如下。

（1）资产负债表日，企业按照税法规定计算确定当期应交所得税时。

借：所得税费用

　　贷：应交税费——应交所得税

（2）递延所得税资产增加或递延所得税负债减少时。

借：递延所得税资产

　　递延所得税负债

　　贷：所得税费用

（3）递延所得税资产减少或递延所得税负债增加时。

借：所得税费用

　　贷：递延所得税资产

　　　　递延所得税负债

（4）期末结转时。

借：本年利润

　　贷：所得税费用

【案例5-12】甲公司2019年度实现利润总额10 000万元，适用的所得税税率为25%。预计未来期间适用的所得税税率不会发生变化，假定未来期间能够产生足够的应纳税所得额用以抵扣暂时性差异。甲公司2019年度发生的有关交易和事项中，会计处理与税法规定存在差异的交易或事项如下。

①某批外购存货年初、年末借方余额分别为9 900万元和9 000万元，相关递延所得税资产年初余额为235万元。该批存货跌价准备年初、年末贷方余额分别为940万元和880万元，当年转回存货跌价准备60万元。税法规定，该笔准备金在计算应纳税所得额时不包括在内。

②某项外购固定资产当年计提的折旧为1 200万元，未计提固定资产减值准备。该项固定资产在2018年12月18日安装调试完毕并投入使用，原价为6 000万元，预计使用年限为5年，预计净残值为零，采用年限平均法计提折旧。税法规定，类似固定资产采用年数总和法计提的折旧准予在计算应纳税所得额时扣除，企业在纳税申报时按照年数总和法将该折旧调整为2 000万元。

③12月31日，甲公司根据收到的税务部门罚款通知，将应缴罚款300万元确认为营业外支出，款项尚未支付。税法规定，企业该类罚款不允许在计算应纳税所得额时扣除。

④当年实际发生的广告费用为25 740万元，款项尚未支付。税法规定，企业发生的广告费和业务宣传费不超过当年销售收入15%的部分允许税前扣除，超过部分允许结转以后年度税前扣除。甲公司当年销售收入为170 000万元。

⑤通过红十字会向地震灾区捐赠现金500万元，已计入营业外支出。税法规定，企业发生

的公益性捐赠支出，在年度利润总额12%以内的部分，准予在计算应纳税所得额时扣除。

要求如下。

①分别计算甲公司有关资产和负债在2019年年末的账面价值和计税基础，及其相关的暂时性差异、递延所得税资产或递延所得税负债的余额，将计算结果填列在表格中。

②逐项计算甲公司2019年年末应确认或转销递延所得税资产、递延所得税负债的金额。

③分别计算甲公司2019年度应纳税所得额、应交所得税以及所得税费用（或收益）的金额。

④编制甲公司2019年度与确认所得税费用（或收益）相关的会计分录。

【案例解析】

①甲公司相关资产、负债的暂时性差异的计算过程如表5-6所示。

表5-6　资产、负债的暂时性差异

单位：万元

项目	账面价值	计税基础	可抵扣暂时性差异	应纳税暂时性差异
存货	9 000-880=8 120	9 000	9 000-8 120=880	—
固定资产	6 000-1 200=4 800	6 000-6 000×5/15=4 000	—	4 800-4 000=800
其他应付款	300	300		
负债（未支付广告费）	25 740	25 740-（25 740-170 000×15%）=25 500	25 740-25 500=240	
合计	—	—	1 120	800

存货相关的递延所得税资产的余额=880×25%=220（万元），负债相关的递延所得税资产的余额=240×25%=60（万元），固定资产相关的递延所得税负债的余额=800×25%=200（万元）。

②相关资产、负债本期应确认或转回的递延所得税如表5-7所示（期末金额小于期初金额时，表示应转回）。

表5-7　资产、负债的递延所得税

单位：万元

项目		存货	负债	固定资产
递延所得税资产	期末余额	220	60	—
	期初余额	235	0	—
	应转回或确认	220-235=-15	60-0=60	—
递延所得税负债	期末余额			200
	期初余额			0
	应确认			200-0=200

本期应确认的递延所得税资产=-15+60=45（万元），本期应确认的递延所得税负债=200（万元）。

③转回存货跌价准备时，贷记"资产减值损失"科目，转回的跌价准备不计入应纳税所得额，即应纳税所得额调减60万元（940-880）。按会计准则与税法规定计算固定资产折旧的差额，应纳税所得额调减800万元（2 000-1 200）。罚款300万元，应纳税所得额调增。超过当年销售收入15%的广告费240万元（25 740-170 000×15%），应纳税所得额调增。2019年度应纳税所得额=10 000-60-800+300+240=9 680（万元），应交所得税=9 680×25%=2 420（万元），所得税费用=当期所得税+（期末递延所得税负债-期初递延所得税负债）-（期末递延所得税资产-期初递延所得税资产）=2 420+200-（-15+60）=2 575（万元）。

④2019年度与确认所得税费用（或收益）相关会计分录如下。

借：所得税费用　　　　　　　　　　25 750 000

　　递延所得税资产　　　　　　　　450 000

　　　　贷：应交税费——应交所得税　　　　　　24 200 000
　　　　　　递延所得税负债　　　　　　　　　　2 000 000

　　【例题·单选题】2019年度某企业实现利润总额960万元，当年应纳税所得额为800万元，适用的所得税税率为25%。当年影响所得税费用的递延所得税负债增加50万元，企业2019年度利润表"所得税费用"项目本期金额为（　　）万元。

　　A. 250　　　　　　　B. 240　　　　　　　C. 150　　　　　　　D. 200

　　【解析】本题考查所得税费用的计算。企业2019年度利润表"所得税费用"项目本期金额＝应交所得税＋（递延所得税负债－递延所得税资产）＝800×25%+50=250（万元）。

　　【答案】A

　　【例题·单选题】2019年某企业税前利润总额为1 500万元，适用的所得税税率为25%。本年度该企业取得国债利息收入100万元，发生违反环保规定的罚款支出50万元。不考虑其他因素，下列各项中，有关所得税费用会计处理结果，表述正确的是（　　）。

　　A. 贷记"应交税费——应交所得税"科目362.5万元
　　B. 借记"所得税费用"科目375万元
　　C. 借记"递延所得税资产"科目37.5万元
　　D. 贷记"应交税费——应交所得税"科目375万元

　　【解析】本题考查所得税费用的核算。该企业应纳税所得额＝1 500－100+50=1 450（万元）。本年应交所得税＝1 450×25%=362.5（万元）。因此选项A正确。

　　【答案】A

5.4 结转经营成果

　　计算并结转企业的所得税费用后，即可得知企业的经营成果，结转后"本年利润"科目如为贷方余额，表示企业当年实现的净利润；如为借方余额，表示企业当年发生的净亏损。无论最终是实现利润还是发生亏损，年度终了，企业还需要对企业的经营成果进行结转。

5.4.1 结转实现的利润

　　年度终了，企业还应将"本年利润"科目的本年累计余额转入"利润分配——未分配利润"科目。如果本年实现的是净利润，相关会计分录如下。

　　借：本年利润
　　　　贷：利润分配——未分配利润

　　结转后，"本年利润"科目无余额。企业实现的利润，经结转入"利润分配——未分配利润"科目后，应当按照以下顺序进行分配。

　　◆ 弥补企业以前年度亏损。
　　◆ 提取法定盈余公积。
　　◆ 提取任意盈余公积。
　　◆ 向投资者分配利润。

1. 弥补企业以前年度亏损

　　所谓弥补企业以前年度亏损，是指在会计处理上，如果上年的净利润为负（或以前各年的净利润总和为负），本年的税后净利润要首先弥补掉这部分亏损，才能作为可供分配的净利润。弥补企业以前年度亏损不需要进行专门的账务处理。

2. 提取盈余公积

　　在提取盈余公积前，企业首先应根据本年净利润或净亏损与年初未分配利润或亏损、其他转入的金额等项目，计算可供分配的利润。相关计算公式如下。

可供分配的利润=净利润（或亏损）+年初未分配利润−弥补以前年度的亏损+其他转入的金额

如果可供分配的利润为负数（即累计亏损），则不能进行后续分配；如果可供分配的利润为正数（即累计盈利），则可进行后续分配。

名师点拨

> 如果年初不存在累计亏损，提取的法定盈余公积基数就为当年实现的净利润；反之，提取的法定盈余公积基数则为可供分配的利润。

盈余公积是指企业从税后利润中提取形成的、留存于企业内部、具有特定用途的收益积累。盈余公积可分为法定盈余公积和任意盈余公积。计算出企业的可供分配的利润后，按照《中华人民共和国公司法》相关规定，公司（上市公司）首先应按当年净利润（抵减年初累计亏损后）的10% 提取法定盈余公积，提取的法定盈余公积累计超过注册资本50% 以上的，可以不再提取。公司提取法定盈余公积后，经股东会或股东大会决议，还可以从净利润中提取任意盈余公积。相关账务处理如下。

（1）企业提取法定盈余公积时。

借：利润分配——提取法定盈余公积

贷：盈余公积——法定盈余公积

（2）提取任意盈余公积时。

借：利润分配——提取任意盈余公积

贷：盈余公积——任意盈余公积

【案例 5-13】甲公司 2019 年共实现净利润 10 000 000 元，年初未分配利润为 0。经股东大会批准，甲公司按当年净利润的 10% 提取法定盈余公积，按当年净利润的 5% 提取任意盈余公积。根据上述资料，计算甲公司 2019 年应计提的盈余公积金额，并编制相关会计分录。

【案例解析】甲公司应提取的法定盈余公积金额 = 10 000 000×10% = 1 000 000（元）；应提取的任意盈余公积金额 = 10 000 000×5% = 500 000（元）。提取盈余公积时应编制如下会计分录。

借：利润分配——提取法定盈余公积　　　　　1 000 000

　　　　　——提取任意盈余公积　　　　　　500 000

贷：盈余公积——法定盈余公积　　　　　　1 000 000

　　　　　——任意盈余公积　　　　　　　500 000

名师点拨

> 企业发生的亏损，除用当年实现的净利润弥补外，还可使用累积的盈余公积弥补。以盈余公积弥补亏损时，借记"盈余公积"科目，贷记"利润分配——盈余公积补亏"科目。

3. 向投资者分配利润

提取盈余公积后，若未分配利润还有余额，应按照公司章程的股利或利润分配计划，向投资者分配股利。分配现金股利时，应编制如下会计分录。

借：利润分配——应付现金股利（用作分配现金股利的金额）

贷：应付股利（确认应支付的现金股利支付）

分配股票股利时，应编制如下会计分录。

借：利润分配——转作股本的股利（用作分配股票股利的金额）

贷：股本（增加的股本金额）

上述顺序完成后，年度终了时，企业还应将"利润分配"科目其他各明细科目的余额转入"利润分配——未分配利润"科目，编制如下会计分录。

　　借：利润分配——未分配利润
　　　　贷：利润分配——提取法定盈余公积
　　　　　　　　　　——提取任意盈余公积
　　　　　　　　　　——应付现金股利
　　　　　　　　　　——转作股本的股利等

　　结转后，"利润分配"科目中除"未分配利润"明细科目外，所属的其他明细科目均无余额。"未分配利润"明细科目的贷方余额表示累积未分配的利润，本科目若出现借方余额则表示累积未弥补的亏损。

　　【案例 5-14】甲公司 2019 年共实现净利润 300 万元，将各损益类账户进行结转后，"本年利润"科目的贷方余额为 300 万元。经股东大会批准，当年的利润分配方案：提取法定盈余公积 30 万元，提取任意盈余公积 20 万元，向股东分配现金股利 100 万元。上述所有分配方案均已实施。会计人员在期末进行利润分配的账务处理时，应如何编制会计分录？

　　【案例解析】甲公司对 2019 年净利润进行结转与分配，会计人员进行账务处理时，应按照以下步骤进行。

　　①将"本年利润"科目的余额转入"利润分配——未分配利润"科目。

　　借：本年利润　　　　　　　　　　　　　　　3 000 000
　　　　贷：利润分配——未分配利润　　　　　　　　3 000 000

　　②按照股东大会批准的利润分配计划，填制利润分配的记账凭证，会计分录如下。

　　借：利润分配——提取法定盈余公积　　　　　　300 000
　　　　　　　　　——提取任意盈余公积　　　　　　200 000
　　　　　　　　　——应付现金股利　　　　　　　1 000 000
　　　　贷：盈余公积——法定盈余公积　　　　　　　300 000
　　　　　　　　　　——任意盈余公积　　　　　　　200 000
　　　　　　应付股利　　　　　　　　　　　　　1 000 000

　　③将上述"利润分配"科目的明细科目的余额，转入"未分配利润"明细科目中。会计分录如下。

　　借：利润分配——未分配利润　　　　　　　　1 500 000
　　　　贷：利润分配——提取法定盈余公积　　　　　300 000
　　　　　　　　　　——提取任意盈余公积　　　　　200 000
　　　　　　　　　　——应付现金股利　　　　　　1 000 000

　　假设"利润分配——未分配利润"年初余额为 820 000 元，经上述分配处理后，"利润分配——未分配利润"科目的余额 =820 000+3 000 000-1 500 000=2 320 000（元），即甲公司 2019 年的累计未分配利润为 2 320 000 元。

5.4.2　结转发生的亏损

　　如果企业本年发生净亏损，相关会计分录如下。

　　借：利润分配——未分配利润
　　　　贷：本年利润

　　根据税法规定，企业某一纳税年度发生的亏损可以用下一年度的所得弥补；下一年度的所得不足以弥补的，可以逐年延续弥补，但最长不得超过 5 年。企业在汇总计算缴纳企业所得税时，其境外营业机构的亏损不得抵减境内营业机构的盈利。

　　另外，根据财政部、国家税务总局的规定，自 2018 年 1 月 1 日起，当年具备高新技术企业或科技型中小企业资格的企业，其具备资格年度之前 5 个年度发生的尚未弥补完的亏损，准予结转以后年度弥补，最长结转年限由 5 年延长至 10 年。

5.5 经营成果核算中的涉税事项

企业经营成果核算中涉及的税种主要包括企业所得税、增值税和土地增值税等，对于这些税种，《中华人民共和国企业所得税法》中都有详细的规定，下面即对这3种税进行详细介绍。

5.5.1 企业所得税

企业所得税是对我国境内的企业和其他取得收入的组织的生产经营所得和其他所得征收的一种税。企业所得税可以促进企业改善经营管理活动，提升企业的盈利能力；可以调节产业结构，促进经济发展；还可以为国家建设筹集财政资金。

1. 企业所得税纳税义务人

企业所得税纳税义务人是指在中华人民共和国境内的企业和其他取得收入的组织（以下统称企业）。根据企业纳税义务范围的宽窄进行分类，企业所得税的纳税义务人分为居民企业和非居民企业。

（1）居民企业。

居民企业是指依法在中国境内成立，或依照外国（地区）法律成立但实际管理机构在中国境内的企业。居民企业包括国有企业、集体企业、私营企业、联营企业、股份制企业、外商投资企业、外国企业以及有生产、经营所得和其他所得的其他组织。

其中，实际管理机构是指对企业的生产经营、人员、账务、财产等实施实质性全面管理和控制的机构。

> **知识拓展**
>
> 个人独资企业、合伙企业不属于企业所得税的纳税义务人，不适用企业所得税法。

（2）非居民企业。

非居民企业是指依照外国（地区）法律成立且实际管理机构不在中国境内，但在中国境内设立机构、场所的，或在中国境内未设立机构、场所，但有来源于中国境内所得的企业。

"机构、场所"是指中国境内从事生产经营活动的机构，包括以下内容。

①管理机构、营业机构、办事机构。

②工厂、农场、开采自然资源的场所。

③提供劳务的场所。

④从事建筑、安装、装配、修理、勘探等工程作业的场所。

⑤其他从事生产经营的机构、场所。

非居民企业委托营业代理人在中国境内从事生产经营活动的，包括委托单位或个人经常代其签订合同，或储存、交付货物等，该营业代理人视为非居民企业在中国境内设置的机构、场所。

【例题·多选题】根据规定，下列选项中，判定居民企业的标准有（ ）。

A. 登记注册地标准　　　　　　　B. 所得来源地标准

C. 经营行为实际发生地标准　　　D. 实际管理机构所在地标准

E. 实际申报地标准

【解析】本题考查企业所得税纳税义务人。居民企业是指依法在中国境内成立，或依照外国（地区）法律成立但实际管理机构在中国境内的企业；非居民企业是指依照外国（地区）法律成立且实际管理机构不在中国境内，但在中国境内设立机构、场所的，或在中国境内未设立机构、场所，但有来源于中国境内所得的企业。由此可知，"登记注册地标准"和"实际管理机构所在地标准"为居民企业和非居民企业判定的标准。

【答案】AD

2. 企业所得税征税对象

企业所得税的征税对象是指企业的生产经营所得、其他所得和清算所得，下面就居民企业和非居民企业的征税对象分别进行介绍。

（1）居民企业的征税对象。

居民企业应就其来源于中国境内、境外的全部所得缴纳企业所得税，包括销售货物所得、提供劳务所得、转让财产所得、股息红利等权益性投资所得、利息所得、租金所得、特许权使用费所得、接受捐赠所得和其他所得。

（2）非居民企业的征税对象。

非居民企业在中国境内设立机构、场所的，应当就其所设机构、场所所取得的来源于中国境内的所得，以及发生在中国境外但与其所设机构、场所有实际联系所得，缴纳企业所得税。非居民企业在中国境内未设立机构、场所的，或虽设立机构、场所但取得的所得与其所设机构、场所没有实际联系的，应当就来源于中国境内的所得缴纳企业所得税。

名师点拨

> 实际联系是指非居民企业在中国境内设立的机构、场所拥有的据以取得所得的股权、债权，以及拥有、管理、控制据以取得所得的财产。

居民企业与非居民企业来源于中国境内、境外的所得，应按照表5-8所示的原则确定。

表5-8　来源于中国境内、境外所得的确定原则

所得类别	确定原则
销售货物所得	按交易活动发生地（如合同签订地、交货地点等）确定
提供劳务所得	按劳务发生地确定
转让财产所得	①不动产转让所得按不动产所在地确定 ②动产转让所得按转让动产的企业或机构、场所所在地确定 ③权益性投资资产转让所得按被投资企业所在地确定
股息、红利等权益性投资所得	按分配所得的企业所在地确定
利息所得、租金所得、特许权使用费所得	按负担、支付所得的企业或机构、场所所在地确定，或按负担、支付所得的个人的住所地确定
其他所得	由国务院财政、税务主管部门确定

3. 企业所得税税率

企业所得税的纳税人类型不同，其适用的税率也不同，表5-9所示为居民企业和非居民企业适用的税率。

表5-9　企业所得税税率

纳税人		税收管辖权	税率
居民企业		居民管辖权，就其世界范围的所得征税	
非居民企业	在我国境内设立机构、场所	取得所得与设立的机构、场所有实际联系的	地域管辖权	就其来源于我国境内的所得和发生在中国境外但与其在我国境内所设机构、场所有实际联系的所得征税	基本税率25%
		取得所得与设立的机构、场所没有实际联系的		仅就其来源于我国境内的所得征税	低税率20%（实际减按10%的税率征收）
	未在我国境内设立机构、场所，却有来源于我国境内的所得			

居民企业中符合条件的小型微利企业减按20%税率征税，国家需要重点扶持的高新技术企业

和经认定的技术先进型服务企业减按 15% 税率征税。

> **知识拓展**
>
> 小型微利企业是指从事国家非限制和禁止行业，并符合以下条件的企业：①企业年度应纳税所得额不超过 300 万元；②企业从业人数不超过 300 人；③资产总额不超过 5 000 万元。

4. 企业所得税应纳税所得额

企业所得税应纳税所得额是企业每一纳税年度的收入总额，减除不征税收入、免税收入、各项扣除以及允许弥补的以前年度亏损后的余额，具体计算公式如下。

应纳税所得额＝收入总额－不征税收入－免税收入－各项扣除－允许弥补的以前年度亏损

关于企业所得税应纳税所得额的计算，应注意以下两方面的规定。

◆ 企业应纳税所得额的计算，以权责发生制为原则，即属于当期的收入和费用，不论款项是否收付，均作为当期的收入和费用；不属于当期的收入和费用，即使款项已经在当期收付，均不作为当期的收入和费用。

◆ 计算应纳税所得额时，若企业财务、会计处理办法与税收法律法规的规定不一致，应依照税收法律法规的规定计算。

（1）收入总额。

企业收入总额是指以货币形式和非货币形式从各种来源取得的收入，主要包括销售货物收入，提供劳务收入，转让财产收入，股息、红利等权益性投资收益，利息收入，租金收入，特许权使用费收入，接受捐赠收入以及其他收入。

①销售货物收入。销售货物收入是指企业销售商品、产品、原材料、包装物、低值易耗品和其他存货取得的收入。

②提供劳务收入。提供劳务收入是指企业从事建筑安装、修理修配、交通运输、仓储租赁、金融保险、邮电通信、咨询经纪、文化体育、科学研究、技术服务、教育培训、餐饮住宿、中介代理、卫生保健、社区服务、旅游、娱乐、加工以及其他劳务服务活动取得的收入。

企业应按照以下规定确认提供劳务收入与结转劳务成本。

◆ 企业在各个纳税期期末，提供劳务交易的结果能够可靠估计的，应采用完工进度（百分比）法确认劳务收入。

◆ 企业应按照从接受劳务方已收或应收的合同或协议价款确认劳务收入总额，根据纳税期末提供劳务收入总额乘以完工进度，并扣除以前纳税期间累计已确认提供劳务收入后的金额，来确认当期的劳务收入。

◆ 企业应按照提供劳务估计总成本乘以完工进度，并扣除以前纳税期间累计已确认劳务成本后的金额，结转当期劳务成本。

③转让财产收入。转让财产收入是指企业转让固定资产、生物资产、无形资产、股权、债权等财产取得的收入。对转让财产收入，企业应按照从财产受让方已收或应收的合同或协议价款确认收入。

④股息、红利等权益性投资收益。股息、红利等权益性投资收益是指企业因权益性投资从被投资方取得的收入。对股息、红利等权益性投资收益，除国务院财政、税务主管部门另有规定外，按照被投资方做出利润分配决定的日期确认收入的实现。

⑤利息收入。利息收入是指企业将资金提供给他人使用但不构成权益性投资，或因他人占用本企业资金取得的收入，主要包括存款利息、贷款利息、债券利息、欠款利息等收入。对利息收入，企业应按合同约定的债务人应付利息的日期确认收入的实现。

⑥租金收入。租金收入是指企业提供固定资产、包装物或其他有形资产的使用权而取得的收入。企业对租金收入应按合同约定的承租人应付租金的日期确认收入的实现。如果交易合同或协议中规定租赁期限跨年度，且租金提前一次性支付的，出租人可将上述已确认的收入，在租赁期

全国计算机应用水平考试培训教程

内，分期均匀计入相关年度收入。

⑦特许权使用费收入。特许权使用费收入是指企业提供专利权、非专利技术、商标权、著作权以及其他特许权的使用权而取得的收入。企业对特许权使用费收入应按合同约定的特许权使用人应付特许权使用费的日期确认收入的实现。

⑧接受捐赠收入。接受捐赠收入是指企业接受来自其他企业、组织或个人无偿给予的货币性资产、非货币性资产。企业对接受捐赠收入应按照实际收到捐赠资产的日期确认收入的实现。

⑨其他收入是指企业取得的除以上收入外的其他收入，包括企业资产溢余收入、逾期未退包装物押金收入、确实无法偿付的应付款项、已做坏账损失处理后又收回的应收款项、债务重组收入、补贴收入、违约金收入、汇兑收益等。

企业取得收入的货币形式包括现金、存款、应收账款、应收票据、准备持有至到期的债权投资及债务的豁免等。企业取得收入的非货币形式包括固定资产、生物资产、无形资产、股权投资、存货、不准备持有至到期的债券投资、劳务以及有关权益等。企业以非货币形式取得的收入应按照公允价值确定收入额，公允价值即按照市场价格确定的价值。

【例题·单选题】根据企业所得税法律制度的规定，下列各项中，属于特许权使用费收入的是（　　）。

A. 提供生产设备使用权取得的收入　　　B. 提供运输工具使用权取得的收入

C. 提供房屋使用权取得的收入　　　　　D. 提供商标权的使用权取得的收入

【解析】本题考查特许权使用费收入。选项 D 属于特许权使用费收入。选项 A、B、C 均属于租金收入的内容。

【答案】D

（2）不征税收入。

不征税收入是指从性质和根源上不属于企业营利性活动带来的经济利益，不作为应纳税所得额组成部分的收入，包括财政拨款，依法收取并纳入财政管理的行政事业性收费、政府性基金，以及国务院规定的其他不征税收入。

①财政拨款。财政拨款是指各级人民政府对纳入预算管理的事业单位、社会团体等组织拨付的财政资金，但国务院和国务院财政、税务主管部门另有规定的除外。

②依法收取并纳入财政管理的行政事业性收费、政府性基金。行政事业性收费是指依照法律、法规等有关规定，经国务院规定程序批准，在实施社会公共管理，以及在向公民、法人或其他组织提供特定公共服务过程中，向特定对象收取并纳入财政管理的费用。政府性基金是指企业依照法律、行政法规等有关规定，代政府收取的具有专项用途的财政资金。具体规定主要如下。

a. 企业按照规定缴纳的、由国务院或财政部批准设立的政府性基金以及由国务院和省、自治区、直辖市人民政府及其财政、价格主管部门批准设立的行政事业性收费，准予在计算应纳税所得额时扣除。企业缴纳的不符合上述审批管理权限设立的基金、收费，不得在计算应纳税所得额时扣除。

b. 企业收取的各种基金、收费，应计入企业当年收入总额。

c. 对企业依照法律、法规及国务院有关规定收取并上缴财政的政府性基金和行政事业性收费，准予作为不征税收入，于上缴财政的当年在计算应纳税所得额时从收入总额中减除；未上缴财政的部分，不得从收入总额中减除。

③国务院规定的其他不征税收入。国务院规定的其他不征税收入，主要是指企业取得的由国务院财政、税务主管部门规定专项用途并经国务院批准的财政性资金。具体规定如下。

a. 企业取得的各类财政性资金，除属于国家投资和资金使用后要求归还本金的以外，均应计入企业当年收入总额。

b. 对企业取得的由国务院财政、税务主管部门规定专项用途并经国务院批准的财政性资金，准予作为不征税收入，在计算应纳税所得额时从收入总额中减除。

c. 纳入预算管理的事业单位、社会团体等组织按照核定的预算和经费报领关系收到的由财政部门或上级单位拨入的财政补助收入，准予作为不征税收入，在计算应纳税所得额时从收入总额中减除，但国务院和国务院财政、税务主管部门另有规定的除外。

名师点拨

财政性资金是指企业取得的来源于政府及其有关部门的财政补助、补贴、贷款贴息，以及其他各类财政专项资金，包括直接减免的增值税和即征即退、先征后退、先征后返的各种税收，但不包括企业按规定取得的出口退税税款。国家投资是指国家以投资者身份投入企业并按有关规定相应增加企业实收资本（股本）的直接投资。

【例题·单选题】 根据企业所得税法律制度的规定，下列各项中，属于不征税收入的是（　　）。

　　A. 财政拨款　　B. 国债利息收入　　　　C. 接受捐赠收入　　　　D. 转让股权收入

【解析】 本题考查不征税收入。不征税收入主要包括财政拨款（选项A），依法收取并纳入财政管理的行政事业性收费、政府性基金，以及国务院规定的其他不征税收入。选项B属于免税收入，选项C、D属于应税收入。

【答案】 A

（3）免税收入。

免税收入是指属于企业的应税所得，但按照税法规定免予征收企业所得税的收入。免税收入包括以下4项。

①国债利息收入，即企业持有国务院财政部门发行的国债取得的利息收入。具体规定如下。

a. 企业从发行者处直接投资购买的国债持有至到期，其从发行者处取得的国债利息收入，全额免征企业所得税。

b. 企业到期前转让国债，或从非发行者处投资购买的国债计算出的国债利息收入，免征企业所得税。

②符合条件的居民企业之间的股息、红利等权益性投资收益，是指居民企业直接投资于其他居民企业取得的投资收益。

③在中国境内设立机构、场所的非居民企业从居民企业取得与该机构、场所有实际联系的股息、红利等权益性投资收益。该收益不包括连续持有居民企业公开发行并上市流通的股票不足12个月取得的投资收益。

④符合条件的非营利组织的收入。符合条件的非营利组织是指同时符合下列条件的组织。

◆ 依法履行非营利组织登记手续。

◆ 从事公益性或非营利性活动。

◆ 取得的收入除用于与该组织有关的、合理的支出外，全部用于登记核定或章程规定的公益性或非营利性事业。

◆ 财产及其孳息不用于分配。

◆ 按照登记核定或章程规定，该组织注销后的剩余财产用于公益性或非营利性目的，或由登记管理机关转赠给予该组织性质、宗旨相同的组织，并向社会公告。

◆ 投入人对投入该组织的财产不保留或享有任何财产权利。

◆ 工作人员工资福利开支控制在规定的比例内，不变相分配该组织的财产。

符合条件的非营利组织的收入，不包括非营利组织从事营利性活动取得的收入，但国务院财政、税务主管部门另有规定的除外。非营利组织的认定管理办法由国务院财政、税务主管部门会同国务院有关部门制定。

非营利组织的下列收入为免税收入。

◆ 接受其他单位或个人捐赠的收入。

◆ 除《中华人民共和国企业所得税法》第七条规定的财政拨款以外的其他政府补助收入，但不包括因政府购买服务取得的收入。

◆ 按照省级以上民政、财政部门规定收取的会费。

◆ 不征税收入和免税收入滋生的银行存款利息收入。

◆ 财政部、国家税务总局规定的其他收入。

（4）税前扣除项目。

税前扣除项目是指企业实际发生的与取得收入有关的、合理的支出，包括成本、费用、税金、损失和其他支出，其准予在计算应纳税所得额时扣除。税前扣除项目的相关规定如下。

①除另有规定外，企业实际发生的成本、费用、税金、损失和其他支出，不得重复扣除。

②企业的不征税收入用于支出所形成的费用或财产，不得扣除或计算对应的折旧、摊销扣除。

③企业发生的支出应区分收益性支出和资本性支出。其中收益性支出在发生当期直接扣除；资本性支出应分期扣除或计入有关资产成本，不得在发生当期直接扣除。

各项税前扣除项目的具体内容如表 5-10 所示。

表 5-10　企业所得税各项税前扣除项目

项目		基本内容
成本		包括销售成本、销货成本、业务支出以及其他耗费，即企业销售商品（如产品、材料、下脚料、废料、废旧物资等）、提供劳务、转让固定资产、无形资产（包括技术转让）的成本
费用	销售费用	企业负担的为销售商品而发生的费用
	管理费用	企业行政管理部门为组织和管理生产经营活动提供各项支援性服务而发生的费用
	财务费用	企业筹集经营性资金而发生的费用
税金	不得扣除	允许抵扣的增值税、企业所得税
	当期扣除	消费税、城市维护建设税、教育费附加、关税、资源税、土地增值税（房地产开发企业）、房产税、车船税、城镇土地使用税、印花税
损失		企业在生产经营活动中发生的固定资产和存货的盘亏、毁损、报废损失，转让财产损失，呆账损失，坏账损失，自然灾害等不可抗力因素造成的损失以及其他损失
其他支出		除上述项目外，企业在生产经营活动中发生的与生产经营活动有关的、合理的支出

（5）扣除标准。

◆ **工资、薪金支出**：根据规定，企业发生的合理的工资薪金支出，准予扣除。工资薪金是指企业每一纳税年度支付给在本企业任职或受雇的员工的所有现金形式或非现金形式的劳动报酬，包括基本工资、奖金、津贴、补贴、年终加薪、加班工资，以及与员工任职或受雇有关的其他支出。

◆ **职工福利费、工会经费、职工教育经费**：企业发生的职工福利费、工会经费、职工教育经费，未超过标准的按实际发生数额扣除，超过扣除标准的只能按标准扣除。企业发生的职工福利费支出，不超过工资薪金总额 14% 的部分准予扣除；企业拨缴的工会经费，不超过工资薪金总额 2% 的部分准予扣除；除国务院财政、税务主管部门另有规定外，企业发生的职工教育经费支出，自 2018 年起不超过工资薪金总额 8% 的部分，准予在计算企业所得税应纳税所得额时扣除，超过部分，准予在以后纳税年度结转扣除。

【案例 5-15】某居民企业有职工 200 人，2019 年计入成本、费用的实发工资总额为 500 万元，拨缴职工工会经费 10 万元（有专用收据），支出职工福利费 85 万元、职工教育经费 15 万元。试计算该企业 2019 年计算应纳税所得额时准予在税前扣除的工资和上述 3 项经费（职工福利费、工会经费、职工教育经费）的总额。

【案例解析】企业发生的合理的工资、薪金支出准予据实扣除；职工福利费扣除限额 = $500 \times 14\% = 70$（万元），实际发生 85 万元，准予扣除 70 万元；工会经费扣除限额 = $500 \times 2\% = 10$（万元），实际发生 10 万元，可以据实扣除；职工教育经费扣除限额 = $500 \times 8\% = 40$（万元），实际发生 15 万元，准予扣除 15 万元。因此，该企业税前准予扣除的金额 = $500+70+10+15 = 595$（万元）。

◆ **社会保险费**：企业依照国务院有关主管部门或省级人民政府规定的范围和标准为职工缴纳的基本养老保险费、基本医疗保险费、失业保险费、补充医疗保险费、工伤保险费、生育保险费等基本社会保险费和住房公积金，准予扣除。自 2008 年 1 月 1 日起，企业根据国家有关政策，为在本企业任职或受雇的全体员工支付的补充养老保险、补充医疗保险，分别不超过职工工资总额5%标准内的部分，在计算应纳税所得额时准予扣除；超过的部分，不予扣除。

◆ **借款费用**：企业在生产经营活动中发生的合理的、不需要资本化的借款费用，准予扣除。企业为购置、建造固定资产、无形资产和经过 12 个月以上的建造才能达到预定可销售状态的存货发生借款的，在有关资产购置、建造期间发生的合理的借款费用，应作为资本性支出计入有关资产的成本，并依照《中华人民共和国企业所得税法实施条例》有关规定扣除。

◆ **利息费用**：企业在生产经营活动中发生的下列利息支出，准予扣除。非金融企业向金融企业借款的利息支出、金融企业的各项存款利息支出和同业拆借利息支出、企业经批准发行债券的利息支出，可据实扣除。非金融企业向非金融企业借款的利息支出，不超过按照金融企业同期同类贷款利率计算的数额的部分，可据实扣除；超过部分不予扣除。

◆ **汇兑损失**：企业按汇率折算形成的汇兑损失，除已经计入有关资产成本以及与向所有者进行利润分配相关的部分外，准予扣除。

◆ **公益性捐赠**：企业通过公益性社会组织或县级（含县级）以上人民政府及其组成部门和直属机构，用于慈善活动、公益事业的捐赠支出，在年度利润总额 12% 以内的部分，准予在计算应纳税所得额时扣除；超过年度利润总额 12% 的部分，准予结转以后 3 年内在计算应纳税所得额时扣除。

知识拓展

公益性捐赠具体包括以下内容：救助灾害、救济贫困、扶助残疾人等困难的社会群体和个人的活动；教育、科学、文化、卫生、体育事业；环境保护、社会公共设施建设；促进社会发展和进步的其他社会公共和福利事业。

【**案例 5-16**】甲企业 2019 年实现利润总额 80 万元，当年通过公益性团体向贫困灾区捐赠 2 万元，直接向学校捐款 5 万元，试计算甲企业 2019 年可以在计算应纳税所得额时抵扣的金额是多少。

【**案例解析**】企业发生的公益性捐赠支出，不超过年度利润总额 12% 的部分，准予扣除；超过年度利润总额 12% 的部分，准予结转以后 3 年内扣除。所以该企业 2019 年可以扣除的限额 = $80 \times 12\% = 9.6$（万元），2 万元没有超过限额，可以全额扣除；捐给学校的 5 万元不可以扣除。

◆ **业务招待费**：企业发生的与生产经营活动有关的业务招待费支出，按发生额的 60% 扣除，但最高不得超过当年销售（营业）收入的 5‰。此规定需注意以下两种情形：企业在筹建期间，发生的与筹办活动有关的业务招待费支出，可按实际发生额的 60% 计入企业筹办费，并按有关规定在税前扣除；对从事股权投资业务的企业（包括集团公司总部、创业投资企业等），其从被投资企业处所分配的股息、红利以及股权转让收入，可以按规定的比例计算业务招待费扣除限额。

◆ **广告费和业务宣传费**：企业每一纳税年度发生的符合条件的广告费和业务宣传费，除国务院财政、税务主管部门另有规定外，不超过当年销售（营业）收入 15% 的部分，准予扣除；超过部分，准予在以后纳税年度结转扣除。

名师点拨

自 2016 年 1 月 1 日起至 2020 年 12 月 31 日，对化妆品制造或销售、医药制造和饮料制造（不含酒类制造）企业发生的广告费和业务宣传费支出，不超过当年销售（营业）收入30%的部分，准予扣除；超过部分，准予在以后纳税年度结转扣除。烟草企业的广告费和业务宣传费支出，一律不得在计算应纳税所得额时扣除。

【案例 5-17】2018 年某制造企业当年实现自产货物销售收入 500 万元，当年发生计入销售费用中的广告费 60 万元，企业上年还有 35 万元的广告费没有在税前扣除。试计算该企业 2018 年度可以在税前扣除的广告费。

【案例解析】本题考查广告费和业务宣传费的扣除标准。企业当年的广告费扣除标准为不超过当年销售（营业）收入的 15%，超过部分可以结转以后年度扣除。当年准予扣除的广告费 = 500×15%=75（万元），因此当年发生的 60 万元广告费可以全部扣除。同时，还可以扣除上年结转的 35 万元中的 15 万元广告费，即企业 2018 年可以扣除的广告费 = 60+15=75（万元）。上年剩余的 20 万元广告费留待以后年度结转扣除。

- ◆ **环境保护专项资金**：企业依照法律、行政法规有关规定提取的用于环境保护、生态恢复等方面的专项资金，准予扣除。但若上述的专项资金提取后改变了原有用途，则不得扣除。
- ◆ **保险费**：企业参加财产保险，按照规定缴纳的保险费，准予扣除。企业参加雇主责任险、公众责任险等责任保险，按照规定缴纳的保险费，准予在企业所得税税前扣除，该规定适用于 2018 年度及以后年度企业所得税汇算清缴。
- ◆ **租赁费**：企业租入固定资产支付的租赁费，应按照以下方法扣除。属于经营性租赁发生的租入固定资产租赁费，根据租赁期限均匀扣除；属于融资性租赁发生的租入固定资产租赁费，构成融资租入固定资产价值的部分应提取折旧费用，分期扣除；租赁费支出不得直接扣除。
- ◆ **劳动保护费**：企业发生的合理的劳动保护支出，准予扣除。
- ◆ **有关资产的费用**：企业转让各类固定资产发生的费用，准予扣除；企业按规定计算的固定资产折旧费、无形资产和递延资产的摊销费，准予扣除。
- ◆ **总机构分摊的费用**：非居民企业在中国境内设立的机构、场所，就其中国境外总机构发生的与该机构、场所生产经营有关的费用，能够提供总机构出具的费用汇集范围、定额、分配依据和方法等证明文件，并合理分摊的，准予扣除。
- ◆ **手续费及佣金支出**：企业发生与生产经营有关的手续费及佣金支出，不超过表 5-11 所示的规定计算限额的部分，准予扣除，但超过的部分不得扣除。

表 5-11　不同企业手续费及佣金支出的计算限额规定

企业	计算限额规定
财产保险企业	按照全部保费收入扣除退保金等后余额的 15% 计算限额
人身保险企业	按当年全部保费收入扣除退保金等后余额的 10% 计算限额
其他企业	按与具有合法经营资格中介服务机构或个人（不含交易双方及其雇员、代理人和代表人等）所签订服务协议或合同确认的收入金额的 5% 计算限额
从事代理服务，主营业务收入为手续费、佣金的企业（证券、期货、保险代理等企业）	其为取得该类收入而实际发生的营业成本（包括手续费及佣金支出），准予在企业所得税税前据实扣除

- ◆ **其他项目**：依照有关法律、行政法规和国家有关税法规定准予扣除的其他项目，如会员费、合理的会议费、差旅费、违约金、诉讼费用等，可按规定扣除。

（6）不得扣除项目。

在计算应纳税所得额时，下列支出不得扣除。

- ◆ 向投资者支付的股息、红利等权益性投资收益款项。
- ◆ 企业所得税税款。
- ◆ 税收滞纳金。
- ◆ 罚款、罚金和被没收财物的损失。
- ◆ 超过规定标准的捐赠支出。
- ◆ 企业发生的与生产经营活动无关的各种非广告性质的支出，即赞助支出。
- ◆ 未经核定的准备金支出。

◆ 企业之间支付的管理费、企业内营业机构之间支付的租金和特许权使用费，以及非银行企业内营业机构之间支付的利息。

◆ 与取得收入无关的其他支出。

（7）亏损弥补。

亏损是指企业将每一纳税年度的收入总额减除不征税收入、免税收入和各项扣除后小于零的数额。纳税人发生年度亏损的，可以用下一纳税年度的所得弥补；下一纳税年度的所得不足弥补的，可以逐年延续弥补，但是延续弥补期最长不得超过5年。

📖 名师点拨

企业筹办期间不计算为亏损年度，企业开始生产经营的年度为开始计算损益的年度。企业从事生产经营之前进行筹办活动期间发生的筹办费用支出，不得计算为当期的亏损，企业可以在开始经营之日的当年一次性扣除，也可以按照有关长期待摊费用的处理规定处理，一经选定，不得改变。

税务机关对企业以前年度纳税情况进行检查时调增的应纳税所得额，凡企业以前年度发生亏损且该亏损属于企业所得税法规定允许弥补的，应允许调增的应纳税所得额弥补该亏损。弥补该亏损后仍有余额的，按照企业所得税法规定计算缴纳企业所得税。对检查调增的应纳税所得额应根据其情节，依照《中华人民共和国税收征收管理法》有关规定进行处理或处罚。

5. 企业所得税税收优惠

税收优惠是指国家对某一部分特定企业和课税对象给予减轻或免除税收负担的一种措施。

（1）免征与减征优惠。

①根据规定，企业从事下列项目的所得，免征企业所得税。

◆ 蔬菜、谷物、薯类、油料、豆类、棉花、麻类、糖料、水果、坚果的种植。

◆ 农作物新品种的选育。

◆ 中药材的种植。

◆ 林木的培育和种植。

◆ 牲畜、家禽的饲养。

◆ 林产品的采集。

◆ 灌溉、农产品初加工、兽医、农技推广、农机作业和维修等农、林、牧、渔服务业项目。

◆ 远洋捕捞。

②根据规定，企业从事下列项目的所得，减半征收企业所得税。

◆ 花卉、茶以及其他饮料作物和香料作物的种植。

◆ 海水养殖、内陆养殖。

③国家重点扶持的公共基础设施项目，包括港口码头、机场、铁路、公路、城市公共交通、电力、水利等《公共基础设施项目企业所得税优惠目录》规定的项目。从事这类项目投资经营的所得，按以下规定享受优惠政策。

◆ 企业从事国家重点扶持的公共基础设施项目的投资经营的所得，享受"三免三减半"政策，即自项目取得第一笔生产经营收入所属纳税年度起，第一年至第三年免缴企业所得税，第四年至第六年减半缴纳企业所得税。

◆ 企业承包经营、承包建设和内部自建自用上述项目，不享受上述企业所得税优惠。

④环境保护、节能节水项目的所得，自项目取得第一笔生产经营收入所属纳税年度起，第一年至第三年免征企业所得税，第四年至第六年减半征收企业所得税。符合条件的环境保护、节能节水项目，主要包括公共污水处理、公共垃圾处理、沼气综合开发利用、节能减排技术改造、海水淡化等。

需要注意的是，以上规定的享受减免税优惠的项目，在减免税期限内转让的，受让方自受让之日起，可以在剩余期限内享受规定的减免税优惠；减免税期限届满后转让的，受让方不得就该项目重复享受减免税优惠。

⑤对符合条件的技术转让所得免征、减征企业所得税，是指在一个纳税年度内，对居民企业技术转让所得不超过 500 万元的部分，免征企业所得税；超过 500 万元的部分，减半征收企业所得税。计算公式如下。

技术转让所得 = 技术转让收入 − 技术转让成本 − 相关税费

或

技术转让所得 = 技术转让收入 − 无形资产摊销费用 − 相关税费 − 应分摊期间费用

【例题·单选题】企业的下列所得中，不符合免征、减征企业所得税条件的是（　　）。

A．从事农、林、牧、渔业项目的所得

B．从事符合条件的环境保护、节能节水项目的所得

C．企业内部自建自用的基础设施项目

D．外国政府向我国政府提供贷款取得的利息所得

【解析】本题考查企业所得税的税收优惠。选项 A，属于免征企业所得税的项目；选项 B，享受"三免三减半"政策；选项 D，属于免征企业所得税的项目。选项 C，企业自建自用的基础设施项目，不符合免征、减征企业所得税的条件。

【答案】C

（2）小型微利企业、高新技术企业和技术先进型服务企业税收优惠。

①根据规定，小型微利企业年应纳税所得额不超过 100 万元的部分，减按 25% 计入应纳税所得额，按 20% 的税率缴纳企业所得税；年应纳税所得额超过 100 万元但不超过 300 万元的部分，减按 50% 计入应纳税所得额，按 20% 的税率缴纳企业所得税。

上述小型微利企业是指从事国家非限制和禁止行业且同时符合年度应纳税所得额不超过 300 万元、从业人数不超过 300 人、资产总额不超过 5 000 万元等 3 个条件的企业。

从业人数，包括与企业建立劳动关系的职工人数和企业接受的劳务派遣用工人数。从业人数和资产总额指标，应按企业全年的季度平均值确定。具体计算公式如下。

季度平均值 = （季初值 + 季末值）÷ 2

全年季度平均值 = 全年各季度平均值之和 ÷ 4

知识拓展

年度中间开业或终止经营活动的，以其实际经营期作为一个纳税年度确定上述相关指标。

②根据规定，国家需要重点扶持的高新技术企业减按 15% 的税率征收企业所得税。国家需要重点扶持的高新技术企业是指拥有核心自主知识产权并同时符合下列条件的企业。

◆ 企业申请认定时须注册成立一年以上。

◆ 企业通过自主研发、受让、受赠、并购等方式，获得对其主要产品（服务）在技术上发挥核心支持作用的知识产权的所有权。

◆ 对企业主要产品（服务）发挥核心支持作用的技术属于《国家重点支持的高新技术领域》规定的范围。

◆ 企业从事研发和相关技术创新活动的科技人员占企业当年职工总数的比例不低于 10%。

◆ 企业近 3 个会计年度（实际经营期不满 3 年的按实际经营时间计算，下同）的研究开发费用总额占同期销售收入总额的比例符合如下要求：最近一年销售收入小于 5 000 万元（含）的企业，比例不低于 5%；最近一年销售收入在 5 000 万元至 2 亿元（含）的企业，比例不低于 4%；最近一年销售收入在 2 亿元以上的企业，比例不低于 3%。其中，企业在中国境内发生的研究开发费用总额占全部研究开发费用总额的比例不低于 60%。

◆ 近一年高新技术产品（服务）收入占企业同期总收入的比例不低于 60%。

◆ 企业创新能力评价应达到相应要求。

◆ 企业申请认定前一年内未发生重大安全、重大质量事故或严重环境违法行为。

③自 2017 年 1 月 1 日起，在全国范围内对经认定的技术先进型服务企业，减按 15% 的税率征收企业所得税。享受企业所得税优惠政策的技术先进型服务企业必须同时符合以下条件。

◆ 在中国境内（不包括港澳台地区）注册的法人企业。

◆ 从事《技术先进型服务业务认定范围（试行）》中的一种或多种技术先进型服务业务，采用先进技术或具备较强的研发能力。

◆ 具有大专以上学历的员工占企业职工总数的 50% 以上。

◆ 从事《技术先进型服务业务认定范围（试行）》中的技术先进型服务业务取得的收入占企业当年总收入的 50% 以上。

◆ 从事离岸服务外包业务取得的收入不低于企业当年总收入的 35%。

（3）加计扣除。

①根据是否形成无形资产，研究开发费用的加计扣除需遵守以下规定。

◆ 研究开发费用未形成无形资产计入当期损益的，在按照规定据实扣除的基础上，按照研究开发费用的 50% 加计扣除。

◆ 研究开发费用形成无形资产的，按照无形资产成本的 150% 在税前摊销。

科技型中小企业在开展研究开发活动中实际发生的研究开发费用，根据是否形成无形资产，其加计扣除应遵循以下规定。

◆ 未形成无形资产计入当期损益的，在按规定据实扣除的基础上，在 2018 年 1 月 1 日至 2020 年 12 月 31 日期间，再按照实际发生额的 75% 在税前加计扣除。

◆ 形成无形资产的，在 2018 年 1 月 1 日至 2020 年 12 月 31 日期间，按照无形资产成本的 175% 在税前摊销。

②企业安置残疾人员的，在按照支付给残疾职工工资据实扣除的基础上，按照支付给残疾职工工资的 100% 加计扣除。企业安置国家鼓励安置的其他就业人员所支付的工资的加计扣除办法，由国务院另行规定。

（4）创投企业优惠。

创业投资企业从事国家需要重点扶持和鼓励的创业投资，可以按投资额的一定比例抵扣应纳税所得额。

创业企业优惠，是指创业投资企业采取股权投资方式直接投资于初创科技型企业满 2 年的，可以按照其投资额的 70%，在股权持有满 2 年的当年抵扣该创业投资企业的应纳税所得额；当年不足抵扣的，可以在以后纳税年度结转抵扣。

（5）加速折旧。

企业的固定资产由于技术进步等原因确需加速折旧的，可缩短折旧年限或采取加速折旧的方法。企业可以采取缩短折旧年限或采取加速折旧的方法的固定资产，包括由于技术进步，产品更新换代较快的固定资产；常年处于强震动、高腐蚀状态的固定资产。

对符合相关条件的生物药品制造业，专用设备制造业，铁路、船舶、航空航天和其他运输设备制造业，计算机、通信和其他电子设备制造业，仪器仪表制造业，信息传输、软件和信息技术服务业等行业企业，2014 年 1 月 1 日后购进的固定资产（包括自行建造）；对符合相关条件的轻工、纺织、机械、汽车 4 个领域重点行业的企业，2015 年 1 月 1 日后新购进的固定资产，允许按不低于企业所得税法规定折旧年限的 60% 缩短折旧年限，或选择采取双倍余额递减法或年数总和法进行加速折旧。

企业在 2018 年 1 月 1 日至 2020 年 12 月 31 日期间新购进（包括自行建造）的设备，单位价值不超过 500 万元的，可以一次性计入当期成本费用在计算应纳税所得额时扣除，不再分年度计算折旧。

（6）减计收入优惠。

减计收入指的是企业以《资源综合利用企业所得税优惠目录》规定的资源作为主要原材料，

生产国家非限制和禁止并符合国家和行业相关标准的产品取得的收入。

企业综合利用资源，生产符合国家产业政策规定的产品所取得的收入，可以在计算应纳税所得额时减计收入，具体为减按90%计入收入总额。

（7）税额抵免优惠。

税额抵免优惠的具体规定如下。

◆ 企业购置用于环境保护、节能节水、安全生产等专用设备的，该专用设备的投资额的10%可从企业当年的应纳税额中抵免。当年不足抵免的，可在以后5个纳税年度结转抵免。享受上述规定的企业所得税优惠的企业，应实际购置并自身实际使用上述规定的专用设备。

◆ 企业购置上述专用设备在5年内转让、出租的，应停止享受企业所得税优惠，并补缴已抵免的企业所得税税款。

◆ 购置并实际使用的环境保护、节能节水和安全生产专用设备，包括承租方企业以融资租赁方式租入的并在融资租赁合同中约定租赁期届满时租赁设备所有权转移给承租方企业，且符合规定条件的上述专用设备。

（8）民族自治地方税收优惠。

民族自治地方的自治机关对本民族自治地方的企业应当缴纳的企业所得税中地方分享的部分，可以决定减征、免征。自治州和自治县决定减征、免征的，须报所在省（自治区、直辖市）人民政府批准。上述民族自治地方是指依照《中华人民共和国民族区域自治法》的规定，实行民族区域自治的自治区、自治州和自治县。对民族自治地方内国家限制和禁止行业的企业，不得免征、减征企业所得税。

（9）国家西部大开发税收优惠。

自2011年至2020年，对设在西部地区并符合下列条件的企业减按15%税率征收企业所得税。

◆ 设在西部地区，主营《西部地区鼓励类产业目录》中规定的产业项目。

◆ 当年度主营业务收入占企业收入总额70%以上。

享受原定期减免税优惠的企业可以继续执行税收优惠至期满，涉及享受减半征税优惠的，按企业适用税率减半征收。

6. 企业所得税应纳税额的计算

企业所得税应纳税额的计算公式如下。

应纳税额＝应纳税所得额×适用税率－减免税额－抵免税额

其中，减免税额和抵免税额指的是依照《中华人民共和国企业所得税法》和国务院的税收优惠规定减征、免征和抵免的应纳税额。

根据以上的计算公式可以看出，企业应纳税额的多少，取决于应纳税所得额和适用税率两个因素。在实际过程中，应纳税所得额的计算一般包括以下两种方法。

（1）直接计算法。

在直接计算法下，企业每一纳税年度的收入总额减除不征税收入、免税收入、各项扣除以及允许弥补的以前年度亏损后的余额为应纳税所得额。计算公式与前述相同，此处不再赘述。

（2）间接计算法。

在间接计算法下，在会计利润总额的基础上加或减按照税法规定调整的项目金额后，即为应纳税所得额。计算公式如下。

应纳税所得额＝会计利润总额±纳税调整项目金额

其中，纳税调整项目金额包括两方面的内容：税收规定范围与会计规定不一致的应予以调整的金额，税法规定扣除标准与会计规定不一致的应予以调整的金额。

【案例5-18】甲企业为增值税一般纳税人，2019年度取得销售收入8 800万元，销售成本为5 000万元，会计利润为845万元，2019年，甲企业其他相关财务资料如下。

①在管理费用中，发生业务招待费140万元，新产品的研究开发费用280万元（未形成无

形资产，计入当期损益）。

②在销售费用中，发生广告费 700 万元，业务宣传费 140 万元。

③发生财务费用 900 万元，其中支付给予其有业务往来的客户借款利息 700 万元，年利率为 7%，金融机构同期同类贷款利率为 6%。

④营业外支出中，列支通过减灾委员会向遭受自然灾害的地区的捐款 50 万元，支付给客户的违约金 10 万元。

⑤已在成本费用中列支实发工资总额 500 万元，并实际列支职工福利费 105 万元，上缴工会经费 10 万元并取得工会经费专用拨缴款收据，职工教育经费支出 47.5 万元。

已知：甲企业适用的企业所得税税率为 25%。

要求如下。

①计算业务招待费应调整的应纳税所得额。

②计算新产品的研究开发费用应调整的应纳税所得额。

③计算广告费和业务宣传费应调整的应纳税所得额。

④计算财务费用应调整的应纳税所得额。

⑤计算营业外支出应调整的应纳税所得额。

⑥计算职工福利费、工会经费、职工教育经费应调整的应纳税所得额。

⑦计算甲企业 2019 年度的应纳税所得额。

【案例解析】

①业务招待费发生额的 60%=140×60%=84（万元），营业收入的 5‰=8 800×5‰=44（万元），44 万元＜84 万元，业务招待费扣除限额为 44 万元，业务招待费应调增应纳税所得额=140-44=96（万元）。

②新产品的研究开发费用应调减应纳税所得额=280×75%=210（万元）。

③广告费和业务宣传费的扣除限额=8 800×15%=1 320（万元），企业实际发生广告费和业务宣传费=700+140=840（万元），840 万元＜1 320 万元，实际发生的广告费和业务宣传费可以全部扣除，应调整的应纳税所得额为零。

④财务费用应调增应纳税所得额=700-700÷7%×6%=100（万元）。

⑤支付给客户的违约金 10 万元，准予在税前扣除，不需要进行纳税调整。公益性捐赠支出的税前扣除限额=845×12%=101.4（万元），实际捐赠支出 50 万元没有超过扣除限额，准予据实扣除。因此营业外支出应调整的应纳税所得额为零。

⑥职工福利费扣除限额=500×14%=70（万元），实际支出额为 105 万元，超过了扣除限额，应调增应纳税所得额=105-70=35（万元）；工会经费扣除限额=500×2%=10（万元），实际上缴工会经费 10 万元，可以全部扣除，不需要进行纳税调整；职工教育经费扣除限额=500×8%=40（万元），实际支出额为 47.5 万元，超过扣除限额，应调增应纳税所得额=47.5-40=7.5（万元）。

⑦甲企业 2019 年度应纳税所得额=845（会计利润）+96（业务招待费调增额）-210（新产品研究开发费用调减额）+100（财务费用调增额）+35（职工福利费调增额）+7.5（职工教育经费调增额）=873.5（万元）。

7. 企业所得税征收管理

企业所得税征收管理内容主要包括纳税地点、纳税期限和纳税申报 3 方面的内容。

（1）纳税地点。

企业所得税的纳税义务人不同，其纳税地点也不相同，具体如表 5-12 所示。

表 5-12　不同纳税义务人的纳税地点

纳税人	纳税地点
居民纳税人	以企业登记注册地为纳税地点；登记注册地在境外的，以实际管理机构所在地为纳税地点

续表

纳税人		纳税地点
非居民纳税人	在中国境内设立机构、场所的	应当就其所设机构、场所取得的来源于中国境内的所得,以及发生在境外但与其所设机构、场所有实际联系的所得,以机构、场所所在地为纳税地点
	在中国境内设立两个或两个以上机构、场所的	经税务机关审核批准,可选择由其主要机构、场所汇总缴纳企业所得税
	在中国境内未设立机构、场所的,或虽设立机构、场所但取得的所得与其所设机构、场所没有实际联系的	以扣缴义务人所在地为纳税地点

名师点拨

居民企业在中国境内设立不具有法人资格的营业机构的,应当汇总计算并缴纳企业所得税。企业汇总计算并缴纳企业所得税时,应当统一核算应纳税所得额,具体办法由国务院财政、税务主管部门另行制定。除国务院另有规定外,企业之间不得合并缴纳企业所得税。

(2)纳税期限。

企业所得税按年计征,分月或分季预缴,年终汇算清缴,多退少补。纳税年度自公历 1 月 1 日起至 12 月 31 日止。企业应当自年度终了之日起 5 个月内,向税务机关报送年度企业所得税纳税申报表,并汇算清缴,结清应缴应退税款。若企业在纳税年度中间开业或停止营业,应按下列规则清算应纳税款。

①企业在一个纳税年度中间开业或由于合并、关闭等原因终止经营活动,使该纳税年度的实际经营期不足 12 月的,应当以其实际经营期为 1 个纳税年度。企业依法清算时,应以清算期间作为一个纳税年度。

②企业在纳税年度中间终止经营活动的,应自实际经营终止之日起 60 日内,向税务机关办理当期企业所得税汇算清缴。

(3)纳税申报。

纳税申报的要求主要如下。

①按月或按季预缴的企业,应自月份或季度终了之日起 15 日内,向税务机关报送预缴企业所得税纳税申报表,预缴税款。企业在报送企业所得税纳税申报表时,应当按照规定附送财务会计报告和其他有关资料。企业应当在办理注销登记前,就其清算所得向税务机关申报依法缴纳企业所得税。

②企业分月或分季预缴企业所得税时,应按月度或季度的实际利润额预缴。若按此方法预缴有困难,企业可按上一纳税年度应纳税所得额的月度或季度平均额预缴,或按税务机关确定的其他方法预缴。预缴方法一经确认,在该纳税年度内不能随意变更。企业在纳税年度内无论盈亏,都应在规定期限内,向税务机关报送预缴企业所得税纳税申报表、年度企业所得税纳税申报表、财务会计报告和税务机关要求的其他相关资料。

③企业所得税以人民币计算。企业的各项所得以人民币以外的货币计算的,应折合成人民币计算并缴纳税款。具体折合方法:按照月度或季度最后一日的人民币汇率中间价折合。

④年度终了汇算清缴时,企业对已经预缴的税款不再重新折合计算,只需要对该纳税年度内未缴纳企业所得税的部分,按纳税年度最后一日的人民币汇率中间价,折合成人民币计算应纳税所得额。

⑤经税务机关检查确认,企业少计或多计前述规定的所得的,应按照检查确认补税或退税时的上一个月最后一日的人民币汇率中间价,将少计或多计的所得折合成人民币计算应纳税所得额,再计算应补缴或应退的税款。

5.5.2 增值税

在第 4 章中,对于增值税的销项税额、税率已经进行了详细的讲解,下面即对增值税的进项税额和应纳税额的计算等相关知识进行介绍。

1. 增值税的进项税额

进项税额是指纳税人购进货物、劳务、服务、无形资产、不动产所支付或负担的增值税税额。但是需要注意的是，并不是纳税人支付的所有进项税额都可以从销项税额中抵扣，下面即对进项税额的确认和计算进行介绍。

（1）准予从销项税额中抵扣的进项税额。

根据规定，准予从销项税额中抵扣的进项税额限于下列增值税扣税凭证上注明的增值税税额和按规定的扣除率计算的进项税额。

①从销售方取得的增值税专用发票（含机动车销售统一发票，下同）上注明的增值税税额。

②从海关取得的海关进口增值税专用缴款书上注明的增值税税额。

③购进农产品，除取得一般纳税人开具的增值税专用发票或海关进口增值税专用缴款书外，按照农产品销售发票或收购发票上注明的农产品买价和 9% 的扣除率计算进项税额，国务院另有规定的除外，相关计算公式如下。

进项税额 = 买价 × 扣除率

需要注意的是，纳税人购进用于生产或委托加工 13% 税率货物的农产品，按照 10% 的扣除率计算进项税额。

名师点拨

纳税人从批发、零售环节购进适用免征增值税政策的蔬菜、部分鲜活肉蛋而取得的普通发票，不得作为计算抵扣进项税额的凭证。

④原增值税一般纳税人自用的应征消费税的摩托车、汽车、游艇，其进项税额准予从销项税额中抵扣。

⑤原增值税一般纳税人从境外单位或个人购进服务、无形资产或不动产，按照规定应当扣缴增值税的，准予从销项税额中抵扣的进项税额为自税务机关或扣缴义务人取得的解缴税款的完税凭证上注明的增值税税额。

纳税人凭完税凭证抵扣进项税额的，应当具备书面合同、付款证明和境外单位的账单或发票；资料不全的，其进项税额不得从销项税额中抵扣。

⑥自 2018 年 1 月 1 日起，纳税人租入固定资产、不动产，既用于一般计税方法计税项目，又用于简易计税方法计税项目、免征增值税项目、集体福利或个人消费的，其进项税额准予从销项税额中全额抵扣。

（2）不得从销项税额中抵扣的进项税额。

根据规定，纳税人购进货物、劳务、服务、无形资产、不动产，取得的增值税扣税凭证不符合法律、行政法规或国务院税务主管部门有关规定的，其进项税额不得从销项税额中抵扣。另外，下列项目的进项税额也不得从销项税额中抵扣。

①用于简易计税方法的计税项目、免征增值税项目、集体福利或个人消费的购进货物、劳务、服务、无形资产和不动产。其中涉及的固定资产、无形资产、不动产，仅指专用于上述项目的固定资产、无形资产（不包括其他权益性无形资产）、不动产。

名师点拨

如果是既用于上述不允许抵扣项目又用于抵扣项目的，其进项税额准予全部抵扣。

②非正常损失的购进货物，以及相关的劳务和交通运输服务。

③非正常损失的在产品、产成品所耗用的购进货物（不包括固定资产）、劳务和交通运输服务。

④非正常损失的不动产，以及该不动产所耗用的购进货物、设计服务和建筑服务。

⑤非正常损失的不动产在建工程所耗用的购进货物、设计服务和建筑服务。纳税人新建、改建、扩建、修缮、装饰不动产，均属于不动产在建工程。

⑥纳税人接受贷款服务时向贷款方支付的与该笔贷款直接相关的投融资顾问费、手续费、咨询费等费用，其进项税额不得从销项税额中抵扣。

⑦有下列情形之一的，应当按照销售额和增值税税率计算应纳税额，不得抵扣进项税额，也不得使用增值税专用发票。

a. 一般纳税人会计核算不健全，或不能够提供准确税务资料的。

b. 应当办理一般纳税人资格登记而未办理的。

2. 一般纳税人应纳税额的计算

一般纳税人销售货物、劳务、服务、无形资产、不动产（以下统称"应税销售行为"），应纳税额为当期销项税额抵扣当期进项税额后的余额。其计算公式如下。

应纳税额＝当期销项税额－当期进项税额

当期销项税额小于当期进项税额导致不足抵扣时，其不足的部分可以结转下期继续抵扣。

【案例5-19】甲纺织厂为增值税一般纳税人，主要生产棉纱、棉型涤纶纱、棉坯布、棉型涤纶坯布和印染布。2019年8月外购项目如下（外购货物均已验收入库，本月取得的增值税专用发票均在本月认证并抵扣）。

①外购染料价款30 000元，增值税专用发票上注明增值税税额3 900元。

②外购低值易耗品价款15 000元，增值税专用发票上注明增值税税额1 950元。

③从供销社棉麻公司购进棉花一批，增值税专用发票上注明增值税税额27 200元。

④从农业生产者手中购进棉花一批，价款40 000元，无进项税额。

⑤从小规模纳税人企业购进修理用配件6 000元，发票上未注明增值税税额。

⑥购进煤炭100吨，价款9 000元，增值税专用发票上注明增值税税额810元。

⑦生产用外购电力若干千瓦·时，增值税专用发票上注明增值税税额5 270元。

⑧外购生产用水若干吨，增值税专用发票上注明增值税税额715元。

⑨购气流纺纱机一台，价款50 000元，增值税专用发票上注明增值税税额6 500元。

该厂本月销售货物情况如下（除注明外，销售收入均不含税）。

①销售棉坯布120 000米，销售收入为240 000元。

②销售棉型涤纶坯布100 000米，销售收入为310 000元。

③销售印染布90 000米，其中销售给一般纳税人80 000米，销售收入为280 000元；销售给小规模纳税人10 000米，价税混合收取40 000元。

④销售各类棉纱给一般纳税人，价款为220 000元；销售各类棉纱给小规模纳税人，价税混合收取60 000元。

要求：根据资料，计算该厂本月应纳增值税。

【案例解析】计算该厂应缴纳的增值税，可首先计算进项税额，再计算销项税额，然后利用销项税额减去进项税额来计算应纳税额。

①进项税额的计算。

购进货物专用发票上注明的增值税税额：外购染料3 900元，外购低值易耗品1 950元，外购棉花27 200元，外购煤炭810元，外购电力5 270元，外购水715元，外购纺纱机6 500元，共计46 345元。

购进农业产品按9%的扣除率计算进项税额。该厂本月从农业生产者手中购进棉花，应抵扣的进项税额=40 000×9%=3 600（元）。

该厂本月从小规模纳税人企业购进的配件因没有取得增值税专用发票，其进项税额不得抵扣。

本月进项税额=46 345+3 600=49 945（元）。

②销项税额的计算。

计算销项税额时，除价税混收的之外，其他销售项目用不含税销售收入乘以增值税税率即可。

销售给一般纳税人的货物收入：棉坯布 240 000 元，棉型涤纶坯布 310 000 元，印染布 280 000 元，各类棉纱 220 000 元。

销售额 =240 000+310 000+280 000+220 000= 1 050 000（元）。

销项税额 =1 050 000×13%=136 500（元）。

销售给小规模纳税人的货物收入是价税混合的，需要先计算不含税销售收入。确定不含税销售收入的公式为不含税销售收入 = 含税销售收入 ÷（1 + 增值税税率），然后再计算应纳税额。本月销售给小规模纳税人的货物收入：印染布 40 000 元，各类棉纱 60 000 元，计 100 000 元。

不含税销售收入 =100 000÷（1+13%）=88 495.58（元）。

销项税额 =88 495.58×13%=11 504.43（元）。

该厂本月销项税额合计 =136 500+11 504.43=148 004.43（元）。

③应纳税额的计算。

该厂本月应纳税额 = 当期销项税额 − 当期进项税额 =148 004.43-49 945=98 059.43（元）。

3. 简易计税方法下应纳税额的计算

纳税人发生应税销售行为适用简易计税方法的，应该按照销售额和征收率计算应纳增值税税额，并且不得抵扣进项税额。其应纳税额的计算公式如下。

应纳税额 = 销售额（不含增值税）× 征收率

小规模纳税人发生应税行为一律采用简易计税方法，但是一般纳税人发生应税销售行为可以选择适用简易计税方法。

【案例5-20】某运输公司为增值税一般纳税人，2019 年 8 月发生了以下业务。

①2 日，取得国内客运收入 185 万元（含税），开具增值税专用发票。

②8 日，支付联运企业运费 50 万元（不含税），取得增值税专用发票。

③12 日，购进 1 台经营用设备，取得的增值税专用发票上注明价款为 20 万元，增值税税额为 2.6 万元；另支付运输费 0.3 万元，取得增值税专用发票，发票上注明的增值税税额为 0.027 万元。

④21 日，支付广告服务费，取得的增值税专用发票上注明价款 8 万元。

⑤26 日，提供公交客运服务，取得收入 20 万元。

已知：该公司提供的公交客运服务选择按照简易计税方法计税。

要求：计算该公司 2018 年 8 月应缴纳的增值税税额。

【案例解析】本例中，交通运输服务适用的增值税税率为 9%，提供公交客运服务按照 3% 的征收率缴纳增值税；广告服务适用的增值税税率为 6%。因此，该公司 2019 年 8 月应缴纳的增值税税额的计算如下。

①取得国内客运收入 185 万元，销项税额 =185÷（1 + 9%）×9%=15.28（万元）。

②支付联运企业运费 50 万元，进项税额 =50÷（1 + 9%）×9%=4.13（万元）。

③购进经营用设备，进项税额 =2.6 + 0.027=2.627（万元）。

④支付广告服务费，进项税额 =8×6%=0.48（万元）。

⑤提供公交客运服务，按照简易计税方法计税，销项税额 = 20÷（1 + 3%）×3%=0.58（万元）。

综上，该公司 2019 年 8 月应缴纳增值税税额 = 销项税额 − 进项税额 =15.28+0.58-4.13-2.627-0.48=8.623（万元）。

4. 进口货物应纳税额的计算

无论是一般纳税人还是小规模纳税人，在进口货物时，均应按照组成计税价格和规定的税率计算应纳税额，且不允许抵扣发生在境外的任何税金，其计算公式如下。

应纳税额＝组成计税价格×税率

如果对进口货物不征收消费税，则组成计税价格的计算公式如下。

组成计税价格＝关税完税价格＋关税

如果对进口货物征收消费税，则组成计税价格的计算公式如下。

组成计税价格＝关税完税价格＋关税＋消费税

【例题·单选题】 2019 年 10 月甲公司进口货物一批，海关审定价格为 80 万元，运抵我国海关前发生的运输费、保险费等共计 20 万元，缴纳关税税额 10 万元。已知增值税税率为 13%。甲公司当月进口该批货物应缴纳增值税税额的下列计算中，正确的是（　　）。

A.（80＋10）×13%=11.7（万元）　　　B.（80＋20）×13%=13（万元）

C. 80×13%=10.4（万元）　　　D.（80＋20＋10）×13%=14.3（万元）

【解析】 本题考查进口货物应纳增值税税额的计算。进口货物的完税价格包括进口货物的成交价格、运抵我国关境输入地点起卸前的包装费、运费、保险费和其他劳务费等。纳税人进口货物应缴纳的增值税＝（关税完税价格＋关税）×增值税税率＝（80＋20＋10）×13%=14.3（万元）。

【答案】 D

5.5.3 土地增值税

土地增值税是对转让国有土地使用权、地上建筑物及附着物并取得收入的单位和个人，就其转让房地产所取得的增值额征收的一种税。下面即对土地增值税的具体内容进行介绍。

1. 土地增值税纳税义务人和征税范围

土地增值税的纳税义务人为转让国有土地使用权、地上的建筑物及其附着物（以下简称转让房地产）并取得收入的单位和个人。

土地增值税的征税范围是有偿转让国有土地使用权、地上建筑物和其他附着物产权所取得的增值额。土地增值税征税范围的一般规定如下。

（1）国家只对转让国有土地使用权的行为征收土地增值税，对转让非国有土地和出让国有土地的行为均不征收土地增值税。

（2）国家既对转让土地使用权的行为征收土地增值税，也对转让地上建筑物和其他附着物的产权的行为征收土地增值税。

①地上建筑物是指建于土地上的一切建筑物，包括地上地下的各种附属设施，如厂房、商店、医院、住宅、地下室、管道等。

②附着物是指附着于土地上、不能移动，一经移动即遭损坏的种植物、养植物及其他物品。

（3）国家只对有偿转让的房地产征收土地增值税，对以继承、赠与等方式无偿转让的房地产，不予征税。不征土地增值税的房地产赠与行为包括以下两种。

①房产所有人、土地使用权所有人将房屋产权、土地使用权赠与直系亲属或承担直接赡养义务人的行为。

②房产所有人、土地使用权所有人通过中国境内非营利的社会团体、国家机关将房屋产权、土地使用权赠与教育、民政和其他社会福利、公益事业的行为。

土地增值税的征税范围，因一些特殊行为而有不同，具体如表 5-13 所示。

表 5-13　对其他与土地、房屋权属相关行为是否征收土地增值税的判定

具体行为	行为解释	是否征收土地增值税
企业改制重组	非公司制企业整体改建为有限责任公司或股份有限公司，有限责任公司（股份有限公司）整体改建为股份有限公司（有限责任公司），对改建前的企业将国有土地使用权、地上的建筑物及其附着物（以下简称"房地产"）转移、变更到改建后的企业	暂不征收（注：此政策不适用于房地产开发企业）
	两个或两个以上的企业合并为一个企业，且原企业投资主体存续的，对原企业将房地产转移、变更到合并后的企业	

续表

具体行为	行为解释	是否征收土地增值税
企业改制重组	企业分设两个或两个以上与原企业投资主体相同的企业，对原企业将房地产转移、变更到分立后的企业	暂不征收（注：此政策不适用于房地产开发企业）
	单位、个人在改制重组时以房地产作价入股进行投资，对其将房地产转移、变更到被投资的企业	
合作建房	一方出地，一方出资金，双方合作建房，建成后分房自用	暂免征收
	一方出地，一方出资金，双方合作建房，建成后转让	征收
房地产开发企业开发房地产	房地产开发企业将开发的部分房地产转为自用或用于出租等商业用途，产权未发生转移	不征收
	房地产开发企业将开发产品用于职工福利、奖励、对外投资、分配给股东或投资人、抵偿债务、换取其他单位和个人的非货币性资产等发生所有权转移	视同销售房地产，征收土地增值税
交换房地产	一方以房地产与另一方的房地产进行交换（非个人之间）	征收
	居民个人之间互换自有居住用房地产的	经核实后免征
房地产抵押	抵押期间（作为担保而不转移权属）	不征收
	抵押期满，房地产产权未转移	不征收
	抵押期满，房地产产权发生转移	征收
	抵押期满，以房地产抵债，发生房地产权属转让	征收
房地产出租	出租人取得收入，但没有发生房地产产权的转让	不征收
房地产评估增值	国有企业在清产核资时对房地产进行重新评估而产生的评估增值，没有发生房地产权属转让	不征收
土地使用者转让、抵押或置换土地	无论其是否取得了该土地的使用权属证书，无论其在转让、抵押或置换土地过程中是否与对方当事人办理了土地使用权属证书变更登记手续，只要土地使用者享有占有、使用、收益或处分该土地的权利，且有合同等证据表明其实质转让、抵押或置换了土地并取得了相应的经济利益	向土地使用者及其对方当事人征收土地增值税
房地产代建	房地产开发公司代客户开发房地产，完工后收取代建费用	不征收

【例题·单选题】根据规定，下列行为中，应缴纳土地增值税的是（　　）。

A. 甲企业将自有厂房出租给乙企业

B. 丙企业转让国有土地使用权给戊企业

C. 某市政府出让国有土地使用权给丁房地产开发商

D. 戊软件开发公司将闲置房屋通过民政局捐赠给养老院

【解析】本题考查土地增值税的征税范围。选项A，甲企业将自有厂房出租给乙企业，厂房的所有权没有发生转移，不属于土地增值税的征税范围，对此不征收土地增值税；选项C，对出让国有土地的行为不征收土地增值税；选项D，将房屋通过民政局捐赠给养老院，不属于土地增值税的征税范围，对此不征收土地增值税。

【答案】B

2. 土地增值税计税依据

土地增值税的计税依据是纳税人转让房地产所取得的增值额，即纳税人转让房地产的收入减除税法规定的扣除项目金额后的余额。因此，要确定土地增值税的计税依据，就需要确定纳税人转让房地产的应税收入和税法规定的扣除项目及其金额。

（1）应税收入。

纳税人转让房地产取得的应税收入，包括转让房地产的全部价款及有关的经济收益，按形式的不同可分为货币收入、实物收入和其他收入。

其中，货币收入是指纳税人转让房地产而取得的现金、银行存款和国库券、金融债券、股票等有价证券。实物收入是指纳税人转让房地产而取得的各种实物形态的收入，如钢材、水泥等建材，房屋、土地等不动产。这些实物收入按照公允价值被确认为应税收入。其他收入是指纳税人转让房地产而取得的无形资产收入具有财产价值的权利，如专利权、商标权、著作权、专有技术使用权、土地使用权、商誉权等。对这些无形资产收入应进行评估，按照评估价确认应税收入。

（2）扣除项目。

准予纳税人从房地产转让收入中减除的扣除项目金额具体包括以下内容。

①取得土地使用权所支付的金额。取得土地使用权所支付的金额主要包括取得土地使用权所支付的地价款以及国家规定的有关费用和税金。

②房地产开发成本。房地产开发成本是指纳税人开发房地产项目实际发生的成本，主要包括土地征用及拆迁补偿费、前期工程费、建筑安装工程费、基础设施费、公共配套设施费、开发间接费用。

③房地产开发费用。房地产开发费用指的是与房地产开发项目有关的各种费用，主要涉及的是销售费用、管理费用和财务费用。在计算土地增值税时，应分别按照以下两种情况扣除房地产开发费用。

a. 能分摊且能提供证明。财务费用的利息支出，若能够按转让房地产项目计算分摊并提供金融机构证明的，允许据实扣除，但最高不能超过按商业银行同类同期贷款利率计算的金额。其他房地产开发费用，按取得土地使用权所支付的金额和房地产开发成本计算金额之和的5%以内计算扣除。其计算公式如下。

允许扣除的房地产开发费用＝允许扣除的利息＋（取得土地使用权所支付的金额＋房地产开发成本）×规定比率（5%）

b. 不能分摊或不能提供证明。财务费用中的利息支出，若不能按转让房地产项目计算分摊利息支出或不能提供金融机构证明的，房地产开发费用按取得土地使用权所支付的金额和房地产开发成本计算金额之和的10%以内计算扣除。其计算公式如下。

允许扣除的房地产开发费用＝（取得土地使用权所支付的金额＋房地产开发成本）×规定比率（10%）

④与转让房地产有关的税金。与转让房地产有关的税金，是指在转让房地产时缴纳的城市维护建设税、印花税，因转让房地产缴纳的教育费附加也可视同税金予以扣除。

⑤财政部确定的其他扣除项目。财政部确定的一个重要扣除项目是，对从事房地产开发的纳税人允许按取得土地使用权时所支付的金额和房地产开发成本之和的20%加计扣除，其计算公式如下。

允许加计扣除的房地产开发费用＝（取得土地使用权所支付的金额＋房地产开发成本）×20%

⑥旧房及建筑物的扣除金额。纳税人转让旧房的，应按房屋及建筑物的评估价格、取得土地使用权所支付的地价款或出让金、按国家统一规定缴纳的有关费用和转让环节缴纳的税金作为扣除项目金额计征土地增值税。

3. 土地增值税税率和应纳税额的计算

土地增值税应纳税额是按纳税人转让房地产所取得的增值额和规定的税率（我国土地增值税实行4级超率累进税率）计算征收的。其计算公式如下。

土地增值税税额＝增值额×适用的税率－扣除项目金额×速算扣除系数

根据扣除项目金额的大小，具体的计算公式和对应税率的确定如表5-14所示。

表5-14 土地增值税应纳税额计算公式

级数	增值额与扣除项目金额的关系（比率）	税率	速算扣除系数	计算公式
1	增值额未超过扣除项目金额的50%	30%	0	应纳税额＝增值额×30%
2	增值额超过扣除项目金额的50%，但未超过100%	40%	5%	应纳税额＝增值额×40%－扣除项目金额×5%

续表

级数	增值额与扣除项目金额的关系（比率）	税率	速算扣除系数	计算公式
3	增值额超过扣除项目金额的100%,但未超过200%	50%	15%	应纳税额＝增值额×50%－扣除项目金额×15%
4	增值额超过扣除项目金额的200%	60%	35%	应纳税额＝增值额×60%－扣除项目金额×35%

【案例5-21】某房地产开发公司与某单位于2020年3月正式签署一写字楼转让合同，取得转让收入15 000万元。与转让房地产相关的增值税为1 486.49万元（按规定可以在销项税额中抵扣），城市维护建设税为104.05万元，印花税为7.5万元。已知该公司为取得土地使用权而支付的地价款和按国家统一规定缴纳的有关费用为3 000万元；投入房地产开发成本为4 000万元；房地产开发费用中的利息支出为1 200万元（不能按转让房地产项目计算分摊利息支出，也不能提供金融机构证明）。另知该公司所在省人民政府规定的房地产开发费用的计算扣除比例为10%。请计算该公司转让此楼应缴纳的土地增值税税额。

【案例解析】在计算土地增值税的应纳税额时，解答时可按以下步骤进行。

①确定转让房地产的收入。

②确定转让房地产的扣除项目金额。

③计算转让房地产的增值额。

④计算增值额与扣除项目金额的比率。

⑤计算应纳土地增值税税额。

下面根据以上步骤计算该公司的土地增值税税额。

①转让房地产的收入：15 000万元。

②转让房地产的扣除项目金额：取得土地使用权所支付的金额3 000万元；房地产开发成本4 000万元；房地产开发费用＝（3 000+4 000）×10%=700（万元）。与转让房地产有关的税金中，增值税不属于可扣除项目；城市维护建设税属于可扣除的税金；本例中的公司为房地产开发公司，房地产开发企业在计算土地增值税时，对于缴纳的印花税不在此处扣除。因此，可扣除的税金为104.05万元。从事房地产开发的纳税人的加计扣除＝（3 000+4 000）×20%=1 400（万元）。扣除项目总计＝3 000+4 000+700+104.05+1 400=9 204.05（万元）。

③转让房地产的增值额＝15 000-9 204.05＝5 795.95（万元）。

④增值额与扣除项目金额的比率，即增值率＝5 795.95÷9 204.05×100%=62.97%。

⑤应纳土地增值税税额＝5 795.95×40%-9 204.05×5%=2 318.38-460.202 5=1 858.177 5（万元）。

4. 土地增值税税收优惠

土地增值税的税收优惠政策主要如表5-15所示。

表5-15 土地增值税的税收优惠政策

情形		是否缴纳土地增值税
纳税人建造普通标准住宅出售（不包括高级公寓、别墅、度假村）	增值额未超过扣除项目金额的20%	不缴纳
	增值额超过扣除项目金额的20%	按全部增值额缴税
因国家建设需要依法征用、收回的房地产		不缴纳
因城市实施规划、国家建设的需要而搬迁，由纳税人自行转让原房地产		不缴纳
企事业单位、社会团体以及其他组织转让旧房作为公共租赁住房房源，且增值额未超过扣除项目金额的20%		不缴纳
自2008年11月1日起，居民个人转让住房		不缴纳

5. 土地增值税征收管理

土地增值税的纳税人应向房地产所在地主管税务机关办理纳税申报，并在税务机关核定的期限内缴纳土地增值税。纳税人转让的房地产坐落在两个或两个以上地区的，应按房地产所在地分别申报纳税。

（1）纳税人是法人的。当转让的房地产坐落地与其机构所在地或经营所在地一致时，则在办理税务登记的原管辖税务机关申报纳税即可；如果转让的房地产坐落地在与其机构所在地或经营地不一致时，则应在管辖房地产坐落地的税务机关申报纳税。

（2）纳税人是自然人的。当转让的房地产坐落地与其居住所在地一致时，则在住所所在地税务机关申报纳税；当转让的房地产坐落地与其居住地不一致时，则在房地产坐落地的税务机关申报纳税。

土地增值税的纳税人应在转让房地产合同签订的7日内，到房地产所在地主管税务机关办理纳税申报，并向税务机关提交房屋及建筑物产权、不动产权证书，土地转让、房产买卖合同，房产评估报告及其他与转让房地产有关的资料。另外，根据纳税人的不同情况，土地增值税的纳税申报也有如下不同的规定。

（1）纳税人因经常发生房地产转让而难以在每次转让后申报的，经税务机关审核同意后，可按月或按季定期进行纳税申报。

（2）纳税人采取预售方式销售房地产的，对在项目全部竣工结算前转让房地产取得的收入，税务机关可预征土地增值税。

（3）纳税人预售房地产取得的收入，凡当地税务机关规定预征土地增值税的，纳税人应到主管税务机关办理纳税申报，并按规定比例预缴，清算后多退少补。

5.6 同步强化练习题

一、单项选择题

1. 下列各项中，不会引起利润总额发生增减变动的是（   ）。
   A. 计提存货跌价准备
   B. 确认劳务收入
   C. 确认所得税费用
   D. 取得持有国债的利息收入

2. 某企业2020年2月主营业务收入为100万元，主营业务成本为80万元，管理费用为5万元，资产减值损失为2万元，投资收益为10万元。假定不考虑其他因素，该企业当月的营业利润为（   ）万元。
   A. 13
   B. 15
   C. 18
   D. 23

3. 下列各项中，应计入营业外支出的是（   ）。
   A. 合同违约金
   B. 法律诉讼费
   C. 出租无形资产的摊销额
   D. 广告宣传费

4. 下列各项中，不计入营业外支出的是（   ）。
   A. 诉讼案件败诉赔偿费
   B. 捐建希望小学支出
   C. 税收罚款支出
   D. 产品保修维修费

5. 下列各项中，不应计入营业外收入的是（   ）。
   A. 债务重组利得
   B. 非流动资产毁损报废收益
   C. 收发差错造成存货盘盈
   D. 确实无法支付的应付账款

6. 下列各项中，关于会计期末结转本年利润的方法，正确的是（   ）。
   A. 各月末需将各损益类科目通过利润表计算反映各期的利润（或亏损）
   B. 年末不需要将各损益类科目全年累计余额转入"本年利润"科目
   C. 每月末需要编制凭证将各损益类科目的余额结转入"本年利润"科目
   D. 表结法下不需要编制"本年利润"科目

7. 下列选项中，会计利润与税务利润产生差异的原因不包括（   ）。

A. 两者的处理基础不完全一致　　　　B. 两者收支的确认范围不同

C. 两者收支的确认时点不同　　　　　D. 两者收支的计量标准不同

8. 下列有关暂时性差异，正确的是（　　）。

A. 未作为资产确认的项目，其计税基础和账面价值之间的差异不属于暂时性差异

B. 企业因合并取得的资产产生的暂时性差异，不予确认

C. 按照税法规定可以结转以后年度的未弥补亏损和税款抵减，视同暂时性差异处理

D. 只要产生暂时性差异，就应确认递延所得税资产或递延所得税负债

9. 甲公司为水泥生产企业，适用25%的所得税税率。为了减少环境污染，该公司于2017年12月1日购入一项环保设备，原价为1 000万元，使用年限为10年，净残值为0，采用直线法计提折旧。税法规定此类设备符合加速折旧的规定，允许该企业在计税时采用双倍余额递减法。2019年末甲公司对该项设备计提了40万元的减值准备。该项设备2019年末"递延所得税负债"发生额为（　　）万元。

A. 0　　　　　　B. －5　　　　　　C. 5　　　　　　D. 55

10. 以下业务影响递延所得税资产的是（　　）。

A. 资产减值准备的计提

B. 非公益性捐赠支出

C. 国债利息收入

D. 税法上对使用寿命不确定的无形资产执行不到10年的摊销标准

11. A企业2019年全年利润总额为1 800万元，其中本年度国债利息收入200万元，已计入营业外支出的税收滞纳金6万元。企业所得税税率为25%。假定A企业全年无其他纳税因素调整，该企业2019年应交所得税为（　　）万元。

A. 451.5　　　　B. 450　　　　　C. 400　　　　　D. 401.5

12. 2019年年初，甲公司递延所得税负债账户的余额为100万元（由生产设备A产生的暂时性差异引起）。当年该公司利润总额为3 000万元。该公司采用直线法计提设备A的折旧，计税时税法规定按双倍余额递减法计提，导致少计提折旧100万元。当年实际发生的职工薪酬超过税法规定标准300万元。2019年年末设备A的账面价值为1 500万元，其计税基础为900万元。除了上述差异外，未发生其他纳税调整事项。甲公司适用25%所得税税率，则2019年甲公司实现的净利润为（　　）万元。

A. 2 250　　　　B. 2 150　　　　C. 2 050　　　　D. 850

13. 甲企业2019年应交所得税1 000万元，递延所得税资产年初余额为500万元，年末余额为600万元；递延所得税负债年初余额为800万元，年末余额为600万元。假定递延所得税的发生额只影响所得税费用，则该企业2019年应确认的所得税费用金额为（　　）万元。

A. 800　　　　　B. 700　　　　　C. 600　　　　　D. 650

14. 根据税法规定，下列各项中，应予纳税调减的项目是（　　）。

A. 股票转让净收益　　　　　　　　B. 国债利息收入

C. 公司债券的利息收入　　　　　　D. 公司债券转让净收益

15. A公司递延所得税负债年初数为40万元，年末数为50万元；递延所得税资产年初数为25万元，年末数为40万元。本年应交所得税为330万元，该公司当年应交所得税费用为（　　）万元。

A. 320　　　　　B. 340　　　　　C. 325　　　　　D. 330

16. 下列各项中，不属于企业所得税征税范围的是（　　）。

A. 居民企业来源于境外的所得

B. 非居民企业来源于中国境内的所得

C. 非居民企业来源于中国境外的，与所设机构没有实际联系的所得

D. 在中国设立机构、场所的非居民企业，取得的境内所得与其所设机构、场所有实际联系的所得

17. 根据企业所得税法律制度的规定，关于确定来源于中国境内、境外所得的下列表述中，不正确的是（　　）。

A. 提供劳务所得，按照劳务发生地确定

B. 销售货物所得，按照交易活动发生地确定

C. 股息、红利等权益性投资所得，按照分配所得的企业所在地确定

D. 转让不动产所得，按照转让不动产的企业或机构、场所所在地确定

18. 根据企业所得税法律制度的规定，下列关于企业所得税税前扣除的表述中，不正确的是（　　）。

A. 企业发生的合理的工资薪金的支出，准予扣除

B. 企业发生的职工福利费支出超过工资薪金总额的14%的部分，准予在以后纳税年度结转扣除

C. 企业发生的合理的劳动保护支出，准予扣除

D. 企业参加财产保险，按照规定缴纳的保险费，准予扣除

19. 某企业利润总额为30万元，对外直接捐赠6万元，通过国家机构捐赠4万元，该企业捐赠支出可以税前扣除的金额为（　　）。

A. 10万元　　　　B. 4万元　　　　C. 6万元　　　　D. 3.6万元

20. 2019年某居民企业实现产品销售收入1 200万元，视同销售收入400万元，债务重组收益100万元，发生的成本费用总额1 600万元，其中业务招待费支出20万元。假定不存在其他纳税调整事项，2019年度该企业应缴纳企业所得税（　　）万元。

A. 16.2　　　　B. 16.8　　　　C. 27　　　　D. 28

21. 甲公司2019年实现会计利润总额300万元，预缴企业所得税税额60万元，在"营业外支出"账目中列支了通过公益性社会团体向灾区的捐款38万元。已知企业所得税税率为25%，公益性捐赠支出不超过年度利润总额12%的部分，准予在计算企业所得税应纳税所得额时扣除。计算甲公司当年应补缴企业所得税税额的下列算式中，正确的是（　　）。

A. （300+38）×25%-60=24.5（万元）

B. 300×25%-60=15（万元）

C. （300+300×12%）×25%-60=24（万元）

D. ［300+（38-300×12%）］×25%-60=15.5（万元）

22. 企业的下列所得，不符合免征、减征企业所得税条件的是（　　）。

A. 从事农、林、牧和渔业项目的所得

B. 从事符合条件的环境保护、节能节水项目的所得

C. 企业内部自建自用的基础设施项目

D. 外国政府向中国政府提供贷款取得的利息所得

23. 某化妆品厂为增值税一般纳税人，2020年1月进口一批高档化妆品，关税完税价格折合人民币200万元，企业按照规定缴纳进口关税20万元、进口消费税94.29万元。则该化妆品厂进口高档化妆品应缴纳进口增值税（　　）万元。

A. 26　　　　B. 28.6　　　　C. 37.11　　　　D. 40.86

24. 甲公司为增值税一般纳税人，2019年5月从国外进口一批音响，海关核定的关税完税价格为113万元，缴纳关税11.3万元。已知增值税税率为13%，甲公司该笔业务应缴纳增值税税额的下列计算中，正确的是（　　）。

A. 113×13%=14.69（万元）

B. （113+11.3）×13%=16.159（万元）

C. 113÷（1+13%）×13%=13（万元）

D. （113+11.3）÷（1+13%）×13%=14.3（万元）

25. 下列各项中，需要缴纳土地增值税的是（　　）。

A. 居民个人转让住房

B. 某国家机关转让其国有土地使用权

C. 纳税人建造标准住宅出售的，增值额未超过扣除项目金额20%的

D. 某房产所有人将房屋产权赠与直系亲属

26. 某生产企业2019年转让一栋办公楼，取得转让收入400万元，缴纳相关税费（不包括增值税）共计25万元。该办公楼原造价300万元，如果按现行市场价的材料、人工费计算，建造同样的办公楼需800万元，该办公楼经评估还有4成新。该企业转让办公楼缴纳的土地增值税为（   ）万元。

A. 16.5   B. 22.5   C. 25.5   D. 14.5

二、多项选择题

1. 下列各项中，应计入营业外收入的有（   ）。

A. 债务重组利得   B. 接受捐赠利得

C. 固定资产盘盈利得   D. 非货币性资产交换利得

E. 无法查明原因的现金溢余

2. 下列各项中，影响企业营业利润的有（   ）。

A. 接受公益性捐赠利得   B. 出租包装物取得的收入

C. 处置无形资产净收益   D. 经营租出固定资产的折旧额

E. 固定资产出租收入

3. 下列各项中，关于期末结转本年利润"账结法"的表述正确的有（   ）。

A. 每月末将各项损益类科目的余额转入"本年利润"科目

B. 每月月末需要编制结转损益凭证

C. 与"表结法"相比，减少了转账环节和相应的工作量

D. "本年利润"科目可以提供当月及本年累计的利润（或亏损）额

E. 各月末需将各损益类科目通过利润表计算反映各期的利润（或亏损）

4. 下列各科目的余额，期末应结转到"本年利润"科目的有（   ）。

A. 主营业务成本   B. 公允价值变动损益

C. 资产处置损益   D. 营业外支出

E. 以前年度损益调整

5. 为了提升产品的市场竞争力，甲公司购入一项无形资产，成本为1 000万元，因其使用寿命无法估计，在会计处理时将其作为使用寿命不确定的无形资产，不计提摊销。计税时税法规定应按照10年进行摊销，则当年年末资产负债表日，关于无形资产说法正确的有（   ）。

A. 该无形资产的计税基础为900万元

B. 该无形资产的计税基础为1 000万元

C. 该无形资产产生应纳税暂时性差异

D. 使用寿命不确定的无形资产产生可抵扣暂时性差异

E. 使用寿命不确定的无形资产不产生暂时性差异

6. 下列项目中，可能使本期所得税费用减少的有（   ）。

A. 本期应交所得税   B. 本期递延所得税资产借方发生额

C. 本期递延所得税资产贷方发生额   D. 本期递延所得税负债借方发生额

E. 本期递延所得税负债贷方发生额

7. 下列各项中，可能引起应纳税所得额调整的有（   ）。

A. 非公益性捐赠   B. 国债利息收入

C. 滞纳金罚款   D. 业务招待费

E. 未超过5年的未弥补的亏损

8. 根据企业所得税法律制度的规定，下列依照我国法律、行政法规成立的公司、企业中，属于企业所得税纳税人的有（　　）。

A. 国有独资公司
B. 合伙企业
C. 个人独资企业
D. 一人有限责任公司
E. 从事经营活动的其他组织

9. 以下属于货币形式的企业收入总额的有（　　）。

A. 股权投资
B. 存款
C. 存货
D. 应收账款
E. 应收票据

10. 根据企业所得税的相关规定，非居民企业取得的下列收入中，以收入全额为应纳税所得额的有（　　）。

A. 股息、红利所得
B. 利息收入
C. 租金收入
D. 财产转让所得
E. 特许权使用费所得

11. 《企业所得税法》规定的"转让财产收入"包括转让（　　）取得的收入。

A. 无形资产
B. 存货
C. 股权
D. 债权
E. 生物资产

12. 2019年，甲学校计划按照非营利组织的免税收入认定条件，申请学费收入免征企业所得税的优惠。以下选项中，属于非营利组织免税收入认定条件的有（　　）。

A. 工作人员工资福利开支控制在规定的比例内
B. 依法履行非营利组织登记手续
C. 投入人对投入该学校的财产享有财产权利
D. 财产及其孳息可以在合理范围内根据确定的标准用于分配
E. 从事商业活动

13. 下列选项中，可以当期直接或分期间接在企业所得税前扣除的税金包括（　　）。

A. 企业所得税
B. 购买商品允许抵扣的增值税
C. 车辆购置税
D. 出口关税
E. 资源税

14. 下列项目中，属于土地增值税的扣除项目的是（　　）。

A. 房地产开发成本
B. 房地产开发费用
C. 与转让房地产有关的税金
D. 符合税法规定的旧房及建筑物转让的扣除金额
E. 取得土地使用权所支付的金额

第6章 企业财务报表的编制与分析

财务报表是会计要素确认、计量和记录的总括反映，是经济业务结果的展现方式，其主要包括资产负债表、利润表、现金流量表、所有者权益变动表以及附注。本章知识属于考试的重点和难点，涉及所有题型，分值为 10~15 分。

本章内容中，资产负债表、利润表、现金流量表及所有者权益变动表中各个项目的填列和分析为重要考点。考生需要熟记各报表项目名称、填列方法，并联系教材前述内容，掌握财务报表常见项目的具体填列和分析的方法。

▼ 本章考纲知识体系一览表

章节		主要内容
企业财务报表的编制与分析	资产负债表	（1）资产负债表概述（★） （2）资产负债表的结构（★★） （3）资产负债表的编制（★★★） （4）资产负债表分析（★★★）
	利润表	（1）利润表概述（★） （2）利润表的结构（★★） （3）利润表的编制（★★★） （4）利润表分析（★★★）
	现金流量表	（1）现金流量表概述（★） （2）现金流量表的结构（★★） （3）现金流量表的编制（★★★） （4）现金流量表分析（★★★）
	所有者权益变动表	（1）所有者权益变动表概述（★） （2）所有者权益变动表的结构（★★） （3）所有者权益变动表的编制（★★★） （4）所有者权益变动表分析（★★★）

6.1 资产负债表

资产负债表是反映企业在某一特定日期的财务状况的报表，是企业经营活动的静态体现。资产负债表是企业依据"资产 = 负债 + 所有者权益"这一平衡公式，根据一定的分类标准和次序，将某一特定日期的资产、负债、所有者权益的具体项目予以适当的排列编制而成的。

6.1.1 资产负债表概述

资产负债表可以反映企业在某一特定日期所拥有或控制的经济资源、所承担的现时义务和所有者对净资产的要求权，有助于报表使用者了解企业的财务状况、对企业的财务状况进行分析、判断企业的偿债能力等，从而为其做出经济决策提供依据。

1. 资产

资产反映由过去的交易或事项形成并由企业在某一特定日期所拥有或控制的，预期会给企业带来经济利益的资源。企业应当按照流动资产和非流动资产两大类别在资产负债表中列示资产，在流动资产和非流动资产类别下进一步按性质分项列示。

（1）流动资产。

流动资产是指预计在一个正常营业周期中变现、出售或耗用，或主要为交易目的而持有，或预计在资产负债表日起一年内（含一年）变现的资产，或自资产负债表日起一年内交换其他资产或清偿负债的能力不受限制的现金或现金等价物。

资产负债表中列示的流动资产项目通常包括货币资金、交易性金融资产、应收票据、应收账款、预付款项、其他应收款、存货、合同资产、持有待售资产和一年内到期的非流动资产等。

（2）非流动资产。

非流动资产是指流动资产以外的资产。资产负债表中列示的非流动资产项目通常包括债权投资、其他债权投资、长期应收款、长期股权投资、其他权益工具投资、其他非流动金融资产、投资性房地产、固定资产、在建工程、无形资产、开发支出、长期待摊费用、递延所得税资产以及其他非流动资产等。

【例题·多选题】下列各项中，属于企业流动资产的有（   ）。

A．职工预借的差旅费　　　　　　　　B．购买原材料预付的货款

C．外购的专利技术　　　　　　　　　D．已出租的仓库

E．一年内到期的非流动资产

【解析】本题考查流动资产。选项 A，职工预借的差旅费属于其他应收款，属于流动资产；选项 B，购买原材料预付的货款属于预付账款，属于流动资产；选项 E，一年内到期的非流动资产属于流动资产。

【答案】ABE

2．负债

负债反映在某一特定日期企业所承担的，预期会导致经济利益流出企业的现时义务。企业应当按照流动负债和非流动负债在资产负债表中进行负债列示，在流动负债和非流动负债类别下再进一步按性质分项列示。

（1）流动负债。

流动负债是指预计在一个正常营业周期中清偿，或主要为交易目的而持有，或自资产负债表日起一年内（含一年）到期应予以清偿，或企业无权自主地将清偿推迟至资产负债表日后一年以上的负债。

资产负债表中列示的流动负债项目通常包括短期借款、交易性金融负债、应付票据、应付账款、预收款项、合同负债、应付职工薪酬、应交税费、其他应付款、持有待售负债、一年内到期的非流动负债等。

（2）非流动负债。

非流动负债是指流动负债以外的负债。非流动负债项目通常包括长期借款、应付债券、长期应付款、预计负债、递延收益、递延所得税负债和其他非流动负债等。

【例题·多选题】下列各项中，属于企业流动负债的有（   ）。

A．预收购货单位的款项　　　　　　　B．预付采购材料款

C．应付采购商品货款　　　　　　　　D．购买材料开出的商业承兑汇票

E．一年内到期的非流动负债

【解析】本题考查企业的流动负债。选项 B，预付采购材料款属于企业的资产。

【答案】ACDE

3．所有者权益

所有者权益是企业资产扣除负债后的剩余权益，反映企业在某一特定日期股东（投资者）拥有的净资产的总额。企业一般按照实收资本（或股本）、其他权益工具、资本公积、其他综合收益、盈余公积和未分配利润分项列示所有者权益。

【例题·单选题】下列各项中，不属于所有者权益的是（   ）。

A．资本溢价　　　　　　　　　　　　B．计提的盈余公积

C．投资者投入的资本　　　　　　　　D．应付高管人员基本薪酬

【解析】本题考查所有者权益核算的内容。所有者权益包括实收资本（或股本）、其他权益工具、资本公积、其他综合收益、盈余公积和未分配利润。选项 D，应付高管人员基本薪酬属于应付职工薪酬。

【答案】D

6.1.2 资产负债表的结构

资产负债表一般由表头、表体两部分组成。表头部分应列明报表名称、编制单位名称、资产负债表日、计量单位等；表体部分是资产负债表的主体，列示了用以说明企业财务状况的各个项目。资产负债表的表体格式一般有报告式和账户式。

1．报告式资产负债表

报告式资产负债表是上下结构，上半部分列示资产各项目，下半部分列示负债和所有者权益各项目。

2．账户式资产负债表

账户式资产负债表是左右结构，左边列示资产各项目，反映全部资产的分布及存在形态；右边列示负债和所有者权益各项目，反映全部负债和所有者权益的内容和构成情况。我国企业的资产负债表采用账户式格式，分为左右两方。

（1）左方为资产项目，大体按资产的流动性大小排列。流动性大的资产如"货币资金""应收票据""应收账款"等排在前面，流动性小的资产如"长期股权投资""固定资产"等排在后面。

（2）右方为负债及所有者权益项目，一般按要求清偿时间的先后顺序排列。"短期借款""应付票据""应付账款"等需要在一年以内或长于一年的一个正常营业周期内偿还的流动负债排在前面，"长期借款"等在一年以上才需偿还的非流动负债排在中间，在企业清算之前不需要偿还的所有者权益项目排在后面。

我国资产负债表的格式如表 6-1 所示。

表 6-1　资产负债表的格式

会企 01 表

编制单位：　　　　　　　　　　　　　年　　月　　日　　　　　　　　　　　单位：元

资产	期末余额	上年年末余额	负债和所有者权益（或股东权益）	期末余额	上年年末余额
流动资产：			流动负债：		
货币资金			短期借款		
交易性金融资产			交易性金融负债		
衍生金融资产			衍生金融负债		
应收票据			应付票据		
应收账款			应付账款		
应收款项融资			预收款项		
预付款项			合同负债		
其他应收款			应付职工薪酬		
存货			应交税费		
合同资产			其他应付款		
持有待售资产			持有待售负债		
一年内到期的非流动资产			一年内到期的非流动负债		
其他流动资产			其他流动负债		

续表

资产	期末余额	上年年末余额	负债和所有者权益（或股东权益）	期末余额	上年年末余额
流动资产合计			**流动负债合计**		
非流动资产：			非流动负债：		
债权投资			长期借款		
其他债权投资			应付债券		
长期应收款			其中:优先股		
长期股权投资			永续债		
其他权益工具投资			租赁负债		
其他非流动金融资产			长期应付款		
投资性房地产			预计负债		
固定资产			递延收益		
在建工程			递延所得税负债		
生产性生物资产			其他非流动负债		
油气资产			**非流动负债合计**		
使用权资产			**负债合计**		
无形资产			所有者权益（或股东权益）：		
开发支出			实收资本（或股本）		
商誉			其他权益工具		
长期待摊费用			其中:优先股		
递延所得税资产			永续债		
其他非流动资产			资本公积		
非流动资产合计			减:库存股		
			其他综合收益		
			专项储备		
			盈余公积		
			未分配利润		
			所有者权益(或股东权益)合计		
资产总计			**负债和所有者权益(或股东权益)总计**		

📖 名师点拨

账户式资产负债表中的资产各项目的合计等于负债和所有者权益各项目的合计，即资产负债表左方和右方平衡。因此，账户式资产负债表可以反映资产、负债、所有者权益之间的内在关系，即"资产＝负债＋所有者权益"。

6.1.3 资产负债表的编制

根据资产负债表的格式，编制资产负债表主要是填列各报表项目的"上年年末余额"栏和"期末余额"栏。资产负债表"上年年末余额"栏内各项数字，应根据上年年末资产负债表的"期末余额"栏内所列数字填列。如果上年度资产负债表规定的各个项目的名称和内容与本年度不相一致，应按照本年度的规定对上年年末资产负债表各项目的名称和数字进行调整，填入本年资产负债表"上年年末余额"栏内。

1. 资产负债表项目的填列方法

资产负债表的"期末余额"栏的填列方法，主要有以下 5 种。

（1）根据总账科目余额填列。

资产负债表中的很多项目都是根据其总账科目的余额直接填列的，如"短期借款""资本公积""长期待摊费用""实收资本（或股本）"等项目。其中，长期待摊费用摊销年限（或期限）只剩一年或不足一年的，无须归类为流动资产，仍在本项目中列报；预计在一年内（含一年）进行摊销的部分，也无须归类为流动资产，不转入"一年内到期的非流动资产"项目列报。

资产负债表中的有些项目需要根据几个总账科目的期末余额进行计算填列，如"货币资金"项目，需要根据"库存现金""银行存款"和"其他货币资金"3个总账科目的期末余额的合计数填列。

【例题·多选题】下列各项中，应当根据总账科目余额直接填列的资产负债表项目包括（   ）。

A．短期借款 　　　　B．长期应付款 　　　　C．资本公积 　　　　D．长期借款

E．实收资本

【解析】本题考查资产负债表的填列。长期应付款和长期借款都需要分析计算填列。

【答案】ACE

（2）根据有关明细账科目的余额计算填列。

资产负债表中需要根据有关科目所属的相关明细账科目的期末余额来计算填列的项目有以下几项。

◆ "应收账款"项目，需要根据"应收账款"科目的期末余额，减去"坏账准备"科目中相关坏账准备期末余额后的金额填列。

◆ "应收票据"项目，需要根据"应收票据"科目的期末余额，减去"坏账准备"科目中相关坏账准备期末余额后的金额填列。

◆ "应付账款"项目，需要根据"应付账款"和"预付账款"科目所属的相关明细科目的期末贷方余额合计数填列。

◆ "预收款项"项目，需要根据"应收账款"科目贷方余额和"预收账款"科目贷方余额计算填列。

◆ "预付款项"项目，需要根据"应付账款"科目借方余额和"预付账款"科目借方余额减去与"预付账款"有关的坏账准备贷方余额计算填列。

◆ "开发支出"项目，需要根据"研发支出"科目中所属的"资本化支出"明细科目期末余额计算填列。

◆ "应付职工薪酬"项目，需要根据"应付职工薪酬"科目的明细科目期末余额计算填列。

◆ "一年内到期的非流动资产"和"一年内到期的非流动负债"项目，需要根据有关非流动资产和非流动负债项目的明细科目余额计算填列。

◆ "未分配利润"项目，需要根据"利润分配"科目中所属的"未分配利润"明细科目期末余额填列。

（3）根据总账科目和明细账科目的余额分析计算填列。

资产负债表中的部分项目，需要依据总账科目和明细账科目两者的余额分析计算后进行填列，如以下3项。

◆ "长期借款"项目，需要根据"长期借款"总账科目余额扣除"长期借款"科目所属的明细科目中将在一年内到期且企业不能自主地将清偿义务展期的长期借款后的金额计算填列。

◆ "其他非流动资产"项目，应根据有关科目的期末余额减去将于一年内（含一年）收回数后的金额计算填列。

◆ "其他非流动负债"项目，应根据有关科目的期末余额减去将于一年内（含一年）到期偿还数后的金额计算填列。

（4）根据有关科目余额减去其备抵科目余额后的净额填列。

资产负债表中的某些项目，需要根据有关科目余额减去其备抵科目余额后的净额填列，主要

包括以下 3 项。

◆ 资产负债表中"应收票据""应收账款""长期股权投资""在建工程"等项目，应当根据"应收票据""应收账款""长期股权投资""在建工程"等科目的期末余额减去"坏账准备""长期股权投资减值准备""在建工程减值准备"等备抵科目余额后的净额填列。

◆ "投资性房地产""固定资产"项目，应当根据"投资性房地产""固定资产"科目的期末余额减去"投资性房地产累计折旧（或摊销）""累计折旧""投资性房地产减值准备""固定资产减值准备"等备抵科目余额后的净额填列。

◆ "无形资产"项目，应当根据"无形资产"科目的期末余额，减去"累计摊销""无形资产减值准备"等备抵科目余额后的净额填列。

【例题·单选题】下列资产负债表项目中，应根据有关科目余额减去其备抵科目余额填列的是（　）。

  A. 固定资产　　　　　B. 长期待摊费用　　　　C. 开发支出　　　　D. 货币资金

【解析】本题考查资产负债表的填列。本题中，只有选项 A（固定资产）有备抵科目，企业应该根据"固定资产"科目的余额减去备抵科目（"累计折旧"科目等）余额后的净额填列该项目。

【答案】A

（5）综合运用上述填列方法分析填列。

这种填列方法的综合性最强，如资产负债表中的"存货"项目，需要根据"原材料""委托加工物资""周转材料""材料采购""在途物资""发出商品""材料成本差异"等总账科目期末余额的分析汇总数，再减去"存货跌价准备"科目余额后的净额填列。

2. 资产负债表项目的填列说明

资产负债表中资产、负债和所有者权益主要项目的具体填列说明如下。

（1）资产项目的填列说明。

◆ "货币资金"项目，反映企业库存现金、银行结算户存款、外埠存款、银行汇票存款、银行本票存款、信用卡存款、信用证保证金存款等的合计数。其计算公式如下。

本项目金额＝"库存现金"科目期末余额＋"银行存款"科目期末余额＋"其他货币资金"科目期末余额

◆ "交易性金融资产"项目，反映资产负债表日企业分类为以公允价值计量且其变动计入当期损益的金融资产，以及企业持有的直接指定为以公允价值计量且其变动计入当期损益的金融资产的期末账面价值。该项目应根据"交易性金融资产"科目的相关明细科目期末余额分析填列。自资产负债表日起超过一年到期且预期持有超过一年的以公允价值计量且其变动计入当期损益的非流动金融资产的期末账面价值，在"其他非流动金融资产"项目反映。

◆ "应收票据"项目，反映企业因销售商品、提供劳务等而收到的商业汇票，包括银行承兑汇票和商业承兑汇票。其计算公式如下。

本项目金额＝"应收票据"科目的期末余额－"坏账准备"科目中有关应收票据计提的坏账准备期末余额

◆ "应收账款"项目，反映企业因销售商品、提供劳务等经营活动应收取的款项。其计算公式如下。

本项目金额＝"应收账款"科目所属各明细科目借方余额＋"预收账款"科目所属各明细科目借方余额－"坏账准备"科目中有关应收账款计提的坏账准备期末余额

◆ "应收款项融资"项目，反映资产负债表日以公允价值计量且其变动计入其他综合收益的应收票据和应收账款等。

◆ "预付款项"项目，反映企业按照购货合同规定预付给供应单位的款项等。其计算公式如下。

本项目金额＝"预付账款"科目所属各明细科目的期末借方余额＋"应付账款"科目所属各明细科目的期末借方余额－"坏账准备"科目中有关预付款项计提的坏账准备期末余额

【例题·单选题】2019 年 5 月 31 日，某企业"应付账款"总账科目贷方余额为 1 255 万元，其中"应付账款——甲公司"明细科目贷方余额为 1 755 万元，"应付账款——乙公司"明细科目借方余额为 5 万元，"预付账款"总账科目借方余额为 15.5 万元，其中"预付账款——丙公司"明细科目借方余额为 20 万元。"预付账款——丁公司"明细科目贷方余额为 4.5 万元。不考虑其他因素，该企业 5 月 31 日资产负债表中"预付款项"项目期末余额为（　）万元。

    A. 20　　　　　　B. 25　　　　　　C. 8.5　　　　　　D. 23.5

【解析】本题考查资产负债表项目的填列。"预付款项"项目应根据"预付账款"和"应付账款"科目所属明细科目的期末借方余额合计数减去"坏账准备"科目中有关预付账款计提的坏账准备期末余额后的净额填列，即"预付款项"项目期末余额 =5+20=25（万元）。

【答案】B

◆ "其他应收款"项目，反映企业除应收票据及应收账款、预付款项等经营活动以外的其他各种应收、暂付的款项。"应收利息"及"应收股利"归并至本项目。根据新金融工具准则核算的利息和股利与资金往来等其他各种应收及暂付款项归并至其他应收款，统一根据其信用风险计提坏账准备。其计算公式如下。

本项目金额＝"应收利息"科目的期末余额＋"应收股利"科目的期末余额＋"其他应收款"科目的期末余额－"坏账准备"科目中相关坏账准备期末余额

◆ "存货"项目，反映企业期末在库、在途和在加工中的各种存货的可变现净值或成本（成本与可变现净值孰低）。存货包括各种材料、商品、在产品、半成品、包装物、低值易耗品、委托代销商品等。其计算公式如下。

本项目金额＝"材料采购""原材料""低值易耗品""库存商品""周转材料""委托加工物资""委托代销商品""生产成本"等科目期末余额的合计数－"受托代销商品款"科目期末余额－"存货跌价准备"科目期末余额

📖 **名师点拨**

如果企业采用计划成本核算材料，以及采用计划成本或售价核算库存商品，还应按加或减材料成本差异、商品进销差价后的金额填列。

    【例题·单选题】2019 年 12 月 31 日，某企业"工程物资"科目的借方余额为 300 万元，"发出商品"科目的借方余额为 40 万元，"原材料"科目的借方余额为 70 万元，"材料成本差异"科目的贷方余额为 5 万元。不考虑其他因素，该企业 12 月 31 日资产负债表中的"存货"项目的期末余额为（　）万元。

    A. 115　　　　　B. 105　　　　　C. 405　　　　　D. 365

    【解析】本题考查资产负债表中"存货"项目的填制。"存货"项目的期末余额 =40+70-5=105（万元），选项 B 正确。

    【答案】B

◆ "合同资产"项目，反映企业按照《企业会计准则第 14 号——收入》（2018）的相关规定，根据本企业履行履约义务与客户付款之间的关系在资产负债表中列示合同资产。"合同资产"项目应根据"合同资产"科目的相关明细科目期末余额分析填列，同一合同下的合同资产应当以净额列示，其中净额为借方余额的，应当根据其流动性在"合同资产"或"其他非流动资产"项目中填列，已计提减值准备的，还应减去"合同资产减值准备"科目中相关的期末余额后的金额填列；其中净额为贷方余额的，应当根据其流动性在"合同负债"或"其他非流动负债"项目中填列。

◆ "持有待售资产"项目，反映资产负债表日划分为持有待售类别的非流动资产及划分为持有待售类别的处置组中的流动资产和非流动资产的期末账面价值。其计算公式如下。

本项目金额＝"持有待售资产"科目期末余额－"持有待售资产减值准备"科目期末余额

◆ "一年内到期的非流动资产"项目，反映企业预计将于一年内变现的非流动资产项目金额。通常情况下，预计自资产负债表日起一年内变现的非流动资产应作为"一年内到期的非流动资产"列报。对于按照相关会计准则采用折旧（或摊销、折耗）方法进行后续计量的固定资产、无形资产、长期待摊费用等非流动资产，折旧（或摊销、折耗）年限（或期限）只剩一年或不足一年的，无须归类为本项目列报；预计在一年内（含一年）进行折旧（或摊销、折耗）的部分，也无须归类为本项目列报。本项目应根据有关科目的期末余额分析填列。

◆ "债权投资"项目，反映资产负债表日企业以摊余成本计量的长期债权投资的期末账面价值。该项目应根据"债权投资"科目的相关明细科目期末余额，减去"债权投资减值准备"科目中相关减值准备的期末余额后的金额分析填列。自资产负债表日起一年内到期的长期债权投资的期末账面价值，在"一年内到期的非流动资产"项目反映。企业购入的以摊余成本计量的一年内到期的债权投资的期末账面价值，在"其他流动资产"项目反映。

◆ "其他债权投资"项目，反映资产负债表日企业分类为以公允价值计量且其变动计入其他综合收益的长期债权投资的期末账面价值。该项目应根据"其他债权投资"科目的相关明细科目的期末余额分析填列。自资产负债表日起一年内到期的长期债权投资的期末账面价值，在"一年内到期的非流动资产"项目反映。企业购入的以公允价值计量且其变动计入其他综合收益的一年内到期的债权投资的期末账面价值，在"其他流动资产"项目反映。

◆ "长期应收款"项目，反映企业租赁产生的应收款项和采用递延方式分期收款、实质上具有融资性质的销售商品和提供劳务等经营活动产生的应收款项。"长期应收款"项目，应根据"长期应收款"科目的期末余额，减去相应的"未实现融资收益"科目和"坏账准备"科目所属相关明细科目期末余额后的金额填列。

◆ "长期股权投资"项目，反映投资方对被投资单位实施控制、重大影响的权益性投资，以及对其合营企业的权益性投资。其计算公式如下。

本项目金额＝"长期股权投资"科目的期末余额－"长期股权投资减值准备"科目的期末余额

◆ "其他权益工具投资"项目，反映资产负债表日企业指定为以公允价值计量且其变动计入其他综合收益的非交易性权益工具投资的期末账面价值。该项目应根据"其他权益工具投资"科目的期末余额填列。

◆ "投资性房地产"项目，反映企业为赚取租金或资本增值或两者兼有而持有的房地产，主要包括已出租的土地使用权、持有并准备增值后转让的土地使用权以及已出租的建筑物。其计算公式如下。

本项目金额＝"投资性房地产"科目的期末余额－"投资性房地产累计折旧（或摊销）"科目的期末余额－"投资性房地产减值准备"科目期末余额

◆ "固定资产"项目，反映资产负债表日企业固定资产的期末账面价值和企业尚未清理完毕的固定资产清理净损益。其计算公式如下。

本项目金额＝"固定资产"科目的期末余额－"累计折旧"科目期末余额－"固定资产减值准备"科目期末余额－"固定资产清理"科目期末余额

◆ "在建工程"项目，反映资产负债表日企业尚未达到预定可使用状态的在建工程的期末账面价值和企业为在建工程准备的各种物资的期末账面价值。其计算公式如下。

本项目金额＝"在建工程"科目的期末余额－"在建工程减值准备"科目的期末余额＋"工程物资"科目的期末余额－"工程物资减值准备"科目的期末余额

◆ "使用权资产"项目，反映资产负债日承租人企业持有的使用权资产的期末账面价值。其计算公式如下。

本项目金额＝"使用权资产"科目的期末余额－"使用权资产累计折旧"－"使用权资产减值准备"科目的期末余额

◆ "无形资产"项目，反映企业持有的专利权、非专利技术、商标权、著作权、土地使用权等无形资产的成本减去累计摊销和减值准备后的净值。其计算公式如下。

本项目金额＝"无形资产"科目的期末余额－"累计摊销"科目期末余额－"无形资产减值准备"科目期末余额

◆ "开发支出"项目，反映在企业开发无形资产过程中能够资本化形成无形资产成本的支出部分。本项目应当根据"研发支出"科目中所属的"资本化支出"明细科目期末余额填列。

◆ "长期待摊费用"项目，反映企业已经发生但应由本期和以后各期负担的、分摊期限在一年以上的各项费用。长期待摊费用在一年内（含一年）摊销的部分，在资产负债表"一年内到期的非流动资产"项目列报。其计算公式如下。

本项目金额＝"长期待摊费用"科目的期末余额－将于一年内（含一年）摊销的数额

◆ "递延所得税资产"项目，反映企业根据所得税准则确认的可抵扣暂时性差异产生的所得税资产。本项目应根据"递延所得税资产"科目的期末余额填列。

◆ "商誉"项目，购买方对合并成本大于合并中取得的被购买方可辨认净资产公允价值份额的差额，应当确认为商誉。

◆ "其他流动资产"项目，反映除进项税额、多缴或预缴的增值税税额、待抵扣进项税额、待认证进项税额、增值税留抵税额、预缴所得税、预缴其他税费、待摊费用外，还包括发放贷款及垫款、委托贷款、应收款项类投资、理财产品、结构性存款、定期存款等。

◆ "其他非流动资产"项目，反映企业除长期股权投资、固定资产、在建工程、无形资产等上述非流动资产以外的其他非流动资产。本项目应根据有关科目的期末余额填列。

（2）负债项目的填列说明。

◆ "短期借款"项目，反映企业向银行或其他金融机构等借入的期限在一年以下（含一年）的各种借款。本项目应根据"短期借款"科目的期末余额填列。

◆ "交易性金融负债"项目，反映资产负债表日企业承担的交易性金融负债，以及企业持有的直接指定为以公允价值计量且其变动计入当期损益的金融负债的期末账面价值。该项目应根据"交易性金融负债"科目的相关明细科目期末余额填列。

◆ "应付票据"项目，反映企业因购买材料、商品和接受劳务供应等而开出、承兑的商业汇票，包括银行承兑汇票和商业承兑汇票。本项目应根据"应付票据"科目的期末余额填列。

◆ "应付账款"项目，反映企业因购买材料、商品和接受劳务供应等经营活动应支付的款项。其计算公式如下。

本项目金额＝"应付账款"科目所属各明细科目期末贷方余额＋"预付账款"科目所属各明细科目的期末贷方余额

◆ "预收款项"项目，反映企业按照销货合同规定预收客户的款项。其计算公式如下。

本项目金额＝"预收账款"科目所属各明细科目期末贷方余额＋"应收账款"科目所属各明细科目期末贷方余额

名师点拨

如"应付账款"科目所属明细科目期末有借方余额的，应在资产负债表"预付款项"项目内填列；如"预收账款"科目所属各明细科目期末有借方余额的，应在资产负债表"应收账款"项目内填列。

◆ "合同负债"项目。反映企业应按照《企业会计准则第14号——收入》（2018）的相关规定，根据本企业履行履约义务与客户付款之间的关系在资产负债表中列示的合同负债。"合同负债"项目应根据"合同负债"科目的相关明细科目期末余额进行分析填列。

◆ "应付职工薪酬"项目，反映企业为获得职工提供的服务或解除劳动关系而给予的各种形式的报酬或补偿。企业提供给职工配偶、子女、受赡养人、已故员工遗属及其他受益人等的福利，也属于职工薪酬。职工薪酬主要包括短期薪酬、离职后福利、辞退福利和其他长期职工福利。本项目应根据"应付职工薪酬"科目所属各明细科目的期末贷方余额分析填列。

◆ "应交税费"项目，反映企业按照税法规定计算应缴纳的各种税费，包括增值税、消费税、企业所得税、资源税、土地增值税、城市维护建设税、房产税、城镇土地使用税、车船税、教育费附加、矿产资源补偿费等。企业代扣代缴的个人所得税，也在本项目中列示。但是，企业缴纳的税金不需要预计应交数的，如印花税、耕地占用税等，则不在本项目中列示。本项目应根据"应交税费"科目的期末贷方余额填列，如"应交税费"科目期末为借方余额，应以"－"号填列。

> **知识拓展**
>
> 需要注意的是，"应交税费"科目下的"应交增值税""未交增值税""待抵扣进项税额""待认证进项税额""增值税留抵税额"等明细科目期末借方余额应根据情况，在资产负债表中的"其他流动资产"或"其他非流动资产"项目列示；"应交税费——待转销项税额"等科目期末贷方余额应根据情况，在资产负债表中的"其他流动负债"或"其他非流动负债"项目列示；"应交税费"科目下的"未交增值税""简易计税""转让金融商品应交增值税""代扣代缴增值税"等科目期末贷方余额应在资产负债表中的"应交税费"项目列示。

◆ "其他应付款"项目，反映企业除应付票据、应付账款、预收账款、应付职工薪酬、应交税费等经营活动以外的其他各项应付、暂收的款项。"应付利息"及"应付股利"归并至本项目。根据金融工具准则核算的利息和股利与资金往来等其他各种应付、暂收的款项归并至其他应付款。其计算公式如下。

本项目金额＝"应付利息"科目期末余额＋"应付股利"科目期末余额＋"其他应付款"科目期末余额

【例题·单选题】下列选项中，列入资产负债表"其他应付款"项目的不包括（　）。

A. 计提的短期借款利息

B. 计提的到期一次还本付息的债券利息

C. 计提的分期付息到期还本债券利息

D. 计提的分期付息到期还本长期借款利息

【解析】选项 B，计提的到期一次还本付息的债券利息记入"应付债券——应计利息"项目。

【答案】B

◆ "持有待售负债"项目，反映资产负债表日处置组中与划分为持有待售类别的资产直接相关的负债的期末账面价值。本项目应根据"持有待售负债"科目的期末余额填列。

◆ "一年内到期的非流动负债"项目，反映企业非流动负债中将于资产负债表日后一年内到期部分的金额，如将于一年内偿还的长期借款。本项目应根据有关科目的期末余额分析填列。

◆ "长期借款"项目，反映企业向银行或其他金融机构借入的期限在一年以上（不含一年）的各项借款。本项目应根据"长期借款"科目的期末余额扣除"长期借款"科目所属明细科目中将在资产负债表日起一年内到期且企业不能自主地将清偿义务展期的长期借款后的金额计算填列。

◆ "应付债券"项目，反映企业为筹集长期资金而发行的债券本金和利息。本项目应根据"应付债券"科目的期末余额填列。

◆ "优先股""永续债"项目，对于资产负债表日企业发行的优先股和永续债，分类为金融负债的，应在"应付债券"项目下的"优先股"项目和"永续债"项目分别填列。

◆ "租赁负债"项目，反映资产负债表日承租人企业尚未支付的租赁付款额的期末账面价值。该项目应根据"租赁负债"科目的期末余额填列。自资产负债表日起一年内到期应予以清偿的租赁负债的期末账面价值，在"一年内到期的非流动负债"项目反映。

◆ "长期应付款"项目，反映资产负债表日企业除了长期借款与应付债券以外的其他各种长期应付款，主要包括应付补偿贸易引进设备款、采用分期付款方式购入固定资产和无形资产发生的应付账款、应付融资租入固定资产租赁费等。其计算公式如下。

本项目金额＝"长期应付款"科目的期末余额－"未确认融资费用"科目的期末余额－"长期应付款"科目所属相关明细科目中将于一年内到期的部分－"专项应付款"科目的期末余额

◆ "预计负债"项目，反映企业根据或有事项等相关准则确认的各项预计负债，包括对外提供担保、未决诉讼、产品质量保证、重组义务以及固定资产和矿区权益弃置义务等产生的预计负债。本项目应根据"预计负债"科目的期末余额填列。

◆ "递延收益"项目，反映企业尚待确认的收入或收益，主要包括企业根据《企业会计准则第 16 号——政府补助》确认的应在以后期间计入当期损益的政府补助金额、售后租回形成融资租赁的售价与资产账面价值差额等其他递延性收入。摊销期限只剩一年或不足一年的，或预计在一年内（含一年）进行摊销的部分，不得归类为流动负债，仍在该项目中填列，不转入"一年内到期的非流动负债"项目。本项目应根据"递延收益"科目的期末余额填列。

◆ "递延所得税负债"项目，反映企业根据《企业会计准则第 18 号——所得税》确认的应纳税暂时性差异产生的所得税负债。本项目应根据"递延所得税"科目的期末余额填列。

◆ "其他非流动负债"项目，反映企业除长期借款、应付债券等上述非流动负债以外的其他非流动负债。本项目应根据有关科目的期末余额填列。其他非流动负债项目应根据有关科目期末余额减去将于一年内（含一年）到期偿还数后的余额分析填列。非流动负债各项目中将于一年内（含一年）到期的非流动负债，应在"一年内到期的非流动负债"项目内反映。

（3）所有者权益项目的填列说明。

◆ "实收资本（或股本）"项目，反映企业各投资者实际投入的资本（或股本）总额。本项目应根据"实收资本（或股本）"科目的期末余额填列。

◆ "其他权益工具"项目，反映企业发行的除普通股以外分类为权益工具的金融工具的账面价值，并下设"优先股"和"永续债"两个项目，分别反映企业发行的分类为权益工具的优先股和永续债的账面价值。

◆ "资本公积"项目，反映企业收到投资者出资超出其在注册资本或股本中所占的份额以及直接计入所有者权益的利得和损失等。本项目应根据"资本公积"科目的期末余额填列。

◆ "其他综合收益"项目，反映企业其他综合收益的期末余额。本项目应根据"其他综合收益"科目的期末余额填列。

◆ "专项储备"项目，反映高危行业企业按国家规定提取的安全生产费的期末账面价值。

◆ "盈余公积"项目，反映企业盈余公积的期末余额。本项目应根据"盈余公积"科目的期末余额填列。

◆ "未分配利润"项目，反映企业尚未分配的利润。本项目应根据"本年利润"科目和"利润分配"科目的余额计算填列。未弥补的亏损在本项目内以"－"号填列。

6.1.4 资产负债表分析

资产负债表分析主要包括资产负债表结构分析、资产负债表各项目分析和企业财务状况评价相关的财务指标分析。在对资产负债表进行分析前，首先需要了解财务报表常用的分析方法，下面一一介绍。

1．财务报表分析方法

财务报表分析的基本方法有 3 种，分别为比率分析法、趋势分析法和因素分析法。

（1）比率分析法。

比率分析法是指对同一张财务报表中的不同项目、不同类别之间，或对两张报表中有关联的项目之间，计算其比率关系，从相对数上考察和分析企业财务状况的方法。比率分析法按照计算比率的项目不同，又分为结构比率、效率比率和相关比率等。

①结构比率。结构比率是指某项经济指标的各个组成部分与其总体的比率，该比率反映了部分与总体的构成关系。其计算公式如下。

结构比率＝某组成部分数额÷总体数额×100%

通过结构比率，可以考察企业某类项目中某部分的构成是否合理，以调整整体中各部分的占比。例如，通过计算流动资产在总资产中的占比，可以了解企业的资产结构是否协调，其资本结构是否稳健，是否需要调整等。常见的结构比率有流动资产、非流动资产在总资产中的占比，流动负债、非流动负债在总负债中的占比，营业利润在净利润中的占比等。

【案例6-1】甲企业资产负债表中列示有流动资产合计520 000元、非流动资产合计680 000元、资产总计1 200 000元；流动负债合计280 000元、非流动负债合计390 000元，负债总计670 000元。通过这些数据，可以计算哪些结构比率？

【案例解析】根据结构比率的含义以及本例中提供的资料，可以计算该公司中流动资产、非流动资产在资产中的占比，流动负债、非流动负债在总负债中的占比。以流动资产在总资产中的占比为例，其结构比率＝流动资产合计÷资产总计＝520 000÷1 200 000×100%＝43.33%。通过该计算结果，结合企业的行业性质、经营情况等，可以评价该比率是否合适。

②效率比率。效率比率是指某项经济活动中所费与所得的比率，该比率可以反映企业的投入、产出关系。其计算公式如下。

效率比率＝耗费数额÷所得数额（或效率比率＝所得数额÷耗费数额）×100%

通过效率比率，可以对企业的得失加以比较，考察经营成果，评价经济效益。例如，将成本除以利润，可以了解企业的成本在所实现利润中的占比，并据此评价企业的成本控制成果。常见的效率比率有资本利润率、销售利润率、成本利润率和资产收益率等。

③相关比率。相关比率是指报表中某两个相关但又不同的项目相比所得的比率，该比率可以反映相关项目之间的关系。其计算公式如下。

相关比率＝项目1数额÷项目2数额×100%

通过相关比率，可以考察企业有联系的业务之间的安排是否合理，以保障企业的经营活动顺利开展。常见的相关比率有资产负债率、流动比率和速动比率等。

（2）趋势分析法。

趋势分析法是指将企业两期或连续数期的相关指标进行对比，比较其增减变动的方向、金额和幅度，从而分析企业的财务状况和经营成果的方法。趋势分析法有助于报表使用者了解企业的历史发展轨迹。实际运用趋势分析法时，主要是用于财务报表绝对数额的比较、重要财务指标的比较以及报表项目构成的比较3个方面。

①财务报表绝对数额的比较。将趋势分析法用于财务报表绝对数额的比较，是指通过比较财务报表中同一项目在连续数期中的绝对数额，观察其增减变动金额和幅度，从而判断该项目所反映的发展趋势。

②重要财务指标的比较。将趋势分析法用于重要财务指标的比较，是指对企业不同时期的财务报表，通过同一个财务指标进行比较，直接观察该指标的增减变动情况及变动幅度，从而判断企业的发展趋势，预测其发展方向。

③报表项目构成的比较。将趋势分析法用于报表项目构成的比较，是对财务报表比较的进一步延伸，是指将财务报表中的某个总体指标确定为100%，然后计算出各组成部分占该总体指标的百分比，进而比较各个项目所占百分比的情况，以此来判断企业有关财务活动的变化趋势。

【案例6-2】报表使用者通过阅读甲企业2015年—2019年的利润表了解到，该企业在近5年实现的净利润分别为2 580 000元、2 840 000元、3 288 000元、4 110 000元、5 237 800元。根据近5年的数据，报表使用者应如何利用趋势分析法进行分析？

【案例解析】根据案例资料，可以对该企业2015年—2019年的净利润做一个简单的趋势分析，为了便于分析，将相关数据整理如表 6-2 所示。

表 6-2 甲企业 2015 年—2019 年净利润变化情况

年份	2015 年	2016 年	2017 年	2018 年	2019 年
净利润（元）	2 580 000	2 840 000	3 288 000	4 110 000	5 237 800
年增长百分比	—	10.08%	15.77%	25%	27.44%

通过上表可以看出，该企业过去 5 年每年的净利润均在增加，且增长幅度也在逐年增大，因此根据该数据可以得出结论：通过对该企业净利润的绝对额趋势分析，该企业从 2015 年起的 5 年内，一直处于稳定发展的状态。

（3）因素分析法。

因素分析法又称连环替代法，是指将一项综合性指标分解为多个构成因素，分别分析各个因素对指标影响情况的方法。采用因素分析法时，需要按顺序将各个影响因素实际数替换基数，分析各项因素的影响程度。由于在企业的经营过程中，受到的影响是多方面的，采用因素分析法能确定不同因素对所关注指标的影响程度，所以该方法在实际工作中比较有效。

【案例 6-3】甲公司 2019 年的财务报表显示，当年人工成本上涨比较明显，一方面，是由于当年新招了一批新人；另一方面，是由于当年重新设计了薪酬制度，员工平均工资均有所提高。已知该公司 2018 年年末共有员工 500 人，每位员工年平均工资为 50 000 元；2019 年新招员工 50 人，当年每位员工平均工资为 60 000 元，该公司的人工成本就由 2018 年的 25 000 000 元上涨至 2019 年的 33 000 000 元。根据上述资料，试利用因素分析法分析引起甲公司人工成本上涨的主要原因。

【案例解析】使用因素分析法进行分析的步骤如下。

①如果甲公司 2019 年没有新招员工，也没有上调工资，则 2019 年的人工成本 =500×50 000= 25 000 000（元）。

②如果甲公司 2019 年没有新招员工，只上调了工资，则 2019 年的人工成本 =500×60 000= 30 000 000（元）。

③因为甲公司 2019 年新招了员工，且上调了工资，所以 2019 年的人工成本 =550×60 000= 33 000 000（元）；同没有上调工资相比，人工成本增加了 3 000 000 元。

④甲公司 2019 年新增的人工成本中，由于上调工资新增的数额 =30 000 000−25 000 000= 5 000 000（元），由于新招员工新增的数额为 3 000 000 元。

⑤综上，由于上调工资使人工成本增加的数额比由于新招员工使人工成本增加的数额更大，所以，甲公司人工成本增加的主要原因是上调工资。

2. 资产负债表结构分析

资产负债表结构分析即通过报表各个组成部分占总资产的比率分析，从而评价和衡量企业的财务状况。资产负债表结构分析包括资产结构分析和负债结构分析两个部分。

（1）资产结构分析。

资产负债表的资产结构，是指企业的流动资产、长期资产及其他资产占总资产的比重。通过分析不同流动性的资产占总资产的比重，能够了解企业的资产结构是否合理。反映这一关系的一个重要指标是流动资产率，其计算公式如下。

流动资产率=（流动资产÷资产总额）×100%

流动资产占资产总额的比例越高，即流动资产率越高，说明企业的资金流动性、可变现能力越强。企业提高发展速度，创造更多利润的机会在增加；企业加快资金周转速度的潜力大；资产的变现能力较强，偿债能力强。

流动资产占资产总额的比例低，如果营业收入和利润都有所增加，则表明企业加速了资金周转，创造了更多利润，如果利润没有增加，表明企业财务状况恶化；流动资产比重下降，同时，利润下降，表明企业生产量下降，市场销售状况不容乐观。

（2）负债结构分析。

负债结构主要是负债总额与所有者权益、长期负债与所有者权益之间的比例关系。对负债结构进行分析，主要通过以下3个指标。

①自有资金负债率。

自有资金负债率，反映的是企业负债总额与资本总额的比例关系，也称为企业投资安全系数，用来衡量投资者对负债偿还的保障程度。该指标也反映企业自负盈亏能力的大小，计算公式如下。

自有资金负债率＝（负债总额÷所有者权益）×100%

自有资金负债率越高，债权人能得到的保障就越小，因此债权人就可能会加紧催促企业还款，甚至中止贷款或停止商品及服务的供应，已经负债累累的企业，将可能陷入资金困境而举步维艰。自有资金负债率越低，债权人能得到的保障就越大，债权人对公司的信心就越足，会愿意主动借款给企业。

名师点拨

以上情况不是绝对的，如果自有资金负债率过小，说明企业过于保守，对外负债不足，没有充分利用好自有资金的杠杆，通过举债来提高自有资金的使用效率。

---

②长期负债比重。

长期负债比重是指长期负债占总负债的比例。长期负债比重越高，表明企业对长期负债的依赖程度越高；长期负债比重越低，表明企业对长期负债的依赖程度越低。其计算公式如下。

长期负债比重＝（长期负债÷负债总额）×100%

③流动负债比重。

流动负债比重是指流动负债占总负债的比例。流动负债比重越高，表明企业对流动负债的依赖程度越高；流动负债比重越低，表明企业对流动负债的依赖程度越低。其计算公式如下。

流动负债比重＝（流动负债÷负债总额）×100%

3. 资产负债表各项目分析

通过对资产负债表各项目进行分析，能够帮助报表使用者充分理解报表具体项目中的信息，下面即具体分析资产负债表各个项目。

（1）货币资金变动情况分析。

货币资金是指在企业生产经营过程中处于货币形态的资金，包括库存现金、银行存款和其他货币资金，具有专门用途的货币资金不包括在内。其他货币资金包括外埠存款、银行汇票存款、银行本票存款、信用证保证金存款、信用卡存款、存出投资款等。分析货币资金变动情况，将本期货币资金与上期货币资金数据进行对比分析，可以分析引起货币资金变化的主要原因及其合理性。总的来说，企业经营过程中，引起货币资金发生变化的原因主要包括以下3点。

- ◆ **企业短期内有大额资金支付**：企业在生产经营过程中，可能会发生大笔的现金支出，如准备派发现金股利、偿还将要到期的大额银行借款或季节性采购等，企业必须为此积累足够的货币资金以备支付，这样会使货币资金数量较正常状态多，这种看起来的异常变动却属于企业正常发展的需要，也是合理的。一旦这种需要消失，货币资金数量就会回归正常水平。
- ◆ **企业信用政策的变动**：企业信用政策，一般就是应收账款政策，主要由信用标准、信用条件和收账政策3个方面组成，通俗地讲，就是实现销售时，是否允许客户赊销、赊销比率是多少、赊销期限有多长等。一个企业的信用政策越宽松，能收到的货币资金就越少；相反，如果企业采取的是严格的信用政策，能收到的货币资金就越多。
- ◆ **销售规模的变动**：企业销售产品或提供劳务是取得货币资金的主要途径，当销售规模发生变动时，货币资金数量必然会发生相应的变动，即当企业的主营业务收入和其他业务收入变化时，货币资金必然变化，两者直接相关。

在阅读财务报表的时候，报表使用者需要关注货币资金的构成，分析可能存在的问题，如果出现以下情况，需予以重视。

①货币资金余额比短期负债少得多。如果出现货币资金余额比短期负债少得多的情况，说明企业短期偿债能力低，需要注意存在资金周转不灵的可能性。一般情况下，衡量企业短期偿债能力的是流动比率，流动比率中用于对应短期负债的资产包括货币资产、应收账款、存货等其他流动资产，货币资金是其中唯一可以直接用于偿付负债的资产，如果货币资金的余额相对于短期负债小很多，企业可能出现无法偿还短期债务的情况。

②货币资金充裕，有息或高息负债多。

③定期存款很多，流动资金却严重缺乏。

④其他货币资金金额大，却缺乏合理解释或没有披露明细。

⑤有大量使用受到限制的货币资金。货币资金是企业流动性最强的资产，如果其使用受到限制的话，其流动性就较差，对企业的偿债能力进行分析的时候需要考虑这部分因素的影响。

（2）应收账款变动情况分析。

应收账款是为企业提供商业信用而产生的，从资产占用的角度而言，应收账款的资金占用是一种较不经济的行为。如果要保证企业的良性发展，合理利用应收账款、应收票据等，既要严格管理应收账款的比例和数量，又要时刻关注应收账款的回收情况。下面介绍两种实用的应收账款分析方法。

①应收账款占收比分析。

应收账款占收比长期过高，表明企业在经营中处于劣势的竞争地位，需要通过让渡资金的使用权来获得经济业务，可能需要通过对外筹资来扩大销量，承担较大的资金成本。销售收入增长的同时，应收账款占收比上升，表明企业销售收入增长的过程中伴随着应收账款的快速增加，应收账款的回收风险在增加。应收账款占收比的计算公式如下。

应收账款占收比＝应收账款余额÷营业收入

②应收账款账龄分析。

应收账款账龄是指资产负债表中的应收账款从销售实现、产生应收账款之日起，至资产负债表日止所经历的时间。判断企业应收账款账龄划分是否准确主要有两种方法：重新计算法，是指通过检查应收账款发生的时间，重新计算应收账款账龄，判断与报表应收账款账龄数据是否一致；分析法，是指通过分析不同报表项目之间数据、不同年份之间数据的合理性，判断企业应收账款账龄划分是否准确的方法。

（3）存货变动情况分析。

存货是企业资产的重要组成部分之一，是企业生产经营活动重要的物质基础。对存货变动的分析，可以从以下几个方面入手。

①存货数量盘存方法。

企业存货的盘存方法主要有两种，即实地盘存制和永续盘存制。实地盘存制，又称定期盘存制，是指会计期末通过对存货进行实地盘点确定期末结存数量的方法；永续盘存制，也叫作账面盘存制，就是通过设置存货明细账，对日常发生的存货增加或减少，都必须根据会计凭证在账簿中进行连续登记，并随时在账面上结算各项存货的结存数的一种盘存制度。

实地盘存制和永续盘存制两种不同的存货数量确认方法，会造成资产负债表上存货项目的差异，这种差异不是存货数量本身变动引起的，而是存货数量的会计确认方法的不同造成的。在阅读企业财务报表的时候，需要了解企业是否在年末对存货进行盘点，以确认存货的真实性。

②存货计价方法。

存货计价方法的不同，会影响到存货期末的单价，从而影响存货期末余额，同时，这对企业的成本也有直接的影响。企业可以根据各类存货的性质、企业管理的要求等实际情况，合理选择确定发出存货的计价方法。存货计价方法主要有先进先出法、加权平均法、移动加权平均法和个别计价法。

③存货质量分析。

除了通过存货数量盘存方法和存货计价方法关注存货的余额以外，还需要特别关注存货的质量。对存货的质量分析，应关注的方面包括：存货的可变现净值与账面金额之间的差异（如果企业存货的可变现净值大于存货的账面价值，在分析时应当将两者结合使用，如在分析企业存货周转情况时，使用账面价值数据；在分析发展能力时，使用可变现净值）；存货的构成；存货的技术构成。

（4）固定资产变动情况分析。

固定资产分析主要从以下几个方面着手。

①固定资产价值分析。

固定资产的账面价值不完全体现企业固定资产的实际价值。若企业的固定资产日常维护较好，尚可使用的年限要大于预计使用年限，那么固定资产即物超所值；若某项固定资产更新换代的速度较快，企业的固定资产已经过时，那么固定资产的实际价值则小于账面价值。因此，企业需要综合各种情况，对固定资产资产的价值进行评估和判断。

②固定资产变动分析。

企业一旦到达一定的规模后，固定资产就不会频繁发生大幅度的变动，若企业固定资产发生大幅度的变动，需要予以关注。若企业的固定资产发生大额减少，报表使用者应当查看具体的原因。一般固定资产账面价值大额减少有两个原因：一是公司业务萎缩；二是公司资金链出现问题。固定资产大额增加，一般是投资新项目、翻新厂房、扩大生产线等原因引起的，最终势必会增加企业的产能、营业收入。如果一家企业固定资产大额增加，而营业收入却没有增加，此时就需要关注固定资产投入的真实性。

③累计折旧分析。

企业固定资产可供选择的折旧方法主要包括年限平均法、工作量法、双倍余额递减法、年数总和法。折旧方法一经确定，不得随意变更；如需变更，应在财务报表附注中予以说明。不同会计折旧政策的选择和变更会对企业固定资产产生较大的影响，有些企业为了调节不同年份间的利润，可能会随意变更固定资产折旧政策。

【案例6-4】已知公司2017年—2020年固定资产及营业收入数据如表6-3所示，试着对甲公司固定资产进行分析。

表6-3 甲公司部分报表数据 单位：万元

年份	2017年	2018年	2019年	2020年
固定资产	13 110	23 220	31 767	42 175
营业收入	24 750	24 960	25 157	25 782

【案例解析】根据上表可知，甲公司2017年—2020年固定资产的金额在不断增加，2020年比2017年增长了221.70%，营业收入金额在2017年—2020年却相对稳定，此时报表使用者就需要怀疑甲公司固定资产投入的真实性了。

（5）无形资产变动情况分析。

无形资产分析可以从以下两个方面入手。

①企业无形资产的价值。查看企业财务报表时，需关注其中记载的无形资产，是否已经被其他新技术代替，或无形资产的市价在当期大幅下跌，如专利权等是否已超过法律保护的年限等。

②企业是否利用无形资产摊销调整本期利润。无形资产应当自取得当月起在预计使用年限内分期平均摊销，在查看财务报表的时候需要重视企业是否随意变更无形资产的摊销金额，以调节当期利润。

（6）预收账款变动情况分析。

预收账款以买卖双方协议或合同为依据，由购货方预先支付一部分（或全部）货款给供应方而发生，需要用商品或劳务来偿付。一般来说，企业只有产生购买商品或材料的需要才会预付款。预收账款应该较少存在长期挂账的情况，对出现长期挂账的预收账款应该予以关注，长期挂账可能存在的问题主要如下。

①出现相关经济纠纷。预收账款长期挂账，那么该项交易或事项可能无法正常交易，或出现交易中断、终止等情况，应当警惕相关经济纠纷可能给企业带来的损失。

②隐匿收入。预收账款长期挂账，或预收账款占收入总额的比例异常上升，那么可能是销售已经实现，企业和客户钱货两清后，企业为了少缴税、做小收入基数等，而未将已经实现的销售收入作为收入，挂在"预收账款"科目。

③预收账款与其他往来科目同时挂账。例如，已知有两笔款项属于同一业务，甲公司预先支付了乙公司银行存款 400 万元，而乙公司在收到银行存款和发货确认收入时，分别记入了"预收账款"科目和"应收账款"科目，导致两个往来科目长期挂账。

（7）预付账款变动情况分析。

预付账款属于企业经济业务的过渡性科目，分析时应当重点关注以下几个方面。

①企业是否存在利用"预付账款"科目调节成本的情况。例如，部分企业为了隐藏或推迟确认成本，而将已经支付、应计入当期成本的采购事项，不计入成本进行核算，而是记入"预付账款"科目。

②企业是否通过"预付账款"科目虚增收入。企业的预付账款数量较大或出现大幅增加时（特别是预付工程款、预付采购款等），很可能是通过预付账款将资金流出企业，然后再作为营业收入流入，以达到虚增收入的目的。

③企业是否存在通过"预付账款"科目"套现"的行为。企业的预付账款必须要有合法的经济合同作为基础，但部分企业支付的预付账款并无相关合同作为支撑，而是通过"预付账款"科目套取公司资金。

④是否存在长期挂账的预付账款。一般情况下，企业预付账款不会出现长期挂账的现象，如果发现长期挂账的预付账款，应当警惕是否存在上述舞弊行为。分析预付账款时，可以对比预付账款金额与营业成本金额，如果发生异常变化，应该特别关注企业是否通过预付账款隐藏成本或虚增收入。

（8）其他应收款变动情况分析。

其他应收款是指企业除应收票据、应收账款、预付账款、应收股利和应收利息以外的其他各种应收及暂付款项。常见的异常其他应收款主要包括如下情况。

①异常的销售返利。

②没有发票的活动支出。

③特殊的劳务费。

④被挪用的资金。

⑤隐藏收益。例如，部分企业在资金较充裕、预计未来没有大额支出的情况下，会利用多余的资金进行短期投资（如在证券市场上买入股票或债券），但其为了逃避税收、截留投资收益，往往会虚构往来单位并将收益记入"其他应收款"科目。

⑥私设"小金库"，如通过企业不存在的员工借款将款项转入"小金库"。

名师点拨

报表使用者在查看资产负债表时，需要特别注意以下事项：①其他应收款项目的金额；②其他应收款项目是否存在关联方往来；③企业是否有长期挂账的其他应收款。

4. 企业财务状况评价相关的财务指标分析

通过资产负债表中的数据，可以对企业的财务状况进行分析，包括短期偿债能力、长期偿债能力、营运能力等，下面一一介绍。

（1）短期偿债能力分析。

企业的短期偿债能力是反映企业在不动用固定资产等非流动资产的情况下，能够偿还短期负债的能力。反映企业短期偿债能力的指标主要有流动比率、速动比率和现金比率，这些指标又统称为流动性比率。

①流动比率。

在企业的短期偿债能力指标体系中，流动比率通常是首要计算的指标值，反映了企业在流动债务到期前，能够用现有流动资产偿还债务的能力。流动比率是企业的流动资产除以流动负债得到的比率。该指标的经济含义可以理解为 1 元的流动负债有多少流动资产与其对应。其计算公式如下。

流动比率＝流动资产÷流动负债

名师点拨

公式中，流动资产可以通过资产负债表中"流动资产合计"项目获取，流动负债可以通过资产负债表中"流动负债合计"项目获取。根据传统经验，流动比率为 2:1 比较合理。

流动比率可以反映企业有多少可以转化为现金的流动资产用来偿还一年内到期的流动负债。一般情况下，流动比率越高，说明企业资产的变现能力越强，短期偿债能力也越强；反之，流动比率越低，表明企业资产的变现能力较弱，可用于偿还短期负债的资产较少，所以短期偿债能力也就越弱。虽说流动比率反映了企业的短期偿债能力，但并不是越高越好。

如果流动比率过高，从侧面反映了企业可能对资产的利用效率不好、存货存在滞销等。造成企业流动比率过高的原因有很多，主要可归纳为以下 3 种。

a. 未能有效利用资金。如果企业没有有效利用资金，就会造成资金大量闲置，从而使得流动资产过高，最终体现为流动比率过高。

b. 赊销过多，应收账款在流动资产中占比大。如果企业大部分销售采用的是赊销方式，就会使应收账款的金额过高，从而增加流动资产的总额，最终体现为流动比率过高。

c. 销售不利，存在大量存货积压。如果企业的存货积压过多，无法转换为销售收入，则会造成流动资产虚高，最终体现为流动比率过高。

基于上述原因，报表使用者在分析企业的流动比率时，还需要结合财务报表的具体项目，考虑各项流动资产的实际占有情况，以准确判断企业的短期偿债能力。

②速动比率。

速动比率是在流动比率的基础上，对企业流动资产质量更加严厉的评价。速动比率是企业的速动资产除以流动负债得到的比率。所谓速动资产，就是将流动资产中变现能力较弱的部分扣除后的资产，也就是流动资产中变现能力较强的资产，如货币资金、应收票据、应收账款等。在实际计算中，速动资产一般为在流动资产的基础上减去存货的金额。其计算公式如下。

速动比率＝速动资产÷流动负债

速动资产＝流动资产－存货

或

速动资产＝流动资产－存货－预付账款－待摊费用

名师点拨

计算速动比率时，在流动资产中扣除存货，是因为存货需要销售才可能变为现金，而变现又受到市场需求、价格等多种因素的影响，所以其在流动资产中变现速度较慢，有些存货可能滞销，无法变现，如果把存货用来计算流动比率，很显然夸大了企业流动资产的变现能力。至于预付账款和待摊费用，由于其根本不具有变现能力，只是减少企业未来的现金流出量，理论上也应加以剔除，但是它们在流动资产中所占的比例较小，计算速动资产时也可以不扣除。

与流动比率相比，速动比率只是在速动资产中扣除了存货的价值，所以相较于流动比率而言，速动比率所表现的企业的短期偿债能力更具有时效性，因为计算公式中的速动资产变现能力更强。报表使用者在分析企业的速动比率时，还需要注意的是对企业应收账款的考察。虽然应收账款属于企业的速动资产，其在理论上具有较强的变现能力，但这个变现能力取决于债务人能够在企业追讨的情况下立即偿还。但实际中，由于企业间常常存在"三角债"，很多应收账款的变现能力是很差的。

知识拓展

传统经验认为，速动比率维持在 1:1 较为合理，表明企业的每 1 元流动负债就有 1 元易于变现的流动资产来抵偿，短期偿债能力就有可靠的保证。速动比率过低，企业的短期偿债风险较大；速动比率过高，企业在速动资产上占用资金过多，会增加投资的机会成本。但以上标准并不是绝对的，应综合考虑企业的行业性质。

③现金比率。

现金比率在速动比率的基础上，对企业资产的变现能力提出了更高的要求，该指标为报表使用者进一步判断企业的短期偿债能力提供了依据。现金比率是指流动资产中货币资金与交易性金融资产之和除流动负债得到的比率，该指标在流动比率和速动比率的基础上，更加真实地反映了企业的短期偿债能力。其计算公式如下。

现金比率＝（货币资金+交易性金融资产）÷流动负债

现金比率是企业短期偿债能力指标中比较严格、稳健的指标，其反映了企业直接偿付流动负债的能力。企业的现金比率越高，表明其用于支付债务的现金类资产越多，短期债权人的债务风险就越小。但是，如果现金比率过高，则表明企业没有对资金实现有效利用，不利于企业盈利水平的提高。

【案例6-5】甲公司 2018 年、2019 年资产负债表中流动资产项目与流动负债项目的资料如表 6-4 所示。

表 6-4 流动资产与流动负债项目资料　　　　单位：万元

项目	2018年	2019年	项目	2018年	2019年
货币资金	480	525	短期借款	150	180
交易性金融资产	20	25	应付票据	55	85
应收票据	120	92	应付账款	123	153
应收账款	245	275	应付职工薪酬	87	127
存货	180	330	应交税费	72	54
其他流动资产	50	53	其他流动负债	18	6
流动资产合计	1 095	1 300	流动负债合计	505	605

根据上述资料，计算甲公司 2018 年、2019 年的流动比率、速动比率和现金比率，并对相关指标进行简要分析。

【案例解析】根据上述资料，计算出来的流动比率、速动比率和现金比率如下。

①2018 年：

流动比率 =1 095÷505=2.17；

速动比率 =(1 095-180)÷505=1.81；

现金比率 =（480+20）÷505=0.99。

②2019 年：

流动比率 =1 300÷605=2.15；

速动比率 =（1 300-330）÷605=1.60；

现金比率＝（525＋25）÷605＝0.91。

甲公司流动比率在 2019 年比 2018 年有小幅度的下降，但下降幅度很小，基本没有变化；速动比率在 2019 年较 2018 年有所下降，降幅为 11.6%；现金比率在 2019 年较 2018 年有小幅度下降，但下降幅度较小，基本没有变化。

①对于流动比率而言，两年的指标值均大于 2，即甲公司的流动资产是流动负债的两倍以上，表明流动资产即使有一半在短期内不能变现，也能保证流动负债得到偿还，还说明流动资产中基本没有大量资金闲置。

②对于速动比率，两年的指标值均大于 1，且在 1 与 2 之间更接近 2，这表明甲公司的存货在流动资产中所占的比例不是很大。但比较两年中的变化趋势，明显可以看出 2019 年甲公司留存了更多的存货。通过结合资产负债表的具体项目，也可看出甲公司存货在 2019 年有大量提升。针对甲公司速动比率与流动比率变化不大的情况，可考虑其是否存在过多的货币资金，没有充分利用资金。

③对于现金比率，两年的指标值都接近 1 但略小于 1。通常情况下，现金比率不小于 1，就可以完全偿还到期的短期债务。甲公司两年的现金比率与 1 非常接近，所以其短期偿债能力应该能够得到保证。需要注意的是，如果甲公司的现金比率偏离 1 较多，此时短期债务较多，而公司的其他流动资产部分又不能立即变现，就可能对其经营带来不利影响。

综上，通过对甲公司两年的流动比率、速动比率、现金比率的分析，可以知道各项指标值比较稳定、变化幅度较小；各项指标值都接近建议参考值，但总的情况是比建议参考值略大，所以可以进一步结合企业的财务报表具体项目和财务报表附注，考虑企业是否存在资金闲置的情况。

（2）长期偿债能力指标分析。

长期偿债能力是指企业资产对长期负债的偿还能力。长期负债主要包括长期借款、应付债券、长期应付款等偿还期限在一年以上的债务。评价企业长期偿债能力的指标有资产负债率、股东权益比率、权益乘数、产权比率和利息保障倍数等。

①资产负债率。

资产负债率是评价企业总资产对总负债承担能力的一个综合指标。资产负债率也称负债率，是企业负债总额与资产总额的比率，该指标可以反映企业资产总额中通过举债获得的比率。其计算公式如下。

资产负债率＝（负债总额÷资产总额）×100%

资产负债率是各类报表使用者都十分关注的财务指标，但不同的使用者对该指标的考察角度却不一样。

a. 对于投资者而言，其主要通过资产负债率考察企业对财务杠杆的利用情况，当企业的总资产利润率高于债务利息的一定比例时，他们希望企业通过扩大资产负债率，以赚取超出利息更多的利润。因此，投资者可以接受相对较高的资产负债率。

b. 对于债权人而言，资产负债率反映了其债权能否得到足额、按时偿还的可能性，所以他们更关注企业对资金使用的安全性。当企业的资产负债率超过 50% 时，债权人的债权就有可能得不到偿还。因此，债权人一般希望企业的资产负债率尽可能低些。

c. 对于企业的管理者而言，他们既关心资金成本的负担能力，同时也关注通过适度的负债满足企业发展过程中对资金的需求。因此，他们并不只是对资产负债率的绝对值予以关注；而是通过经营管理保证资产负债率的"适当性"，既不能过于保守，也不会盲目举债。

②股东权益比率。

股东权益比率和资产负债率两者共同反映了企业资产的来源情况。股东权益比率又称自有资本比率或净资产比率，是股东权益（即所有者权益）占企业资产总额的比例，该指标反映了企业资产中来自所有者投入的比率。其计算公式如下。

股东权益比率＝（所有者权益总额÷资产总额）×100%

根据股东权益比率的计算公式和会计平衡等式可知，股东权益比率与资产负债率存在以下关系。

股东权益比率+资产负债率=1

名师点拨

股东权益比率和资产负债率是"此消彼长"的关系，二者共同反映了企业资产的来源，只要知道其中一个数据，也就能计算出另一个数据。所以在分析企业的长期偿债能力时，可站在不同的角度，选择对资产负债率或股东权益比率进行分析。如果股东权益比率大，那么资产负债率就小，企业财务风险就越小，偿还长期债务的能力就越强；反之，则企业财务风险越大，偿还长期债务的能力也越弱。

【案例6-6】 已知甲公司2018年资产负债表中平均资产、负债和所有者权益总额分别为2 440万元、1 157万元、1 283万元；2019年资产负债表中平均资产、负债和所有者权益总额分别为2 932万元、1 489万元、1 443万元。根据上述资料，计算甲公司这两年的资产负债率和股东权益比率，并对相关指标进行简要分析。

【案例解析】 甲公司2018年资产负债率=1 157÷2 440×100%=47.42%，2019年资产负债率=1 489÷2 932×100%=50.78%；2018年股东权益比率=1−47.42%=52.58%，2019年股东权益比率=1−50.78%=49.22%。

甲公司资产负债率在两年内略有上升，涨幅为3.36%；股东权益比率略有下降，但变化幅度不大，属于正常范围内的变化。从中可以看出该企业两年内负债较资产的上升幅度大，但总体数额不大，所以应该不存在大规模的举债或偿债行为；即使有，也有相应的资产增加作为补充。

③权益乘数。

权益乘数是反映企业资本结构的一个比率指标。权益乘数是企业资产总额与股东权益的比率，该指标表示企业每1元股东权益拥有多少资产。其计算公式如下。

权益乘数=资产总额÷所有者权益总额

从权益乘数的计算公式可以看出，其与股东权益比率互为倒数，二者之间的关系可用以下公式表示。

权益乘数×股东权益比率=1

名师点拨

权益乘数与股东权益比率也是"此消彼长"的关系。通过权益乘数指标的计算，可以了解资产与所有者权益的倍数关系，该指标也可以反映企业财务杠杆的大小。权益乘数指标值越大，说明股东投入的资本在企业资产中所占的比例越小，从而财务杠杆越大。

④产权比率。

产权比率是对企业资金结构的合理性进行评价的一种指标。产权比率也称负债股权比率，是负债总额与股东权益总额（即所有者权益）的比率，该指标是企业财务结构稳健与否的重要标志。其计算公式如下。

产权比率=（负债总额÷所有者权益总额）×100%

产权比率通过对企业资金的两个来源进行比较，从另一个侧面反映了企业借款经营的程度，即债权人提供的资金与所有者投入的资金的对比关系，揭示了企业的财务风险以及所有者权益对企业债务的保障程度。

产权比率越低，表明企业自有资本占总资产的比例越大，长期偿债能力就越强，企业的财务风险也越低；相反，产权比率越高，则企业的长期偿债能力越弱，从而财务风险也越高。

⑤利息保障倍数分析。

利息保障倍数单独从企业偿付利息的角度反映了其长期偿债能力。利息保障倍数，也称获利倍数，是企业息税前利润与利息费用的比率，该指标反映了企业用经营所得支付债务利息的能力。

其计算公式如下。

利息保障倍数＝息税前利润÷利息费用

利息保障倍数的计算公式中，"利息费用"既包括计入财务费用中的利息费用，还包括计入固定资产等中的资本化利息费用。所以在计算利息保障倍数时，包含的利息费用是企业支付给银行等金融机构除本金以外的所有支出。

利息保障倍数直接体现了企业能否用经营所得按时偿还债务利息，所以该指标不能过低。一般来讲，该指标值至少应大于1，否则企业将难以生存和发展。如果该指标值小于1，表明企业所有的生产经营活动，尚不能满足债务利息的偿还。相较于其他长期偿债能力指标，利息保障倍数不仅可以反映企业对到期债务的保障程度，还能反映获利能力；该指标既是衡量企业长期偿债能力的重要标志，也是企业举债经营的前提。

（3）营运能力分析。

企业的营运能力即经营效率，也就是企业对各项资产的运用效率。企业最终能否获利，其对资产的运用情况是关键。对企业的营运能力进行分析，就是分析不同资产的周转率或周转速度，从而了解对相关资产的使用是否有效。

①存货营运能力指标分析。

分析企业存货的营运能力，常用的指标主要有存货周转率和存货周转天数。

a. 存货周转率是销售成本与存货平均余额的比率，反映企业存货利用效率的高低，该指标可以综合衡量与评价企业购入存货、投入生产、销售收回等各个环节的管理状况。其计算公式如下。

存货周转率＝销售成本÷存货平均余额

存货平均余额＝（期初存货＋期末存货）÷2

名师点拨

> 存货周转率的高低可以反映企业存货管理水平的高低。一般来说，存货周转速度越快，即存货的占用率越低，则其流动性越强，存货转化为现金或应收账款等的速度就越快；相反，存货周转速度越慢，即存货占用企业的流动资金的时间越长，则存货转化为现金或应收账款等的速度就越慢。因此，提高存货周转率可以提高企业的变现能力。

通过研究存货周转率发现，该指标并不是越高越好。存货周转率指标应该根据企业的实际情况，保持在一个适当的水平。报表使用者在对该指标进行分析时，可以参考企业所处行业的平均水平，由于企业所处行业的性质不同，行业平均周转率也会不同。如果某企业的存货周转率高于其行业平均水平，说明其在行业内的存货变现能力比较好，产品周转速度快，也反映了该企业的产品竞争力强；反之，则说明该企业的产品竞争力较弱。

b. 存货周转天数是指企业的存货平均多少天可以周转一次，反映了企业从购入原材料、投入生产、将产成品销售出去所需要的天数。其计算公式如下。

存货周转天数＝360÷存货周转率

"360"是一年的计算天数，存货周转率可通过相关计算公式获取。该指标可理解为一年中多少天可以产生一次存货周转。报表使用者对存货周转天数的分析同样需要结合企业所处行业的平均情况。如果发现某企业的存货周转天数少于其所处行业的平均天数，则可以反映出该企业的产品销量较好，周转速度块、产品畅销，企业在市场竞争中具有竞争力；但如果某企业的存货周转天数多于其所处行业的平均天数，则通常表明该企业的存货积压较多，产品的竞争力较低，由于存货占用流动资金过多，可能给企业的资金链带来负担。

②应收账款营运能力指标分析。

分析企业应收账款的营运能力，常用的指标主要有应收账款周转率和应收账款周转天数。

a. 应收账款周转率就是企业在一定时期销售收入与应收账款平均余额的比率，该指标反映了企业未收回款项对资金的占用情况。其计算公式如下。

应收账款周转率＝销售收入÷应收账款平均余额

应收账款平均余额=（期初应收账款+期末应收账款）÷2

应收账款周转率是衡量企业应收账款流动程度的重要指标，相当于在一定时间内应收账款转换为现金的平均次数。因此，应收账款周转率越高，表明应收账款收回的速度越快，平均收账期也越短；相反，应收账款周转率越低，则表明应收账款收回的速度越慢，这不利于企业资金的健康流动，至少也会使企业损失资金的时间价值。

同样地，对应收账款周转率指标值的评价需要结合行业平均水平来看。如果某企业的应收账款周转率高于行业的平均水平，表明其收账效率比较高，应收账款的变现能力比较强，同时也表明该企业的交易对象的还款能力较好；如果某企业的应收账款周转率低于行业平均水平，则表明其收账效率可能比较低，应收账款的变现能力也比较弱。

b. 应收账款周转天数也称为应收账款回收期，是指企业收回应收账款平均需要多少天，也是反映企业经营能力的一个重要指标。其计算公式如下。

应收账款周转天数=360÷应收账款周转率

名师点拨

通过上述公式可以看出，应收账款周转天数与应收账款周转率成反向变动关系。应收账款周转天数越短，说明应收账款变现的能力越强，资金的使用效率越好，因此该指标是衡量企业经营能力的重要指标。一般情况下，对应收账款周转天数的评价也以是否影响企业的正常经营为衡量标准。如果应收账款周转天数过长，影响到了企业的正常经营，那么这个回款时间显然是不合理的。

③流动资产营运能力指标分析。

常用的指标有流动资产周转率和流动资产周转天数。

a. 流动资产周转率是销售收入与流动资产平均余额的比率，该指标反映了流动资产的利用效率。其计算公式如下。

流动资产周转率=销售收入÷流动资产平均余额

流动资产平均余额=（期初流动资产+期末流动资产）÷2

流动资产周转率主要用于分析企业流动资产的周转速度。在一定时间内，流动资产周转率越高，即周转的次数越多，表明企业的流动资产完成的销售额（或周转额）越多，流动资产的利用效率越好。相反，如果流动资产周转率越低，即周转的次数越少，表明企业流动资产对销售额的贡献越小，流动资产的利用效率也就越差。

通过流动资产周转率的计算公式可以看出，企业通过提高销售收入和减少流动资产都可以提高流动资产周转率。如果在销售收入既定的情况下，企业单纯地通过减少流动资产来使流动资产周转率看起来"好看"，并不能说明企业的营运能力增强了，因为这是以减少流动资产为代价的，不是企业的长久之计。所以，企业应当在保持一个稳定的流动资产水平的基础上，提高其营运能力。

b. 流动资产周转天数是指流动资产周转一次需要的时间，该指标是对流动资产周转率指标的补充。其计算公式如下。

流动资产周转天数=360÷流动资产周转率

流动资产周转天数直观反映了企业流动资产在一定期间内周转一次所需的具体时间，该指标越小，表明企业流动资产在生产和销售阶段所占用的时间较短，企业的经营更具有效率。通过流动资产周转天数的计算公式可以看出，只要企业在生产、销售、收款等中的任意一个环节提高了效率，都能够缩短流动资产周转天数。

④固定资产营运能力指标分析。

分析企业固定资产营运能力，常用的指标主要有固定资产周转率和固定资产周转天数。

a. 固定资产周转率是全年销售收入与固定资产平均余额的比率，该指标反映了企业对固定资产的使用效率。计算公式如下。

固定资产周转率=销售收入÷固定资产平均余额

固定资产平均余额=（期初固定资产+期末固定资产）÷2

固定资产周转率主要用于分析厂房、机器设备等固定资产的使用效率。该比率越高，表明企业对固定资产的利用率越高，企业的管理水平越高；相反，该比率越低，表明企业对固定资产的使用率较低，同样也反映出企业的管理水平有待提高。

在分析固定资产周转率指标值时，应当与行业的平均水平进行比较。如果某企业的固定资产周转率高于行业平均水平，表明该企业对固定资产的利用较好，固定资产带来的生产效率也就越高；如果企业的固定资产周转率低于行业平均水平，则说明企业对固定资产的利用比较差，可能会影响企业的获利能力。

知识拓展

分析固定资产周转率指标时，还需要注意"临时"因素的影响，如某一期间突然增加或减少较多的固定资产、改变固定资产的计价方法等。这些因素通常会使固定资产的价值发生较大变化，从而影响固定资产周转率指标值的计算。

b. 固定资产周转天数是指固定资产周转一次需要的时间，其计算公式如下。

固定资产周转天数=360÷固定资产周转率

固定资产周转天数形象地反映了企业多久能销售出相当于固定资产价值的收入，或说，该指标反映了企业卖多久的商品能买回现有的固定资产。

⑤总资产营运能力指标分析。

分析企业总资产营运能力时，常用的指标有总资产周转率和总资产周转天数。

a. 总资产周转率是企业在一个会计年度内销售收入总额与企业总资产平均余额的比率，其计算公式如下。

总资产周转率=销售收入÷总资产平均余额

总资产平均余额=（期初总资产+期末总资产）÷2

总资产周转率反映了企业每1元资产可以创造的销售收入，也反映了企业总资产在一年内平均周转的次数。总资产周转率越高，表明总资产的周转速度越快，企业的销售能力越强，利用全部资产进行生产经营的效率越高，进而使得企业拥有较强的盈利能力和偿债能力。

总资产周转率指标的分析同样应注意该指标的经济意义，即该指标绝对值的上升并不能完全反映企业对资产的利用效率提高。这是因为，在企业销售收入不存在较大变化的情况下，如果某年度企业报废了大量的固定资产，则总资产周转率可能会大幅度提升，但这并不是企业提高了资产的使用效率而引起的。

b. 总资产周转天数是指企业拥有的资产周转一次需要的时间，其计算公式如下。

总资产周转天数=360÷总资产周转率

通过总资产周转率可以看到企业每1元资产能够获取的收入额，这主要是通过资产的使用效益的角度来看的；而通过总资产周转天数，可以看到企业为了获取一定的资产，需要通过多长时间的经营实现，这主要是通过资产的使用时间的角度来看的。

相较于其他具体资产营运能力指标，总资产周转率更能全面地反映企业资产运用的整体水平。如果企业的总资产周转率高于行业平均水平，表明该企业对资产的运用有效，其运营费用可以得到有效控制，从而使盈利能力增强，产品毛利率可能也会随之增高，进而提升企业在行业中的竞争力；相反，如果企业的总资产周转率较低，则最终会降低企业在行业中的竞争力。

6.2 利润表

通过利润表，可以了解企业的收入、成本、费用及净利润（或亏损）的实现及构成情况。下面将对利润表的概述、结构、编制和分析进行介绍。

225

6.2.1 利润表概述

利润表又称损益表，是反映企业在一定会计期间的经营成果的报表。利润表可以反映企业在一定会计期间收入、费用、利润（或亏损）的金额和构成情况，帮助财务报表使用者全面了解企业的经营成果，分析企业的获利能力及盈利增长趋势，从而为其做出经济决策提供依据。

利润表包括的项目主要有营业收入、营业成本、税金及附加、销售费用、管理费用、研发费用、财务费用、信用减值损失、资产减值损失、其他收益、公允价值变动收益、投资收益、资产处置收益、营业利润、营业外收入、营业外支出、利润总额、所得税费用、净利润、其他综合收益的税后净额、综合收益总额、每股收益等。

6.2.2 利润表的结构

利润表的结构包括单步式和多步式两种。单步式利润表是将当期所有的收入列在一起，所有的费用列在一起，然后将两者相减得出当期净损益；多步式利润表是通过对当期收入、费用、支出项目按性质加以归类，按利润形成的性质列示一些中间性指标，分步计算当期净损益，以便财务报表使用者理解企业经营成果的不同来源。我国企业采用的是多步式利润表。

无论是单步式利润表还是多步式利润表，其一般都由表头、表体两部分组成。表头部分用于列明报表名称、编制单位名称、编制日期、计量单位等。表体部分是利润表的主体，用于列示形成经营结果的各个项目和计算过程。

我国利润表的一般格式如表 6-5 所示。

表 6-5　利润表的格式

会企 02 表

编制单位：　　　　　　　　　　　　　　　年　　月　　　　　　　　　　　　　　　单位：元

项目	本期金额	上期金额
一、营业收入		
减:营业成本		
税金及附加		
销售费用		
管理费用		
研发费用		
财务费用		
其中:利息费用		
利息收入		
加:其他收益		
投资收益（损失以"–"号填列）		
其中：对联营企业和合营企业的投资收益		
以摊余成本计量的金融资产终止确认收益（损失以"–"号填列）		
净敞口套期收益（损失以"–"号填列）		
公允价值变动收益（损失以"–"号填列）		
信用减值损失（损失以"–"号填列）		
资产减值损失（损失以"–"号填列）		
资产处置收益（损失以"–"号填列）		
二、营业利润（亏损以"–"号填列）		
加：营业外收入		
减：营业外支出		
三、利润总额（亏损总额以"–"号填列）		

续表

项目	本期金额	上期金额
减：所得税费用		
四、净利润（净亏损以"－"号填列）		
（一）持续经营净利润（净亏损以"－"号填列）		
（二）终止经营净利润（净亏损以"－"号填列）		
五、其他综合收益的税后净额		
（一）不能重分类进损益的其他综合收益		
1．重新计量设定受益计划变动额		
2．权益法下不能转损益的其他综合收益		
3．其他权益工具投资公允价值变动		
4．企业自身信用风险公允价值变动		
……		
（二）将重分类进损益的其他综合收益		
1．权益法下可转损益的其他综合收益		
2．其他债权投资公允价值变动		
3．金融资产重分类计入其他综合收益的金额		
4．其他债权投资信用减值准备		
5．现金流量套期		
6．外币财务报表折算差额		
……		
六、综合收益总额		
七、每股收益		
（一）基本每股收益		
（二）稀释每股收益		

6.2.3 利润表的编制

编制利润表以"收入－费用＝利润"的会计平衡公式和收入与费用的配比原则为依据。

1．利润表项目的填列方法

我国企业利润表的主要编制步骤和内容如下。

第一步：计算营业利润。其计算公式如下。

营业利润＝营业收入－营业成本－税金及附加－销售费用－管理费用－研发费用－财务费用－信用减值损失－资产减值损失＋公允价值变动收益（－公允价值变动损失）＋投资收益（－投资损失）＋资产处置收益（－资产处置损失）＋其他收益

第二步：计算利润总额。其计算公式如下。

利润总额＝营业利润＋营业外收入－营业外支出

第三步：计算净利润。其计算公式如下。

净利润＝利润总额－所得税费用

第四步：以净利润（或净亏损）为基础，计算每股收益。

第五步：以净利润（或净亏损）和其他综合收益为基础，计算综合收益总额。

2．利润表项目的填列说明

对利润表各项目，企业均需填列"本期金额"和"上期金额"两栏。其中，"上期金额"栏内各项数字，应根据上年该期利润表的"本期金额"栏内所列数字填列。"本期金额"栏内各期数字，除"基本每股收益"和"稀释每股收益"项目外，应当按照相关科目的发生额分析填列。具体的填列方法归纳如下。

◆ "营业收入"项目，反映企业经营主要业务和其他业务所确认的收入总额。本项目应根据"主营业务收入"和"其他业务收入"科目的发生额分析填列。

◆ "营业成本"项目，反映企业经营主要业务和其他业务所发生的成本总额。本项目应根据"主营业务成本"和"其他业务成本"科目的发生额分析填列。

【例题·单选题】下列各项中，不应列入利润表"营业成本"项目的是（   ）。

A. 随同商品出售不单独计价的包装物成本

B. 商品流通企业销售外购商品的成本

C. 随同商品出售单独计价的包装物成本

D. 销售材料的成本

【解析】本题考查营业成本项目的核算内容。选项 A，对随同商品出售不单独计价的包装物，应按实际成本记入"销售费用"科目。

【答案】A

◆ "税金及附加"项目，反映企业经营业务应负担的消费税、城市维护建设税、资源税、土地增值税、房产税、教育费附加、城镇土地使用税、车船税和印花税等相关税费。本项目应根据"税金及附加"科目的发生额分析填列。

◆ "销售费用"项目，反映企业在销售商品过程中发生的包装费、广告费等费用和为销售本企业商品而专设的销售机构的职工薪酬、业务费等经营费用。本项目应根据"销售费用"科目的发生额分析填列。

◆ "管理费用"项目，反映企业为组织和管理生产经营发生的管理费用。本项目应根据"管理费用"科目的发生额分析填列。

◆ "研发费用"项目，反映企业进行研究与开发过程中发生的费用化支出，以及计入管理费用的自行开发无形资产的摊销。本项目根据"管理费用"科目下的"研发费用"明细科目的发生额，以及"管理费用"科目下的"无形资产摊销"明细科目的发生额分析填列。

◆ "财务费用"项目，反映企业因筹集生产经营所需资金等而发生的筹资费用。本项目应根据"财务费用"科目的发生额分析填列。

◆ "利息费用"项目，反映企业为筹集生产经营所需资金等而发生的应予费用化的利息支出，本项目应根据"财务费用"科目相关明细科目的发生额分析填列。"利息收入"项目，反映企业确认的应冲减财务费用的利息收入，本项目应根据"财务费用"科目的相关明细科目的发生额分析填列。

◆ "资产减值损失"项目，反映企业各项资产发生的减值损失。本项目应根据"资产减值损失"科目发生额分析填列。

◆ "信用减值损失"项目，反映企业按照《企业会计准则第 22 号——金融工具确认和计量》（财会〔2017〕7 号）的要求计提的各项金融工具减值准备所确认的信用损失。本项目根据"信用减值损失"科目的发生额分析填列。

◆ "公允价值变动收益"项目，反映企业应当计入当期损益的资产或负债公允价值变动收益。本项目应根据"公允价值变动损益"科目的发生额分析填列；如为净损失，本项目以"－"号填列。

◆ "投资收益"项目，反映企业以各种方式对外投资所取得的收益。本项目应根据"投资收益"科目的发生额分析填列；如为投资损失，本项目用"－"号填列。

◆ "其他收益"项目，反映企业计入其他收益的政府补助，以及其他与日常活动相关且计入其他收益的项目。本项目应根据"其他收益"科目的发生额分析填列。

◆ "净敞口套期收益"项目，反映净敞口套期下被套期项目累计公允价值变动转入当期损益的金额或现金流量套期储备转入当期损益的金额。该项目应根据"净敞口套期损益"科目的发生额分析填列；如为套期损失，以"-"号填列。

◆ "资产处置收益"项目，反映企业出售划分为持有待售的非流动资产（金融工具、长期股权投资和投资性房地产除外）或处置组（子公司和业务除外）时确认的处置利得或损失，以及处置未划分为持有待售的固定资产、在建工程、生产性生物资产及无形资产而产生的处置利得或损失。债务重组中因处置非流动资产（金融工具、长期股权投资和投资性房地产除外）产生的利得或损失、非货币性资产交换中换出非流动资产（金融工具、长期股权投资和投资性房地产除外）产生的利得或损失也包括在本项目中。本项目应根据"资产处置损益"科目的发生额分析填列；如为处置损失，本项目以"-"号填列。

◆ "营业利润"项目，反映企业实现的营业利润。如为亏损，本项目以"-"号填列。

◆ "营业外收入"项目，反映企业发生的除营业利润以外的收益，主要包括与企业日常活动无关的政府补助、盘盈利得、捐赠利得（企业接受股东或股东的子公司直接或间接的捐赠，经济实质属于对企业的资本性投入的除外）等。本项目应根据"营业外收入"科目的发生额分析填列。

◆ "营业外支出"项目，反映企业发生的与经营业务无直接关系的各项支出，主要包括公益性捐赠支出、非常损失、盘亏损失、非流动资产毁损报废损失等。本项目应根据"营业外支出"科目的发生额分析填列。

◆ "利润总额"项目，反映企业实现的利润。如为亏损，本项目以"-"号填列。

◆ "所得税费用"项目，反映企业应从当期利润总额中扣除的所得税费用。本项目应根据"所得税费用"科目的发生额分析填列。

◆ "净利润"项目，反映企业实现的净利润。如为亏损，本项目以"-"号填列。

◆ "每股收益"项目，包括基本每股收益和稀释每股收益两项指标，反映普通股或潜在普通股已公开交易的企业，以及正处在公开发行普通股或潜在普通股过程中的企业的每股收益信息。

◆ "其他综合收益的税后净额"项目，反映企业根据企业会计准则规定未在损益中确认的各项利得和损失扣除所得税影响后的净额。

◆ "综合收益总额"项目，反映企业净利润与其他综合收益（税后净额）的合计金额。

6.2.4 利润表分析

通过分析资产负债表，可以了解与企业偿债能力和营运能力相关的指标。通过分析利润表，可以全面了解企业的盈利能力，从而对企业在行业中的竞争地位、自身的持续发展能力等做出有效判断。

1. 企业总体盈利能力指标分析

盈利能力是指企业在一定时期内赚取利润的能力。一般情况下，企业的利润率越高，盈利能力越强；利润率越低，盈利能力越弱。

（1）主营业务利润率分析。

主营业务利润率是指企业一定时期主营业务利润同主营业务收入净额的比率。它表明企业每单位主营业务收入能带来多少主营业务利润，反映了企业主营业务的获利能力，是评价企业经营效益的主要指标。其计算公式如下。

主营业务利润率 =（主营业务利润 ÷ 主营业务收入）× 100%

主营业务利润率越高，说明企业主营业务市场竞争力较强，发展潜力大，获利水平较高。该指标体现了企业经营活动基本的获利能力，只有当其主营业务突出，即主营业务利润率较高的情况下，企业才能在竞争中占据优势地位。主营业务利润率主要受企业销售量、不同产品的销售结构、销售价格、单位成本等的影响。

（2）营业利润率分析。

营业利润率是企业一定期间营业利润与营业收入的比率，该指标说明了企业营业活动的盈利能力，反映企业在市场竞争中通过营业活动所表现出来的发展潜力。其计算公式如下。

营业利润率=营业利润÷营业收入×100%

在使用营业利润率对企业的盈利能力进行分析时，应考虑行业和企业自身的因素，因为在不同行业或是同一行业的不同企业之间，营业利润率的差异可能很大。

对营业利润率指标进行分析，可以从其计算公式出发，分别就影响分子、分母的计算因素进行分析。就分子来讲，影响营业利润的因素主要就是营业收入、投资收益、其他收益、公允价值变动收益、资产处置收益、营业成本、税金及附加、销售费用、管理费用、财务费用等；而对于分母，则只需考虑营业收入的具体金额。

【案例6-7】已知甲公司与营业利润计算相关的资料如表6-6所示。

表6-6 营业利润计算资料
单位：万元

年份	2018 年	2019 年	年份	2018 年	2019 年
营业收入	320	450	管理费用	35	35
营业成本	165	180	财务费用	12	12
销售费用	30	40	营业利润	78	183

根据上述资料，计算并分析甲公司2018年、2019年营业利润率相关的指标。

【案例解析】根据相关公式，计算出的甲公司营业利润率相关的指标如下。

2018 年营业利润率 =78÷320×100%=24.375%。

2019 年营业利润率 =183÷450×100%=40.67%。

通过指标计算可以看出，甲公司2019年的营业利润率比2018年有明显的提升，提高了16.295%，涨幅达66.85%，这表明其盈利能力有所提高。结合表中的其他因素，通过对比可以看出，公司营业收入在大幅度上升的情况下，营业成本、销售费用只是小幅度上升，而管理费用、财务费用均保持不变，特别是营业成本，其与营业收入的相对比率由2018年的51.562 5%（165÷320×100%）降至2019年的40%（180÷450×100%）。由此也可以看出，该公司营业利润率上涨的主要原因在于营业成本与营业收入的相对比率的下降。

（3）毛利率分析。

营业收入减去营业成本得到的差额通常称为毛利，我国有的企业在计算毛利时也减去税金及附加。毛利率反映了1元的营业收入中有多少毛利。其计算公式如下。

毛利率=（营业收入-营业成本）÷营业收入×100%

从毛利率的计算公式中可以看出，该指标仅仅考虑了企业在日常经营活动中的获利情况，没有考虑期间费用、投资收益、其他收益、资产减值以及营业外活动的影响，它更能反映企业核心业务活动的盈利能力，是企业经营管理中非常重要的财务指标。在实际中，很多企业的管理者在对财务报表进行分析时，常常会分析毛利率指标及其变化情况，并了解引起其变化的原因。

对于毛利率的分析，应当将其与主营业务利润率、与同行业其他企业的毛利率等进行对比。例如，若企业的毛利率高于主营业务利润率，即表明企业的盈利能力主要来源于其他业务，这可能为异常情况。

> **知识拓展**
>
> 总体来讲，近年来消费电子类制造企业的毛利率一般在 20% ~ 25%，房地产行业的毛利率一般在 35% ~ 40%，白酒企业的毛利率一般在 45% ~ 70%，啤酒企业的毛利率一般在 35% ~ 40%，餐饮行业常规的毛利率一般在 50% ~ 75%。每个细分行业的毛利率有所差异，其中快餐类要低一些，饮品类是最高的。

【案例6-8】沿用【案例6-7】的资料，计算甲公司2018年和2019年毛利率指标，并结合

表 6-6 中的具体资料，对该指标进行分析。

【案例解析】根据相关公式，计算出的甲公司的毛利率如下。

2018 年的毛利率 =（320－165）÷320×100%=48.4375%。

2019 年的毛利率 =（450－180）÷450×100%=60%。

从计算出的指标值可以得出，2019 年甲公司的盈利能力有所提高。2018 年公司每取得 1 元营业收入，可获得 0.484 375 元的毛利；而到了 2019 年，其每取得 1 元营业收入，可获得 0.6 元的毛利。

（4）净利率分析。

净利润率也称为销售利润率，是指企业实现的净利润与营业收入的比率。净利率反映了企业每取得 1 元收入能产生多少净利润，可以在一定程度上反映企业收入的盈利质量，衡量企业的获利能力和市场竞争地位。净利率的计算公式如下。

净利率＝净利润÷营业收入×100%

使用净利率指标时，可以将其与毛利率指标相结合，通过比较二者关系来评价企业的经营效率。通过净利率的计算公式，可以总结出企业获取较高净利率主要在两个方面表现出了优势：一方面，企业的成本费用得到了有效控制，使得企业可以以较低的成本费用生产产品或提供服务，从而获得较高的净利润；另一方面，企业的产品或服务得到了市场的认可，可以以较高的价格售出，从而可以以同样的成本获得更高的营业收入，进而获得较高的净利润。

2. 与投资相关的盈利能力指标分析

分析企业与投资相关的盈利能力，涉及的指标主要有总资产收益率、总资产报酬率、净资产收益率和资本金收益率等。

（1）总资产收益率分析。

总资产收益率是企业在一定期间内实现的收益额与该期间内企业平均资产总额的比率。通过总资产收益率可以衡量企业总体资产的盈利能力，即每 1 元资产可以产生多少收益。其计算公式如下。

总资产收益率＝（净利润÷平均资产总额）×100%

平均资产总额＝（年初资产总额+年末资产总额）÷2

根据总资产收益率的计算公式可以直观看出，影响该指标的因素包括当期盈利（即净利润）和企业的总资产规模。其中，总资产收益率与净利润的变化方向相同，即当资产规模一定时，实现的净利润越多，总资产收益率指标值越大；而总资产收益率与总资产规模的变化方向相反，即当净利润一定时，资产规模越大，总资产收益率的指标值越小。

通过总资产收益率与其影响因素的变动关系，报表使用者可以通过该指标对企业总资产的盈利情况进行如下分析。

①比较不同企业的资产运用效率。根据总资产收益率的具体值，可以知晓不同企业的资产运用效率和资金运用效果。例如，A 企业的总资产收益率为 35%，B 企业的总资产收益率为 50%；如果同样是投资 100 元，A 企业的投资者可获取 35 元的账面利润，而 B 企业的投资者则可以获取 50 元的账面利润。这就说明了 A 企业的资产运用效率不如 B 企业。所以，投资者也会更加倾向于投资 B 企业。

②分析企业盈利的稳定性和持久性。如果企业的资产规模一定，通过总资产收益率指标值可以分析企业实现盈利的稳定性和持久性，从而确定企业所面临的风险。由于企业的资产规模一定，且假设企业将实现的利润都分配给股东，那么就可以通过衡量企业在不同时期的总资产收益率，分析其盈利能力是否稳定。例如，将 100 元投资到 A、B 两个企业，A 企业投资者在 3 年中获得的利润分别为 35 元、40 元、45 元，而 B 企业投资者在 3 年中获得的利润分别为 50 元、40 元、30 元。可以看出，A 企业的盈利能力是不断上升的，而 B 企业的盈利能力却是不断下降的。针对这种情况，报表使用者需要分析企业的营业效率，查看企业是否调整了经营政策，调查盈利能力

不断下降的原因。

（2）总资产报酬率分析。

总资产报酬率也称为投资盈利率，是指企业在一定时期内息税前利润与平均资产总额的比率。其计算公式如下。

总资产报酬率＝（利润总额＋利息支出）÷平均资产总额

利润总额＝净利润＋所得税费用

平均资产总额＝（资产总额年初数＋资产总额年末数）÷2

总资产报酬率可以认为是企业的基本盈利能力的反映，由于它剔除了资金来源方式和所得税对企业利润的影响，所以更能直接地体现企业所拥有的资产的盈利能力。总资产报酬率越高，表明企业投入产出的水平越好，资产运营越有效。一般情况下，企业可据此指标与市场资本利率进行比较，如果该指标大于市场利率，则表明企业可以充分利用财务杠杆，进行负债经营，获取尽可能多的收益。

（3）净资产收益率分析。

净资产收益率又称所有者权益变动率或股东权益收益率，是企业一定时期内净利润与平均净资产的比率，该指标可以用于衡量企业所有者权益获得的报酬水平。其计算公式如下。

净资产收益率＝（净利润÷所有者权益平均值）×100%

所有者权益平均值＝（年初所有者权益＋年末所有者权益）÷2

净资产收益率越高，表明投资带来的收益越高；净资产收益率越低，表明企业所有者权益的盈利能力越弱。所以，通过分析净资产收益率指标，可以使投资者了解到是否获得了足够多的回报。综合来看，该指标可以考察以下内容。

①企业的投资效益，即使用投资者投入资金获取收益的能力。

②评价管理者的工作绩效。如果仅使用净利润指标考察管理者的工作绩效，会显得太片面，因为净利润可能只是账面的数字。而通过净资产收益率指标，还可以从投入与产出的关系的角度评价权益资金的盈利能力。

③作为评价所有者投入资本的保值增值程度的依据。

（4）资本金收益率分析。

资本金收益率是指一定时期内企业的净利润与资本金的比率。这里的资本金，是指投资者初始投入的资本，该指标可以衡量企业所有者投入资本的盈利能力。计算资本金收益率的相关公式如下。

资本金收益率＝（净利润÷平均实收资本）×100%

平均实收资本＝（年初实收资本＋年末实收资本）÷2

资本金收益率与净资产收益率相比，能使投资者在知道"所拥有的资产"的盈利能力的基础上，进一步了解原始投入部分资金的盈利能力。在使用资本金收益率指标时，需要注意以下两个问题。

①确定资本金收益率的比较标准。由于不同的投资者对自己投入资金的获利能力要求不同，所以只有确定了比较的标准，这个比较才具有实际意义。例如，某投资者在投资前对几个企业的资本金收益率进行考察，最终选择了表现最好者，其资本金收益率为20%，但当期该企业的资本金收益率仅有15%。一般来说，资本金收益率达到15%已经算表现不错了，但对于该投资者而言，由于该指标并未达到其预期，所以他对该企业当期资本金收益率的评价却是不满意的。

②认清该指标的实际意义。资本金收益率虽然可以反映投资者投入资本的获利水平，但是由于企业利润分配政策或实际经营情况的需要，这个水平并不能代表投资者实际可以收到的回报。因为企业为了持续发展或扩大经营，需要使用这些获利进行进一步的投资，而每期实际分给投资者的利润通常只是净利润中的一小部分。同时，投资者具体可以分得多少利润，虽说由利润分配政策决定，但净利润的多少是尤为重要的。

3. 与成本费用相关的盈利能力指标分析

根据会计核算方法，企业在确认收入时需要在相应的期间结转成本费用，从而确定当期的盈利情况，利润的获取受收入和成本费用两方面的影响。通过分析成本费用与利润的关系，也可以考察企业的盈利能力。分析企业成本费用的盈利能力，涉及的指标主要是成本利润率。

成本利润率指标中的成本并不仅仅指企业的营业成本，这里的"成本"是广义上的成本，其既包括狭义的成本，如营业成本，也包括期间费用，但不包括税金及附加、营业外支出、所得税费用等支出。成本费用率的计算公式如下。

成本利润率=净利润÷（营业成本+销售费用+管理费用+财务费用）×100%

成本利润率指标反映企业在生产过程中发生的主要耗费与收益之间的关系，指标值越大，表明企业为获取利润付出的代价越小，企业的成本费用控制质量越高，盈利能力也就越强。

名师点拨

> 通过成本利润率的计算公式，可以直接了解到企业每发生 1 元成本，其实现的净利润有多少。所以，企业为了获取高质量的利润，可以通过增收节支、增产节能，提高经营效率，从而增强盈利能力。

4. 上市公司盈利能力指标分析

上市公司是指所公开发行的股票经过国务院或国务院授权的证券管理部门批准在证券交易所上市交易的股份有限公司。投资者购买上市公司股票的直接目的是期望该企业在未来一定时期内带来较好的收益，出于对收益的关注，投资者就要了解该企业的盈利情况等，从而确定是否长期持有该公司股票。一般来讲，与上市公司盈利能力相关的指标主要有每股收益、股利支付率、每股净资产、市盈率和市净率等。

（1）每股收益分析。

每股收益是指企业净收益与发行在外普通股股数的比率，该指标反映了在某一期间内平均每股普通股可以获得的收益。与每股收益计算相关的公式如下。

每股收益=（净利润−优先股股利）÷普通股股数

公式中的优先股股利、普通股股数可以通过财务报表附注获取。另外，也可直接通过利润表中"每股收益"项目获取每股收益的具体数据。

每股收益反映的是企业普通股股东持有的每股股票能获得的收益，在计算每股收益时需要减去优先股股利，因为优先股股利必须优先支付，不能为普通股股东所享有。根据每股收益的计算公式，对该指标进行分析时主要可从以下几个方面入手。

①每股收益与企业实现的净利润呈同方向变化，扣除优先股股利后的净利润越高，每股收益就越大；反之，则越小。

②每股收益与企业发行在外的普通股股数呈反方向变化，如果发行在外的普通股越多，在净利润一定的情况下，每股收益就越小；反之，则越大。

③每股收益反映了企业的获利能力，决定了股东可以获取的收益水平；每股收益直观反映了每一股在当期实现的收益，便于投资者选择投资项目。

④通过比较企业连续几年的每股收益变化情况，可以对其变化趋势进行分析，帮助投资者了解企业在较长时间的变动规律，从而决定是否可以长期持有该股票。

⑤通过比较不同行业或同一行业中不同企业的每股收益，可以了解不同行业的行情、不同企业在该行业中的地位，从而为投资者进行投资提供决策依据。

（2）股利支付率分析。

股利支付率也称股息发放率，具体指的是现金股利支付率，是普通股每股现金股利与每股收益的比率。股利支付率的计算公式如下。

股利支付率=（每股现金股利÷每股收益）×100%

233

每股现金股利可通过财务报表附注获取，每股收益可通过利润表中"每股收益"项目获取。

股利支付率主要用于衡量企业当期的每股收益多大部分是以现金股利的形式支付给普通股股东的。一般来讲，初创公司和小公司的股利分配率较低，因为其资金投入需求大；而股利分配率较高的公司一般不需要更多的资金投入，这类企业多处于企业生命周期的成熟阶段。

名师点拨

需要注意的是，虽然将股利支付率作为上市公司盈利能力的衡量指标，但它并不能反映股利的现金来源和可靠程度。在实务中，股利分配率也没有一个绝对的衡量标准，不同的企业可以根据自身的盈利状况、远期经营方针以及市场变化情况来确定当期的股利支付水平。

【案例6-9】 甲股份有限公司（以下简称"甲公司"）经过多年经营，终于于2019年成功上市。该公司上市后发行在外的股数总额为1 200万股，其中普通股1 000万股、优先股200万股。该企业当年实现净利润8 500万元，按照协议约定应分配给优先股股东的股利为500万元。经公司管理层商讨决定，从当年实现的净利润中提取5%向股东发放现金股利。根据上述资料，分别计算甲公司当年的每股收益和股利支付率，并对该指标做简要分析。

【案例解析】 甲公司2019年每股收益=（8 500-500）÷1 000=8（元）；2019年的股利支付率=（8 500×5%÷1 000÷8）×100%=5.312 5%。

甲公司每股收益为8元，表示每一普通股可以从实现的净利润中分取8元的收益。如果某股民购入了该公司10 000股股票，那么其当年因持有该公司股票而获取的收益就为80 000元。作为股民，还是应正确看待每股收益，虽说每股收益能反映企业的获利能力，但是该股民计算出的收益只是账面金额，并没有实际取得，只有当其将该股票卖出后，将卖价减去买价后的余额，才是其真正获得的收益。当然，公司每股收益越高，预示着其股价也越高，股民抛售股票的价格也越高，因而得到的收益也可能越高。

该公司的股利支付率为5.312 5%，表示该公司普通股每获得1元收益，用于分配现金股利的金额大约为0.05元。通过比较可以发现，这里的股利支付率与企业从净利润中提取现金股利的金额基本一致。

（3）每股净资产分析。

每股净资产又称股票账面价值或股票净值，是指所有者权益与普通股总数的比率。该指标可以用来衡量企业每股股票所拥有的资产价值。每股净资产的计算公式如下。

每股净资产=所有者权益÷普通股股数

所有者权益就是企业净资产的体现，其代表了上市公司本身拥有的资产；而每股净资产则是每一股股票平均应享有的净资产份额。每股净资产越高，所有者（即股东）拥有的资产价值就越高；每股净资产越低，股东拥有的净资产价值就越低。

通过分析上市公司的每股净资产指标值，可以了解上市公司的公司实力，这主要体现在以下两个方面。

①分析上市公司每股净资产是了解其整体实力的基础。因为企业的经营都是以净资产为基础的。如果一个企业的负债过多，那么其拥有的净资产就相对很少，这意味着需要将其经营中的大部分收益用于还债，一旦出现资不抵债的情况，企业将处于十分危险的境地。所以，了解一个上市公司的整体实力，可以将每股净资产作为依据。

②每股净资产是支撑股票市场价格的基础。一个公司的每股净资产越高，表明其股票所代表的财富越雄厚，也意味着该公司创造利润和抵御风险的能力越强。投资这样的公司意味着承担的投资风险更低，所以其股票的市场价格也表现出利好的情况。

虽然每股净资产能在一定程度上反映企业的整体实力，但每股净资产的"含金量"却因不同净资产的内部结构不同而存在差异，从而影响企业的发展实力。因此，报表使用者在分析企业的发展潜力时，不能仅就该指标做出评价，还需要结合其他指标，相互印证后再得出结论。

（4）市盈率分析。

市盈率又称本益比，是普通股每股市价与普通股每股收益的比率。该指标可以反映投资者对上市公司每1元净利润愿意支付的价格，可以用来估计股票的投资报酬和风险。市盈率的计算公式如下。

市盈率＝每股市价÷每股收益

公式中的每股市价可通过上市公司的收盘价获取，每股收益可以通过利润表中"每股收益"项目获取。

市盈率是反映上市公司盈利能力的主要指标。一般来讲，市盈率越高，说明投资者对企业的发展前景越看好，愿意出较高的价格购买该公司股票；市盈率越低，则意味着投资者不看好该公司，只愿出较低的价格购买该公司股票。但是，市盈率并非越高越好，如果某公司的市盈率过高了，则意味着这种股票具有较高的投资风险。从另一个角度来看，上市公司的市盈率越低，可能给投资者提供了一个利好消息，此时"低买"可以在以后"高卖"。

在分析上市公司市盈率时，需要结合公司的实际情况，了解不同因素对市盈率的影响。通常对上市公司市盈率指标值大小有影响的因素可分为以下3类。

①公司盈利能力的成长性。如果一个上市公司预期未来的盈利能力将不断提高，则表明该公司的成长性较好，这时，即使公司目前的市盈率较高，也值得投资者投资，因为其处于不断上升的趋势。

②投资者获取报酬的稳定性。如果上市公司因为自身良好的经营效益能够稳定地向投资者分配收益，那么投资者肯定愿意购买这家公司的股票，这也会使该公司的市盈率不断提高。

③利率水平的好坏。当市场利率水平变化时，上市公司的市盈率也会做相应调整。例如，在股票市场的实际操作中，常用以下公式表示利率与市盈率之间的关系。

市盈率＝1÷1年期银行存款利率

根据该公式，如果目前1年期银行存款利率为4%，则上市公司的市盈率为1÷4%＝25比较合理；而如果1年期银行存款利率上升为6%，则市盈率应降低到1÷6%＝16.67比较合适。所以，投资者可以通过将上市公司市盈率与银行存款利率进行比较，将结果作为决定是否投资的依据。

（5）市净率分析。

市净率是指普通股每股市价与每股净资产的比率，即每股股价对应多少净资产。该指标反映了企业的每股份额值多少净资产。市净率的计算公式如下。

市净率＝每股市价÷每股净资产

从市净率的计算公式可以看出，市净率与每股市价呈同方向变化，与每股净资产呈反方向变化。当一个上市公司的每股市价一定时，如果每股净资产越高，其市净率就越低，投资者的投资风险也越低。所以，市净率可以帮助投资者确认在哪个上市公司中能以较少的投入获取较高的资产份额。

可以通过以下举例详细理解市净率：假设某公司每股净资产不变，当某公司市净率为1时，投资者花100元可以购买该公司4股股票，所以该公司股票的市场价值为25元。如果该公司的市净率上升为2，则投资者需要花200元才能购买该公司4股股票。由于该公司每股净资产并没有变化，所以花100元和200元购入的4股股票拥有的净资产是一样的，但投资者却要多花100元。这表明该公司每股市价由原来的25元上涨为现在的50元，这个市价就是证券市场交易的结果。所以在一般情况下，市净率较低的股票投资价值较高；反之，则投资价值较低。

5. 企业发展能力分析

对于企业而言，发展能力体现为规模的壮大、资本的增加、资源的转化以及价值的增加等方面。总体来说，在评价企业的发展能力时，可从销售发展状态、资产增加情况以及净资产积累水平3方面着手。

（1）与销售增长情况相关的发展能力指标分析。

评价企业的销售发展状态的指标主要有销售增长率和平均增长率。

①销售增长率。

销售增长率是指企业本年销售收入增长额同上年销售总额的比率，该指标反映了企业本年销售收入的增长变化情况。销售增长率通过将企业销售收入的增长额与基期销售总额进行比较，可使分析者了解到企业销售收入变化的幅度。其计算公式如下。

销售增长率＝（本年销售收入增长额÷上年销售收入总额）×100%

本年销售收入增长额＝本年销售收入总额－上年销售收入总额

销售增长率直接从企业销售收入的角度反映了其经营成果的变化情况，可使分析者直观地了解到企业当年的经营状况和市场占有情况，从而预测企业的业务拓展趋势。该指标值越大，表明企业的增长速度越快，其市场前景越好。

②平均销售增长率。

由于销售增长率只反映了一年的销售增长情况，而在企业的经营中，可能由于短期的波动造成指标值的测量不准确。为了保证销售增长率指标对企业成长能力的反映质量，引入了平均销售增长率这一指标，即同时计算几年内销售收入的平均增长率，一般情况下，可同时选择3年或5年的数据，计算平均销售增长率。

通过平均销售增长率，可以更加客观地评价企业销售增长的长期趋势和稳定程度。以3年作为一个评价期，则3年平均销售增长率的计算公式如下。

$$3年平均销售收入增长率 = \left(\sqrt[3]{\frac{本年销售收入总额}{3年前销售收入总额}} - 1\right) \times 100\%$$

【案例6-10】已知甲公司2016年营业收入、总资产与所有者权益的金额分别为1 083.46万元、2 050.35万元、1 436.47万元；2017年营业收入、总资产与所有者权益的金额分别为1 325.14万元、2 532.42万元、1 792.36万元；2018年营业收入、总资产与所有者权益的金额分别为1 760.87万元、3 148.34万元、2 034.18万元；2019年营业收入、总资产与所有者权益的金额分别为2 035.45、3 849.67万元、2 614.97万元。根据上述资料，试着计算该企业的销售增长率和近3年的平均销售增长率，并对销售增长率做简要分析。

【案例解析】根据公式可知，甲公司2017年较2016年的销售增长率＝（1 325.14-1 083.46）÷1 083.46×100%=22.31%；2018年较2017年的销售增长率＝（1 760.87-1 325.14）÷1 325.14×100%=32.88%；2019年较2018年的销售增长率＝（2 035.45-1 760.87）÷1 760.87×100%=15.59%。

根据3年平均销售增长率的计算公式，中桓公司3年平均销售增长率＝

$$\left(\sqrt[3]{\frac{本年销售收入总额}{3年前销售收入总额}} - 1\right) \times 100\% = \left(\sqrt[3]{\frac{2\,035.45}{1\,083.46}} - 1\right) \times 100\% = 23.39\%$$

通过上述计算结果中可以直观地看出，甲公司的营业收入从2016年至2019年逐年递增。进一步比较各年销售收入增长率可以发现，公司在2018年以后销售收入增长率出现了较大幅度的下降。这说明甲公司在2018年前后可能改变了经营战略，使得销售收入的增长速度有所放缓。

（2）与资产增长情况相关的发展能力指标分析。

资产是企业发展和壮大的前提，所谓"巧妇难为无米之炊"，资产作为企业生产经营的基础，其增长情况是企业成长能力的重要体现。从资产增加情况考察企业的成长能力，使用的财务分析指标主要有总资产增长率和平均资产增长率。

①总资产增长率。

总资产增长率是企业本年总资产的增长额同上年资产总额的比率，比较两年的总资产增长率，也可使用当年资产平均余额的增长额与去年资产平均余额相比获得。其计算公式如下。

总资产增长率=（本年总资产增长额÷上年资产总额）×100%

本年总资产增长额=年末资产总额-年初资产总额

在使用总资产增长率评价企业发展能力时，需要注意虽然企业的发展必定会带来资产的增长，但仅根据资产的增长却不一定能直接得出企业得到了同等比率的发展。这是因为，资产只是为企业的发展提供了资源条件，只有企业在资产增长的同时保证了资产的使用效率，才能获得真正的发展。因此，在将总资产增长率作为企业发展能力评价指标时，还需要同时考虑企业的盈利能力指标，只有在总资产率增加的同时实现了盈利能力的提升，这样的企业才真正具有发展潜力。

②平均资产增长率。

为了避免企业某一年资产增长率受短期波动因素的影响，在实务中可以通过计算几年的平均资产增长率来反映企业较长时期内的资产增长情况。一般情况下，可同时选择3年或5年的数据，计算平均资产增长率。相较于总资产增长率，平均资产增长率能够从资产的长期趋势和稳定程度来判断企业的发展能力。

以3年为一个评价期，则3年平均总资产增长率的计算公式如下。

$$3年平均总资产增长率=\left(\sqrt[3]{\frac{年末资产总额}{3年前资产总额}}-1\right)\times100\%$$

【案例6-11】沿用【案例6-10】的资料，试计算甲公司的总资产增长率和近3年的平均总资产增长率，并对总资产增长率做简要分析。

【案例解析】根据相关计算公式，相关计算及分析如下。

2017年较2016年的总资产增长率=（2 532.42-2 050.35）÷2 050.35×100%=23.51%。

2018年较2017年的总资产增长率=（3 148.34-2 532.42）÷2 532.42×100%=24.32%。

2019年较2018年的总资产增长率=（3 849.67-3 148.34）÷3 148.34×100%=22.28%。

根据3年平均总资产增长率的计算公式，甲公司3年平均总资产增长率=

$$\left(\sqrt[3]{\frac{年末资产总额}{3年前资产总额}}-1\right)\times100\%=\left(\sqrt[3]{\frac{3\,849.67}{2\,050.35}}-1\right)\times100\%=23.37\%$$

从上述计算结果中可以看出，甲公司2016年至2019年的总资产在逐年递增，每年的总资产增长率维持在23%左右，变化相对平稳。通过比较甲公司3年平均销售增长率和3年平均总资产增长率发现，两者的变化幅度几乎是一致的，由此可知甲公司近3年发展相对稳定。

（3）与净资产积累增长相关的发展能力指标分析。

净资产即资产负债中体现的所有者权益，企业的净资产越多，表明企业资本的保全性越强，其对风险的应对能力和持续发展能力也越强。

从净资产的增加情况考察企业的成长能力，使用的财务分析指标主要有资本积累率和平均资本积累率。

①资本积累率。

资本积累率即企业本年所有者权益的增加额同本年年初所有者权益余额的比率，表明企业当年所有者权益的增长率。其计算公式如下。

资本积累率=（本年所有者权益增长额÷上年所有者权益总额）×100%

本年所有者权益增长额=年末所有者权益总额-年初所有者权益总额

净资产规模的增长反映了企业不断有新的资本流入或留存收益有所增加，这可以表明所有者对企业的信心增加，或说企业过去的经营活动有较强的盈利能力，这也意味着企业在不断发展。

在使用资本积累率评价企业发展能力时，需要注意：虽然净资产的增长幅度能从所有者权益的角度反映企业的发展，但资本积累率指标本身不能区分是由于所有者投入增加了净资产，还是留存收益增加使净资产增加。如果只是所有者投入增加了净资产，并不能说明企业的发展潜力。

只有企业创造了价值、实现了留存收益增加，才能表明企业具有发展潜力。

②平均资本积累率。

为了排除个别年份一些特殊因素造成的企业资本积累率忽高忽低，引入了平均资本积累率来衡量企业权益资本在连续几年内的增长情况。一般情况下，可同时选择 3 年或 5 年的数据，计算平均资本积累率。相较于资本积累率，平均资本积累率能够较客观地体现企业的发展水平和发展趋势。

以 3 年作为一个评价期，则 3 年平均资本积累率的计算公式如下。

$$3\text{年平均资本积累率} = \left(\sqrt[3]{\frac{\text{年末所有者权益总额}}{\text{3年前所有者权益总额}}} - 1 \right) \times 100\%$$

6.3 现金流量表

现金流量表可以反映企业经营活动、投资活动和筹资活动对现金流入、流出的影响，能够评价企业的实现利润、财务状况及财务管理。下面即对现金流量表的概述、结构、编制和分析进行介绍。

6.3.1 现金流量表概述

现金流量表是指反映企业在一定期间（如月度、季度或年度）现金和现金等价物流入和流出的报表。从编制原则上看，现金流量表按照收付实现制原则编制，将权责发生制下的盈利信息调整为收付实现制下的现金流量信息，便于信息使用者了解企业净利润的质量。从内容上看，现金流量表被分为经营活动、投资活动和筹资活动产生的现金流量 3 类，具体内容如下。

◆ **经营活动产生的现金流量**：经营活动是指企业除投资活动和筹资活动以外的所有交易和事项。经营活动产生的现金流量包括销售商品、提供劳务、购买商品、接受劳务、支付职工薪酬和支付税费等流入和流出的现金和现金等价物。

◆ **投资活动产生的现金流量**：投资活动是指企业长期资产的构建和不包括在现金等价物范围内的投资及其处置活动。企业的投资活动可分为两个方面，一方面是对外投资，如购买其他单位股权、债券，投资兴办子公司等；另一方面是对内投资，如构建厂房、购进设备等长期资产。

◆ **筹资活动产生的现金流量**：筹资活动是指导致企业资本及债务规模和构成发生变化的活动。筹资活动产生的现金流量包括吸收投资、分配利润、发行债券、偿还债务等流入和流出的现金和现金等价物。但需要注意的是，应付账款、应付票据等商业应付款等属于经营活动产生的现金流量，不属于筹资活动产生的现金流量。

6.3.2 现金流量表的结构

我国企业现金流量表采用报告式结构，分类反映经营活动、投资活动和筹资活动产生的现金流量，最后汇总反映企业某一期间现金及现金等价物的净增加额。我国企业现金流量表的格式如表 6-7 所示。

表 6-7 现金流量表的格式

会企 03 表

编制单位：　　　　　　　　　　　　　　　年　　月　　　　　　　　　　　　　　单位：元

项目	本期金额	上期金额
一、经营活动产生的现金流量：		
销售商品、提供劳务收到的现金		

项目	本期金额	上期金额
收到的税费返还		
收到其他与经营活动有关的现金		
经营活动现金流入小计		
购买商品、接受劳务支付的现金		
支付给职工以及为职工支付的现金		
支付的各项税费		
支付其他与经营活动有关的现金		
经营活动现金流出小计		
经营活动产生的现金流量净额		
二、投资活动产生的现金流量：		
收回投资收到的现金		
取得投资收益收到的现金		
处置固定资产、无形资产和其他长期资产收回的现金净额		
处置子公司及其他营业单位收到的现金净额		
收到其他与投资活动有关的现金		
投资活动现金流入小计		
购建固定资产、无形资产和其他长期资产支付的现金		
投资支付的现金		
取得子公司及其他营业单位支付的现金净额		
支付其他与投资活动有关的现金		
投资活动现金流出小计		
投资活动产生的现金流量净额		
三、筹资活动产生的现金流量：		
吸收投资收到的现金		
取得借款收到的现金		
收到其他与筹资活动有关的现金		
筹资活动现金流入小计		
偿还债务支付的现金		
分配股利、利润或偿付利息支付的现金		
支付其他与筹资活动有关的现金		
筹资活动现金流出小计		
筹资活动产生的现金流量净额		
四、汇率变动对现金及现金等价物的影响		
五、现金及现金等价物净增加额		
加：期初现金及现金等价物余额		
六、期末现金及现金等价物余额		

6.3.3 现金流量表的编制

现金流量表各项目均需填列"本期金额"和"上期金额"两栏。现金流量表"上期金额"栏内各项数字应根据上一期间现金流量表"本期金额"栏内所列数字填列。"本期金额"栏中对应项目的填列方法如下。

1. 经营活动产生的现金流量的编制

经营活动产生的现金流量的编制方法如下。

◆ "销售商品、提供劳务收到的现金"项目，反映企业本期销售商品、提供劳务收到的现金，以及前期销售商品、提供劳务本期收到的现金（包括销售收入和应向购买者收取的增值税销项税额）和本期预收的款项，减去本期销售本期退回的商品和前期销售本期退回的商品支付的现金。企业销售材料和代购代销业务收到的现金，也在本项目反映。

◆ "收到的税费返还"项目，反映企业收到返还的各种税费，如收到的增值税、所得税、消费税、关税和教育费附加等各种税费返还款。

◆ "收到其他与经营活动有关的现金"项目，反映企业收到的罚款收入、经营租赁收到的租金等其他与经营活动有关的现金流入，金额较大的应当单独列示。

◆ "购买商品、接受劳务支付的现金"项目，反映企业本期购买商品、接受劳务实际支付的现金（包括增值税进项税额），以及本期支付前期购买商品、接受劳务的未付款项和本期预付款项，减去本期发生的购货退回收到的现金。企业购买材料和代购代销业务支付的现金，也在本项目反映。

◆ "支付给职工以及为职工支付的现金"项目，反映企业本期实际支付给职工的工资、奖金、各种津贴和补贴等职工薪酬（包括代扣代缴的职工个人所得税）。但是应由在建工程、无形资产负担的职工薪酬以及支付的离退休人员的职工薪酬除外。

◆ "支付的各项税费"项目，反映企业按规定支付的各种税费。包括本期发生并支付的税费、本期支付以前各期发生的税费和预缴的税金，如支付的增值税、消费税、所得税、教育费附加、印花税、房产税、土地增值税、车船税等，计入固定资产、实际支付的耕地占用税、本期退回的增值税、所得税等除外。

◆ "支付其他与经营活动有关的现金"项目，反映企业支付的罚款支出、差旅费、业务招待费、保险费、经营租赁支付的现金等其他与经营活动有关的现金流出，金额较大的应当单独列示。

【案例 6-12】甲公司 2019 年 8 月利润表中列示的营业收入为 540 000 元，资产负债表中列示的应收账款为 258 040 元、应收票据为 250 000 元、预收账款为 30 000 元。已知该公司 2019 年 7 月末的应收账款为 289 000 元、应收票据为 297 020 元。另外，7 月销售的一批商品存在问题被退回，该批商品的销售价格为 50 000 元，涉及的增值税税额为 6 500 元。商品退回当日，甲公司使用库存现金支付了相关款项。2019 年 8 月因实现的营业收入共涉及增值税销项税额 36 000 元。根据上述资料，甲公司 2019 年对现金流量表"销售商品、提供劳务收到的现金"项目的影响金额为多少？

【案例解析】"销售商品、提供劳务收到的现金"项目的金额＝营业收入＋本期收到的增值税销项税额＋应收账款减少额（期初余额－期末余额）＋应收票据减少额（期初余额－期末余额）＋预收款项增加额（期末余额－期初余额），所以甲公司 2019 年对现金流量表"销售商品、提供劳务收到的现金"项目的影响金额＝540 000+36 000+（289 000-258 040）+（297 020-250 000）+（30 000-0）-（50 000+6 500）=627 480（元）。

2. 投资活动产生的现金流量的编制

投资活动产生的现金流量的编制方法如下。

◆ "收回投资收到的现金"项目。该项目反映企业出售、转让或到期收回除现金等价物以外的交易性金融资产、长期股权投资而收到的现金，以及收回长期债权投资本金而收到的现金，但长期债权投资收回的利息除外。

◆ "取得投资收益收到的现金"项目。该项目反映企业因股权性投资而分得的现金股利，从子公司、联营企业或合营企业分回利润而收到的现金，以及因债权性投资而取得的现金利息收入，但股票股利除外。

- ◆ "处置固定资产、无形资产和其他长期资产收回的现金净额"项目。该项目反映企业出售或报废固定资产、无形资产和其他长期资产（如投资性房地产）所取得的现金（包括因资产毁损而收到的保险赔偿收入），减去为处置这些资产而支付的有关费用后的净额，但现金净额为负数的除外。
- ◆ "处置子公司及其他营业单位收到的现金净额"项目。该项目反映企业处置子公司及其他营业单位所取得的现金减去相关处置费用后的净额。
- ◆ "购建固定资产、无形资产和其他长期资产支付的现金"项目。该项目反映企业购买、建造固定资产、取得无形资产和其他长期资产（如投资性房地产）支付的现金（含增值税税款等）、支付的应由在建工程和无形资产负担的职工薪酬现金支出，但为购建固定资产而发生的借款利息资本化部分、为融资租入固定资产所支付的租赁费除外。
- ◆ "投资支付的现金"项目。该项目反映企业取得除现金等价物以外的权益性投资和债权性投资所支付的现金，以及支付的佣金、手续费等附加费用。
- ◆ "取得子公司及其他营业单位支付的现金净额"项目。该项目反映企业购买子公司及其他营业单位购买出价中以现金支付的部分，减去子公司或其他营业单位持有的现金和现金等价物后的净额。
- ◆ "收到的其他与投资活动有关的现金""支付其他与投资活动有关的现金"项目。该项目反映企业除上述项目外，收到或支付的其他与投资活动有关的现金流入或流出，金额较大的应当单独列示。

3. 筹资活动产生的现金流量的编制

筹资活动产生的现金流量的编制如下。

- ◆ "吸收投资收到的现金"项目。该项目反映企业以发行股票等方式筹集资金实际收到的款项，减去直接支付给金融企业的佣金、手续费、宣传费、咨询费、印刷费等发行费用后的净额。
- ◆ "取得借款收到的现金"项目。该项目反映企业举借各种短期、长期借款而收到的现金以及发行债券实际收到的款项净额（发行收入减去直接支付的佣金等发行费用后的净额）。
- ◆ "偿还债务支付的现金"项目。该项目反映企业以现金偿还债务的本金。
- ◆ "分配股利、利润或偿付利息支付的现金"项目。该项目反映企业实际支付的现金股利、支付给其他投资单位的利润或用现金支付的借款利息、债券利息。
- ◆ "收到其他与筹资活动有关的现金""支付其他与筹资活动有关的现金"项目，反映企业除上述项目外，收到或支付的其他与筹资活动有关的现金流入或流出，包括以发行股票、债券等方式筹集资金而由企业直接支付的审计和咨询等费用，为构建固定资产而发生的借款利息资本化部分、为融资租入固定资产所支付的租赁费，以分期付款方式构建固定资产、无形资产以后各期支付的现金等。

6.3.4 现金流量表分析

现金流量表分析是指对现金流量表内的有关数据进行分析、比较和研究，从而了解企业的财务状况及现金流量情况，发现企业在财务方面存在的问题，预测企业未来的财务状况，揭示企业的支付能力，为报表使用者的决策提供依据。

1. 现金流量表结构分析

现金流量表结构是指现金流量表的结构百分比。通过现金流量的结构百分比分析，可以了解企业现金的来龙去脉和现金收支构成，评价企业创造现金的能力、对外筹资能力和资金实力。总的来说，现金流量表结构百分比分析包括如下几个方面。

（1）企业总现金流量结构分析。一般情况下，经营活动现金流占总现金流比例大的企业，经营状况较好，现金流入结构也较为合理。尤其是企业的总现金净流量为正时，判断企业现金流入是否强劲，要注意分析现金净流量是由经营活动产生的还是由筹资活动产生的，从而深入探究经营活动产生的现金流量的源泉是否稳定、可靠。

（2）经营活动现金流量结构分析。经营活动现金流量结构分析包括两个方面，一方面是经营活动现金流占总现金流的比例，另一方面是经营活动现金流各项目金额占经营活动现金流入和流出的比例。经营活动现金流量结构反映了经营活动现金流量的稳定性。在对经营活动现金流量结构进行分析时，可对经营活动产生的现金流量的细分项进行结构分析，同利润表中的主营业务收入和其他业务利润相结合，若两者相差不大，则说明企业账面上的收入金额已经及时、有效地转为了实际现金流入。

（3）投资活动现金流量结构分析。投资活动现金流量结构分析包括两个方面，一方面是投资活动现金流占总现金流的比例，另一方面是投资活动现金流各项目金额占投资活动现金流入和流出的比例。在对投资活动产生的现金流量进行分析时，应充分考虑企业预算、投资计划等，可对比资产负债表中的长期投资及其投资收益等情况。通过对其分析，判断企业是否存在潜在风险。

（4）筹资活动现金流量结构分析。筹资活动现金流量结构分析包括两个方面，一方面是筹资活动现金流占总现金流的比例，另一方面是筹资活动现金流各项目金额占筹资活动现金流入和流出的比例。在对筹资活动产生的现金流量进行分析时，通过对筹资活动现金流入占企业总现金流入的比例的分析，可以了解企业融资来源与用途及结构比率，一般会与现金流量表总体结构分析结合，分析企业筹资活动现金流入、流出的总体趋势，并进一步分析其偿债能力。

2. 现金流量表偿债能力指标分析

流动比率是衡量企业偿债能力的常用指标，本书已在资产负债表分析中对其进行了详细介绍。但流动比率是流动资产与流动负债之比，流动资产体现的是能在一年或一个营业周期内变现的资产，还包括了许多流动性不强的项目，如有可能收不回的应收账款等。因此，仅用流动比率等指标来分析企业的偿债能力，往往有失偏颇。通过运用经营活动产生的现金净流量与资产负债表相关指标进行对比分析，作为流动比率等指标的补充，能更好地分析企业的偿债能力。现金流量表关于企业偿债能力的分析，常用的指标主要有现金流动负债比、现金比率、现金债务总额比、现金到期债务比等。

（1）现金流动负债比。

现金流动负债比是企业一定时期的经营活动产生的现金净流量与流动负债的比率，可以从现金流量角度来反映企业当期偿付短期负债的能力。其计算公式如下。

现金流动负债比＝经营活动产生的现金净流量÷流动负债总额

一般情况下，该指标值大于1，表示企业流动负债的偿还有保障。该指标值越大，表明企业经营活动产生的现金净流量越多，越能保障企业按期偿还到期债务。

名师点拨

企业的流动负债大多来源于企业的经营活动，所以该指标能够很好地反映企业偿还流动负债的能力，但是现金流动负债比并不是越大越好，该指标值过大则表明企业流动资金利用不充分，会导致资金浪费，企业盈利能力不强。

（2）现金比率。

现金比率是指在企业因大量赊销而形成大量的应收账款时，考察企业的偿债能力时所运用的指标。其计算公式如下。

现金比率＝（货币资金＋交易性金融资产）÷流动负债总额

对于债权人来说，现金比率总是越高越好。现金比率越高，说明企业的短期偿债能力越强；现金比率越低，企业的短期偿债能力越弱。

对于企业来说，现金比率不是越高越好，该指标值过大则表明企业流动资金利用不充分，盈利能力差。在企业所有资产中，现金是流动性最好的资产，同时也是盈利能力最低的资产，保持过高的现金比率，就会使资产过多地停留在盈利能力最低的现金上，虽然提高了企业的偿债能力，但降低了企业的盈利能力。

（3）现金债务总额比。

现金债务总额比是指企业一定时期的经营活动产生的现金净流量同负债总额的比率，可以从现金流量角度来反映企业偿付负债的能力。其计算公式如下。

现金债务总额比＝经营活动产生的现金净流量÷负债总额

现金债务总额比率越大，表明企业经营活动产生的现金净流量越多，越能保障企业偿付债务的能力。但是，该指标值也不是越大越好，指标值过大表明企业流动资金利用不充分，盈利能力不强。类似指标有现金流动负债比，衡量的是一定时期内的经营活动产生的现金净流量同流动负债的比率。

（4）现金到期债务比。

现金到期债务比是企业经营现金净流入与本期到期的长期债务和应付票据总额的比率。它反映了企业可用现金流量偿付到期债务的能力。其计算公式如下。

现金到期债务比＝经营活动现金净流量÷本期到期债务

其中，本期到期债务是指即将到期的长期债务和应付票据，但不包括短期借款和应付账款。该比率越高，企业资金流动性越好，企业到期偿还债务的能力就越强。

3. 现金流量表盈利能力指标分析

利用现金流量表分析企业盈利能力，即将经营活动产生的现金净流量与净利润等进行比较，从而揭示企业保持现有经营水平、创造未来利润的能力。用于反映企业盈利能力的指标主要有销售现金比率、盈利现金比率等。

（1）销售现金比率。

销售现金比率是指企业经营活动现金流量净额与企业销售收入的比率。该比率反映企业每1元销售收入得到的现金流量净额。其计算公式如下。

销售现金比率＝经营活动产生的现金净流量÷营业收入

销售现金比率数值越大表明企业的收入质量越好，资金利用效果越好。

（2）盈利现金比率。

盈利现金比率是指经营活动产生的现金净流量与企业本年净利润的比率。该比率反映企业每获得的1元利润中，有多少是从经营活动中获得的可以随时使用的现金。其计算公式如下。

盈利现金比率＝经营活动产生的现金净流量÷净利润

一般情况下，盈利现金比率越大，企业盈利能力也就越强。当比率小于1时，说明企业本期净利润中尚存在没有实现的现金收入；此时，即使企业盈利，也可能发生现金短缺，严重时还会导致破产。

名师点拨

> 若企业当期的经营活动产生的现金净流量和企业当期的净利润均为负数，以上内容则不再适用。产生这种情况的原因可能是企业有大规模的经营、购买、支付活动，企业的经营状况出现问题或整个行业出现问题。

4. 现金流量表发展能力指标分析

现金流量表发展能力分析，主要是指将投资活动与筹资活动产生的现金流量联系起来，查看现金流量净额是大于零还是小于零，具体分析如下。

（1）投资活动现金流量净额小于零，表明企业处于扩展阶段，此时就需要关注其所投资的项目是否在企业能力范围内、投资回报率是否高于社会平均回报率、投资资金来源于企业现金还是筹资等。

（2）投资活动现金流量净额大于零，表明企业正在收缩或扩展速度放缓，此时就需要关注企业的经营活动现金流是否正常、经营活动产生的现金流是否足够支撑企业的运营等。

6.4 所有者权益变动表

所有者权益变动表也称股东权益变动表，所有者权益变动表全面反映了某一期间企业所有者权益各组成部分的增减变化，是资产负债表中有关所有者权益项目的期初、期末变化过程的详细描述，提供的信息更加具体化。

6.4.1 所有者权益变动表概述

所有者权益变动表是反映构成所有者权益的各组成部分当期增减变动情况的报表。所有者权益变动表可以为报表使用者提供所有者权益总量增减变动的信息，同时提供所有者权益增减变动的重要结构性信息，还能够让报表使用者理解所有者权益增减变动的根源。

在所有者权益变动表上，企业至少应当单独列示反映下列信息的项目。

◆ 综合收益总额。

◆ 会计政策变更和差错更正的累积影响金额。

◆ 所有者投入资本和向所有者分配利润等。

◆ 提取的盈余公积。

◆ 实收资本、其他权益工具、资本公积、盈余公积、未分配利润的期初和期末余额及其调节情况。

6.4.2 所有者权益变动表的结构

所有者权益变动表以矩阵的形式列示，一方面，对一定时期所有者权益的变动情况进行全面反映；另一方面，按照所有者权益各组成部分（即实收资本、其他权益工具、资本公积、其他综合收益、盈余公积、未分配利润和库存股）列示交易或事项对所有者权益各部分的影响。

我国企业所有者权益变动表的格式如表 6-8 所示。

表 6-8　所有者权益变动表的格式

会企 04 表

编制单位：　　　　　　　　　　　年度　　　　　　　　　　　单位：元

项目	本年金额										上年金额									
	实收资本（或股本）	其他权益工具			资本公积	减:库存股	其他综合收益	盈余公积	未分配利润	所有者权益合计	实收资本（或股本）	其他权益工具			资本公积	减:库存股	其他综合收益	盈余公积	未分配利润	所有者权益合计
		优先股	永续股	其他								优先股	永续股	其他						
一、上年年末余额																				
加:会计政策变更																				
前期差错更正																				
其他																				
二、本年年初余额																				
三、本年增减变动金额（减少以"-"号填列）																				
（一）综合收益总额																				
（二）所有者投入和减少资本																				

续表

项目	本年金额									上年金额								
	实收资本（或股本）	其他权益工具			资本公积	减:库存股	其他综合收益	盈余公积	未分配利润	所有者权益合计	实收资本（或股本）	其他权益工具			资本公积	减:库存股	其他综合收益	盈余公积	未分配利润	所有者权益合计
		优先股	永续股	其他								优先股	永续股	其他						
1. 所有者投入的普通股																				
2. 其他权益工具持有者投入资本																				
3. 股份支付计入所有者权益的金额																				
4. 其他																				
（三）利润分配																				
1. 提取盈余公积																				
2. 对所有者（或股东）的分配																				
3. 其他																				
（四）所有者权益内部结转																				
1. 资本公积转增资本（或股本）																				
2. 盈余公积转增资本（或股本）																				
3. 盈余公积弥补亏损																				
4. 设定受益计划变动额结转留存收益																				
5. 其他综合收益结转留存收益																				
6. 其他																				
四、本年年末余额																				

6.4.3 所有者权益变动表的编制

对所有者权益变动表各项目，企业均需填列"本年金额"和"上年金额"两栏。所有者权益变动表"上年金额"栏内各项数字，应根据上年度所有者权益变动表"本年金额"栏内所列数字填列。上年度所有者权益变动表规定的各个项目的名称和内容同本年度不一致的，应对上年度所有者权益变动表各项目的名称和数字按照本年度的规定进行调整，再填入本年度所有者权益变动表的"上年金额"栏内。

所有者权益变动表"本年金额"栏内各项数字一般应根据"实收资本（或股本）""其他权益工具""资本公积""库存股""其他综合收益""盈余公积""利润分配""以前年度损益调整"科目的发生额分析填列。另外，企业净利润及其分配情况作为所有者权益变动的组成部分，不需要单独编制利润分配表列示。

1. "上年年末余额"项目

该项目主要反映企业上年资产负债表中实收资本（或股本）、其他权益工具、资本公积、库存股、其他综合收益、盈余公积、未分配利润的年末余额，以及所有者权益的合计金额。

2．"本年年初余额"项目

该项目主要反映了企业各项所有者权益项目的上年年末余额在考虑了会计政策变更、前期差错更正的影响后，今年年初的实际余额。其中，"会计政策变更"项目反映了采用追溯调整法处理的会计政策变更的累积影响金额；"前期差错更正"项目反映了采用追溯重述法处理的会计差错更正的累积影响金额。

3．"本年增减变动金额"项目

（1）"综合收益总额"项目，反映企业净利润和其他综合收益扣除所得税影响后的净额相加后的合计金额。

（2）"所有者投入和减少资本"项目，反映企业当年所有者投入的资本和减少的资本。

① "所有者投入的普通股"项目，反映企业接受投资者投入形成的实收资本（或股本）和资本溢价或股本溢价。

② "其他权益工具持有者投入资本"项目，反映企业接受其他权益工具持有者投入资本。

③ "股份支付计入所有者权益的金额"项目，反映企业处于等待期中的权益结算的股份支付当年计入资本公积的金额。

（3）"利润分配"项目，反映企业当年的利润分配金额。

① "提取盈余公积"项目，即从净利润中提取盈余公积。该事项对应的是"盈余公积"和"未分配利润"项目。

② "对所有者（或股东）的分配"项目，即将实现的净利润对所有者（或股东）进行分配。该事项对应的项目是"未分配利润"项目和"实收资本（或股本）"项目。

③ "其他"项目，即除上述原因外企业对实现净利润所进行的利润分配。

（4）"所有者权益内部结转"项目，反映企业构成所有者权益的组成部分之间的增减变动情况。

① "资本公积转增资本（或股本）"项目，反映企业当年以资本公积转增资本或股本的金额。

② "盈余公积转增资本（或股本）"项目，反映企业当年以盈余公积转增资本或股本的金额。

③ "盈余公积弥补亏损"项目，反映企业当年以盈余公积弥补亏损的金额。

④ "设定受益计划变动额结转留存收益"项目，反映企业因重新计量设定受益计划净负债或净资产所产生的变动计入其他综合收益，结转至留存收益的金额。

⑤ "其他综合收益结转留存收益"项目主要反映以下两个方面的内容。

a. 企业指定为以公允价值计量且其变动计入其他综合收益的非交易性权益工具投资终止确认时，之前计入其他综合收益的累计利得或损失从其他综合收益中转入留存收益的金额。

b. 企业指定为以公允价值计量且其变动计入当期损益的金融负债终止确认时，之前由企业自身信用风险变动引起而计入其他综合收益的累计利得或损失从其他综合收益中转入留存收益的金额。

4．"本年年末余额"项目

所有者权益各项目的"本年年末余额"等于其年初余额加上本年增加额、减去本年减少额后的余额。

在所有者权益变动表中，各所有者权益项目之间存在以下关系。

本年年末余额=本年年初余额+本年增减变动金额

本年年初余额=上年年末余额+会计政策变更+前期差错更正+其他

本年增减变动金额=综合收益总额+（所有者投入资本－所有者减少资本）+利润分配+所有者权益内部结转

【案例6-13】甲公司2019年共实现净利润378万元，根据公司管理制度规定，按照其中的10%提取盈余公积，按照其中的20%向股东分配现金股利。另外，公司管理层决定将盈余公积120万元中的50万元用于转增资本。甲公司上述所有者权益变化，在所有者权益变动表中应如何体现？

【案例解析】根据上述资料可知，甲公司上述业务既涉及所有者权益总额的变化，又涉及所有者权益结构的变化。

①按照净利润的10%提取盈余公积，是所有者权益内部结构的变化，会使盈余公积增加37.8万元、未分配利润减少37.8万元。该事项属于提取盈余公积，所以应在"提取盈余公积"项目反映；增加的盈余公积应在"本年金额"栏下的"盈余公积"中填列"378 000"，减少的未分配利润应在"本年金额"栏下的"未分配利润"中填列"-378 000"。因为该事项使得所有者权益总额一增一减，所以不影响所有者权益总额。

②按照净利润的20%分配现金股利，会使未分配利润减少75.6万元、应付股利增加75.6万元。该事项属于向所有者分配利润，所以应在"对所有者（或股东）的分配"项目反映；减少的未分配利润应在"本年金额"栏下的"未分配利润"中填列"756 000"。因为该事项会使得所有者权益总额减少，所以应在"本年金额"栏下的"所有者权益合计"中填列"-756 000"。

③使用盈余公积转增资本，也是所有者权益内部结构的变化，会使盈余公积减少50万元、实收资本增加50万元。该事项属于盈余公积转增资本，所以应在"盈余公积转增资本（或股本）"项目反映；减少的盈余公积应在"本年金额"栏下的"盈余公积"中填列"-500 000"，增加的实收资本应在"本年金额"栏下的"实收资本（或股本）"中填列"500 000"。因为该事项使得所有者权益总额一增一减，所以不影响所有者权益总额。

④最后根据上述变化计算出各项目的"本年年末余额"。

6.4.4 所有者权益变动表分析

所有者权益变动表需要分析的内容主要如下。

1. 所有者权益变动表各项目分析

所有者权益变动表各重要项目的分析内容如下。

（1）股本变动情况分析。

一般情况下，企业资本或股本金额的多少可以在一定程度上反映其规模，报表使用者可以通过资本或股本的变动情况判断企业的财务状况。资本或股本的变动包括增加变动和减少变动，资本或股本增加的渠道有所有者投入、资本公积转入、盈余公积转入、发行新股等；资本或股本减少的渠道主要是所有者撤资。

如果当年资本或股本较去年有所增加，说明企业的财务状况良好，发展规模不断壮大；反之，如果当年资本或股本较去年有所减少，甚至幅度较大时，则表明企业财务状况恶化，企业可能在办理重整、减资等以弥补亏损。报表使用者如果发现某企业的资本或股本减少过多，必须特别评估该企业是否还能继续经营，评估其重整成功的可能性等。

（2）资本公积变动情况分析。

资本公积与企业资本或股本产生的溢价有关，一般来讲，企业资本公积积累越多，其安全和发展越有保障。

资本公积的变动包括增加变动和减少变动，资本公积增加的原因包括资本或股本溢价、其他资本公积的增加；减少的原因主要是转增资本或股本。根据规定，资本公积主要用于转增资本或股本，即增加实收资本或股本。资本公积转增资本或股本虽然只是所有者权益内部的结转，并不能增加所有者权益总额，但资本公积转增资本或股本不仅可以改变企业投入资本的结构，体现企业稳健、持续发展的潜力；还可以增加股份有限公司投资者持有的股份，从而增加公司股票的流通量，进而激活股价，提高股票的交易量和资本的流动性。

（3）盈余公积的变动情况分析。

盈余公积可以看作是企业历年积累的净利润中，未以现金或其他方式分配给股东、转为资本或资本公积的部分。

盈余公积的变动包括增加变动和减少变动，增加盈余公积主要是通过从净利润中按照一定的比例提取；减少的盈余公积主要是用于弥补亏损或转增资本。前期差错更正、会计政策变动等也可能会使盈余公积发生变动。总之，盈余公积的增减变动直接体现了企业利润的积累程度。

（4）未分配利润的变动情况分析。

未分配利润反映了企业实现的、积累在企业内部而没有分配给股东的利润。相较于其他所有者权益项目，未分配利润对于企业来说具有较大的自主权。

未分配利润的变动受很多方面的影响，其体现的是企业实现的净利润按照政策法规和企业章程等规定进行分配后，企业实现的资金积累。

2. 所有者权益变动表指标分析

所有者权益变动表指标分析的指标主要包括资本保值增值率、所有者财富增长率等。

（1）资本保值增值率。

资本保值增值率是指企业期末所有者权益与期初所有者权益的比率，该比率是反映企业在一定会计期间内资本保值增值水平的评价指标，也是考核、评价企业经营效绩的重要依据。其计算公式如下。

资本保值增值率＝（期末所有者权益÷期初所有者权益）×100%

对于正常经营活动的企业而言，资本保值增值率应该大于1。换句话说，即企业的所有者权益每年应该都有适量的增长，企业才能不断发展。

（2）所有者财富增长率。

所有者（或股东）财富增长率是指在企业实收资本或股本一定的情况下，附加资本的增长水平。其计算公式如下。

所有者财富增长率＝[（期末每元实收资本净资产−期初每元实收资本净资产）÷期初每元实收资本净资产]×100%

每元实收资本净资产＝当期企业净资产÷股本总额。

所有者财富增长率是企业投资者比较关心的指标，该指标集中体现了所有者的投资效益，也可作为对经营者的考核指标。

6.5 同步强化练习题

一、单项选择题

1. 下列项目中，不应当划分为流动负债的是（　　）。

A. 预计在一个正常营业周期中清偿的负债

B. 主要为交易目的而持有的负债

C. 自资产负债表日起两年内到期应予以清偿的负债

D. 企业无权自主地将清偿推迟至资产负债表日后一年以上的负债

2. 下列选项中，属于资产负债表"非流动资产"的是（　　）。

A. 研发活动中费用化的支出　　　　　　B. 销售产品收到汇票

C. 购买原材料预付的货款　　　　　　　D. 购入生产经营用的设备

3. 甲企业2017年4月1日从银行借入期限为3年的长期借款1 000万元，编制2019年12月31日资产负债表时，此项借款应填入的报表项目是（　　）。

A. 长期借款　　　　　　　　　　　　　B. 短期借款

C. 其他长期负债　　　　　　　　　　　D. 一年内到期的非流动负债

4. 期末，某企业"预收账款"科目所属各明细科目借方余额合计20万元，"应收账款"科目所属各明细科目借方余额合计60万元，"坏账准备"科目贷方余额30万元，该企业资产负债表

"应收账款"项目期末余额为（ ）万元。

  A．80   B．30   C．50   D．60

  5．甲企业期末"原材料"科目余额为150万元，"生产成本"科目余额为80万元，"材料成本差异"科目借方余额为10万元，"库存商品"科目余额为200万元，"工程物资"科目余额为220万元，"发出商品"科目余额为150万元，则甲企业期末资产负债表中"存货"项目的金额为（ ）万元。

  A．440   B．570   C．590   D．810

  6．下列资产负债表项目中，应根据有关科目余额减去其备抵科目余额填列的是（ ）。

  A．固定资产   B．长期待摊费用

  C．开发支出   D．货币资金

  7．某企业2018年7月1日支付100万元购入某项无形资产，预计年限为10年，预计净残值为0。2019年12月31日资产负债表"无形资产"项目的金额为（ ）万元。

  A．90   B．100   C．85   D．82

  8．2019年12月初某企业"应收账款"科目借方余额为300万元，相应的"坏账准备"科目贷方余额为20万元，本月实际发生坏账损失6万元。2019年12月31日经减值测试，该企业应补提坏账准备11万元。假定不考虑其他因素，2019年12月31日该企业资产负债表"应收账款"项目的金额为（ ）万元。

  A．269   B．274   C．275   D．280

  9．甲企业2019年6月30日"固定资产"科目余额为5 000万元，"累计折旧"科目余额为2 000万元，"固定资产减值准备"科目余额为250万元，"工程物资"科目余额为500万元，"固定资产清理"科目余额为300万元。该企业2019年6月30日资产负债表中"固定资产"项目的金额为（ ）万元。

  A．3 000   B．2 750   C．2 450   D．5 500

  10．某企业"应付账款"科目月末贷方余额为40万元，其中："应付A公司账款"明细科目贷方余额为35万元，"应付B公司账款"明细科目贷方余额为4万元。"预付账款"科目月末贷方余额为30万元，其中："预付C工厂账款"明细科目贷方余额为45万元，"预付D工厂账款"明细科目借方余额为15万元。则该企业月末资产负债表中"应付账款"项目的金额为（ ）万元。

  A．80   B．70   C．85   D．84

  11．（ ）指标越高，说明企业资产的运营效率越好，也意味着企业的资产盈利能力越强。

  A．总资产周转率   B．存货周转率

  C．总资产报酬率   D．应收账款周转率

  12．甲企业期初应收账款余额为350万元，期末应收账款的余额为250万元，本期产品销售收入为1 200万元，销售成本为1 000万元，甲企业的应收账款周转率为（ ）。

  A．4次   B．4.8次   C．5次   D．6次

  13．甲企业2019年取得销售收入为180万元，其中，主营业务收入120万元，其他业务收入为60万元。期末流动资产金额为90万元，期初流动资产金额为70万元，则该企业流动资产周转率为（ ）次。

  A．2   B．2.25   C．2.63   D．2.94

  14．乙公司2019年初固定资产原价为1 450 000元，累计折旧为480 000元；2019年年末固定资产原价为1 500 000元，累计折旧为500 000元；2019年取得的销售收入为1 400 000元。根据上述资料，则乙公司2019年固定资产周转天数为（ ）天。

  A．253.29   B．295.5   C．442.5   D．312

  15．下列报表中，（ ）能够反映企业一定期间的经营成果，表明企业运用所拥有的资产的获利能力。

  A．资产负债表   B．利润表

C. 现金流量表　　　　　　　　　　　　　　　D. 所有者权益变动表

16. 下列各项中，应列入利润表"营业收入"项目的是（　　）。

A. 销售材料取得的收入　　　　　　　　　　B. 接受捐赠收到的现金

C. 出售专利权取得的净收益　　　　　　　　D. 出售自用房产取得的净收益

17. 2019年6月，某企业发生以下交易或事项：支付诉讼费用10万元，非流动资产毁损报废损失8万元，对外公益性捐赠支出5万元，支付税收滞纳金1万元。该企业2019年6月利润表"营业外支出"项目的本期金额为（　　）万元。

A. 14　　　　　　　　B. 16　　　　　　　　C. 19　　　　　　　　D. 24

18. 2019年10月，某企业销售应税消费品确认应交增值税20万元、应交消费税30万元、应交城市维护建设税3.5万元。不考虑其他因素，该企业2019年10月利润表"税金及附加"项目本期金额为（　　）万元。

A. 33.5　　　　　　　B. 53.5　　　　　　　C. 50　　　　　　　　D. 23.5

19. 某企业2019年度实现利润总额1 350万元，适用的所得税税率为25%。本年度该企业取得国债利息收入150万元，发生税收滞纳金4万元。不考虑其他因素，该企业2019年度利润表"所得税费用"项目本期余额为（　　）万元。

A. 338.5　　　　　　B. 301　　　　　　　　C. 374　　　　　　　　D. 337.5

20. 2019年度某企业实现利润总额960万元，当年应纳税所得额为800万元，适用的所得税税率为25%。当年影响所得税费用的递延所得税负债增加50万元。企业2019年度利润表"所得税费用"项目本期金额为（　　）万元。

A. 250　　　　　　　B. 240　　　　　　　　C. 150　　　　　　　　D. 200

21. 甲公司2019年取得销售收入5 000万元，销售成本为4 000万元；2020年取得销售收入8 000万元，销售成本为3 000万元。根据以上资料甲公司2020年的销售增长率为（　　）。

A. 30%　　　　　　　B. 40%　　　　　　　C. 50%　　　　　　　D. 60%

22. 每股收益通常被用来反映企业的经营成果，衡量（　　）获利水平及投资风险。

A. 优先股　　　　　　B. 可转换债券　　　　C. 认股权证　　　　　D. 普通股

23. 我国企业现金流量表的结构为（　　）。

A. 账本式　　　　　　B. 报告式　　　　　　C. 数据式　　　　　　D. 文本式

24. 下列经济业务产生的现金流量中，属于"经营活动产生的现金流量"的是（　　）。

A. 分配现金股利支付的现金　　　　　　　　B. 取得债券利息收入收到的现金

C. 出售无形资产收到的现金　　　　　　　　D. 销售材料收到的现金

25. A企业本期取得销售商品含税收入20万元，应收票据本期收回10万元，应收账款本期收回8万元，均以银行存款收讫。另外，当期因商品质量问题发生退货含税价款2万元，贷款已通过银行转账支付。根据上述资料，现金流量表中"销售商品、提供劳务收到的现金"为（　　）万元。

A. 36　　　　　　　　B. 38　　　　　　　　C. 30　　　　　　　　D. 28

26. 下列各项中，不属于现金流量表"筹资活动产生的现金流量"的是（　　）。

A. 取得借款收到的现金　　　　　　　　　　B. 吸收投资收到的现金

C. 处置固定资产收回的现金净额　　　　　　D. 分配股利、利润或偿付利息支付的现金

27. 下列各项中，属于投资活动现金流量的是（　　）。

A. 吸收投资需要的现金　　　　　　　　　　B. 处置无形资产收回的现金净额

C. 支付的所得税　　　　　　　　　　　　　D. 偿还债务支付的现金

28. 甲公司2019年度发生的管理费用为6 600万元，其中：支付退休职工统筹退休金1 050万元和管理人员工资3 300万元，存货盘盈收益75万元，管理用无形资产摊销1 260万元，其余均以现金支付。假定不考虑其他因素，甲公司2019年度现金流量表中"支付其他与经营活动有关的现金"项目的金额为（　　）万元。

A. 1 425　　　　　　B. 2 115　　　　　　　C. 2 025　　　　　　　D. 3 375

29.甲公司出售一台不再使用的设备，收到价款50万元，该设备原价80万元，已提折旧20万元。另支付该项设备拆卸费用1万元，运输费用2万元。该企业本期"处置固定资产、无形资产和其他长期资产所收回的现金净额"项目为（　　）万元。

A. 50　　　　　　　　B. 60　　　　　　　　C. 47　　　　　　　　D. 57

30.下列各项中，不属于所有者权益中单独列示的项目是（　　）。

A. 所有者投入资本　　　　　　　　　B. 会计估计变更

C. 会计政策变更　　　　　　　　　　D. 综合收益总额

二、多项选择题

1. 下列资产负债表各项目中，属于流动资产的有（　　）。

A. 无形资产　　　　B. 固定资产　　　　C. 其他应收款　　　　D. 预付款项

E. 一年内到期的非流动资产

2. 下列填入资产负债表"货币资金"项目的有（　　）。

A. 库存现金　　　　B. 银行存款　　　　C. 其他货币资金　　　　D. 预付款项

E. 以公允价值计量且其变动计入当期损益的金融资产

3. 下列各项中，关于资产负债表"预收账款"项目填列方法表述不正确的有（　　）。

A. 根据"预收账款"科目的期末余额填列

B. 根据"预收账款"和"应收账款"科目所属明细各科目的期末贷方余额合计数填列

C. 根据"预收账款"和"预付账款"科目所属各明细科目的期末借方余额合计数填列

D. 根据"预收账款"和"应付账款"科目所属各明细科目的期末贷方余额合计数填列

E. 根据"预收账款"和"其他应收款"科目所属明细各科目的期末贷方余额合计数填列

4. 资产负债表下列各项目中，应根据有关科目余额减去备抵科目余额后的净额填列的有（　　）。

A. 存货　　　　B. 无形资产　　　　C. 应收账款　　　　D. 长期股权投资

E. 货币资金

5. 下列各项中，应在资产负债表"预付款项"项目列示的有（　　）。

A. "应付账款"科目所属明细账科目的借方余额

B. "应付账款"科目所属明细账科目的贷方余额

C. "预付账款"科目所属明细账科目的借方余额

D. "预付账款"科目所属明细账科目的贷方余额

E. "应收账款"科目所属明细账科目的借方余额

6. 下列各项中，应列入资产负债表"其他应付款"项目不包括（　　）。

A. 应付租入包装物租金　　　　　　　B. 应付经营租赁固定资产的租金

C. 结转到期无力支付的应付票据　　　D. 应付由企业负担的职工社会保险费

E. 销售商品收取的包装物押金

7. 下列各项中，属于企业利润表项目的包括（　　）。

A. 每股收益　　　　　　　　　　　　B. 公允价值变动收益

C. 未分配利润　　　　　　　　　　　D. 综合收益总额

E. 净利润

8. 下列各项中，企业应列入利润表"税金及附加"项目的有（　　）。

A. 销售应税矿产品应交的资源税　　　B. 销售商品应交的增值税

C. 委托加工应税消费品应交的消费税　D. 应交的教育费附加

E. 应交的企业所得税

9. 下列各项中，应列入利润表"营业成本"项目的有（　　）。

A. 销售材料成本　　　　　　　　　　B. 无形资产处置净损失

C. 固定资产盘亏净损失　　　　　　　D. 经营出租固定资产折旧费

E. 存货管理不善的盘亏净损失

10. 下列各项中，影响利润表"所得税费用"项目金额的有（   ）。

A. 当期应交所得税
B. 递延所得税资产
C. 递延所得税负债
D. 代扣代缴的个人所得税
E. 代扣代缴的社会保险费

11. 下列各项中，属于现金流量表"经营活动产生的现金流量"的报表项目有（   ）。

A. 收到的税费返还
B. 偿还债务支付的现金
C. 销售商品、提供劳务收到的现金
D. 支付给职工以及为职工支付的现金
E. 出售无形资产收到的现金

12. 反映上市公司盈利能力的指标包括（   ）。

A. 每股收益
B. 股利支付率
C. 每股净资产
D. 市盈率
E. 市净率

13. 下列各项中，应计入"支付给职工以及为职工支付的现金"项目的有（   ）。

A. 支付的在建工程人员的奖金
B. 支付的专设销售机构人员的医疗保险费
C. 支付工人计件工资
D. 行政管理人员的福利费
E. 支付的离退休人员的工资

14. 下列各项中，属于工业企业现金流量表"筹资活动产生的现金流量"的有（   ）。

A. 吸收投资收到的现金
B. 分配利润支付的现金
C. 取得借款收到的现金
D. 投资收到的现金股利
E. 偿还债务支付的现金

15. 下列各项中，属于现金流量表"经营活动产生的现金流量"的有（   ）。

A. 收到现金股利产生的现金流入
B. 支付生产工人工资产生的现金流出
C. 用银行存款偿还应付票据产生的现金流出
D. 支付广告费所产生的现金流出
E. 偿还债务产生的现金流出

16. 下列各项中，应在所有者权益变动表中列示的有（   ）。

A. 其他权益工具
B. 所有者投入资本
C. 综合收益总额
D. 提取的盈余公积
E. 未分配利润的期初余额

附录 同步强化练习参考答案

本附录提供了本书各章节末同步强化练习题的参考答案。由于篇幅有限，书中省略了详细的答案解析，为了便于各位考生理解和复习，其详细答案解析可以参见本书配套资料。

第1章

一、单项选择题

题号	答案	题号	答案	题号	答案
1	B	9	B	17	D
2	A	10	C	18	C
3	A	11	A	19	B
4	A	12	B	20	C
5	C	13	A	21	C
6	A	14	B	22	A
7	B	15	C	23	C
8	D	16	A	24	A

二、多项选择题

题号	答案	题号	答案	题号	答案
1	AC	5	BD	9	BDE
2	ADE	6	ABCDE	10	ABDE
3	CD	7	ACDE	11	ABC
4	BC	8	BCDE		

第2章

一、单项选择题

题号	答案	题号	答案	题号	答案
1	B	10	A	19	A
2	A	11	C	20	D
3	C	12	C	21	D
4	D	13	B	22	B
5	B	14	B	23	A
6	C	15	B	24	B
7	B	16	D	25	B
8	C	17	A	26	B
9	A	18	C	27	B

二、多项选择题

题号	答案	题号	答案	题号	答案
1	BCD	5	BDE	9	ABCD
2	ABCD	6	ADE	10	BCD
3	ACDE	7	ABD	11	ABCD
4	AC	8	CDE		

第3章

一、单项选择题

题号	答案	题号	答案	题号	答案
1	B	10	A	19	C
2	A	11	C	20	C
3	C	12	A	21	B
4	B	13	D	22	C
5	D	14	C	23	D
6	A	15	B	24	C
7	C	16	D	25	B
8	A	17	D	26	D
9	B	18	D	27	D

二、多项选择题

题号	答案	题号	答案	题号	答案
1	ACD	7	AB	13	CD
2	ABCD	8	AC	14	ACD
3	ACE	9	ABCD	15	ABCD
4	ABCD	10	AC	16	ABDE
5	ABC	11	ACDE		
6	AD	12	ABCDE		

第4章

一、单项选择题

题号	答案	题号	答案	题号	答案
1	B	7	D	13	D
2	B	8	B	14	C
3	C	9	A	15	D
4	D	10	D	16	A
5	A	11	A	17	D
6	C	12	B		

二、多项选择题

题号	答案	题号	答案	题号	答案
1	AD	2	ABCD	3	BDE
4	ABCDE	9	BCD	14	ABD
5	ABE	10	ABCD	15	BCD
6	ABCDE	11	AB	16	AB
7	ABCE	12	BCD	17	AE
8	BCDE	13	ABDE		

题号	答案	题号	答案	题号	答案
10	ABCE	12	AB	14	ABCDE
11	ACDE	13	CDE		

第5章

一、单项选择题

题号	答案	题号	答案	题号	答案
1	C	10	A	19	D
2	D	11	D	20	D
3	A	12	B	21	D
4	D	13	B	22	C
5	C	14	B	23	D
6	A	15	C	24	B
7	C	16	C	25	B
8	C	17	D	26	A
9	C	18	B		

二、多项选择题

题号	答案	题号	答案	题号	答案
1	ABDE	4	ABCD	7	ABCDE
2	BCDE	5	AC	8	ADE
3	ABDE	6	BD	9	BDE

第6章

一、单项选择题

题号	答案	题号	答案	题号	答案
1	C	11	C	21	D
2	D	12	A	22	D
3	D	13	B	23	B
4	C	14	A	24	D
5	C	15	B	25	A
6	A	16	A	26	C
7	C	17	A	27	B
8	C	18	A	28	B
9	C	19	B	29	C
10	D	20	A	30	B

二、多项选择题

题号	答案	题号	答案	题号	答案
1	CDE	7	ABDE	13	BCD
2	ABC	8	AD	14	ABCE
3	ACDE	9	AD	15	BCD
4	ABCD	10	ABC	16	ABCDE
5	AC	11	ACD		
6	CD	12	ABCDE		